·2017年度国家社科基金一般项目"我国青少年体育活动促进的法治体系研究（17BTY070）"
·华南师范大学哲学社会科学优秀学术著作出版基金资助

中国青少年体育活动促进的法治体系研究

宋亨国 著

中国社会科学出版社

图书在版编目(CIP)数据

中国青少年体育活动促进的法治体系研究／宋亨国著.—北京：中国社会科学出版社，2021.6
ISBN 978-7-5203-8343-1

Ⅰ.①中… Ⅱ.①宋… Ⅲ.①青少年-体育活动-体育法-研究-中国 Ⅳ.①D922.164

中国版本图书馆 CIP 数据核字(2021)第 073135 号

出 版 人	赵剑英
责任编辑	刘 艳
责任校对	陈 晨
责任印制	戴 宽

出　　版	中国社会科学出版社
社　　址	北京鼓楼西大街甲 158 号
邮　　编	100720
网　　址	http://www.csspw.cn
发 行 部	010-84083685
门 市 部	010-84029450
经　　销	新华书店及其他书店

印刷装订	三河弘翰印务有限公司
版　　次	2021 年 6 月第 1 版
印　　次	2021 年 6 月第 1 次印刷

开　　本	710×1000 1/16
印　　张	26
字　　数	413 千字
定　　价	148.00 元

凡购买中国社会科学出版社图书，如有质量问题请与本社营销中心联系调换
电话：010-84083683
版权所有　侵权必究

前　言

　　青少年体育活动促进是关乎国民整体健康素质的一项基础工程，需要纳入公共健康与服务体系建设。法治之维，青少年体育活动促进具有清晰的法律权利属性，它始终将"尊严"和"自由"贯穿到群体的均衡发展之中，因此具有了指向性的价值和意义。"善治"的最终诉求是实现权利现实转译，其突出强调治理权的优化配置，并要求建立跨领域合作，协调运行的制度体系。治理权依法运行是当前我国经济社会深化改革的关键，这确定了体育法治化发展的战略思路。青少年体育活动促进具有多元价值内涵，其在多维发展中，逐步建构起了"五位一体"的法治体系——以群体基本权利为导向，不断优化和稳固治理秩序，以实现决策权、管理权、实施权，以及运动伤害预防和司法救济的有序衔接和融合。本书立足法学视角，在充分借鉴国际和西方国家优势经验和做法的基础上，综合多学科理论观点，运用文献资料法、法社会学研究方法、法哲学研究方法、法解释学方法、归纳演绎法、PESTLE宏观环境分析模型对我国青少年体育活动促进的依法治理进行了探讨，主要内容和观点如下：

　　第一，青少年体育活动促进与人权哲学理念高度契合，形成了具有典型特征的权利内涵。人权哲学以"实现人的尊严"为核心，奠定了人类社会发展的基础。青少年体育活动促进是强调尊严的文化和教育实践活动，它通过制度性的社会建构实现群体均衡发展，深刻体现出人权哲学的本体性特征。青少年体育活动促进是一项基本权利，通过人格赋权，提升个体可行能力不断拓展着内涵，将其纳入国家法律人权框架，确立了依法治理的依据。我国经济社会发展中，已经建构起了具有东方哲学智慧的人权体系，这不仅为青少年体育法律权利建设奠定了思想基础，而且也为拓展国际人权理论提供了新的视角，注入了中国话语。

第二，青少年体育活动促进回归本源，突出了运动实践中主体的理性存在。在历时性和共时性发展中，青少年体育活动促进形成了多元价值内涵，其中维护和实现群体尊严价值是起点，始终贯穿于主体的运动体验与成长之中，其所彰显的主体性和群体性二元属性不断创生出体育权利现实转译的内在逻辑；教育价值和身心健康价值是两翼，根植于"人的全面发展"，搭建起了多元融通的培养通道；社会拓展和人力资本则是价值向度的有效延伸，通过典型的资本特质和体育文化载体，不断实现与其他领域的共生共荣。从现实发展看，多元价值内涵指向青少年群体的均衡发展，这为进一步塑造符合经济社会发展要求的公民素质奠定了基础。

第三，青少年体育活动促进治理以群体权利的实体化转译为核心诉求，各类权力的配置和运行都被纳入了元治理的框架中。"权利导向下治理权合理配置与运行"立论的确立为深入探讨各类权力的运行奠定了基础。其中决策权、管理权、实施权构成了青少年体育活动促进治理权主体内容，而运动伤害预防和司法救济则进一步回应了体育权益法制保障的诉求。从本质上看，善治也是一个评价性概念，既要评价治理结果，也要评价治理手段。权力监管是关键的程序性要素，既包括硬法监管，也包括软法监管。善治的总体要求需要对青少年体育活动促进的各类权力进行动态监管，同时也需要对社会资源、参与环境、政策执行、实施效果等进行跟踪评价。

第四，青少年体育活动促进决策权突出顶层设计，主要通过立法和制定政策的形式体现。元治理理论强调决策权的专业性、规范性和权威性，这为优化青少年体育活动促进决策提供了思路，即建立"权力合理配置，政府负责，多方协同"的治理模式。主体、规范程序、政策循证、监管构成了青少年体育活动促进决策权制度体系。西方国家在青少年体育治理方面有着传统优势，政策系统相对独立，类型丰富多样，形成了循证性、综合性、绩效性的显著特征。我国青少年体育决策虽然具有制度优势，能够高效配置资源，重点布局实施，但是也存在专业力量融入不足、系统性循证不够、监管与评价不力等问题，在进一步深化改革中，应充分汲取西方国家成功经验，切实完善推进。

第五，青少年体育活动促进管理权具有制度属性和公共权力属性，其从权威和网络两个维度形成了不同的权力类型。公共权力属性反映出的是青少年体育活动促进治理需要跨部门合作，理顺关系，整合资源优先发展；制度属性反映出的是管理主体应当切实遵循"规则之治"，权力只有受到制度约束才能发挥积极作用。西方国家不断调整青少年体育管理制度，学校体育、社会体育、家庭体育既相互独立又紧密联系，多方主体职责清晰。我国已经建立了以学校体育为中心的青少年体育制度体系，但是总体看，仍然存在突出的问题，需要立足现实，从管理秩序、权力监管、绩效评价等方面进行综合改革。

第六，青少年体育活动促进实施权具有突出的实践性，应当遵循"管办分离"的基本原则，其执行力和运作程度直接决定着决策权和管理权的进一步优化。欧盟和西方国家将青少年体育活动促进纳入国民健康大战略，通过实施高质量的体育教育、社区体育和家庭体育全面提升参与水平，取得了比较突出的成绩。我国儿童和青少年整体体质健康状况不容乐观，在现有基础上应加大与国际社会的对接力度，着重从拓展实施主体、加大条件保障、固化监管和评价机制、发展社区体育和家庭体育等方面精细化介入。

第七，青少年运动伤害预防不仅能够有效规避对身心健康不利的影响，也能够降低社会和经济成本支出。随着青少年体育发展，运动伤害理论不断与其他学说观点进行深入融合，全面拓展了循证视野，尤其是以病理学和流行病学为基础，创造性地纳入了神经认知科学、脑科学、身体现象学、运动能量交换理论等最新成果，极大提升了研究层次。依法共治、协同预防是西方国家青少年运动伤害治理的普遍做法，其中很多经验值得学习。我国青少年运动伤害预防制度不健全，带来了很多问题。在依法治体进程中，应深入贯彻"体医融合"理念，从预（早期预防）、循（循证支持）、治（干预治理）、评（跟踪评价）多维度建立运行机制；同时应进一步完善司法救济制度，保障当事方权益。

目　录

第一章　绪论 …………………………………………………… (1)
　第一节　研究目的 ………………………………………………… (1)
　第二节　研究对象、思路与主要内容 …………………………… (3)
　第三节　研究方法 ………………………………………………… (5)
　　一　文献资料法 ………………………………………………… (5)
　　二　法社会学研究方法 ………………………………………… (6)
　　三　法哲学研究方法 …………………………………………… (6)
　　四　法律解释方法 ……………………………………………… (7)
　　五　归纳演绎法 ………………………………………………… (7)
　　六　PESTLE 宏观环境分析模型 ……………………………… (7)
　第四节　国内外文献综述 ………………………………………… (7)
　　一　国外研究综述 ……………………………………………… (8)
　　二　国内研究综述 ……………………………………………… (32)
　　三　先行研究评述 ……………………………………………… (50)

第二章　青少年体育活动促进是一项基本权利 ……………… (53)
　第一节　青少年体育活动促进的人权哲学基础内涵 ………… (53)
　　一　青少年体育活动促进是强调尊严的文化和教育
　　　　实践活动 …………………………………………………… (54)
　　二　青少年体育活动促进是以实现均衡发展为中心的
　　　　社会活动 …………………………………………………… (61)
　　三　青少年体育活动促进是注重实际效果的制度性活动 …… (68)
　第二节　青少年体育活动促进的多元价值内涵 ……………… (73)

一　青少年体育活动促进以实现"尊严价值"为核心 ……… (74)
　　二　青少年体育活动促进的教育价值 …………………… (77)
　　三　青少年体育活动促进塑造身心健康价值 …………… (83)
　　四　青少年体育活动促进的社会拓展价值 ……………… (87)
　　五　青少年体育活动促进的人力资本价值 ……………… (92)
　第三节　青少年体育活动促进是一项法律权利 …………… (95)
　　一　青少年体育权利的法律依据 ………………………… (96)
　　二　青少年体育活动促进的法律权利内涵 ……………… (105)
　　三　我国青少年体育法律权利的建设 …………………… (110)
　本章小结 ……………………………………………………… (113)

第三章　青少年体育活动促进的治理和治理权 ………… (114)

　第一节　青少年体育活动促进的元治理 …………………… (114)
　　一　治理理论的兴起 ……………………………………… (114)
　　二　治理理论的主要内容 ………………………………… (117)
　　三　元治理理论的主要观点 ……………………………… (119)
　　四　青少年体育活动促进的元治理 ……………………… (121)
　第二节　青少年体育活动促进的治理权 …………………… (126)
　　一　体育的法治 …………………………………………… (127)
　　二　体育治理权的内涵 …………………………………… (129)
　　三　青少年体育活动促进的治理权秩序和构成 ………… (136)
　本章小结 ……………………………………………………… (146)

第四章　青少年体育活动促进的决策权及其运行 ……… (148)

　第一节　青少年体育活动促进的决策权内涵 ……………… (148)
　　一　青少年体育活动促进决策权的动因 ………………… (148)
　　二　青少年体育活动促进决策权的内在价值 …………… (151)
　　三　青少年体育活动促进决策权的建构 ………………… (154)
　第二节　青少年体育活动促进决策权的构成及运行 ……… (158)
　　一　青少年体育活动促进决策的框架模型 ……………… (159)
　　二　青少年体育活动促进决策权的配置和运行 ………… (166)

  三 青少年体育活动促进决策权的监管 …………………… (171)
 第三节 西方国家青少年体育活动促进的主要政策 …………… (174)
  一 美国青少年体育活动促进政策 ………………………… (175)
  二 加拿大青少年体育活动促进政策 ……………………… (185)
  三 澳大利亚青少年体育活动促进政策 …………………… (194)
  四 西方国家青少年体育活动促进政策系统的特点 ……… (204)
 第四节 我国青少年体育活动促进决策权及西方国家的
     启示 …………………………………………………… (207)
  一 我国青少年体育活动促进的决策权配置 ……………… (207)
  二 我国青少年体育活动促进政策的主要内容 …………… (212)
  三 我国青少年体育活动促进决策的优势与不足 ………… (216)
  四 西方国家青少年体育活动促进决策权运行的启示 …… (220)
 本章小结 …………………………………………………………… (221)

第五章 青少年体育活动促进的管理权及其运行 …………… (223)

 第一节 青少年体育活动促进管理权的内涵 …………………… (223)
  一 青少年体育活动促进管理权的生成 …………………… (223)
  二 青少年体育活动促进管理的理论模型 ………………… (228)
  三 青少年体育活动促进管理权是一项重要的公共权力 …… (234)
 第二节 青少年体育活动促进管理权的主要类型 ……………… (237)
  一 学校体育管理权 ………………………………………… (237)
  二 青少年社会体育管理权 ………………………………… (242)
  三 青少年家庭体育管理权 ………………………………… (246)
 第三节 西方国家青少年体育活动促进管理权的运行 ………… (253)
  一 学校体育管理权的运行 ………………………………… (253)
  二 青少年社会体育管理权的运行 ………………………… (261)
  三 青少年家庭体育管理权的运行 ………………………… (272)
  四 西方国家青少年体育活动促进管理权运行的特点 …… (279)
 第四节 我国青少年体育活动促进管理权及西方国家的
     启示 …………………………………………………… (281)
  一 我国青少年体育行政管理的层级结构 ………………… (281)

二　我国青少年体育活动促进的协同管理与目标管理………（283）
　　三　我国的学校体育管理制度和青少年社会体育管理
　　　　制度………………………………………………………（285）
　　四　我国青少年体育管理的特点及存在的主要问题…………（290）
　　五　西方国家青少年体育活动促进管理权运行的启示………（292）
　本章小结………………………………………………………（294）

第六章　青少年体育活动促进的实施权及其运行……………（295）
　第一节　基于赋权的青少年体育活动促进实施权……………（295）
　　一　青少年体育活动促进实施权的构成………………………（295）
　　二　青少年体育活动促进实施权的表现形式和路径…………（300）
　　三　青少年体育活动促进实施的监管与评估…………………（310）
　第二节　国际组织、欧盟与西方国家青少年体育活动
　　　　　促进的实施……………………………………………（317）
　　一　国际组织青少年体育实施的总体框架……………………（318）
　　二　欧盟青少年体育活动促进的实施…………………………（325）
　　三　西方国家青少年体育活动促进的实施权运行……………（327）
　第三节　我国青少年体育活动促进实施权及西方国家的
　　　　　启示……………………………………………………（338）
　　一　我国青少年体育的协同实施机制…………………………（338）
　　二　我国青少年体育实施的内容和途径………………………（340）
　　三　我国青少年体育协同实施的特点及存在的主要问题……（349）
　　四　西方国家青少年体育活动促进实施权运行的启示………（353）
　本章小结………………………………………………………（355）

第七章　青少年体育运动伤害的预防与治理…………………（356）
　第一节　青少年运动伤害预防的意义、框架和最新理论
　　　　　动态……………………………………………………（356）
　　一　青少年运动伤害预防的意义………………………………（357）
　　二　青少年运动伤害预防的总体框架…………………………（361）
　　三　青少年运动伤害预防的最新理论动态……………………（375）

第二节 青少年运动伤害的预防措施、司法救济及
　　　深化改革 …………………………………………（381）
　一 青少年运动伤害预防的普遍性措施 ………………（381）
　二 典型国家的青少年运动伤害预防 …………………（383）
　三 青少年运动伤害的司法救济 ………………………（386）
　四 完善我国青少年运动伤害预防治理体系的建议 …（389）
本章小结 ……………………………………………………（393）

第八章　研究结论 ………………………………………（394）

主要参考文献 ……………………………………………（396）

后　记 ……………………………………………………（402）

第一章 绪论

第一节 研究目的

青少年身体活动不足已经成为世界各国面临的社会问题之一。强有力的证据表明，缺乏体育锻炼会给健康带来许多不良影响，会大幅度增加各种经济开支和社会负担，其中冠心病（CHD）负担平均增加6%（东南亚地区为3.2%，地中海地区为7.8%），Ⅱ型糖尿病负担平均增加7%，乳腺癌负担平均增加10%，结肠癌负担平均增加10%，直接导致过早死亡的比例达到了9%；而如果在全世界范围内解决了身体运动不足，将会消除6%—10%的主要非传染性疾病，同时人口的预期平均寿命将增加0.68岁。[1] 儿童和青少年作为特殊群体，他们的情况更不容乐观，超重和肥胖已经成为一个全球性的难题，每年大约有4200万5岁以下的孩子因肥胖而引发各种不良的影响。除了影响早期的身心健康之外，也增加了成年后的肥胖概率，同时也增加了患非传染性疾病的风险，更为严重的是会带来一系列社会健康和经济问题。[2] 根据世界卫生组织（以下简称世卫组织）2018年公布的结果，全球范围内每年因为生活方式疾病（也称慢性疾病或非传染性疾病，主要是由于遗传、生理、环境和行为等方面因素综合作用的结果）而造成死亡的人数为4100万，占全球

---

[1] Lee I., Shiroma E. J., Lobelo F., et al., "Effect of Physical Inactivity on Major Non-communicable Diseases Worldwide: An Analysis of Burden of Disease and Life Expectancy", *Lancet*, Vol. 380, No. 9838, 2012.

[2] World Health Organization, *Report of the Commission on Ending Childhood Obesity: Implementation Plan* (https://apps.who.int/iris/handle/10665/273330).

死亡总人数的71%。① 2019年,世卫组织进一步的调查结果显示,全球范围内有23%以上的成年人和80%以上的青少年身体活动不足(未达到推荐的身体活动水平),因为身体活动不足而导致500多万人死亡。② 针对身体活动不足所引发的严重问题,国际社会与世界各国采取了一系列措施,干预和治理力度不断加大。2018年6月,世卫组织发布了《2018—2030年促进身体活动全球行动计划:加强身体活动,造就健康世界》,提出将联合世界各国在20个政策领域采取行动,目标是2030年将全球不运动的成年人和青少年比例减少15%。③ 很多国家也积极展开行动,将青少年体育活动促进视为一项基本权利,纳入公共健康体系优先发展。总体看,当前不少国家已经形成了比较有效的制度体系,建构起了协同治理的基本格局,逐步缓解了青少年体育参与不足,体质健康水平不高的突出问题。

在我国经济社会转型进程中,提高体育活动参与水平,促进青少年身心健康、体魄强健已经成为社会各界关注的焦点。教育部发布的《2014年全国学生体质与健康调研》结果显示,我国青少年体质健康虽有一定的改观,但仍存在突出问题,中小学生身体素质基本遏制了持续下滑的态势,大学生身体素质(耐力、速度、爆发力、力量)则继续下滑。④ 2016年《中国青少年体育发展报告》的结果显示,我国学校体育课程泛化,课外体育弱化,有组织的体育指导不足,6—19岁儿童和青少年不愿意参加体育运动的问题突出。⑤ 中国预防医学科学院2018年公布的调查结果显示,我国青少年青春期贫血率达38%,全国肥胖儿中脂肪肝发生率为40%—50%,Ⅱ型糖尿病发病率20年间增长了11—

---

① World Health Organization, *Noncommunicable Diseases: Key Facts* (https://www.who.int/news-room/fact-sheets/detail/noncommunicable-diseases).
② World Health Organization, *Guidelines on Physical Activity, Sedentary Behaviour and Sleep for Children under 5 Years of Age* (http://www.who.int/iris/handle/10665/311664).
③ World Health Organization, *Global Action Plan on Physical Activity 2018 – 2030: Active People for a Healthier World* (https://www.who.int/publications/i/item/9789241514187).
④ 《2014年全国学生体质与健康调研》(http://www.moe.gov.cn/.)。
⑤ 刘扶民、杨桦:《中国青少年体育发展报告》,社会科学文献出版社2017年版,第1—74页。

33 倍。① 2019 年教育部基础教育质量检测中心发布的《2018 年国家义务教育质量监测——体育与健康监测结果报告》显示，相较于 2015 年，四年级和八年级学生发育整体较好，但仍然存在身体形态指数下降、学生肥胖率较高、睡眠不足、视力不良检出率逐年上升等问题。② 综合多种数据来看，我国青少年体育活动不足的情况普遍存在，整体体质健康状况令人担忧，这已经引起了全社会的高度关注。造成我国青少年体质健康水平不高的原因是多方面的，但关键是没有形成有效的治理体系。针对青少年体育参与不足，体质健康水平亟待提高等突出问题，党中央、国务院、教育部高度重视，以国家全民健身战略、健康中国战略、体育强国战略等为引领，陆续颁布了一系列重要的政策，建构起了比较完善的法制体系。2017 年 11 月，国家体育总局、教育部、中央文明办、发展改革委、民政部、财政部、共青团中央七部门进一步联合印发了《青少年体育活动促进计划》，标志着正式启动了青少年体育的协同治理。全面提升治理能力和效率是当前我国青少年体育发展的核心任务，其中需要明确治理主体，厘清利益关系，优化整合社会资本，合理配置多方权力；同时也需要建立长效的评价和问责制度。从人权哲学视角看，青少年体育活动促进与人权哲学的价值理念高度契合，随着体育全球化的深入，其日益形成了具有典型特质的权利内涵。本书以体育人权为导向，在明确青少年体育活动促进治理权秩序和构成的基础上，综合多学科理论学说对其决策权、管理权、实施权，以及运动伤害预防和司法救济等进行深入探讨。研究成果进一步拓展丰富了体育法治理论体系，同时也为进一步提升我国青少年体育参与水平提供有价值的参考。

第二节　研究对象、思路与主要内容

本书的研究对象是我国青少年体育活动促进法治体系的建构。主要研究思路如下：首先，本书以体育人权为导向，深刻辨析了青少年活动

---

① 《中国人健康大数据》（http://fashion.ifeng.com/a/20181202/40490493_0.shtml）。
② 教育部：《2018 年国家义务教育质量监测——体育与健康监测结果报告》（http://www.moe.gov.cn/jyb_xwfb/gzdt_gzdt/s5987/201911/t20191120_409046.html）。

促进的权利内涵，同时以治理权为逻辑起点，综合多学科理论探讨了我国青少年体育活动促进权力秩序的构成、特征、内容和实施路径。其次，从"治理权力合理配置"入手，对青少年体育活动促进决策权、管理权、实施权，以及运动伤害预防和司法救济进行了分析，构建起了"五位一体"的依法治理理论体系。最后，立足我国经济社会改革，从以下几方面提出了我国青少年体育活动促进法治化运行的建议：明确权力主体，优化权力配置；完善国家法律制度，实施法治路径；整合社会资源，夯实协同治理基础；等等。

本书的主要研究内容：（1）青少年体育活动促进是一项基本权利。权力运行以权利为导向，第二章立足人权哲学着重对青少年体育活动促进权利的内涵、法律人权属性、多元价值体系，以及在我国的构建进行了分析。（2）青少年体育活动促进的治理和治理权。第三章在充分梳理治理理论（包括元治理）的基础上确立了"权利导向下治理权合理配置与运行"的基本立论，并从法治和资源配置视角明确了其权力的构成、内容、秩序、运行与监管。进而分别对决策权、管理权、实施权，以及运动伤害的预防与治理进行了学理分析。（3）青少年体育活动促进的决策权及其运行。决策权发挥着关键性和导向性作用。第四章明确了青少年体育活动促进决策权动因、价值、内在建构等基本理论问题，着重对我国和典型西方国家相关权力的配置、运行和监管进行了探析，并在此基础上提出了总体改革思路。（4）青少年体育活动促进的管理权及其运行。管理权是青少年体育活动促进治理的载体，承接着决策权和实施权。第五章明确了青少年体育活动促进管理权的生成、理论模型和内涵，着重对我国和典型西方国家这一权力的类型、运行、监管等进行了探析，并在此基础上提出了针对性的改革建议。（5）青少年体育活动促进的实施权及其运行。实施权是青少年体育活动促进治理的关键环节。第六章在明确青少年体育活动促进实施权构成、表现形式和路径、监管和评估等问题的基础上，着重对欧盟、典型西方国家和我国这一权力的运行进行了分析，提炼出了可以借鉴的经验和做法。（6）青少年体育运动伤害的预防与治理。运动伤害治理是青少年体育活动促进的重要内容。第七章明确了青少年运动伤害预防的基本循证框架，探讨了最新的理论动态，分析了西方国家的司法救济制度，同时针对我国在预防和管理方面存在的主要问题提出了改革意见。

第三节 研究方法

本书遵循法学研究的基本范式,主要采取了以下几种研究方法:

一 文献资料法

针对主题和内容,本书收集整理了有关体育学、法学、体育法学、社会学、经济学、哲学等的相关著作200余部,对现代化治理理论、社会自治理论、权力理论、哲学理论等进行了充分研究,形成了扎实的研究基础。通过期刊检索光盘和计算机文献检索工具,查阅了中国学术期刊全文数据库、中国学位论文全文数据库、中国优秀硕博士论文数据库、北大法律信息网、国家法规数据库以及国内相关的国家级项目课题;检索了体育科学评论(Sport Science Review)、柳叶刀青少年健康专刊(Lancet Series on Adolescent Health)、百度学术、谷歌学术、OXFORD ACADEMIC Journals、教育科学研究(Institute of Education Sciences)、威利在线图书馆(Wiley Online Library)、AJPM(American Journal of Preventive Medicine)、Journal of Pediatric Psychology、BMC Public Health、政策与社会(Policy and Society)、科技在线电子图书(SciELO)、Sciendo、社区与科学健康杂志(Journal of Community and Health Sciences)、HathiTrust数字图书馆、公共科学图书馆(PLoS ONE)、美国国家医学图书馆生命科学期刊文献全文库(PMC)、US National Library of Medicine National Institutes of Health、BASL Journal、Marquette Sports Law Review、Entertainment and Sports Law Journal、Law In Sport、ASSER International Sports Law Series、Journal of Human Kinetics、Semantic Scholar、The Entertainment and Sports Law Journal、Journal of Pediatric Psychology(Oxford Academic)、ERIC-Education Resources Information Center、International Journal of Environmental Research and Public Health-Open Access Journal、BMC Pediatrics、Taylor and Francis Online、BMJ Journals、The Questia Library、NCPI(National Center for Biotechnology Information)、SSRN's eLibrary、Research Quarterly for Exercise and Sport、International

Journal of Environmental Research and Public Health、Taylor and Francis Online、JMIR-Journal of Medical Internet Research、Applied and Preventive Psychology、Sport Management Review、Sagamore Venture Publishing、SAGE Journals、ScienceDirect、Sport and exercise medicine、IDEAS、Procedia-Social and Behavioral Sciences、Psychology of Sport and Exercise、International Social Science Journal、Policy Sciences、American Journal of Community Psychology、Journal of the Philosophy of Sport、International Journal of Environmental Research and Public Health、De Gruyter Book Archive、International Journal of Behavioral Nutrition and Physical Activity、International Journal of Sport Policy and Politics、European Sport Management Quarterly、Stanford Encyclopedia of Philosophy、Journal of Qualitative Research in Sport and Exercise、SDSU Library & Information Access、Rand Health Quarterly、Preventing Chronic Disease等100多个外文电子数据库，汇总国外相关论文3000多篇。此外，对我国青少年有关的法律法规进行了收集与梳理，其中对政府、体育行政部门的相关政策进行了细化分类，分析了这些文本的典型内容。资料汇总的基本思路是按照研究所确定的主体内容框架，将原始资料进行浓缩，通过翻译、整理、分类等手段，形成具有一定关联意义的佐证材料。

二　法社会学研究方法

法社会学方法是以法社会学理论为依据的研究方法（主要是指社会生活中发挥作用的软法）。本书运用此方法着重考量和分析国际体育法中有关青少年体育权利的规定，以及社会规范、家庭、固有体育法、国际体育法对青少年体育参与的作用和影响。

三　法哲学研究方法

法哲学研究方法是从哲学的视角对法的基本问题进行研究的法学方法。本书运用此方法从本体论、认识论视角对人权、体育人权、法律人权、治理权等的内涵进行了学理分析。

四　法律解释方法

法律解释方法是法学传统的研究方法。本书主要运用文理解释法对体育权利、青少年健康权益等的相关法律条文进行了解释，为进一步深入探析青少年体育活动促进治理中的现实问题奠定了基础。尤其是对一些西方国家的国家体育法律和重要法规中的相关规定进行了细化解释与分析。

五　归纳演绎法

本书以人权为导向，着重对治理（治理权）相关理论学说的代表性观点进行了辨析，明确了青少年体育活动促进是一项基本权利，进而在此基础上，确立多维度的治理权运行体系。"五位一体"的青少年体育活动促进治理权具有系统性的典型特征，这为进一步落实"依法治体"理念，全面提升群体体育参与水平提供了理论支持和依据。

六　PESTLE 宏观环境分析模型

PESTLE 是用于战略制定和研究的一个宏观环境分析模型，其中 P 是政治（Politics），第一个 E 是经济（Economy），S 是社会文化（Socio-cultural）、T 是科技（Technological）、L 是法律（Legal）、第二个 E 是环境（Environmental）。本书将该模型引入我国青少年体育活动促进治理的论证中，准确把握各种社会资本和资源的优化整合，多维度提出改革建议和实施对策。

第四节　国内外文献综述

青少年体育活动促进具有突出的功能价值，在很多国家已经被法律确证为一项基本权利。随着全球化进程的深入，青少年体育参与水平不足的问题日益凸显，带来一系列的社会问题，世界上很多国家将其纳入公共健康体系，优先采取多种措施进行系统干预，取得了良好的成效。国内外众多研究者以青少年体育活动促进为主要研究对象，从不同视角展开了广泛的研究，取得了诸多有价值的成果，为本书提供了有益的借鉴。

一 国外研究综述

（一）青少年体育权利研究

体育活动促进在儿童和青少年的均衡发展中发挥了积极的作用，日益成为一项基本权利，学者们以此为对象展开了多视角的研究。Nicholas Dixon（2007）认为，许多父母都将体育视为一项有益于健康的活动，可以塑造孩子良好的品德。一般而言，批评父母们根据他们自己的价值标准抚养孩子似乎是一种冒犯，甚至可能是荒谬的。但是也应该看到，父母养育孩子的自主权也不是绝对的，无论是在道德层面还是在法律层面，都必须要考虑体育对孩子们未来发展的积极作用。我们已经看到了对"体育可以保护和促进儿童未来选择"价值取向的积极尊重：体育运动能够促进他们的健康，使其养成终身锻炼的习惯，并极大地促进孩子们保持一个开放的未来。[①] Mathers C. 等（2009）认为，持续中等强度到高强度的体育运动能够带来突出的健康益处，因此需要建立国家指南来引导和鼓励青少年进行科学锻炼。体育活动促进是一个能够促进力量、灵敏、骨骼发育的有效运动模式（要求每天至少锻炼30—60分钟）。定期参加体育健康促进活动（超过基准线活动）可以带来很多好处，其中包括能够预防和减少很多疾病，如冠心病、中风、糖尿病、高血压、结肠癌、乳腺癌和抑郁症等。[②] Gottzén L.、Kremer-Sadlik T.（2012）认为：有组织的青少年体育活动因为其具有鲜明的包容性和竞争性而成为一个独一无二的领域；体育运动应该向所有的孩子开放，不管他们的社会地位、家庭经济水平以及运动能力如何，这对孩子们早期的身心发展具有十分重要的作用；同时随着年龄的增长，体育活动能够潜移默化地促进青少年在其他方面取得成功。[③]

[①] Nicholas Dixon, "Sport, Parental Autonomy, and Children's Right to an Open Future", *Journal of the Philosophy of Sport*, Vol. 34, No. 2, 2007.

[②] Mathers C., Stevens G., Mascarenhas M., *Mortality and Burden of Disease Attributable to Selected Major Risks*, Geneva: World Health Organization, 2009.

[③] Gottzén L., Kremer-Sadlik T., "Fatherhood and Youth Sports: A Balancing Act between Care and Expectations", *Gender & Society*, Vol. 26, No. 639, 2012.

随着体育文化和体育市场的快速发展,人们日益要求体育采取与其他主要社会制度(如教育、公共卫生)一样公平和多样化的标准。[1] 体育社会制度的不断完善日益拓展了体育权利的形态和类型,不断从应然权利向法定权利、社会权利和实体权利转化,[2] 儿童和青少年体育权利也成为了世界各个国家关注的焦点。Davey C.、Lundy L.(2009)认为,体育参与是孩子们的一项基本权利,运动在他们的学习和生活中扮演着重要的角色,但从发展历程看,这一权利经常被遗忘,直到19世纪末情况才出现了转折。孩子与体育是密不可分的,他们天性喜欢运动,如果在体育运动中施加过多的限制就会剥夺他们玩耍和体育参与的权利。[3] Brackenridge C. H.、Rhind D.(2014)认为,儿童体育权利保护已经成为各类体育组织关注的主要议题,在国家政策和实践中产生了重要影响。体育是一项特殊的社会制度,具有和其他社会制度一样的风险和保护功能,这一制度塑造了体育运动的声誉,使其成为保护儿童权利的典范。[4] 青少年体育活动促进是一项整体性权利,但是各国对这一权利的保护不尽相同,仍然存在不少问题,需要进一步给予高度的关注。Pratt M. 等(2004)认为,体育活动能够有效改善健康和生活质量,其主要包括6个方面的内容:体育活动促进是一个至关重要的公共健康问题(公共权利);有规律的体育锻炼与健康和社会公共利益密切相关;健康需要科学的体育运动(量、强度、方法等);体育运动受到个人、社会和环境因素的影响;有效的干预策略和措施可以提高体育活动参与水平;需要制定专门的国家政策和标准,建立全社会协同实施制度。[5] Michael W.、Austin(2007)认为,权利与利益密切相关,对于儿童而言,他们享有体育参与的基本权利,体育能够提供一种显著的、独

---

[1] Coalter F., "A Wider Social Role for Sport: Who's Keeping the Score? (Book review)", *Sport Management Review*, Vol. 12, No. 273, 2009.

[2] 宋亨国、周爱光:《体育权利的内涵及形态》,《成都体育学院学报》2016年第1期。

[3] Davey C., Lundy L., "Towards Greater Recognition of the Right to Play: An Analysis of Article 31 of the UNCRC", *Children & Society*, Vol. 25, No. 3, 2009.

[4] Brackenridge C. H., Rhind D., "Child Protection in Sport: Reflections on Thirty Years of Science and Activism", *Social Sciences*, Vol. 3, No. 326, 2014.

[5] Pratt M., Jacoby E. R., Neiman A., "Promoting Physical Activity in the Americas", *Food & Nutrition Bulletin*, Vol. 25, No. 183, 2004.

特的方式来实现其根本利益（如生理、心理、幸福、亲密关系等），但是这一体育权利需要各类条件保障，否则，就很有可能实现不了。[1] 联合国的《体育活动促进发展与和平研究报告》（2003）认为，很多国家都将法律价值增值归因于把体育视为了一项基本人权。然而，尽管很多国际公约规定了青少年应享有的体育权利，但实际中这些权利在很多国家往往被否认，经常出现性别和能力的歧视；同时由于政治上没有认识到体育运动在社会中的重要性，体育权利也经常被忽视。因此，只有将体育权利纳入保障和实施人权的法律制度体系中，才能自由行使这一权利。[2] Coakley J. 等（2011）认为，国际人权法是当前全球化背景下各种自然权利表达的总和，各个国家必须联合起来将体育人权转化为共同遵循的基本原则，并能够适用具体国际管辖权的积极权利。[3] McDowell J. （2016）研究认为："1972 年教育修正案第九条法案通过，这在很大程度上保障了在美国没有人会因为性别而被排除在联邦财政资助的教育和体育之外。而 40 多年后，我们制定了一部旨在保护更多人权益的法律，但却很少关注那些参加不同层次和水平学校体育活动的青少年群体。"[4] Mirzeoğlu N.、Sadik R. （2016）提出，总的来说权力只有在承认个体权利是一项实体权利时才具有合法性，否则就会引起质疑。在很多国家，体育权利已经被法律确证为一项基本人权，因此需要不断推进其实体化进程，如果没有一个有组织的、良好的社会制度环境，这种权利自由就无法实现。[5]

（二）青少年体育活动促进政策研究

1. 青少年体育活动促进政策的研制

政策研制的实质是进行科学顶层设计，实现资源的充分整合和利

---

[1] Michael W., Austin, "Do Children Have a Right to Play?", *Journal of the Philosophy of Sport*, Vol. 34, No. 135, 2007.

[2] *Report from the United Nations Inter-Agency Task Force of Sport for Development and Peace* (http://www.unep.org/sport_env/documents/taskforce_report).

[3] Coakley J., Schinke R. J., Cole C. L., "Youth Sports: What Counts as 'Positive Development'?", *Journal of Sport & Social Issues*, Vol. 35, No. 306, 2011.

[4] McDowell J., "Title IX Exclusion and Marginalization Needs to Change", *Diverse Issues in Higher Education*, Vol. 1, No. 30, 2016.

[5] Mirzeoğlu N., Sadik R., "A Study on Athletes Attitudes Towards Human Rights in Sports", *Uhbab Journal*, Vol. 15, No. 148, 2016.

用，其决定着体育活动促进治理的方向，研究者们从不同的视角对青少年体育活动促进政策进行了探讨。"需要"构成了权利和自治权核心的内在价值来源。需要的实质就是对利益的分配，因此需要针对性地研制不同的政策和标准，以限制和约束多方主体的行为。Coakley J. 等（2011）研究认为，在世界范围内，人们对体育运动的价值有着高度的共识，它能够促进个人、社区和整个社会的发展。这种共识是建立在双重假设基础上的：体育不同于其他社会活动，它具有超越时间和空间的积极的、纯粹的内在本质，能够使从事（包括消费）体育的个人和团体产生积极的变化。这一假设的意义重大，它标志着决策者必须要在各级权力中心中合理配置公共资源和私人资源，而这决定着地方和整个国家的体育参与水平。更为重要的是，它能够公平地提供体育参与机会，以及积极应对贫困、战争、自然灾害或压迫所带来的挑战。[1] 美国疾病控制预防中心研究报告提出经由政府和法律授权，成立由非营利性组织构成的国家体育计划联盟，这一建立在公共—私营伙伴关系之上的决策主体的重大变革产生了显著的成效，比如使决策更加灵活、迅速，沟通更加顺畅。[2]

2002 年 9 月，世界卫生组织与美国疾病预防控制中心提出了一个制定全面性体育活动促进政策的框架，即四阶段模型。[3] 该模型以可持续性、公信力、公平和创造性的整体愿景为导向，四个阶段主要包括：（1）把经常不运动视为一个重要的公共健康问题。（2）全面梳理国家的具体情况，包括体育活动、非传染性疾病、决定因素和障碍，以及目标人群等。（3）在现有政策、计划、实施者和资源的基础上，针对具体问题和矛盾进一步制定有效的干预政策和策略。（4）采取系统的措施和方法实施干预，并进行评估，其特征是从世界范围内成功项目中提取的 10 个典型的要素。全面体育活动促进政策框架将评估融入每个环

---

[1] Coakley J., Schinke R. J., Cole C. L.,"Youth Sports: What Counts as 'Positive Development'?", *Journal of Sport & Social Issues*, Vol. 35, No. 306, 2011.

[2] National Physical Activity Plan Alliance, *United States Report Card on Physical Activity for Children and Youth* (http://www.physicalactivityplan.org/projects/reportcard.html).

[3] Shephard R. J., Lankenau B., Pratt M., et al., "Physical Activity Policy Development: A Synopsis of the WHO/CDC Consultation", *Public Health Reports*, Vol. 119, No. 346, 2004.

节。评估可以是简单的，也可以是复杂的，主要包括形成性评价、过程性评价，影响因素或对实施效果的评价。[①] Harvey H. H. 研究认为，良好的评估制度对于维护并不断优化体育公共政策具有十分重要的作用。青少年体育政策已经纳入公共健康政策体系，因此制定时需要有充分的证据和数据支持，尤其是在提出新的干预措施时，需要充分考量结果转化，提升政策框架的针对性，其中提高应对突发事件能力，改变行为是关键。[②]

2. 青少年体育活动促进不同领域的政策研究

青少年体育不同领域政策也是研究者们关注的热点问题。Kahn E. B. 等（2002）提出孩子们每天大部分时间都在学校，体育教育能够为他们提供一个参与推荐性体力活动的良好机会，因此其已经被认为是改善公共健康的重要措施。鉴于此，学校应充分发挥自主性，制定健康指南将引入高质量的体育项目作为主要目标；国家运动和体育教育协会也应统筹设计，从时间分配、场地、师资等方面进一步优化体育课程设置，同时积极研制和执行课外体育活动参与的标准体系。[③] Virgil V. A.、Reka K.（2012）分析认为，2007年《里斯本条约》将体育纳入了欧盟的职责范畴，其中将体育运动视为青年人的一项固有权利，欧盟必须采取行动支持、协调和补充会员国采取针对性的行动。基于对体育权利的高度共识，欧盟应制定统一的发展政策，协同发展青少年体育运动，以充分保障这一基本人权。[④] Buns、Thomas（2015）研究认为，美国的《儿童营养和 WIC 授权法案》是第一部要求学校官员确立体育活动目标的联邦立法，核心是青少年和儿童享有均等的体育教育，其中以7个联邦政府授权构成了主要的政策目标。从法案实施情况看，青少年和儿童的体育权利普遍受到重视，体育参与程度比较高，体育教师对学

---

① Pratt M., Jacoby E. R., Neiman A., "Promoting Physical Activity in the Americas", *Food & Nutrition Bulletin*, Vol. 25, No. 183, 2004.

② Harvey H. H., "Refereeing the Public Health", *Yale J Health Policy Law Ethics*, Vol. 14, No. 66, 2014.

③ Kahn E. B., Ramsey L. T., Brownson R. C., et al., "The Effectiveness of Interventions to Increase Physical Activity: A Systematic Review", *Am J Prev Med*, Vol. 22, No. 73, 2002.

④ Virgil V. A., Reka K., "Arguments for Promoting the Right to Practice Sports as a Fundamental Rignt", *Studia Universitatis Babes-Bolyai*, *Educatio Artis Gymnasticae*, Vol. 2, No. 89, 2012.

校健康政策具有积极影响,但是也存在决策机构和执行机构界限不清、体育健康配套法规不完善等问题。①

Perna F. M. 等(2012)认为体育活动促进是青少年享有的一项基本权利,因为影响其参与的因素复杂多样,因此需要分类进行法律规定。作者提出从美国的学校(调查了410所学校)体育法律法规和政策分类系统(PERSPCS)看,其重点是整合体育资源并进行合理分配。调查结果表明在中小学阶段,有特定法律要求的州郡,青少年体育参与程度要远超无特定要求的州郡,因此所有的州都应该针对不同类型的学校制定适宜的法律法规。② Yao C. A.、Rhodes R. E.(2015)认为,青春期以前,父母对体育活动的建模在建立运动社会规范方面发挥着不可或缺的作用,虽然随着孩子的成长,这种建模的影响逐渐减弱,但在最初阶段,以家庭为基础的引导、支持和代际干预仍然是至关重要的,因此需要制定以家庭和社区为中心的政策体系。③

3. 青少年体育活动促进政策的运行机制研究

各个国家的情况大相径庭,很多研究者立足本国现实情况,对青少年体育活动促进政策的运行情况展开了探讨。Masse L. C. 等(2007)研究认为,美国各州都有立法权,能够依据国家法律制定针对性的学校法案,这为学校体育开展提供了重要的法律依据,尤其是依据国际政策分类系统建立的州系统具有显著特色,其运用独立的文献和实践审查对州一级法律和学校政策执行情况进行了评估。④ Young D. R. 等(2010)进一步研究认为,美国青少年超重和肥胖虽然是由多种因素引起的,但

---

① Buns, Matthew T., Thomas, Katherine T., "Impact of Physical Educators on Local School Wellness Policies", *Physical Educator*, Vol. 72, No. 294, 2015.

② Perna F. M., Oh A., Chriqui J. F., et al., "The Association of State Law to Physical Education Time Allocation in US Public Schools", *American Journal of Public Health*, Vol. 102, No. 1594, 2012.

③ Yao C. A., Rhodes R. E., "Parental Correlates in Child and Adolescent Physical Activity: A Meta-analysis", *International Journal of Behavioral Nutrition and Physical Activity*, Vol. 12, No. 1, 2015.

④ Masse L. C., Chriqui J. F., Igoe J. F., et al., "Development of a Physical Education-Related State Policy Classification System (PERSPCS)", *Am J Prev Med*, Vol. 33, No. 264, 2007.

是最为关键的原因仍然是体育活动不足。全国有90%的孩子都享有学校教育，政府机构和其他社会组织都将学校视为增加体育活动的理想场所。为此，美国疾病控制中心（CDC）制定了《健康学校指南》来全面推广和实施，其中包括课堂教学、环境政策和支持、餐饮服务、社区和家庭参与。[1] 基于青少年体育活动建议，美国卫生与公共服务部于2000年提出了学校体育活动促进的总体运行框架——学校必须与政府机构和社区伙伴积极合作，提供最佳的环境来支持孩子们进行多样体育活动，特别是要为低收入学生提供专门的服务。主要措施包括：（1）制定促进体育活动的政策；（2）加大资源保障，鼓励和支持安全和愉快的体育活动；（3）实施素质教育，强化日常体育活动指导和体育课；（4）实施健康教育，为学生提供专业的知识和行为技能；（5）对从事体育活动指导的人员进行系统充分的培训；（6）提供多样的课外体育活动，满足所有学生的需要和兴趣。[2] 澳大利亚卫生部发布的研究报告（2011）分析认为，澳大利亚的联邦制度有许多优点，其中包括实现国家战略的决策与合作能力。在体育和娱乐活动方面，历届政府不断加大公共基金投入。2009年12月，独立运动委员会发布了题为《澳大利亚体育未来》的报告。其中联邦、州和地区的体育部长一致认为，实现体育强国这一整体发展战略的关键是要制定针对性的政策全面提升青少年体育参与程度及运动员精英的竞技水平。在一项具有里程碑意义的合作式体育体制改革中，体育和娱乐部长委员会决议制定第一个国家体育和娱乐活动政策框架，系统指导澳大利亚体育政策的发展。该政策框架并不是一项政策性的文件，而是建立有效的运行机制，明确各层次治理主体的职责，以及对合作伙伴的期望，从而全面实现体育发展的既定目标。[3]

---

[1] Listed N. A., "Guidelines for School and Community Programs to Promote Lifelong Physical Activity among Young People", *Journal of School Health*, Vol. 67, No. 202, 1997.

[2] Young D. R., Felton G. M., Grieser M., et al. "Policies and Opportunities for Physical Activity in Middle School Environments", *J Sch Health*, Vol. 77, No. 41, 2010.

[3] Australian Government Department of Health, *National Sport and Active Recreation Policy Framework* (https://www1.health.gov.au/internet/main/publishing.nsf/Content/cdna-ozfoodnet.htm).

Lounsbery M. A. 等（2013）研制了一个体育政策制定的生态模型，他们将青少年体育教育和体育活动与国家、地区、学校政策，以及学校环境有机联系起来，并将每个层次政策的实现程度作为评价标准。这个模型展现了典型的政策多层次性，虽然州和地区的政策可能直接影响学校环境（例如，学校规模和地点），但国家政策对它们的影响是显著的，这反过来又影响到学校的体育政策和环境。[1] Kehm R. 等（2015）研究认为，为了充分整合利用社会资源和专业资源，学校在制定政策和健康计划时，应纳入地方教育董事会、教师协会、咨询委员会、当地卫生部门、健康和娱乐组织，以及其他家长和社区组织。邀请营养、卫生、健康和体育领域的专家参与这一决策过程不仅会加强学校健康政策的针对性，还能够为青少年创造更健康的运动环境。[2] Underwood J.（2016）分析认为，美国 50 个州，包括哥伦比亚地区已经建立了比较完善的"青少年脑震荡法案"。一些州提出了非常详细的预防和保护要求，很多法案都是以受伤儿童的名字命名的，其中明确要求学区、州教育部门、地方学区或州校际体育协会制定针对性的指南和条款，以识别与体育运动有关的脑震荡，并让年轻运动员安全地重返体育活动中；同时要求学校制订并实施脑震荡管理计划，协同（告知）家长要求学生（运动员）在脑震荡后重返赛场或参加比赛之前出具书面医疗报告。这些法律（法案）都明确赋予学区、州教育部门、地方学区、州体育协会一定的决策权，并要求它们系统制定青少年体育运动指南和规程，同时建立体育运动可能引发脑震荡的详细目录。[3]

（三）青少年体育活动促进的协同管理和实施研究

《国际体育运动宪章》明确提出参与体育是所有人的一项基本权

---

[1] Lounsbery M. A., Mckenzie T. L., Morrow J. R. Jr, et al., "District and School Physical Education Policies: Implications for Physical Education and Recess Time", *Annals of Behavioral Medicine*, Vol. 45, No. 1, 2013.

[2] Kehm R., Davey C. S., Nanney M. S., "The Role of Family and Community Involvement in the Development and Implementation of School Nutrition and Physical Activity Policy", *Journal of School Health*, Vol. 85, No. 2, 2015.

[3] Underwood J., "Under the Law: Schools should Heed Concerns over Sports Brain Injuries", *Phi Delta Kappan*, Vol. 97, No. 6, 2016.

利。《奥林匹克宪章》也提出从事体育运动是一项人权,每个人都有能力根据自己的需要进行体育活动。2002年5月,为了应对全球性的身体活动缺乏,以及肥胖和非传染性疾病发病率的不断攀升,世界卫生组织专门制定了一项合理饮食、体育活动促进和健康的全球战略,致力于推动各国采取有效的干预措施。[1] 协同管理与实施是体育治理的关键环节,决定着政策的执行程度,以及整体利益实现的效果。协同管理与实施具有突出的实践性,其在强调社会优质资源有机融合的基础上,要求建立公开透明的运行机制,并以提升体育参与水平,满足多元化的体育需求为最终目标。西方国家的研究者立足协同管理与实施的有机运行,呈现出解决现实问题的动态。

1. 青少年体育活动促进与社会资源的有机融合研究

青少年体育活动促进需要借助于广泛的社会资源,从发展趋势看,西方国家日益重视对公共和私人资源的整合,为其协同管理与实施提供了重要的支持。研究者们主要关注的内容有以下几个方面:

第一,青少年体育活动促进的社会环境资源整合。顶层设计指导下的协同管理与实施是青少年体育治理的关键环节,决定着整体利益实现的程度,因此需要纳入公共健康事务框架下,广泛寻求社会资源的支持。Sallis J. F. 等(1998)研究提出政策和环境干预是建立在行为生态模型基础上的,并有可能影响整个社会。生态模型尤其适用于体育活动,因为其必须在特定的场地中进行。大量的数据表明,政策和环境的变量与年轻人体育行为密切相关,能够提升他们的参与程度。目前很多国家正在进行大规模的政策干预,确立了一种政策和环境复合干预体育发展的生态模型。[2] Sallis J. F. 等(2000)提出为了提高青少年的体育参与程度和身体活动水平,必须要将其纳入公共健康体系依法进行协同干预和治理。[3] Bauman A. E. 等(2002)从行为科学的角度分析认为,

---

[1] Pratt M., Jacoby E. R., Neiman A., "Promoting Physical Activity in the Americas", *Food & Nutrition Bulletin*, Vol. 25, No. 2, 2004.

[2] Sallis J. F., Bauman A., Pratt M., "Environmental and Policy Interventions to Promote Physical Activity", *American Journal of Preventive Medicine*, Vol. 15, No. 4, 1998.

[3] Sallis J. F., Prochaska J. J., Taylor W. C., "A Review of Correlates of Physical Activity of Children and Adolescents", *Med Sci Sports Exerc*, Vol. 32, No. 5, 2000.

社会人口、文化、价值观、环境，以及个体的生理、心理、认知等因素能够对人们参与体育活动产生不同的影响，这些变量对采取有效的干预策略，改善公共健康状况具有重要的作用，因此在制定政策和方案时应给予重点考虑。① Love -Koh J. 等（2017）使用经济模型评估了环境资源干预体育活动的成本效益，他们提出哪怕是青少年体育参与平均值的小幅度增加也能够产生成本效益；通过环境干预来增加青少年体育活动是非常划算的，能够有效减少过高的管理成本投入。② Tuñón I. 等（2014）认为，体育促进作为一种有计划的社会实践活动，在将人的发展本质从权利途径转化为具体实践，以及在竞技体育和休闲体育领域覆盖、构建和实施教育方面，都有其局限性，因此需要积极推行创新性项目，不断实现体育社会资源的有机融合。③

Kahlmeier S. 等（2015）认为，青少年体育活动促进治理仍然是一个相当年轻的领域，世卫组织制定了具体的指导方针，支持世界各国制定全面有效的国家政策和体育活动促进计划，同时要求将其纳入公共事务框架，制订切实可行的实施计划，将所有利益相关者、管理者、实施者汇聚一堂，全面执行国家政策和相关项目基准。④ Tuñón I. 等（2014）提出体育、竞技体育和休闲活动能够推动人类社会的发展，同时有助于确立不同法律活动中的人权。《儿童权利公约》（联合国，1989 年）明确规定了儿童享有参与体育和娱乐活动的权利。体育促进作为一种有计划的社会实践活动，在将人的发展本质从权利途径转化为具体实践，以及在竞技体育和休闲体育领域覆盖、构建和实施教育方

---

① Bauman A. E., Sallis J. F., Dzewaltowski D. A., Owen N., "Toward a Better Understanding of the Influences on Physical Activity: The Role of Determinants, Correlates, Causal Variables, Mediators, Moderators, and Confounders", *American Journal of Preventive Medicine*, Vol. 23, No. 2, 2002.

② Love-Koh J., Taylor M., Owen L., "Modelling the Cost-effectiveness of Environmental Interventions to Encourage and Support Physical Activity", *The Lancet*, Vol. 90, No. 3, 2017.

③ Tuñón I., Laiño F., Castro H., "Recreational Game and Social Sport as Law Policy: Its Relationship with Childhood in Socially and Economically Deprived Communities", *Educación Física Y Ciencia*, Vol. 16, No. 1, 2014.

④ Kahlmeier S., Wijnhoven T. M. A., Alpiger P., et al., "National Physical Activity Recommendations: Systematic Overview and Analysis of the Situation in European Countries", *Bmc Public Health*, Vol. 15, No. 1, 2015.

面，都有其局限性，因此需要积极推行创新性项目，不断实现体育的社会融合。Halbert C. H. 等（2014）认为，青少年体育有助于不同法律活动中人权的确立，因此应该纳入更加宽泛的健康促进治理体系，实现各种资源变量的有机融合，即通过签订联合治理和使用协议，建立一个具有成本效益的共享社区资源的平台。① Suglia S. F. 等（2016）提出青少年健康与社会资源的关系密切，其中涉及因素包括社会凝聚力、社会资本、社会规范、集体效能、社区犯罪与安全、经济发展情况等。② Panter J. 等（2017）综合公共健康、社会学、行为科学和交通运输领域提出了青少年体育活动干预的资源整合模型，他们认为体育活动是一项根植于社会实践的行为，资源环境干预是一种结构性的变化，应建立与体育活动变化密切相关的监测机制。③

第二，青少年体育活动促进与环境资源变量之间的关系。各种环境资源的变化能够对青少年体育活动促进产生不同的影响。美国国家研究委员会、体育委员会、健康委员会等联合发布的研究报告提出，由于运动和健康之间的正相关关系，建立积极的生活方式，建设良好的体育环境是非常有必要的。在家庭、工作、学校、旅游和休闲有关的很多建筑环境中都能够有效增加体育活动机会，今后的制定政策应侧重于提供更多方便体育运动的环境。④ Neiman A. B.、Jacoby E. R.（2003）认为，决定是否参加体育运动的因素是多样的，会因为个人、环境和文化而发生变化。有效的时间、设施和其他物质资源安排有助于提高受过教育及较富裕阶层的体育参与程度。为了帮助弱势群体，我们应该对其不参与体育活动的决定性社会因素进行充分的了解。最

---

① Halbert C. H., Bellamy S., et al., "Collective Efficacy and Obesity-related Health Behaviors in a Community Sample of African Americans", *Community Health*, Vol. 39, No. 1, 2014.

② Suglia S. F., Shelton R. C., Hsiao A., et al., "Why the Neighborhood Social Environment Is Critical in Obesity Prevention", *Journal of Urban Health*, Vol. 93, No. 1, 2016.

③ Panter J., Guell C., Prins R., et al., "Physical Activity and the Environment: Conceptual Review and Framework for Intervention Research", *International Journal of Behavioral Nutrition & Physical Activity*, Vol. 14, No. 1, 2017.

④ "Committee on Physical Activity, Health, Transportation, and Land Use, *Does the Built Environment Influence Physical Activity? Examining the Evidence*", Transportation Research Board Special Report, 282, 2005.

新的研究表明，环境变量，比如休闲空间、社区环境设计、天气、公共安全等都有可能导致不参加体育运动。针对这些问题，应将城市宏观和微观环境资源与公共健康有机结合，同时将富裕家庭和社区作为优先开展对象。[1] Davison K. K.、Lawson C. T.（2006）认为，儿童参加体育活动与公共娱乐设施（如使用康乐设施、学校设施等）和交通基础设施（如人行道、十字路口、公共交通等）有着紧密的联系。其中交通道路的数量和车辆的密度/速度，以及当地的犯罪和贫困状况与儿童体育活动参与程度呈负相关。因此，需要进行跨学科研究，系统评估和分析中介变量，为当地政府科学决策，优化儿童体育参与的社会环境资源提供有力支持。[2] Ferreira I. 等（2007）研究认为，致胖环境是导致肥胖率居高不下的主要原因，因此需要充分了解与体育活动参与相关的各种环境因素，以便制定有效的干预策略。家庭和学校的环境变量尤其与青少年儿童体育参与密切相关，其中家庭收入、父母的教育水平、体育价值观、户外活动时间安排、学校体育活动政策、社区体育环境等与他们的体育参与呈现高度正相关。作者提出基于定量和定性研究，应该从纵向、横向设置干预目标，并针对影响体育活动潜在的因素采取更客观和有效的措施。[3]

2. 青少年体育活动促进的协同管理与实施机制研究

西方国家建立了比较完善的青少年体育协同管理与实施制度，学者们围绕家庭（父母）、学校、社区，以及公共部门之间的有机衔接与合作展开了广泛的研究。Gutiérrez K. D. 等（2010）研究认为，家庭对确立儿童典型的生活方式具有关键性的作用，社区虽然没有家庭的影响大，但也能够影响他们世界观的形成。规律性的体育运动可以给孩子们带来很多益处，对维持、改善健康水平，提高学业成绩都能够

---

[1] Neiman A. B., Jacoby E. R., "The first 'Award to Active Cities', Contest in the Region of the Americas", *Rev Panam Salud Publica*, No. 14, 2003.

[2] Davison K. K., Lawson C. T., "Do Attributes in the Physical Environment Influence Children's Physical Activity? A Review of the Literature", *International Journal of Behavioral Nutrition & Physical Activity*, Vol. 3, No. 1, 2006.

[3] Ferreira I., Vand H. K., Wendelvos W., et al., "Environmental Correlates of Physical Activity in Youth—A review and Update", *Obesity Reviews*, Vol. 8, No. 2, 2007.

带来积极的影响。同时到了青少年时期,持续的体育锻炼能够使他们养成终身锻炼的习惯。家庭(父亲)起着关键作用,能够推动青少年形成健康的体育生活方式,使他们不断掌握新的技能,从而为成年生活做好准备。[1] 家庭和社区参与意味着包括家庭成员和社区成员必须参加各类体育活动,这就需要在学校和社区之间建立联系,创造和支持体育活动的机会,并给予场地设施支持。虽然这一观念看起来很简单,但是家庭和社区的参与是综合性学校体育活动计划(CSPAP)中最不经常实施的一部分。为了建立多方协调运行机制,体育活动认证官员(CD-PA)必须要进行更有效的培训,以便更容易和更便利地使家庭和社区参与到青少年体育活动促进中。[2] Lund S. (2014)研究认为,20世纪90年代以来,在瑞典新自由主义改革思潮下,很多本地的学校开始从组织和内容方面推动全面改革。这一轮改革的中心是放松对教育的管制,主要目的是通过社会分化和共同介入来提高教育标准,实现教育均等化。就学校体育而言,相关政策的出台不仅增加了普及性体育项目的数量,而且也促使中学与地方体育俱乐部共同开展竞技体育和业余体育活动。不同于英国和其他盎格鲁—撒克逊国家,瑞典的中学体育是以自愿为基础的,当地政府给予政策、资金等方面的指导和支持,学校、本地体育俱乐部、社区建立对接合作机制,通过多种途径实现学生广泛的体育参与。[3] Xie H.等(2017)认为,体育活动、久坐行为和睡眠组合与儿童和青少年健康密切相关,所有行动计划都要在循证的基础上进行,因此需要建立长期的运动行为监测制度,定期进行科学评价。[4] Dixon A.、Loprinzi p.提出美国国民体育活动计划联盟(2016)要求建

---

[1] Gutiérrez K. D., Izquierdo C., Kremer-Sadlik T., "Middle Class Working Families' Beliefs and Engagement in Children's Extra-curricular Activities: The Social Organization of Children's Futures", *International Journal of Learning*, No. 3, 2010.

[2] Kristin Cipriani, Cheryl Richardson, Georgi Roberts, "Family and Community Involvement in the Comprehensive School Physical Activity Program", *Journal of Physical Education Recreation & Dance*, Vol. 83, No. 7, 2012.

[3] Lund S., "Regulation and Deregulation in Education Policy: New Reforms and School Sports in Swedish Upper Secondary Education", *Sport Education & Society*, Vol. 19, No. 3, 2014.

[4] Xie H., Scott J. L., Caldwell L. L., "Urban Adolescents' Physical Activity Experience, Physical Activity Levels, and Use of Screen-Based Media During Leisure Time: A Structural Model", *Frontiers in Psychology*, No. 8, 2017.

立不同群体体育行为变化的协同运行制度和监控机制,为此成立了9个专家工作小组,着重对接主要的工作部门系统开展,并建立了定期对各部门有机联系、协作实施情况的评估制度。①

3. 青少年体育活动促进协同管理与实施的具体措施研究

青少年体育活动促进具有突出的实践性,尤其是在各种不同的环境和资源配置中需要采取灵活的干预措施,西方国家的众多研究者针对各类实施主体所采用的措施展开了探讨。Gutiérrez K. D. 等(2010)研究认为,家庭对确立儿童典型的生活方式具有关键性的作用,社区虽然没有家庭的影响大,但也能够影响他们世界观的形成。家庭(父亲)起着关键作用,能够推动青少年形成健康的体育生活方式,使他们不断掌握新的技能,从而为成年生活做好准备。② Haese S. D.(2016)提出在采取干预措施之前,需要深入了解目标行为(促进体育活动,防止儿童和青少年长时间久坐已成为重要的公共卫生目标)因素;在不同的国家,社区环境与青少年体育活动之间的关系不能一概而论,应分别针对高收入社区、低收入社区,以及不同年龄段的孩子实施分类干预。③ Dixon A.(2016)提出美国人可以在令人惊讶的地方锻炼:做礼拜的场所,有宗教信仰的场所已被列为开展美国体育活动的重要领域。国民体育促进计划由国家体育活动计划联盟制定,旨在通过定期体育活动来预防疾病和改善健康。教堂、教会和其他宗教场所都被列为行动区域,因为它们现有的社会制度和结构非常适合实施体育活动计划。④ Morton K. L. 等(2016)提出通过优化学校环境来支持健康行为,促进青少年身心健康日益受到学界和政策制定者的关注。为了建构一个有意义的学校环境,要解决多层面的问题,充分发挥学

---

① Dixon A., Loprinzi P., "The United States National Physical Activity Plan: Is It Being Integrated into Exercise Science Curriculum", *Journal of Behavioral Health*, Vol. 6, No. 1, 2017.

② Gutiérrez K. D., Izquierdo C., Kremer-Sadlik T., "Middle Class Working Families' Beliefs and Engagement in Children's Extra-curricular Activities: The Social Organization of Children's Futures", *International Journal of Learning*, No. 3, 2010.

③ Haese S. D., *Insights into Individual and Environmental Correlates of Physical Activity Among Youth*, Ghent Belgium: Ghent University Academic Bibliography, 2016, p. 2.

④ Dixon A., "New Plan: Faith Communitie, Sports Key to Increasing Physical Activity", *The Nation's Health August*, Vol. 46, No. 6, 2016.

校体育、社会和政策环境之间的相互作用和影响,塑造学生良好的体育运动习惯。①

针对目前青少年因为运动不足而引发的各类社会问题,研究者们提出应采取多种多样的灵活举措。Lim S. S. 等(2012)认为,更为严重的是,缺乏体育锻炼已成为西欧和欧洲其他高收入地区的第四大危险因素(在全球排名前十位),每年大约有300万人因此死亡;② 同时患重大非传染性疾病(NCDs)的比例高达6%—10%,如冠心病、Ⅱ型糖尿病、乳腺癌和结肠癌。最近的国际政策框架进一步确证了体育的重要性,要求各国高度重视,系统实施,尽早让孩子接触科学的体育运动;"非传染性疾病全球监测框架"也确立了一个全球目标,即到2025年底将经常不参加体育锻炼的比例减少10%。③ Ogden C. L. 等(2014)研究认为,儿童和青少年的肥胖在美国一直是一个社会高度关注的公共健康问题。自1980年以来,12—19岁的肥胖青少年比例从5%上升到21%。④ 其中许多病都与青少年肥胖有关,包括代谢综合征、Ⅱ型糖尿病、心血管畸形和心理问题。⑤ 此外,青春期的肥胖通常会带入成年期,肥胖青年患心血管疾病、中风、糖尿病、癌症等的风险更高。⑥ 针对美国青少年因运动不足而引发的严重问题,Kehm R. 等(2015)提出在生命的早期阶段就要采取必要的体育干预措施,预防肥胖,并且应该坚持到青春期。只有政府、家庭、学校、社区共同努力,才能够扭转

---

① Morton K. L., Atkin A. J., Corder K., et al., "The School Environment and Adolescent Physical Activity and Sedentary Behaviour: A Mixed-studies Systematic Review", *Obesity Reviews*, Vol. 17, No. 2, 2016.

② Lim S. S., Vos T., Flaxman A. D., et al., "A Comparative Risk Assessment of Burden of Disease and Injury Attributable to 67 Risk Factors and Risk Factor Clusters in 21 Regions, 1990 - 2010: A Systematic Analysis for the Global Burden of Disease Study 2010", *Lancet*, Vol. 380, No. 9859, 2012.

③ Jensen B. B., Currie C., Dyson A., et al., *Review of Social Determinants and the Health Divide in the WHO European Region: Final Report* (Report Prepared by UCL Institute of Health Equity).

④ Ogden C. L., Carroll M. D., Kit B. K., Flegal K. M., "Prevalence of Childhood and Adult Obesity in the United States", *JAMA*, Vol. 311, No. 8, 2014.

⑤ Daniels S. R., Arnett D. K., et al., "Overweight in Children and Adolescents: Pathophysiology, Consequences, Prevention, and Treatment", *Circulation*, Vol. 11, No. 15, 2005.

⑥ Field A. E., Coakley E. H., Must A., et al., "Impact of Overweight on the Risk of Developing Common Chronic Diseases during a 10-year Period", *Arch Intern Med*, Vol. 161, No. 13, 2001.

目前的状况。家庭和社区在儿童健康环境中发挥着重要作用,尤其是父母能够确保给他们的孩子一个健康环境,并能够对孩子的行为产生持续影响。[1] 因此,建立学校、家庭和社区长效的合作机制是确保向所有的学生提供最高营养和体育活动标准的重要途径。[2] Hallal P. C. 等(2017)研究认为,在欧洲甚至是全球范围内,体育运动越来越被认为是与健康密切相关的一个关键因素,但是目前欧洲各国身体活动不足的情况很普遍,有三分之二的成年人和80%的年轻人没有达到欧洲人建议的最低运动量,需要进一步将青少年体育参与纳入统一的政策框架内,并适当采取一些强制性措施。[3]

(四)青少年体育活动促进的监管与评价研究

西方国家注重青少年体育活动促进的监管与评价,研究者们着重围绕着决策、协同治理、体育环境建设等展开了多层次的探讨。

1. 青少年体育活动促进政策的监管与评价

Sallis J. F. 等(1988)综合多维度提出了体育活动促进治理监测和评价的概念模型,他们认为由于体育活动促进对健康具有重要的作用,因此如何对其进行科学的评价成为理论和实践研究的焦点问题。对于人口监测的政策制定者以及相关从业人员而言,对体育活动促进进行监测和评价是十分重要的。

政策、环境、社区层次等变量是对国家或大规模体育活动促进计划进行长期评估的重要内容。[4] Henderson K. A.(2009)着重从体育管理的视角分析了评价青少年体育安全风险防范的问题,他在广泛调查的基础上提出许多体育管理组织的目的是鼓励大家积极参与体育活

---

[1] Kehm R., Davey C. S., "The Role of Family and Community Involvement in the Development and Implementation of School Nutrition and Physical Activity Policy", *Journal of School Health*, Vol. 85, No. 2, 2015.

[2] Ornelas I. J., Perreira K. M., Ayala G. X., "Parental Influences on Adolescent Physical Activity: A Longitudinal Study", *Int J Behav Nutr Phys Act*, Vol. 4, No. 3, 2007.

[3] Hallal P. C., Andersen L. B., Bull F. C., et al., "Global Physical Activity Levels: Surveillance Progress, Pitfalls, and Prospects", *Lancet*, Vol. 380, No. 9838, 2017.

[4] Sallis J. F., Pinski R. B., Grossman R. M., et al., "The Development of Self-efficacy Scales for Health-related Diet and Exercise Behaviors", *Health Education Research*, Vol. 3, No. 3, 1988.

动,但在风险防范措施方面做得不够。儿童和青少年热衷于参加各种游戏和体育活动,但存在潜在的运动风险,需要体育管理组织从设施、场地、体育项目、指导者等多角度制定干预措施,以促进每个人形成健康的身体活动行为。因此,体育组织应将青少年运动安全作为重点考虑的问题,要进行长期监控,这也是对其进行绩效评价的重要指标。[1]

Nethe A. 等(2012)认为,制定政策、法规或立法都需要确立循证和评价的议程,环境影响因素(如政策、有竞争力的健康促进活动等)都能够导致健康促进法案的成功或失败。[2] 这些评价指标主要包括:政策的制定和实施;计划的制度建构情况;没有发起者参与情况下计划的自我维持;降低因不活动导致疾病发病率和死亡率的条件;提升幸福、生活质量,以及保障体育活动开展的社会资本和环境,如资金投入、公共交通改善、公园建设、城市规划、文明守则、体育价值观。[3] Poitras V. J. 等(2016)提出研制青少年体育政策或法案需要建立科学的成果筛选标准,通过各种搜索源系统审视和解读运动行为(体育活动、久坐行为、睡眠、综合行为)与健康指标之间的关系,这是提供最佳循证指导的基础。[4] Williams G. 提出识别、干预饮食和生活方式,实现儿童和婴儿健康促进(IDEFICS)的研究成果与公共政策的制定密切相关,既要考虑体育干预措施的适用性,也要给决策者提供一个可以实现的模型,同时要根据多个目标针对性考量可操作性的政策措施。[5] De

---

[1] Henderson K. A., "A Paradox of Sport Management and Physical Activity Interventions", *Sport Management Review*, Vol. 12, No. 2, 2009.

[2] Nethe A., Dorgelo A., Kugelberg S., et al., "Existing Policies, Regulation, Legislation and Ongoing Health Promotion Activities Related to Physical Activity and Nutrition in Pre-primary Education Settings: An Overview", *Obesity Reviews*, Vol. 13, No. 1, 2012.

[3] Bauman A., Phongsavan P., Schoeppe S., et al., "Physical Activity Measurement—A Primer for Health Promotion", *Promote Educ*, Vol. 13, No. 2, 2006.

[4] Poitras V. J., Gray C. E., et al., "Systematic Review of the Relationships between Objectively Measured Physical Activity and Health Indicators in School-aged Children and Youth", *Applied Physiology Nutrition and Metabolism = Physiologie Appliquée Nutrition et Métabolisme*, Vol. 41, No. 6, 2016.

[5] Williams G., "The IDEFICS Intervention: What Can We Learn for Public Policy?", *Obesity Reviews*, Vol. 16, No. 2, 2016.

Bourdeaudhuij I. 等（2016）认为，儿童和青少年体育政策应及时向社会公布，尤其是应该让家长（父母）、学校（尤其是幼儿园和学前班）、社区等密切的利益相关者充分了解干预方案，以便使他们决定是否采取行动，并积极参与其中，这是衡量和评价某一项体育政策是否有效的重要环节。①

2. 青少年体育活动促进协同管理与实施的监管

协同管理与实施权涉及多种权力关系和责任关系，因此对其监管需要成立专门的机构，分类采取措施，并以"绩效"作为最终考核指标。美国国家运动和体育教育协会的研究报告（2008）提出学校在公共健康方面起着重要的作用，规律性的体育运动对青少年的身体、心理，以及社会利益都大有裨益。为了全面实施学校综合体育运动计划，需要建立针对性的监管与评价机制：（1）成立监管委员会。任命一个由体育教师、健康教育教师、行政人员、家长、学生、社区成员及其他利益相关者组成的专项委员会全面监督该计划的实施。（2）制订长效的监控行动计划。该计划主要包括基本标准执行评估、达到的目标、需求满足情况、家庭和社区参与情况等。（3）采取多种措施对该学校综合体育运动计划的基本标准执行情况进行专门评估。②

Grunbaum J. A. 等（2013）着重分析了美国学校体育活动促进的监管和评价制度，他们提出在美国，超过5400万名的学生是待在学校的，每年累积时间大约是180天，他们每天上课6个小时。学校能够利用独特的优势有效改善儿童和青少年的健康状况。1995年，美国疾病控制与预防中心（CDC）与州和地方的教育、卫生机构合作，建立了学校健康档案制度，全面监测和评估学校健康教育工作的实施和学校卫生政策的执行效果。该制度每两年实施一次，其中包括州和地方政府对初中、高中校长和主要健康教育教师的调查。健康档案制度的核心是学校协同健康计划（CSHP），主要从健康教育、体育教育、学校环境、咨询服

---

① De Bourdeaudhuij I., Verbestel V., De Henauw S., et al., "Implementation of the IDEFICS Intervention across European Countries: Perceptions of Parents and Relationship with BMI", *Obesity Reviews An Official Journal of the International Association for the Study of Obesity*, Vol. 16, No. 2, 2016.

② Education S. P., "Comprehensive School Physical Activity Programs. Position Statement", *National Association for Sport & Physical Education*, No. 10, 2008.

务、家庭与社区参与5个方面对学校进行评估。① Puggina A. 等（2017）认为，低水平的体育活动已经成为当前全球关注的问题，提升参与程度已经成为各国公共卫生政策的优先事项，为了实现总体目标，就需要对青少年体育协同管理与实施中相互依赖的、多层次的因素和变量进行测量和评价，主要维度包括环境政策执行、社会文化经济、心理和行为等，核心评价指标是综合活动行为的改变情况（如体育参与、饮食、睡眠、久坐）。②

3. 青少年体育活动促进社会资源与环境资源的评估

Carlin A. 等（2017）认为，在社会生态模型框架下，基于广泛的社会人口因素，政策、环境、个体本身、个体之间等对青少年体育活动参与的影响程度由近至远、由小及大。体育活动参与（类型、频率、强度、持续时间）与环境因素最为有关，其中主要包括居住地城市化程度，城市形态、交通网络、体育设施、自然环境（如绿道、水域等）。③ O'Donoghue G. 等（2018）提出随着孩子年龄的增长，孩子的独立性增强，父母对他们体育活动的影响逐渐减弱，环境因素（如家庭社会经济地位、学校环境、同龄人参与、公共体育设施等）的影响日益加大。④

针对不同类型的环境资源，研究者们提出了针对性的评价方法和途径。Brownson R. C. 等（2001）研究提出加拿大和美国的调查数据显示，体育健身设施和其他城市设计因素（如交通、照明、人行道维护

---

① Grunbaum J. A., Pietra J. D., McManus T., et al., *School Health Profiles: Characteristics of Health Programs among Secondary Schools*, U. S: Department of Health and Human Services Centers for Disease Control & Prevention, 2013, p. 1.

② Puggina A., Aleksovska K., Buck C., et al., "Policy Determinants of Physical Activity across the Life Course: A 'DEDIPAC' Umbrella Systematic Literature Review", *European Journal of Public Health*, Vol. 28, No. 1, 2017.

③ Carlin A., Perchoux C., Puggina A., et al., "A Life Course Examination of the Physical Environmental Determinants of Physical Activity Behaviour: A 'Determinants of Diet and Physical Activity' (DEDIPAC) Umbrella Systematic Literature Review", *Plos One*, Vol. 12, No. 8, 2017.

④ O'Donoghue G., Kennedy A., Puggina A., et al., "Socio-economic Determinants of Physical Activity Across the Life Course: A 'Determinants of Diet and Physical Activity' (DEDIPAC) Umbrella Literature Review", *Plos One*, Vol. 13, No. 1, 2018.

等）对居民体育活动和参与率具有十分重要的影响。[1] 基于环境资源与体育参与之间的密切关系，Handy S. L. 等（2002）着重从城市规划理论视角探究了如何评估建筑环境对体育运动的贡献率，他们认为在城市规划理论中，直接评估建筑环境与体育活动之间有机关系及其对健康影响的研究很少。目前建筑环境、旅游行为和公共健康的有机联系方面还存在很多问题，我们所面临的挑战是如何理解建筑环境与人类行为之间的相互关系，然后开发能够预测在不同环境条件下人们能够更多参与体育运动的模型。现有证据证明，城市设计、土地利用模式和交通系统的有机结合能够有效促进徒步和自行车运动的开展，也有利于创建有生气、更健康和更适宜居住的社区环境。[2] Craig C. L. 等（2002）提出了一个概念性的方法来理解社区环境设计（消除了收入水平、大学教育、贫困和城市化程度等因素的潜在影响）如何影响人们的体育行为。作者在对加拿大1996年人口普查及27个社区调查数据的基础上，采用分层线性建模的方法，建立了基于18个社区特征（如目的多样性、环境视觉美感、交通流量等）的环境评分（评估）系统。他们提出环境与体育参与密切相关，其中公共健康、城市规划、交通等的有机协作起着关键性作用，应给予高度重视。[3] Ajja R. 等（2014）提出课外活动（辅导）是提升孩子们体育活动参与水平的重要环节，需要对其政策水平和环境资源进行有针对性的评估。作者运用健康课外体育活动量表对课外体育政策的典型特征进行了评价，运用测量轮和地理信息系统软件分别对室内和室外运动环境进行了评估。他们提出对课外活动人员进行高质量的体育培训是政策成功的关键因素，为了全面掌握现行方案对政策的执行情况及运动环境监测状况，就必须要对青少年中课外活动期间的体

---

[1] Brownson R. C., Baker E. A., Housemann R. A., et al., "Environmental and Policy Determinants of Physical Activity in the United States", *American Journal of Public Health*, Vol. 91, No. 12, 2001.

[2] Handy S. L., Boarnet M. G., Ewing R., et al., "How the Built Environment Affects Physical Activity: Views from Urban Planning", *American Journal of Preventive Medicine*, Vol. 23, No. 2, 2002.

[3] Craig C. L., Brownson R. C., Cragg S. E., et al., "Exploring the Effect of the Environment on Physical Activity: A Study Examining Walking to Work", *American Journal of Preventive Medicine*, Vol. 23, No. 2, 2002.

育参与水平进行持续评估。为了更好地发挥课外活动在实现体育政策目标方面的作用,在其质量评估标准中必须纳入可以量化的体育活动指标。① Donnellan N. M. (2016) 首次使用核密度估计的方法系统测量和评估了城市建筑环境、交通、体育活动与健康之间的关系,改变了对目前建筑环境的认识。主要内容包括测量坡度、路灯、人行道、步道等指标,改进并增强标准步态指标,对社区路况的可骑性(自行车)和无障碍性进行测试和验证。②

(五) 青少年体育中的伤害防范、暴力规避和侵权责任研究

1. 青少年体育中的伤害防范研究

Price R. J. 等(2001) 对英国职业足球俱乐部青少年学院青少年球员运动损伤情况以及损伤的性质、类型进行了审查,并提出足球是一个损伤概率很高的运动项目,因此需要采取有效的方法对球员的运动损伤进行预防。研究结果表明:青少年球员的损伤概率为职业球员的一半,并且非接触性伤害率和季前受伤率增加。③ Le Gall F. 等(2006) 调查了法国精英青少年球员的伤害发生率,结果表明14岁以下的运动员容易在训练中造成运动损伤,而年龄较大的球员更有可能在比赛中发生运动损伤。④ Brennan S. (2007) 研究认为,持续激烈的体育活动可能会对孩子的健康、道德品质及其他方面发展产生一些不利的影响。尽管孩子们都很乐意参加体育运动,但他们太年轻了,还不能自主决定并对参与的后果进行评估,这会造成运动受伤的风险加大,这就需要父母们在合法性的权威(遵循法律)下替他们决策,鼓励和引导孩子们参加体育运动,并积极履行监护的义务,这对低年龄阶段的孩子

---

① Ajja R., Clennin M. N., Weaver R. G., et al., "Association of Environment and Policy Characteristics on Children's Moderate-to-Vigorous Physical Activity and Time Spent Sedentary in Afterschool Programs", *Preventive Medicine*, No. 69, 2014.

② Donnellan N. M., *A Geospatial Approach to Measuring the Built Environment for Active Transport, Physical Activity and Health Outcomes*, U C Research Repository, 2016, p. 3.

③ Price R. J., Hawkins R. D., Hulse M. A., et al., "The Football Association Medical Research Programme: An Audit of Injuries in Academy Youth Football", *British Journal of Sports Medicine*, Vol. 37, No. 3, 2001.

④ Le Gall F., Carling C., Reilly T., Vandewalle H., Church J., Rochcongar P., "Incidence of Injuries in Elite French Youth Soccer Players: A 10-season Study", *American Journal of Sport Medicine*, Vol. 34, No. 6, 2006.

是至关重要的。① Habelt S.、Hasler C. C.（2011）认为，体育运动是青少年受伤的主要原因之一，由于处于生理发育期，长时间的运动（或不科学的体育运动）就极易造成损伤，因此需要建立完善的预防机制。从评估青少年运动伤害预防策略有效性的角度看，可以通过系统监控内外部因素予以实现。内部因素主要包括体能、素质、运动能力等的监测，外部因素主要包括安全政策、防范机制、运动防护等的实施。② Amanda Johnson 等（2009）调查了英超联赛足球俱乐部注册的 292 名球员（9—16 岁），了解他们骨骼和年龄之间的差异，并且评估成熟度状态，提出明确实际年龄和骨骼年龄之间的差异可以在训练、比赛中预防青少年球员的运动损伤情况，相关工作人员在采取运动损伤预防干预措施时，应将其作为重要的考量因素之一。③ Brink M. S. 等（2010）运用文献资料法、问卷调查法等方法，对 15—18 岁年龄梯队的青少年运动损伤和疾病问题进行了研究，研究结果表明由于这个年龄阶段的球员承受的身心压力比较大，从而导致运动损伤和疾病的概率增加，而针对该问题作者提出了如何检测和恢复青少年运动损伤的方法。④

Finch C. F. 等（2011）分析了青少年运动伤害预防的主要因素，他们认为制定国家统一的体育伤害预防政策至关重要，能够确立明确的指导方针。为了预防青少年出现运动损伤，必须要从实施环境、基础设施、资金投入三个方面积极整合资源，并针对性研发运动损伤预防系统，建立能够用数据量化的安全行为准则。⑤ 青少年体育运动中的脑震

---

① Brennan S., "The Intrinsic Goods of Childhood", Keynote Address at Conference on Children, Sport and Physical Activity: Philosophical Dimensions, University of Western Ontario, London, 2007.

② Habelt S., Hasler C. C., Steinbrück K., et al., "Sport Injuries in Adolescents", *Orthopedic Reviews*, Vol. 3, No. 2, 2011.

③ Johnson A., Doherty P. J., Freemont A., "Investigation of Growth, Development, and Factors Associated with Injury in Elite Schoolboy Footballers: Prospective Study", *BMJ*, Vol. 338, No. 7696, 2009.

④ Brink M. S., Visscher C., Arends S., et al., "Monitoring Stress and Recovery: New Insights for the Prevention of Injuries and Illnesses in Elite Youth Soccer Players", *Br J Sports Med*, Vol. 44, No. 11, 2010.

⑤ Finch C. F., Gabbe B. J., Lloyd D. G., et al., "Towards a National Sports Safety Strategy: Addressing Facilitators and Barriers towards Safety Guideline Uptake", *Injury Prevention Journal of the International Society for Child & Adolescent Injury Prevention*, Vol. 17, No. 3, 2011.

荡风险防范也是西方国家研究者关注的热点问题。Perry K. I.（2014）认为，青少年运动中的头部损伤已经成为公共健康的焦点问题，因此制定专门的政策和法案是预防和减少此类伤害的有效办法。根据美国疾病预防控制中心估计，急诊部门每年对 19 岁及以下的年轻人累计进行了173000 多项与运动有关的创伤性脑损伤治疗，但这一数字也可能被低估了，因为很多受伤是未报告和处理的，而这会增加重复受到损伤的风险。为了进行有效的风险防范，作者结合国家运动与体育教育协会（NASPE）的脑震荡信息表对美国 50 个州及哥伦比亚特区的脑震荡法律进行全面的审查，建议采取以下针对性的改进措施：以现有法案为依据进一步建立和优化预防执行机制，如体育运动中限制头部接触；为教练、家长、运动员等利益相关者开展更加系统和全面的脑震荡预防教育；逐步将这些关键因素完善并纳入国家脑震荡法律法规中，全面指导和改善运动脑震荡损伤的预防、教育和管理。[1] Bachynski K. E.、Goldberg D. S.（2014）认为，运动风险评估根植于一个国家的文化之中，必须放置于所处的社会环境中进行评价；每一个运动项目都根深蒂固地与社会文化结构紧密相连，在美国橄榄球和加拿大冰球中，轻度创伤性脑损伤（mTBI）的风险框架对界定运动损伤的范围，以及采取优先补救措施有着巨大的影响；除了政治经济因素之外，美国和加拿大根深蒂固的社会和文化模式也可能会影响到体育风险治理框架。[2] Jain N. 等（2014）记录了英超联赛在四个赛季内球员的受伤情况，发现脚部和脚踝受伤非常频繁，为此提出要采取细化的措施，尽可能缩短他们恢复的时间，同时建议建设可能在将来用于确定伤害预防领域的评估体系。[3] Renshaw A.、Goodwin P. C.（2016）提出由于高训练负荷对年轻球员

---

[1] Perry K. I., "Youth Sports Head Injuries: A Legislative Approach", *Scholars Day*, No. 5, 2014.

[2] Bachynski K. E., Goldberg D. S., "Youth Sports & Public Health: Framing Risks of Mild Traumatic Brain Injury in American Football and Ice Hockey", *Journal of Law Medicine & Ethics*, Vol. 42, No. 3, 2014.

[3] Jain N., Murray D., Kemp S., et al., "Frequency and Trends in Foot and Ankle Injuries within an English Premier League Football Club Using a New Impact Factor of Injury to Identify a Focus for Injury Prevention", *Foot & Ankle Surgery Official Journal of the European Society of Foot & Ankle Surgeons*, Vol. 20, No. 4, 2014.

有确定的伤害风险,因此识别和监测伤害风险对于预防治理至关重要。该研究团队对2012—2013赛季181名年龄在9—18岁之间的(分为5个年龄段)精英足球学院球员的受伤情况进行系统研究;记录了他们在比赛和训练期间的伤员的人数、类型和发生率;结果显示年龄为18岁的球员在比赛中受伤比例最高,U12—U14年龄阶段球员在训练中受伤的占比大;而U16年龄阶段的球员严重受伤的人数最多,U18年龄段球员中等程度受伤人数最多;U15和U18球员最常见的损伤是肌肉损伤,最常见的损伤位置是前大腿,其中大部分伤害发生在训练中。①

2. 青少年体育中的暴力规避和侵权责任认定研究

近年来,研究者们着重对青少年体育暴力及侵权责任认定展开了研究,涌现了很多有价值的观点。Brackenridge C. 等(2010)认为,很难在体育运动中全面掌握对青少年的暴力行为证据,因此非常有必要展开更多有针对性的研究,以便向体育管理机构和专业组织明确体育运动可能带来的暴力风险和危害。各国政府和非政府体育组织没有建立儿童暴力(包括体育暴力)的协调治理机制,而且也没有证据表明,体育发展机构和负责儿童暴力行为机构之间存在职能上的联系。由于各国处理儿童暴力的方式大相径庭,建议制定统一的国际保护和预防标准,并设置专门的监控机构。② 如何清晰地界定侵权行为中各方的责任,保障青少年体育活动顺利开展,始终是学者们研究的热点。Partington N. (2014)研究认为,欧洲体育的一项重要成就是拥有大规模的高水平志愿者教练员,正是由于他们才实现了青少年体育的快速发展。但是应该看到,教练也可能会引发责任法律关系。在英国,法院虽然会对教练员的法律责任进行严格审查,但也反映出这方面存在很多法律漏洞,比如训练时出现损伤,无法对教练员的责任进行清晰认定。鉴于此,积极保护教练员的职业责任已经成为国家体育管理机构的优先事项。2014年制定的《欧盟体育工作计划》将成立体育人力资源管理专家小组,旨

---

① Renshaw A., Goodwin P. C., "Injury Incidence in a Premier League Youth Soccer Academy Using the Consensus Statement: A Prospective Cohort Study", *Bmj Open Sport—Exercise Medicine*, Vol. 2, No. 1, 2016.

② Brackenridge C., Fasting K., Kirby S., et al., "The Place of Sport in the UN Study on Violence Against Children", *Innocenti Discussion Papers*, No. 4, 2010.

在解决教练员在指导青少年体育活动中可能出现的责任划分及补偿问题。① Coufalová B.、Pinkava J.（2014）提出必须清晰划分侵权责任，这是保护当事人权益的重要手段。体育作为一个自治的行业系统，有着比较完善的规范、行为准则，以及明确的内部关系。当出现侵权行为时，首先应确认责任主体和性质，如果已经超越了调解范畴，则可以依据民法、行政法提起诉讼，而在最严重的情况下，则可以依据刑法来保护青少年的体育权利与合法权益。②

二 国内研究综述

国内学界始终关注青少年体育研究，涉及主题和内容宽泛。研究者们主要围绕着青少年体质健康法制保障、体育公共服务体系构建、运动伤害预防和归责、发达国家经验借鉴等展开了探讨。

（一）青少年体质健康的法制保障

1. 青少年体质健康政策研究

周丛改（2011）认为，青少年体质健康促进是社会各相关部门以及个人家庭和社会一起维护和促进健康的一种社会行为，提出了决策、激励、管理、保障、评价与监督五个方面的促进机制。③ 岳保柱（2011）认为青少年体质健康服务体系是指能够满足并有益于促进青少年身体和精神向着健康方向发展的策略和环境的总和，内容包括管理体系、实施体系、监督体系和评价体系四大体系。④ 薛誉（2014）对《学校体育工作条例》进行了审视，认为其存在明显的滞后，在实施过程中存在很多问题，需要从提高重视程度、加强执法监管、完善评估体系和

---

① Partington N., "Legal Liability of Coaches: A UK Perspective", *International Sports Law Journal*, Vol. 14, No. 304, 2014.

② Coufalová B., Pinkava J., "Some Aspects of Criminal Liability for Sports Injuries", *Právnická fakulta Univerzity Palackéhov Olomouci*, Vol. 14, No. 2, 2014.

③ 周丛改：《体育强国目标下青少年体质健康促进机制探讨》，《成都体育学院学报》2011年第6期。

④ 岳保柱：《构建我国青少年体质健康促进服务体系的若干思考》，《西安体育学院学报》2011年第4期。

奖惩机制等方面完善，才能更好地增强条例的时效性。[1] 李东斌（2014）认为，我国青少年体质健康促进政策存在执行效率不高、监管措施不力以及评价机制不完善等问题，青少年体质健康促进政策的制定与完善要和现实紧密结合，注重政策体系与配套制度建设，同时要加强对政策实施的监管与控制。[2] 秦婕（2015）认为，我国青少年体质健康促进政策的制定与调整不够完善，滞后于解决现实问题，提出从宏观微观政策、政策配套体系建设及政策的调整等维度加强青少年体质健康促进政策的建议。[3] 韩新君等（2015）认为我国学校体育法制太过强化依法授权行政部门对学校体育的行政管理；存在法制化规则的普适性与地方性、创设规则与社会现实以及不同层级规则之间的矛盾与冲突，并在对行为的责任认定上缺少明确的规定，提出通过强化权利意识，以权利制约权力；重视学校体育法律法规建设的统一性等建议。[4] 张文鹏、王健（2015）认为，学校体育政策演进中的溢出效应不足在于文化、社会和心理对体育认同的缺失，进而从提升学校体育政策的耦合度和协同效应出发，提出了促进学校体育政策优化的现实路径是加强政策制定主体之间的协调与协同作用，关键路径是完善学校体育政策的评估体系，根本路径是从政策上促进人们对学校体育的文化、社会及心理认同。[5] 蔡治东等（2015）把我国体育政策研究分为起步探索阶段、缓慢发展阶段、高速发展阶段、繁荣稳定阶段4个阶段；形成了大众体育政策研究、竞技体育政策研究、学校体育政策研究、体育产业政策研究4个研究热点；高等体育院校、师范院校以及体育局是体育政策研究的主要机构和代表人物密集的单位。[6] 郭志明、杨成伟（2016）认为，当前多数

---

[1] 薛誉：《滞后与完善：对学校体育工作条例的审视》，《西安体育学院学报》2014年第6期。
[2] 李东斌：《青少年体质健康促进政策研究》，《体育文化导刊》2014年第12期。
[3] 秦婕：《基于政策视角下的青少年体质健康促进研究》，《西安体育学院学报》2015年第1期。
[4] 韩新君、赵桂生、胡晓华：《我国学校体育法制建设问题与对策研究》，《体育文化导刊》2015年第4期。
[5] 张文鹏、王健：《新中国成立以来学校体育政策的演进：基于政策文本的研究》，《体育科学》2015年第2期。
[6] 蔡治东、虞荣娟、汤际澜：《中国体育政策研究的知识图谱分析》，《西安体育学院学报》2015年第5期。

研究存在内容缺乏深度、研究方法传统单一、缺乏实证性研究等问题，建议从政策评估、政策监控、政策终结等方面进行突破与创新，并充分借鉴国外经验。[1] 郇昌店（2016）认为，长期以来我国青少年体质健康促进政策实施过于依赖体育领域，对教育、卫生领域略有涉及，营养、休息领域提及较少，建议未来政策体系的发展应多关注跨部门政策的制定与执行。[2] 李卫东、王健等（2016）认为，当前青少年体质健康促进政策存在3个方面的问题：缺乏行之有效的督导机制和激励措施；缺乏深度融合的组织形式与长效机制；缺少因地制宜的政策内容和配套措施。相应地提出建立政府与学校的绩效考核和岗位评价机制等建议。[3] 万炳军、曾肖肖等（2017）认为我国青少年体育问题的研究导向为重塑青少年体育本质特征、培养体育科学素养、塑造生态文明和培育正向文化4项核心使命，当前和未来该领域研究应从健康思想、制度完善、资源供给、健全体育和健全人格5个维度来展开。[4] 邓嘉（2017）提出应建立青少年体育宏观调控法体系，充分发挥政府的主导作用。同时，应将青少年体育工作纳入政府发展规划当中，不断完善法律法规，统筹协调青少年体育工作的有序运行。[5] 李冲、史曙生（2018）对我国青少年体质健康政策评估特点及存在问题进行分析。作者着重从法制化建设、评估过程、评估主体、评估机制、评估结果反馈5个方面提出了现存问题，进而提出了相应的改进思路。[6] 钟亚平、蒋立兵（2018）着重对我国学生体质健康促进所处困境进行剖析发现，社会层面的因素是制约青少年学生体质健康促进最高层次的因素，建议结合政府、学校和家

---

[1] 郭志明、杨成伟：《我国青少年体质健康政策的研究回顾与展望》，《吉林体育学院学报》2016年第3期。

[2] 郇昌店：《基于HiAP框架论青少年体质健康政策体系》，《山东体育学院学报》2016年第1期。

[3] 李卫东、王健等：《湖北省青少年体质健康促进政策研究》，《武汉体育学院学报》2016年第6期。

[4] 万炳军、曾肖肖等：《"健康中国"视域下青少年体育使命及其研究维度的诠释》，《体育科学》2017年第10期。

[5] 邓嘉：《青少年体育宏观调控现状解析与立法构想——以中国青少年体育事业大力发展为契机》，《南京体育学院学报》（社会科学版）2017年第4期。

[6] 李冲、史曙生：《我国青少年体质健康促进政策评估现存问题及改进思路》，《体育学刊》2018年第4期。

庭3个主体的协同作用，破解青少年学生体质健康促进困境。① 刘斌（2018）从学生体育权利入手，重点对我国学校体育政策法规执行机构的创新发展进行了分析，从科学构建决策机制、建立健全政策执行监督机制、构建良好的政策法规执行环境、建立健全体育政策法规行政问责制度等方面提出了建议。②

2. 青少年体质健康政策的实施

王书彦、周登嵩（2010）建立了由个人执行力、组织执行力、学校体育政策、学校执行资源与环境及执行效力5个1级指标、12个2级指标和35个3级指标组成的学校体育政策执行力评价指标体系，并采用层次分析法确定了学校体育政策执行力评价指标体系的权重。③ 徐士韦、肖焕禹（2013）对学校体育政策法规的执行现状进行反思，并对学校体育政策法规执行梗阻的原因进行深入分析。在此基础上，从提高学校体育政策法规的执行力，以切实保障学生的体育权利的实现、增强青少年体质出发，提出学校体育政策法规执行机制的建构设想。④ 潘凌云等（2015）认为学校体育政策本体的内在限制性因素、治理结构与执行工具单一、目标群体利益、急功近利的教育诉求等，都是我国学校体育政策执行中的重要掣肘因素，提出以下建议：形成具有耦合效应的学校体育政策体系；层级性治理、多属性治理与高位推动相结合，形成政策执行的整体性治理效应；推动政策教化常态化。⑤ 周进国、周爱光（2013）通过中日青少年体质健康管理的比较，分析了我国存在的不足，提出了完善体质监测法律制度，提升体

---

① 钟亚平、蒋立兵：《多学科视域下青少年体质健康促进的困境与突破》，《体育学刊》2018年第3期。
② 刘斌：《学生体育权利的实现——基于学校体育政策法规执行机制构建视角》，《西安体育学院学报》2018年第4期。
③ 王书彦、周登嵩：《学校体育政策执行力的评价指标体系》，《体育学刊》2010年第6期。
④ 徐士韦、肖焕禹：《学生体育权利的实现——基于学校体育政策法规执行机制构建视角》，《山东体育学院学报》2013年第5期。
⑤ 潘凌云、王健、樊莲香：《我国学校体育政策执行的制约因素与路径选择——基于史密斯政策执行过程模型的分析》，《体育科学》2015年第7期。

质监测科学水平的综合改进措施。① 王凤仙（2013）分析了 2007—2012 年《国家学生体质健康标准》测试与数据，发现了包括测试过程与数据上报存在的诸多虚假问题，提出加强监督、对测试目的正确引导等针对性意见。② 郭立涛、贾文彤（2013）通过对我国青少年体育政策演进的分析，认为我国青少年体育政策的内容较为丰富，形式多元化，但也存在政策强制力保障不够、执行不力等问题，提出其发展应该融入整个青少年政策环境之中。③ 张绰庵（2014）认为青少年体育改革的方向应是综合改革，改革的核心在于运行机制，改革的重点是学校体育，建议将青少年体育纳入教育综合改革的大背景下，与教育体制改革相结合，与应试教育制度改革同步推进，只有这样青少年体育才能得到重视和发展，为青少年提供体育参与的可能，真正促进青少年身心健康成长。④

杨定玉、杨万文等（2014）认为青少年体育政策执行过程中存在执行尺度失当、执行角度偏离等问题的主要原因是政策利益不均衡、政策自身不完善等 6 个方面，相应地提出从政策自身的质量和水平、政策主体的执行水平和执行能力等 6 个方面加以完善和优化的建议。⑤ 陈培友、孙庆祝（2014）认为，有效的管理模式是提高我国青少年健康促进工作效率和有效解决青少年体质下降的重要途径，着重从创新管理制度、完善实施机制、改进工作方式 3 个方面提出了改革建议。⑥ 杨成伟、唐炎等（2014）认为，我国青少年体质健康政策在执行中存在目标层次偏低、功利性太强、法律效率低下等一系列问题，并提出提升政策目标层次、整合政策执行组织机构、丰富政策执行手段、完

---

① 周进国、周爱光：《中日青少年体质监测比较研究》，《体育文化导刊》2013 年第 2 期。
② 王凤仙：《〈国家学生体质健康标准〉测试与数据上报存在的主要问题及其解决策略》，《体育学刊》2013 年第 3 期。
③ 郭立涛、贾文彤：《我国青少年体育发展政策研究》，《成都体育学院学报》2013 年第 9 期。
④ 张绰庵：《青少年体育综合改革的理性思考》，《北京体育大学学报》2014 年第 8 期。
⑤ 杨定玉、杨万文等：《学校体育政策执行偏差的表现、原因与对策——以"阳光体育运动"的政策分析为例》，《武汉体育学院学报》2014 年第 4 期。
⑥ 陈培友、孙庆祝：《青少年体质健康促进管理模式的创新》，《体育学刊》2014 年第 2 期。

善执行机制与监督机制等有效的政策执行优化路径。[①] 张文鹏等（2015）对教育部 2014 年颁布的《学生体质健康监测评价办法》《中小学校体育工作评估办法》及《学校体育工作年度报告办法》3 个文件进行解读，认为 3 个文件为打破当前学校体育工作的困境提供了强有力的政策保障，将进一步推动学校体育政策落地生根。[②] 丛灿日、付冬梅（2015）认为高校应处理好共性目标与个性特征、学校强制与制度规范、宏观与微观等关系，配合标准顺利实施，切实推动高校体育工作有序展开。[③] 赖锦松、余卫平（2016）认为我国目前青少年体质监测管理存在公正公信度缺失、教育功能弱化等问题，提出了完善相关法规建设、加强教育与服务功能等建议。[④] 栾丽霞、康冰心（2016）从政策本身、执行主体、执行过程等 7 个维度对《国家学生体质健康标准》执行效力进行综合评价，认为整体执行效力一般，提出在完善政策本身和创造良好政策环境的前提下，加强师生间的沟通，加大财政资源、人力资源投入力度，以最大化实现政策目标。[⑤] 邰峰、邓鑫等（2017）认为，政府在我国青少年体育发展过程中承担重要责任，应不断提高政府责任意识与职能作用，强化对青少年体育价值观念的引导责任，构筑多元化的青少年体育培养体系与模式，完善青少年公共体育服务体系和加强体育资源供给与制度保障。[⑥] 张晓林、文烨等（2017）着重分析了青少年体质健康政策执行偏离的各方面原因，认为主要包括执行主体与客体利益的不均衡、政策执行环境的不佳、政策执行的监督不健全等，提出确立政策法律权威度、提高

[①] 杨成伟、唐炎等：《青少年体质健康政策的有效执行路径研究——基于米特-霍恩政策执行系统模型的视角》，《体育科学》2014 年第 8 期。

[②] 张文鹏、王健、董国永：《让学校体育政策落地生根——基于教育部［2014］3 号文的解读》，《体育学刊》2015 年第 1 期。

[③] 丛灿日、付冬梅：《我国高校体育工作失范的归因及应对——〈高等学校体育工作基本标准〉引发的思考》，《体育学刊》2015 年第 6 期。

[④] 赖锦松、余卫平：《我国青少年体质监测管理成效、问题与对策》，《吉林体育学院学报》2016 年第 4 期。

[⑤] 栾丽霞、康冰心：《〈国家学生体质健康标准〉执行效力评价研究》，《武汉体育学院学报》2016 年第 8 期。

[⑥] 邰峰、邓鑫等：《我国青少年体育发展中政府责任意识研究》，《沈阳体育学院学报》2017 年第 2 期。

政策目标层次、提升执行主客体政策认同等纾解路径，作者进一步提出要建立有效的政策执行评估机制。①

（二）青少年体育公共服务体系的建构

1. 青少年体育公共服务体系研究

王骏、周曰智（2011）认为"补贴—委托—合作参与式模式"是基于政府职能转变的内在要求以及市场化制度安排，创新了体育公共服务的供给模式。②任杰、平杰等（2012）通过探索性因子分析发现，中、小学生的健康教育受7个潜在因子影响，验证了学校、家庭和社区三位一体教育模型的适配性，社区教育落后于学校和家庭教育，建议加强社区健康教育，对不同年级学生应采用不同的健康教育方法。③周爱光（2012）在公共服务理论基础上，界定体育公共服务概念的本质内涵，将体育公共服务划分为四种不同的类型，并从体育公共服务的立法者、基本体育公共服务的供给者等6个方面论述了政府在体育公共服务体系中的重要作用。④刘雨（2012）认为青少年体育俱乐部发展的关键制约因素在于目标定位模糊、经费投入不足、筹资渠道单一、管理理念滞后，对青少年体育俱乐部发展提出以下建议：以人为本，调试青少年体育俱乐部的目标定位；强化管理和运作能力；打造特色，差异化建设具有地区特色的青少年体育俱乐部；等等。⑤邢金明、陈钢等（2013）认为我国青少年体育公共服务体系欠完善，社会力量的积极性尚未充分发挥，提出构建社会—学校—家庭联系的青少年体育公共服务网络。⑥

---

① 张晓林、文烨等：《我国青少年体质健康政策执行困境及纾解路径》，《西安体育学院学报》2017年第4期。

② 王骏、周曰智：《补贴与项目委托契合下体育公共服务供给模式的创新——基于上海市杨浦区政府、学校、体育俱乐部合作模式的调查》，《南京体育学院学报》（自然科学版）2011年第6期。

③ 任杰、平杰等：《青少年体育健康教育模式的构建与干预策略——基于上海地区中、小学生的调查》，《体育科学》2012年第9期。

④ 周爱光：《从体育公共服务的概念审视政府的地位和作用》，《体育科学》2012年第5期。

⑤ 刘雨：《我国青少年体育俱乐部发展现状及未来走向研究——以四川省为例》，《北京体育大学学报》2012年第8期。

⑥ 邢金明、陈钢等：《论青少年体育公共服务体系的完善》，《广州体育学院学报》2013年第5期。

高泳（2014）认为影响我国青少年体育参与的动力因素包括体育功能观、自身运动基础、家庭体育观、体育设施及时间保障等10个因素集，提出应完善法律法规，建立完善的青少年体育公共服务体系。[1] 李伟峰等（2015）认为中小学课外体育活动社会化必须要建构包含管理者、信息管理系统、合作组织与合作方式，以及学生健康基金卡四者合一的结构与功能组合系统，必须要建立系统内部良好的公益主体之间的关系和运行流程，必须充分认识政府与社会组织互动体系是中小学课外体育活动社会化的大前提。[2]

杨晓晨、肖林鹏等（2015）认为当前我国青少年体育俱乐部治理存在内部治理机构不健全、规章制度缺失、外部治理环境不完善等问题，并从完善内部治理结构，推动青少年体育俱乐部实体化运营，以及优化外部治理环境，形成法律—政府—联合会—独立评估机构—舆论多方监督机制两方面，提出改善青少年体育俱乐部治理的建议。[3] 刘卫民、房建武等（2015）认为场所性健康促进策略是创建健康促进青少年体育俱乐部最有效的方式，青少年体育俱乐部有责任和机遇成为健康促进的场所，但需要在其战略和实践中强调健康促进的重要元素，创建支持性的健康环境。[4] 郑兵、罗炯等（2015）提出了青少年体育健康教育应以学校为中心、家庭为基础、社区为依托的基本工作思路；学校、家庭、社区健康干预的直接效果集中体现在青少年"知觉利益"的改变，并以此引起青少年体育锻炼行为的改变。[5] 姜韩、柳鸣毅（2015）认为我国青少年体育公共服务体系有五大核心任务和7个模块的关键指标，提出了明确主体、完善法律法规和激发市场活力的建议。[6] 舒宗礼

---

[1] 高泳：《青少年体育参与动力影响因素研究》，《北京体育大学学报》2014年第2期。
[2] 李伟峰、章慧、丁秀诗：《中小学课外体育活动社会化研究》，《湖南科技大学学报》（社会科学版）2015年第2期。
[3] 杨晓晨、肖林鹏等：《我国青少年体育俱乐部治理研究》，《成都体育学院学报》2015年第4期。
[4] 刘卫民、房建武等：《我国健康促进青少年体育俱乐部的创建》，《体育学刊》2015年第3期。
[5] 郑兵、罗炯等：《学校、家庭、社区一体化促进青少年阳光体育活动长效机制的模型构建》，《体育学刊》2015年第2期。
[6] 姜韩、柳鸣毅：《基于路线图方法的中国青少年体育公共服务体系构建》，《成都体育学院学报》2015年第5期。

(2016)认为青少年体育社会组织的发展在重视政府作用的同时,更要重视加强组织的内部治理,提升参与公共体育服务供给的能力,最终形成外部政策推动、内部治理驱动的协同治理局面,实现青少年体育的跨界整合、协同治理和可持续发展。① 王志学、刘连发等(2017)认为,健康中国背景下我国青少年体育公共治理体系的路径在于:科学合理规划青少年体育俱乐部发展;从顶层设计提高青少年参与体育锻炼的动力;发挥政府与社会的合力共同解决我国青少年体育资金的来源。② 侍崇艳、刘伟等(2017)对青少年公共服务体系的特点、建设的理念和思路进行阐释,认为青少年体育公共服务体系的建设是一个系统、长期、动态发展的过程,提出了青少年公共服务体育法规健全化、体育组织体系协同化、体育活动全员化、体育活动条件合理化、信息传递迅捷化等策略。③ 杨国庆、刘红建等(2018)认为,新时代推进我国青少年体育公共服务体系建设的现实困境主要表现在理论认知不深入、内容建设不充分以及机制建设较滞后等方面;并从厘清体系内涵、明确具体路径、强化保障机制3个方面提出建议。④ 张亚安(2018)基于媒介的社会定位及社会功能,从媒介责任视角审视青少年体质健康问题产生的根源、新的表现形式,明确媒介责任的概念及目标,并从政策、家庭、学校及社区4个方面构建了我国青少年体质健康促进媒介责任的履行机制。⑤ 桂祝、孙振波(2018)认为导致青少年体质健康问题的不仅有学校教育因素,同时也有家庭、社会等因素,从政策支持和环境保障两方面,提出了形成学校、家庭、社区相互合作的一体化、网络化的体质健

---

① 舒宗礼:《全民健身国家战略背景下社区青少年体育社会组织的培育与发展》,《体育科学》2016年第6期。
② 王志学、刘连发等:《我国青少年体育发展的时代特征与治理体系探究》,《体育与科学》2017年第5期。
③ 侍崇艳、刘伟等:《为健康奠基:我国青少年体育公共服务体系建设研究——以南京市为例》,《吉林体育学院学报》2017年第6期。
④ 杨国庆、刘红建等:《新时代我国青少年体育公共服务体系建设研究》,《北京体育大学学报》2018年第4期。
⑤ 张业安:《青少年体质健康促进的媒介责任:概念、目标及机制》,《体育科学》2018年第6期。

康管理和干预体系的建议。①周结友、裴立新等（2018）从青少年体育公共服务的制度建设、场地设施服务、体育组织建设、体育活动开展4个方面比较系统地阐述了上海、广东等省（区、市）政府在青少年体育公共服务方面的现状、问题并提出了建议。②陈昌（2018）认为青少年体育俱乐部发展模式主要分为行政主导模式、市场主导模式和文化主导模式三种模式，提出加强政府对俱乐部的扶持力度、保持俱乐部行政隶属关系、构建行政—市场—文化一体化模式、拓展外部的发展环境、树立全体化发展目标五项优化措施。③

2. 青少年体育公共服务绩效评价体系

赵聂（2008）运用因子分析与DEA模型的组合方法确立了公共体育服务指标体系，包括了服务体系产出、体育资源保障、体育组织管理、体育科技服务、体育法治服务等6个一级指标以及11个二级指标，证实了这种绩效评价模型适用于体育公共服务评价。④宋娜梅、罗彦平等（2012）通过对影响体育公共服务水平的各种因素进行分析，构建了一个涵盖公共服务效能、公众满意度、公共服务投入度等指标的体育公共服务绩效评价指标体系，但是他们也认为，该指标体系及评分计算方法尚需在体育公共服务绩效评价的实践中得到检验与修正。⑤韦伟、王家宏（2015）实证构建了我国公共体育服务绩效评价体系，认为服务绩效的提高主要途径是发展体育组织数量、体育社会指导员等让公众直接能感受到的测量指标项目。⑥舒宗礼、夏贵霞等（2016）认为，高校承接政府购买青少年体育服务实践中面临着责任意识需强化、场地器

---

① 桂祝、孙振波：《民族地区青少年体质健康影响因素分析与干预措施——以贵州省为例》，《广州体育学院学报》2018年第3期。
② 周结友、裴立新等：《青少年体育公共服务现状、问题与建议——来自6省（区、市）评估调研的分析与思考》，《体育科学》2018年第8期。
③ 陈昌：《场域视角下国家青少年体育俱乐部发展模式研究》，《广州体育学院学报》2018年第1期。
④ 赵聂：《基于DEA模型的公共体育服务绩效评价研究》，《成都体育学院学报》2008年第6期。
⑤ 宋娜梅、罗彦平等：《体育公共服务绩效评价：指标体系构建与评分计算方法》，《体育与科学》2012年第5期。
⑥ 韦伟、王家宏：《我国公共体育服务绩效评价体系构建及实证研究》，《体育科学》2015年第7期。

材需增量、国家课程需校本化、文化需融合、绩效需评价、利益需驱动6个方面的问题,对每一方面的问题提供了建议。① 张凤彪、王松(2017)提出了我国当前公共体育服务体系理论与实践研究不均衡、指标体系构建存在短板等6点不足,建议加强公共体育服务绩效的评价方式研究与评价外延研究。② 王松、张凤彪等(2018)依次就政府、社会组织、社会公众以及"第三方"四种评价模式进行历史性回顾,作者提出当前我国经济社会改革应构建由政府主导、社会组织优化、社会公众参与、"第三方"协同的公共体育服务绩效多元主体协同评价模式。③

(三)青少年运动伤害预防与侵权责任研究

1. 青少年运动伤害的风险预防研究

陈立春、常立飞(2010)认为制订学校体育伤害事故的风险管理计划主要包括成立风险管理小组、分析风险、确定控制方法、法律分析与政策陈述、操作程序、执行与监督等。④ 尹明敏、王书梅等(2011)认为青少年运动伤害和青少年个性特征具有相关性,应针对运动伤害发生情况及不同个性特征者运动伤害发生的风险因素,采取有针对性的预防措施,同时培养健全心理和人格,降低运动伤害发生。⑤ 王岩、姚蕾等(2013)认为导致学校体育伤害事故发生的原因为人的因素、物的因素、管理因素和社会因素四大类,根据其致因要素采取有效的预防措施,就能在很大程度上避免学校体育伤害事故所造成的不良后果。⑥

谭静(2013)认为,学校体育伤害事故可分为校方管理不善的事故、学生自身过错的事故、混合过错事故以及意外事故。作者着重从风险控制的角度分析了体育伤害事故,建议完善学生体育伤害事故处理方

---

① 舒宗礼、夏贵霞等:《高校承接政府购买青少年体育服务:行动逻辑、问题透视与策略跟进——以北京"高参小"实践为例》,《北京体育大学学报》2016年第11期。
② 张凤彪、王松:《我国公共体育服务绩效评价研究述评》,《体育科学》2017年第4期。
③ 王松、张凤彪等:《我国公共体育服务绩效评价模式研究》,《体育文化导刊》2018年第2期。
④ 陈立春、常立飞:《论学校体育伤害事故的风险管理》,《体育学刊》2010年第3期。
⑤ 尹明敏、王书梅等:《上海市青少年运动伤害与个性特征相关性分析》,《中国学校卫生》2011年第11期。
⑥ 王岩、姚蕾等:《学校体育伤害事故致因结构质性研究》,《北京体育大学学报》2013年第3期。

面的立法，构建更为合理的规则体系，建立国家赔偿责任制度等。① 石岩、王冰（2013）分析影响青少年体育暴力的主观因素和客观因素，采用质性研究对青少年体育暴力的测量维度进行初步建构，认为青少年体育暴力由青少年体育暴力认知观念、青少年体育暴力情绪和青少年体育暴力行为3个维度构成。② 徐士韦、肖焕禹等（2013）从学校体育的目标及特征出发论述了学校体育领域风险的客观存在及因风险造成的侵犯学生体育权利的现象，从学校体育风险管理和应对的角度出发，提出学校体育保险机制的构想。③ 王菁、于善旭（2014）认为学校体育风险识别与应对失衡、过度化的安全管理、缺乏学校体育制度约束和化解事故矛盾基础保障不足，是体育伤害事故阻滞学校体育正常开展久治不果的重要原因，提出科学应对学校体育安全治理、完善和扩大风险转移渠道等方面的治理对策。④ 李秋利、邹亮畴等（2015）认为青少年运动伤害的影响因素包括运动时间、运动环境等多方面，主要原因是运动技术动作错误，青少年运动伤害的预防和干预应结合教育部门、卫生部门、学校教师和家长多方面的配合。⑤ 石岩、霍炫伊（2017）认为：体育运动风险研究形成了以体育科学为主导的多学科多领域互相交叉的综合性学科群；研究热点围绕体育运动损伤风险展开，研究人群主要为儿童和青少年运动员，理论上以风险认知和感觉寻求为主导；应用上研究多偏向体育运动造成的具体损伤风险。⑥ 朱金宁、李红娟（2017）通过对1011名初中生进行体质评测并作数据分析，了解不同体质状况的青少年发生运动损伤的情况，认为青少年发生运动损伤整体比例较高，肥胖、心肺功能差、平衡能力差是青少年发生运动损伤的主要体质内因。⑦

---

① 谭静：《试析学生体育伤害事故的防范与处理》，《成都体育学院学报》2013年第8期。
② 石岩、王冰：《青少年体育暴力测量维度的初步建构》，《体育与科学》2013年第1期。
③ 徐士韦、肖焕禹等：《学校体育保险机制构建视角下的学生体育权利实现》，《西安体育学院学报》2013年第5期。
④ 王菁、于善旭：《体育伤害事故阻滞学校体育正常开展久治不果的致因与治理》，《首都体育学院学报》2014年第5期。
⑤ 李秋利、邹亮畴等：《广州市青少年运动伤害流行病学调查》，《广州体育学院学报》2015年第2期。
⑥ 石岩、霍炫伊：《体育运动风险研究的知识图谱分析》，《体育科学》2017年第2期。
⑦ 朱金宁、李红娟：《青少年运动损伤与体质内因相关性分析》，《武汉体育学院学报》2017年第4期。

2. 青少年体育侵权责任研究

王岩芳、高晓春（2005）认为，体育教学中学生伤害事故不仅可构成侵权责任，也可产生违约责任，提出了采用由受伤害学生选择追究学校侵权责任或是违约责任（二者择其一）的处理规则，对于学校的利益则可通过法定的侵权责任和违约责任的免责事由予以兼顾。[①] 梁恒（2007）分析了在体育活动中侵害学生人身权的行为中的 7 种具体权利，建议采用政治、经济、道德、法律、教育等多种手段综合治理。[②] 韩勇（2010）认为，学校体育伤害应以过错责任原则为一般归责原则，过错推定原则为例外，慎用公平责任原则，对学校体育伤害的各种典型形态，包括体育课、课外体育活动、代表队训练比赛、体育设施伤害、体育活动中学生之间伤害的法律责任进行了分析。[③] 向会英（2012）认为解决学校体育伤害事故纠纷，实质核心问题是对伤害事故的合理赔偿，通过对发达国家学校体育伤害事故赔偿制度进行比较以及对我国现行学校体育伤害事故赔偿相关制度进行分析，认为我国应构建全面、高效的学校体育伤害事故赔偿制度。[④] 田雨（2013）从社会成本最小化的视角，对学校体育伤害事故进行法经济学分析，以学校体育伤害事故预防的边际成本与边际收益的比较作为归责参考，认为学校体育伤害事故责任在学校与学生之间的合理分配应该确定在社会总成本最小化的有效点上。[⑤]

汤卫东（2014）认为，在侵权法的视角下体育运动中的人身损害应当适用过错责任原则，部分适用严格责任原则，不应当适用公平责任原则，建议尽快出台司法解释或相关立法，以维护公众的体育权益。[⑥] 刘乃宝、严峰等（2015）把学校体育伤害事故发生的致因分为人的因

[①] 王岩芳、高晓春：《体育教学中学生伤害事故的侵权责任与违约责任》，《天津体育学院学报》2005 年第 3 期。

[②] 梁恒：《学校体育中学生人身侵权行为研究》，《中国学校体育》2007 年第 1 期。

[③] 韩勇：《侵权法视角下的学校体育伤害》，《体育学刊》2010 年第 11 期。

[④] 向会英：《学校体育伤害赔偿制度研究》，《南京体育学院学报》（社会科学版）2012 年第 1 期。

[⑤] 田雨：《学校体育伤害事故的法经济学分析》，《首都体育学院学报》2013 年第 2 期。

[⑥] 汤卫东：《侵权法视角下体育运动中的人身损害责任探析》，《体育科学》2014 年第 1 期。

素、物的因素等五类，其责任归属主要分为学校承担责任等五种形式，认为当前我国缺乏针对学校体育伤害事故的立法保障，建议从法律保障和构建保险体系两个方面对学校体育伤害事故进行保障。① 赵毅（2015）认为自甘风险规则不能在我国法中作为阻却侵权责任违法性的抗辩事由使用，而只能用以证明侵害方不具有过错，同时提出囿于校园体育的特殊性，在加害人行为不符合侵权责任构成要件时，仍需根据《侵权责任法》适用无过错责任的一般条款，分担受害方一定的损失。② 李杉（2010）分析了我国学校竞技体育在伤害事故中的民事责任、刑事责任和行政责任及各责任制裁，提出了培养青少年体育安全意识和良好体育道德观念，完善受害人救济制度等防范对策。③ 王聃（2016）认为侵权行为与伤害责任认定是解决学校体育教育的矛盾纠纷，维护体育教育权、财产权和人身权，规范学校体育教育行为，遏制学生体质下降的主要路径，从健全学校体育法律法规体系、完善法律救济保障体系、拓宽学校体育侵权行为与伤害救济路径等几个方面提出了我国学校体育侵权行为与伤害责任法律救济的具体策略。④ 唐勇（2016）提出学校体育伤害案件属于高发案件，学校在该类型案件中承担的责任过重，从法理上看，学校无过错则依法不应承担法律责任；并认为针对学校体育伤害的专门保险值得推广。⑤

（四）青少年体育参与影响因素的研究

韩会君、陈建华（2010）认为青少年体育习惯的养成与体育参与不仅与家庭、学校、社区、同伴群体等有着直接的关系，而且与他们之间的互动联系以及社会的变迁等现实状况有关系，需要以发展的、历史

---

① 刘乃宝、严峰等：《学校体育伤害事故的责任归属与保障机制研究》，《体育与科学》2015年第1期。

② 赵毅：《青少年校园体育伤害争端如何适用法律？——（2011）宝少民初字第113号民事判决书解析》，《体育与科学》2015年第2期。

③ 李杉：《学校竞技体育伤害事故的法律责任及防范对策》，《成都体育学院学报》2010年第9期。

④ 王聃：《我国学校体育教育中的侵权行为与伤害责任认定》，《西安体育学院学报》2016年第3期。

⑤ 唐勇：《我国学校体育伤害案件的司法实践与法理评析——基于91份民事裁判文书的统计分析》，《武汉体育学院学报》2016年第4期。

的眼光从系统上认识不同层面的因素,在此基础上提出了有效的针对性策略。[1] 李晓智、张惠红(2012)认为汉语的学习方式、家族制、文弱审美及功名价值取向等传统农业社会的文化特点都对青少年运动行为有影响,建议培养青少年儿童的个体意识与自主意识、建立多样化的社会价值评价体系、减少青少年课业负担等。[2] 霍兴彦、郇昌店等(2012)认为制约青少年体育参与的因素包括学校系统与社会系统影响,提出以下建议:立足学校,确立"健康第一"的指导思想;科学有效地组织体育课教学,保证体育课质量;积极探索多种形式的课外体育活动;加强学校、家庭和社区之间的配合。[3] 项明强(2013)以自我决定理论为基础,考察了青少年体育锻炼的积极心理效应,认为自主性支持可满足青少年体育锻炼的心理需要,促使其自主动机形成,可最终促进青少年体育锻炼和健康幸福。[4] 冉清泉、付道领(2013)从行为机制的视角考察了影响初中生体育锻炼行为的心理机制和环境机制,认为心理层面和环境层面均对青少年的锻炼行为产生直接或间接的影响,建议从青少年内部动机与锻炼效能、学校锻炼条件以及家庭锻炼条件三方面促进青少年体育锻炼行为。[5]

张文娟、毛志雄(2016)以计划行为理论(TPB)为基础架构,研究青少年体育活动意向与行为的关系,认为行动控制和情绪是意向和行为之间的中介变量,且起着部分中介的作用,建议注重培养青少年的意志力、自我监督和调控的能力,选择自己喜爱的活动项目,增加成功体验,享受体育活动的乐趣,养成情绪调节的方法。[6] 杨尚剑(2016)认

---

[1] 韩会君、陈建华:《生态系统理论视域下青少年体育参与的影响因素分析》,《广州体育学院学报》2010年第6期。
[2] 李晓智、张惠红:《试析传统文化对青少年体育锻炼习惯的影响》,《体育文化导刊》2012年第6期。
[3] 霍兴彦、郇昌店等:《我国青少年体育参与的制约因素及应对策略》,《体育文化导刊》2012年第3期。
[4] 项明强:《促进青少年体育锻炼和健康幸福的路径:基于自我决定理论模型构建》,《体育科学》2013年第8期。
[5] 冉清泉、付道领:《青少年体育锻炼行为机制的结构方程模型分析》,《西南师范大学学报》(自然科学版)2013年第10期。
[6] 张文娟、毛志雄:《青少年体育活动意向与行为的关系:行动控制与情绪的中介作用》,《北京体育大学学报》2016年第3期。

为，家长对青少年体育锻炼行为的支持与否不会影响到其参加锻炼的自我效能和满意度，而同伴和学校对其锻炼行为的支持度越高，越能提高青少年对参加体育锻炼效果的满意程度，建议有效运用青少年外在环境的社会支持系统提升自我效能进而影响其体育锻炼的满意度，形成一个正向的循环机制。① 董宝林（2017）认为，体质健康信念和社会支持是影响青少年锻炼坚持性的重要变量；建议培养体质健康认知和信念、给予足够的社会支持，促进青少年积极、自主参与体育锻炼。② 张加林、唐炎等（2017）认为，体育环境是提升青少年体育参与的关键因素，在未来发展中应注意家庭体育环境、社区体育环境、学校体育环境的建设，基于这一认识，作者进一步提出了具体的措施，主要包括树立以家庭体育环境为儿童青少年体育环境基础的建设观念，规划社区体育环境与学校体育环境要平衡发展的建设思路，构建"立体式、融合型"儿童青少年体育环境的建设模式等。③

（五）发达国家青少年体育治理的经验借鉴研究

马新东、刘波等（2010）对中美两国体质健康现状进行了分析，认为美国青少年体育教育更注重健康教育理念，在中小学阶段基本完成目标，提出了加深对体育教育资源的优化和整合，培养学生锻炼习惯的针对性建议。④ 彭道海、柳鸣毅（2012）以公民社会为理论背景，研究英国青少年体育组织运行模式，认为其个体权利和公共领域的融合发展给青少年公共体育生活带来了巨大的发展空间，我国应重视青少年体育社会团体发展并与学校体育融合、不断拓展休闲空间，使青少年实现参与体育运动的权利。⑤ 李琳、邵金龙等（2012）认为：俄罗斯宣传体育

---

① 杨尚剑:《社会支持、自我效能与青少年体育锻炼满意度的关系》,《武汉体育学院学报》2016年第2期。
② 董宝林:《健康信念和社会支持对青少年体育锻炼影响的调查分析》,《体育学刊》2017年第3期。
③ 张加林、唐炎等:《我国儿童青少年体育环境特征与存在问题研究》,《体育科学》2017年第3期。
④ 马新东、刘波等:《美国青少年体质研究探析及对我国的启示》,《体育与科学》2010年第1期。
⑤ 彭道海、柳鸣毅:《公民社会视角下英国青少年体育组织研究》,《体育学刊》2012年第3期。

与健康生活方式的举措对于解决我国青少年体育所面临的"重智育,轻体育"问题是一个很好的启示;与俄罗斯新的国家体育教育标准相比,应该提高我国青少年体育活动的标准;俄罗斯对体育基础设施建设的重视及所采取的措施值得我国学习借鉴。① 李卫东(2013)分析了英国、美国等欧美国家青少年体育组织管理经验,认为政府和社会结合的管理体制,学校、大众与竞技运动的协调发展,广泛的青少年体育支持是现代青少年体育组织管理的发展趋势,提出在尊重国情的基础上,不断创新适合我国青少年体育发展的组织管理模式。② 季艺、陈玉忠等(2014)研究得出美国公立学校开放体育设施中如出现伤害事故是依据政府豁免、主权豁免、州立娱乐休闲法规及《普通法》4个方面认定诉讼双方的法律责任,并依据损伤给予赔偿救济;相关法律系统的分类为学校体育设施开放伤害事故的法律责任认定提供了法律依据,保障了学校体育设施的开放,给我国学校体育设施社会开放中法律保障的完善提供了积极的借鉴。③

汪晓赞、郭强等(2014)分析了国内外青少年体育健康促进的发展规律和内在价值基础,结合我国实际情况,提出包含身体干预、心理调试和营养膳食的多维发展格局,学校、家庭、社区联动的多维发展策略和基于现代信息技术的监测、评价、管理等多维监管机制的中国青少年健康促进框架体系。④ 李红娟(2015)对美国青少年体质测试与体力活动促进的历史、现状及未来趋势进行了研究,提出美国青少年体质问题从关注运动能力已经转变成了体力活动促进、生活方式教育等在内的综合教育干预,这对我国开展相关领域研究具有借鉴意义。⑤ 党挺

---

① 李琳、邵金龙等:《俄罗斯2020年前青少年体育发展战略及其启示》,《武汉体育学院学报》2012年第5期。

② 李卫东:《欧美青少年体育组织管理特征与发展趋势研究》,《体育文化导刊》2013年第6期。

③ 季艺、陈玉忠等:《美国公立学校体育设施开放伤害事故的法律责任研究》,《西安体育学院学报》2014年第3期。

④ 汪晓赞、郭强等:《中国青少年体育健康促进的理论溯源与框架构建》,《体育科学》2014年第3期。

⑤ 李红娟:《美国青少年体质研究趋势——体质测定到体力活动促进》,《北京体育大学学报》2015年第8期。

（2017）认为英国青少年体育新政策主要包括 5 个方面，即学校建立体育竞赛的长期传统、提高学校和社区体育俱乐部之间的联系、政府和社会共同致力于青少年体育、增加体育设施投资、重视社区体育和志愿者管理；建议我国政府和全社会都要重视青少年体育的发展，建立政府和社会结合的青少年体育管理体制，绩效评价确保政策推进等。[1] 杨运涛、刘红建等（2016）认为英国新青少年体育战略注重青少年体育"学校—社区—俱乐部"体系的建立，强调多元主体协同推动青少年体育政策实施，建议我国拓宽活动场域，整合部门资源，挖掘典型案例形成示范效应，公布公开政策资金进程状况，便于监督与评估。[2] 王占坤（2017）认为，发达国家特别重视整合各方面资源建设公共体育服务体系，为公众参与体育活动提供良好、综合的服务，由此对比我国的青少年体育治理，从保障公共服务体系建设、引导社会参与、提供公共体育服务等 7 个方面提出了建议。[3] 李卫东、王健等（2017）认为，注重学校、家庭、社区的协调发展，发挥青少年体育组织的积极作用是国外青少年体质健康促进政策的主要经验，提出了发挥社会组织在政策运行中的基础性作用、建立青少年体质健康多维联动的发展机制等发展启示。[4] 张文鹏（2017）对比分析了中英青少年体育政策治理体系，认为我国青少年体育政策的落实不足和执行不力是政策制定者协调、议价以及妥协能力方面不足的彰显，提出了加强政策边际效应和构建协同化的政策工具体系等政策治理启示。[5] 毛浓选（2017）分析了不同时期日本学校体育政策对青少年体质状况的影响，认为我国应该立足国情，汲取日本的成熟经验，提出从法律体系建设、保证体育活动质量和优化配套

---

[1] 党挺：《伦敦奥运会后英国青少年体育新政策及启示》，《西安体育学院学报》2017 年第 2 期。
[2] 杨运涛、刘红建等：《让运动成为生活习惯——英国新青少年体育战略：内容、特征及启示》，《南京体育学院学报》（社会科学版）2016 年第 6 期。
[3] 王占坤：《发达国家公共体育服务体系建设经验及对我国的启示》，《体育科学》2017 年第 5 期。
[4] 李卫东、王健等：《国外青少年体质健康促进政策的经验与启示》，《武汉体育学院学报》2017 年第 10 期。
[5] 张文鹏：《英国青少年体育政策的治理体系研究》，《北京体育大学学报》2017 年第 1 期。

制度设计等方面来促进青少年体育发展的建议。[①] 柳鸣毅、王梅等(2018)认为，发达国家基于体育自然属性、成长规律、体育社会组织支撑和体育教育融合四方面发展青少年体育，建立了以国家行政管理部门为顶层设计，枢纽社会组织为中介，基层社会组织执行的治理体系。作者提出我国当前青少年体育发展的关键是厘清国家行政机构和社会组织的权责关系。[②]

三 先行研究评述

（一）相关代表性成果的分析评价

上述国内外体育法学界取得的学术成果和各种观点对本书具有重要的借鉴意义，主要体现在以下几个方面。

第一，国外学界将青少年体育活动促进视为一个依法运行的独立体系，将其依法纳入公共健康治理体系；同时也将其视为一项基本人权，制定了专项法案予以保障。学者们围绕青少年体育权利、法律保障和权力配置等进行了深入分析，形成了一系列观点鲜明的研究成果，这为本书提供了重要借鉴。例如：美国学者围绕《第九条教育修正案》，以及各州相关教育法案，对儿童、青少年的体育权利展开了研究，从不同视角拓展了这一人权的内涵；欧洲很多国家的学者围绕《里斯本条约》《欧盟自由流动法案》等对运动员劳动权益，尤其青少年运动员法律合同展开探讨，推动了法律保障制度的不断完善；美国和欧盟的学者对不同治理主体在法律上的"权力平衡"和"资源配置"展开了研究，促进了长效权力监督机制的建立。

第二，西方国家的学者通过大量的案例对青少年体育参与的社会干预、综合环境评估、预防运动中的脑震荡、协同实施、评价监管展开了全面的分析，形成了比较系统的知识内容体系，尤其是从公共健康视角提出了比较系统的改革建议，这些经验和成果为我国青少年体育活动促进的发展提供了重要的参考依据。例如：美国的学者从实证健康法学视

[①] 毛浓选：《日本学校体育政策对青少年体质状况的影响及其对中国的启示》，《南京体育学院学报》（社会科学版）2017年第2期。

[②] 柳鸣毅、王梅等：《西方国家青少年体育组织的逻辑基础、体系构建与治理策略》，《上海体育学院学报》2018年第4期。

角对 50 个州和哥伦比亚地区的脑震荡法律及其典型案例进行了分析，系统明确了青少年运动权益、伤害预防、法律责任类型和归责、司法干预等；欧洲很多国家的学者注重跟踪研究，同时关注青少年体育活动环境评估模型的研制，提出了综合性的设计思路。这些成果为开拓本书研究视野和思路提供了启示。

第三，我国的众多学者立足"依法治体"深化改革，对青少年体育、青少年体质健康促进等展开了广泛的研究，形成了诸多有代表性的成果。例如：近 10 年来学者们围绕青少年体质健康的基本理论问题展开了探讨，不断完善了理论分析框架；研究者们日益关注青少年体育的相关政策分析，提出切实保障执行力度和监管力度的改革建议等；研究者们通过典型的案例对影响青少年体育参与的因素、运动风险防范、伤害事故责任等进行分析，提出了比较系统的促进和规避措施。相关成果的取得不断拓展和丰富了我国体育法学理论体系。

综观国内外研究，仍存在以下问题：

第一，国外研究所呈现出的主要不足是偏重青少年体育开展的个案和具体问题分析，较为缺乏理论体系构建，这限制了研究的系统性和全面性。

第二，国内相关研究成果对青少年体育活动促进权利内涵的认识存在一定的不足，较为缺乏从人权哲学基础深入辨析其内涵和特征。

第三，国内相关研究多局限对青少年体育活动促进某一问题研究，缺乏对其法治体系综合性和系统性的分析，尤其是缺乏从法哲学、法社会学视角深入探讨其治理权配置，以及依法运行和监管等法律问题。

（二）可进一步探讨、发展或突破的空间

第一，本书立足人权哲学思想，对青少年体育活动促进的权利内涵、多元价值、实体化转译等展开深入探讨。

第二，本书以体育基本权利为导向，确立治理权合理配置的立论基础，对青少年体育活动促进治理权的内涵、类型、内容、运行、监管及评价等内容进行系统分析，形成了论证的逻辑主线。

第三，本书基于"治理权优化配置"，综合法学、社会学、管理学、体育学等学科理论对我国青少年体育活动促进的决策权、管理权、实施权、运动伤害的预防与治理内容进行深入分析，确立了"五位一体"的法治体系，形成系统的知识内容。

第四，本书立足我国"依法治体"深化改革，紧密围绕"权力以权利实现为导向"这一中心，分类提出了完善青少年体育活动促进法治路径的思路建议。

第二章　青少年体育活动促进是一项基本权利

人权哲学以"实现人的尊严"为核心，其奠定了人类社会发展的基础。青少年体育活动促进与人权哲学的价值理念高度契合，随着体育全球化的深入，其日益形成了具有典型价值内涵的权利体系。在很多国家，体育已经成为一个社会和文化的重要组成部分，其要求多方协同共治，为儿童和青少年提供体育参与的资源和机会。[1] 我国青少年体育发展存在的问题比较突出，在资源严重不均衡的情况下需要进一步强化顶层设计，通过国家法律保障群体的基本体育权益。

第一节　青少年体育活动促进的人权哲学基础内涵

人权就是指人之所以为人而真正拥有的权利，其不仅是为了生活，而且是为了有尊严地生活。[2] 人权哲学是以"人的尊严"为核心，强调"公正地给每一个人所应得的不受专横干涉的自由"[3]，并提出通过文化和教育、整合社会资源，建立有效的制度体系实现这一目标。从某种意义上讲，没有体育人权，就不可能实现人权旗帜所倡导的人们对民主和自由的渴望，也就是说，公民如果没有享有实质性的体育权利，就不可能真正实

---

[1] Doty J., "Sports Build Character", *Journal of College and Character*, Vol. 7, No. 3, 2006.

[2] Donnelly J., *Universal Human Rights in Theory and Practice*, Ithaca, NY: Cornell University Press, 1989, p. 17.

[3] [英] A. J. M. 米尔恩：《人的权利与人的多样性——人权哲学》，夏勇、张志铭译，中国大百科全书出版社1995年版，第66—70页。

现人权。[①] 随着青少年（6—18岁）体育活动促进发展的逐步深入，其内涵日益与人权理念契合，展现出作为一项基本权利的根本性和多样性。

一　青少年体育活动促进是强调尊严的文化和教育实践活动

公民的权利不应取决于随机性的、自然性的或文化性的特征（如种族、肤色、性别、宗教派别、性倾向等），而应该严格地根据其付出（能力、职责、表现）来确定，自由和平等不能分割，更不能相互竞争，彼此处于统一体中。[②] "维护和实现人的尊严"是人权哲学的核心，青少年体育活动促进立足群体均衡发展和社会融合，高度契合人权哲学倡导的价值理念。在现实中，其要求通过制度性的社会建构整合文化资源，并不断实现体育教育的自由、平等。

（一）青少年体育活动促进强调实现和维护人的尊严

"在现代人权的言说里，尊严是一个中心概念，是政治生活的标准规范，是国际上最被广泛接受的框架，埋藏在无数的宪章、国际法和宣言里。"[③] "维护和实现人的尊严"已经成为人权学说的核心，也成为人类全球化进程中高度共识的价值理念。马克思主义认为，人的尊严包括尊重人的权利、保障人的自由、满足人的需要和促进人的发展。[④] 从这里可以看到，人的尊严是多维度的，人的发展总是依赖并受制于一定的社会关系，人的尊严也只能在具体的社会环境中才能够形成。体育在人类社会发展中发挥着重要作用，与人的尊严紧密联系在一起。哲学家和教育家将体育视为促进人类发展的工具，体育展现了人类的品质（通过奋斗和努力实现自我发展），其核心目的不仅仅是追求竞争和胜利，还

---

① Kidd B., Donnelly P., "Human Rights in Sports", *International Review for the Sociology of Sport*, Vol. 35, No. 2, 2000.

② Schürmann V., "Sports and Human Rights", *Journal of the Philosophy of Sport and Physical Education*. Vol. 34, No. 2, 2012.

③ [英]迈克尔·罗森：《尊严：历史和意义》，石可译，法律出版社2014年版，第1—2页。

④ 张三元：《论马克思主义人学视域中人的尊严的内涵》，《湖北行政学院学报》2011年第5期。

包括共同追求的身体的卓越。① 体育是体现人本质的一种行为，是对人类创造力、原创性，以及心理和身体平衡的综合表达，因此其具有本体论性质。正如顾拜旦所认为的，体育是一种普遍的人权，是社会历史发展的一个缩影。② 联合国、国际奥委会等国际组织一直强调体育是一项人权，它的发展与一个国家经济社会发展水平息息相关。在各种国际权利宪章（公约）中，体育日益被认为是一种与自由密切联系，以及关爱身体的实践活动，被视为保护人类生命、福祉和尊严的重要手段。体育的主旨是教育，由于教育的目的是维护和完善人的尊严，因此体育就成为一种有价值的学习载体，它使参与者学会自我控制，能够以创造性的方式表达自己（运动能力），尤其是能够发展规则意识和思维，形成正义、诚实、勇气、谦逊的美德。③ 对青少年而言，体育的尊严价值更加具有现实意义。

一方面，青少年体育活动促进强调尊重和塑造自我身体形象意识。体育活动参与水平越高，青少年就越关注身体形象，对自我身体的尊重程度就越高。④ 在身心统一的哲学思想中，突出强调人所有的天性都是为了保持其存在（完整、理性、快乐），因此需要实现自然活动和身体活动的有机凝结。⑤ 身体形象意识是指一个人对自我身体的认知和态度，包括认识、情感和行为三个维度，它是一个人自我意识的重要组成部分，对促进整体健康水平具有突出的意义。⑥ 体育需要进行持续的学习，要求参与者在学习技术和技能的过程中学会掌控自己的身体，而随着这一进程的逐步深入，他们与自我身体之间就形成了一种独特的依赖

---

① Simon. R. L., "Good Competition and Drug-enhanced Performance", in *W. J. Morgan* (ed.), *Ethics in sport* (2nd ed.), 2007.

② Isidori E., Benetton M., "Sport as Education: Between Dignity and Human Rights", *Procedia-Social and Behavioral Sciences*, 2015.

③ Arnold P., *Sport, Ethics and Education*, London: A & C Black, 1997, p. 98.

④ Neumark-Sztainer D., Paxton S. J., Hannan P. J., et al., "Does Body Satisfaction Matter? Five-year Longitudinal Associations between Body Satisfaction and Health Behaviors in Adolescent Females and Males", *J Adolesc Health*, Vol. 39, No. 2, 2006.

⑤ 萧桐：《身心的统一》，《俄语学习》2013年第2期。

⑥ F. Hülya Asçi, Eklund R. C., Whitehead J. R., et al., "Use of the CY-PSPP in other Cultures: A Preliminary Investigation of Its Factorial Validity for Turkish Children and Youth", *Psychology of Sport and Exercise*, Vol. 6, No. 1, 2005.

关系，其中既有对身体感官机能的感知，也有自信、幸福和超越等心理情绪的获取，同时也有对体育规则、人际关系、社会适应的深刻感悟，这些蕴含着朴素身体论的哲学思想奠定了运动者以自我身体为本体的价值基础。[1] 体育提供了一个自我展现的平台，人们在关注身体外形的同时，更加注重运动能力提升。有研究表明，青少年对自我身体和运动能力的认识越充分，就越有助于提高体育活动参与水平，这体现出身体积极变化提升了自我存在感和价值实现感。从自我发展的角度看，个体对身体的满意程度支撑着其理想的实现，并在现实和理想之间架起了桥梁。体育活动具有增强自主性意识，提升自尊和认知能力的社会心理价值，因此科学系统地参与体育运动就成为一种机制，通过这种机制，个体能够满足心理需求，改善身体形象。[2] 当然，体育环境因素也是至关重要的，尤其是有组织的体育参与需要健康的运动环境，除了有良好的场地设施外，还需要专业的师资，以及在营养、饮食、体重调节、身体交流等方面均衡发展。这些条件综合作用，会进一步规避体育运动中的一些不良因素，使运动者超越传统身体认识的藩篱，逐步实现身体、心理和社会的多元统一。[3]

另一方面，青少年体育活动促进的核心目的是塑造社会适应性行为，实现尊严价值。人类的社会适应性行为具有运动哲学内涵——认识自身和他人，学会承担责任，从而成为实现人的尊严的手段。[4] 青少年体育活动促进与文化和教育具有天然联系，成为青少年综合发展不可或缺的内容和手段。体育能够与不同的文化和教育进行融合，形成具有典型特质的载体，从而对参与者产生潜移默化的积极影响。赋予每个人权

---

[1] 宋亨国：《西方国家青少年体育活动促进治理的研究述评——基于权力配置视角》，《体育科学》2019 年第 2 期。

[2] Asçi F. H., Eklund R. C., Whitehead J. R., et al., "Use of the CY-PSPP in Other Cultures: A Preliminary Investigation of its Factorial Validity for Turkish Children and Youth", *Psychology of Sport and Exercise*, Vol. 6, No. 1, 2005.

[3] Petrie T. A., Greenleaf C., "Body Image and Sports/Athletics", *Encyclopedia of Body Image & Human Appearance*, No. 24, 2012.

[4] Isidori E., Echazarreta R. R., "Sport and Philosophy of Hospitality: Three Questions on How to Rethink Contemporary Sport Education in Light of Gift and Peace", *Physical Culture & Sport Studies & Research*, Vol. 59, No. 1, 2013.

利以确保他们能够被有尊严地对待,这是一项基本的人权原则。[1] 从人权实用主义的视角看,"人的尊严"是一种普遍性价值,与自由意志密切相关,它并不是由哲学理论来决定,而是由人权实践和保障所决定的。[2] 青少年体育活动促进是一项系统工程,需将其纳入国家公共事务的优先事项,给予充分的资源和条件保障。人权的实践紧密围绕"人的尊严",它从兴趣、身体、心理、个性、社会适应等多个维度进行建构,从而推动并实现人自由、全面的发展。从这个角度看,我们应以文化哲学为解释学工具,重新思考当代社会所建构的体育基本构成。从体育视角来表达"人的尊严"的含义和意义需要对体育进行重新审视,并做出明确的承诺。体育是一种受到文化、教育、社会、心理和历史因素影响的实践活动,机构和组织应承认体育文化及其价值属性的多样性(体育运动是人类创造力的表现,在尊严上是平等的),并将其作为一种工具和资源,纳入实现其可持续发展的政策制定中。[3] 但是从现实发展看,体育可能无法实现这些功能,因为其中混杂着不正当行为和不良品格,这些使得"尊严"得不到尊重和维护,因此道德不能成为体育发展的空白支票。[4] 道德是体育发展的传统维度,它将最原始平等的意识形态、行为规范,以及尊重、礼仪等贯穿始终,从而为运动主体提供了潜移默化的思维、心理和身体历练。例如,突破极限、挖掘潜能、塑造性格、锤炼意志等。体育活动促进始终围绕人的全面发展,具有突出的社会实践性,也就是说,离开了切实的身心参与,就无法真正认识,并理解体育的价值理性内涵。虽然在多元发展进程中,体育的工具理性日益显现,物化、异化现象也随之而来,这在很大程度上消解了体育的传统道德价值维度,但随着对体育哲学思考的日益深入,以及与国家人权(权利)体系的有机对接,体育活动在促进青少年尊严的过程中,其传统道德价值逐步实现了向社会性基本权利普遍化和

---

[1] Davidl P., *Human Rights in Youth Sport*, New York: Routledge, 2014, p.5.

[2] Luban D. J., *Human Rights Pragmatism and Human Dignity*, Oxford University Press, 2013.

[3] Isidori E., Echazarreta R. R., "Sport and Philosophy of Hospitality: Three Questions on How to Rethink Contemporary Sport Education in Light of Gift and Peace", *Physical Culture & Sport Studies & Research*, Vol.59, No.1, 2013.

[4] Eitzen D. & Sage G., *Sociology of North American Sports*, Boston, MA: McGraw Hill, 2003.

实质化的转译。

（二）青少年体育活动促进注重通过文化和教育实现根本利益

人权哲学的核心是尊重人，致力于维护和保障人的根本权益。人权不是一个封闭的哲学、政治、宗教和社会体系，其应对不同的思维方式和信仰，向所有的文化和社会实践保持开放，每个人都是法律的主体，这是建立平等社会关系的共同特征。正是由于尊重了每个人（权利和尊严的平等），人权构成了一个和平共处，包含多种文化、信仰和社会实践的开放系统。[①] 体育是一项重要的教育权利（如平等，不受歧视），无论社会背景、宗教信仰、国籍、性别、种族，都必须确保为孩子们提供一个开放和包容的学校环境，学校有义务向所有学生提供多样的体育活动。[②] 国民体育参与水平和程度是衡量社会包容程度和幸福程度的重要指标。以发展的视角看，体育作为一种人类文化的建构，只能将其作为一个整体来理解，同时也只能将其作为一种特定的教育活动来理解。只有通过反思它与人的尊严的关系，以及由此而产生的个人能够获得的成就和利益，才能真正理解体育。体育是一个整体，不仅是个体生物和身体潜能的一种排他性表达，而且也具有一系列相互关联的复杂性、系统性特征，其中涵盖道德、文化、社会和教育多个方面；体育是进行终身学习的一种工具，它为每个人在一生中进行自我完善提供了可能。[③] 体育运动是文化的一部分，具有典型的特质，这种文化实践活动从一开始就被认为是一种保持健康、发展身体和塑造性格的理想手段，其深刻蕴含着公平竞争性，它激发了运动主体渴望被认可，以及想充分地展现自身身体能力的欲望，这是体育教育与体育运动共生关系中的基本价值要素，它们在年青一代整个教育过程中都是永久性的。[④]

早在古希腊时期，柏拉图就提出儿童是发展不完全的，逐步成长

[①] Voinea M., Bulzan C., *Sociologia Drepturilor Omului*, Editura Universitatii din Bucuresti, 2003.

[②] Ireland‐Piper, D., Weinert K., "Is there a 'Right' to Sport?", *Sports Law Ejournal*, No. 11, 2014.

[③] Isidori E., Benetton M., "Sport as Education: Between Dignity and Human Rights", *Procedia-Social and Behavioral Sciences*, No. 197, 2015.

[④] Dacica L., "The Formative Role of Physical Education and Sports", *Procedia—Social and Behavioral Sciences*, No. 180, 2015.

的，教育是塑造儿童灵魂的必要条件。柏拉图认为，孩子是由灵魂和精神中具有吸引力的那部分所支配的，作为成年人，我们采取与孩子互动的方式控制他们的欲望，从而实现使他们达到符合道德和社会利益的最终目的。[1] 亚里士多德也提出儿童是由情感和对快乐的追求所引导的，其灵魂还不习惯于倾听理性，因此他们是没有能力进行深入思考的。由于缺乏实践（社会）经验，需要为孩子们选择道德引导者，这是至关重要的。[2] 教育能够为儿童和青少年提供重要的社交经验，体育教育有助于形成自我身体概念，充分认识身体潜能，同时也能够促进他们养成对体育参与的积极态度，而这种态度往往可以持续一生。体育活动为每位参与者提供了良好的社会环境，允许个体在不放弃其独特身份的情况下成为社会一员。[3] 而且更深层次的是，体育规则能够潜移默化地培养孩子们的行为规制意识，通过正确、积极的引导使他们学会如何有尊严地面对失败，这对塑造心理健康大有裨益。儿童和青少年正在经历综合发展，身体发育、个人社会身份都处于积极的建构中，体育教育则为他们提供了所必需的要素。从根本上讲，体育与人的平等和尊严不可分割，人是价值的承载者，也是权利的承载者，人的平等和尊严构成了体育的核心价值，教育则是促进和实现这些价值和权利的重要载体和途径。[4] 从西方国家的实践来看，体育运动被认为能够以独特文化和身体相关方式激发年轻人的潜力，其中包括那些其他社会机构很难触及的特殊人群。[5] 决策者和管理者（执行者）长期以来一直主张把体育作为一种能够促进青少年形成积极社会价值观、生活技能和公益行为（亲社会

---

[1] Burroughs. , M. D. , "Reconsidering the Examined Life: Philosophy and Children", in *L. Hopkins*, M. Macleod & W. C. Turgeon（eds.）, *Negotiating Childhoods*, Oxford: Inter-disciplinary Press, 2010, p. 191.

[2] Hughes J. , *The Philosopher's Child*, *Feminist Perspectives in Philosophy*, Palgrave Macmillan, London, 1988, p. 72.

[3] Murcia J. A. M. , Gimeno E. C. , Vera Lacárcel J. A. , et al. , "Physical Self-concept of Spanish Schoolchildren: Differences by Gender, Sport Practice and Levels of Sport Involvement", *Journal of Education and Human Development*, Vol. 1, No. 2, 2007.

[4] Rosen M. , *Dignity*: *Its History and Meaning*, Cambridge, MA: Harvard University Press, 2012, p. 114.

[5] Sandford R. A. , Duncombe R. , Armour K. M. , "The Role of Physical Activity/Sport in Tackling Youth Disaffection and Anti-social Behaviour", *Educational Review*, Vol. 60, No. 4, 2008.

行为）的教育（背景或环境），为此将其作为教育的核心内容给予高度重视。①

（三）青少年体育活动促进以"公平参与"为价值取向

"公平"是体育的核心价值，也是实现人的尊严的重要体现，它创建了一个向所有人开放的系统，不论肤色、种族、国别，都能够在平等规则下享有体育参与的自由。公平竞争是整个体育的基石，也是理解其作为一种社会实践活动的基础。公平竞争既是一个道德概念，也是一个逻辑概念。主要包括三层含义：一是公平竞争是一种遵守规则的美德，这是要求所有参与者必须履行遵守规则的义务。参与者彼此之间建立了一种合同关系，进行平等的竞争，这在一定程度上是一种道德观念，确立了公平竞争逻辑特征的基础。二是公平竞争还包括体现体育精神的竞赛，产生超越规则严格要求的一系列积极行为。三是公平竞争是指对体育（甚至生活本身）的一种态度，包括尊重他人、胜利时谦虚、失败时平静和慷慨，其主要目的是建立温暖持久的人际关系。②青少年体育活动促进突出强调的是参与机会的平等，每一个孩子都应该享有多样的体育文化资源。当然，青少年体育活动促进作为一项整体性的文化实践活动需要通过多样的教育活动深入传播体育的理念和价值观，形成青少年能够接受，且具有普遍性的体育文化认知，从而使他们养成良好的行为习惯。体育是通识教育的组成部分，它通过运用规则、优化组织形式，不断发展个体的生物和心理潜能，提高生活质量。随着体育运动以令人难以想象的速度在世界范围内迅速普及，培养良好的性格（人格）已经成为体育的重要功能之一。体育运动环境中能够进行针对性的培养和塑造性格、个性，这就需要进行有组织的教育，并制定明确的目标，这种教育环境的建立依赖于政府（行政部门）、学校、教师（教练）、家长等的相互作用。其中各类体育项目的实施都可以进行专门设计，用以培养年轻人积极的生活方式和典型的性

---

① Gould D., Carson S., "Life Skills Development through Sport: Current Status and Future Directions", *International Review of Sport & Exercise Psychology*, Vol. 1, No. 1, 2008.

② Borotra J., *Olympism and Fair Play*, International Olympic Academy, Report of the Twenty-Third Session, Lausanne, 1985, p. 84.

格特征，这是至关重要的。①

体育是社会价值取向的反映，是展现文化价值的载体，是青少年学习和体验社会核心价值观的媒介。② 良好的体育环境是介质，它能够融合社会主导价值观，给予参与者最直观的体验和感悟，因此需要给予儿童和青少年均等的体育教育机会。如果高质量体育教育资源和环境缺失，就无法使孩子们深层次解读和理解"公平"、"公正"的价值内涵。同时，体育教育环境所设置的培养、塑造负责行为的价值取向也能够延伸到校外、家庭和社区活动中，这会进一步拓展社会价值体系，产生辐射作用，从而对人权实现产生积极的意义。③ 体育教育和体育运动是全球教育的重要组成部分，其所具有的典型内容能够促进儿童和青少年身心发展，同时也有利于他们的社会化进程。基于这一核心价值，均等化的课外体育教育（公共服务）就具有了能够实现人格均衡和综合发展的生物性、运动性、心理性和社会性特征。从根本上讲，青少年体育活动促进是通过提供高质量的资源、公平的机会，来促进身体发育、交流，并通过技能学习提升运动能力，从而使自身每个时刻都具有教育的价值，这有利于促进养成良好的行为习惯。④

二 青少年体育活动促进是以实现均衡发展为中心的社会活动

人权是一种意识形态的映射，主要目的是证明某些社会行为、哲学思想、世界价值观的存在是正当的，最为重要的是，是对当代生活的社会学反映，其中包括事实、现象、社会过程、社会关系、精神状态、心

---

① Alberts., Carol L., "Coaching Issues & Dilemmas: Character Building Through Sport Participation", *Strategies*, Vol. 17, No. 2, 2003.

② Shields D. L., Bredemeier B. J., "Character Development and Physical Activity", *Physiotherapy*, Vol. 84, No. 6, 1998.

③ Parker M. & Stiehl J., "Personal and Social Responsibility," in Tannehill D. & Lund J. (eds.), *Standards Based Curriculum*, Boston, MA: Jones and Bartlett, 2004.

④ Dacica L. şi coloboratori, *Optimisation of the Managerial System and Financing of the Leisure Sports Activities for Adopting a Healthy Lifestyle*, 4th Annual International Conference: Physical Education, Sport and Health, Pitesti, Romania, Scientific Report Series Physical Education and Sport, Nr. 16 (Ⅱ/2012).

理、意识状态、想象、兴趣和感知等。[①] 权利存在于关于公民的本质、社会的本质，以及与两者有关的基本哲学和社会学问题中；权利的表达、接受和实现涉及不断变化的社会、经济、政治和意识形态环境，以及相互竞争的利益主体之间复杂的、不断进行的主张、斗争和谈判。[②] 从这里可以看到，人权强调切身地实践，核心就是对社会关键性要素的积极回应。青少年体育权利符合权利哲学的基本诉求，也必须存在于公民与社会的有机联系之中。主要体现在以下几个方面：

（一）青少年体育活动促进以实现均衡发展为中心

发展是人类社会永恒的命题，我们正处于一个能够把人权和发展有机结合起来，并取得真正进展的紧要关头。[③] 正如 Andre Frankovits 在《发展的权利之路》中指出的，发展和人权不是两个独立的领域，相反，发展是人权的一个子集。此外，发展权利和经济权利、社会权利、文化权利等一样都具有普遍的合法性。因此，发展决不能以牺牲基本人权为代价。[④] 发展权和人权是相辅相成的，在建立和平和可行的社会关系方面，体育发挥着重要作用。事实上，如果我们看看社会身份是如何构建的，就能够理解体育的中心地位——社会身份根植于双重建构进程，即在一定的社会范围内确定自己的身份，并通过其他人不断地确证这种身份。[⑤] 这也正如马克思所认为的，"人的本质不是单个人所固有的抽象物，在其现实性上，它是一切社会关系的总和"[⑥]。社会性是人类的本质特征之一，其建构社会身份的过程，也就是获得社会权利的过程。离开了复杂多样的社会关系，人类就失去了发展的纽带，也就失去

[①] Voicu V., Réka K. "Arguments for Promoting the Right to Practise Sports as a Fundamental Right", *Acta Universitatis Sapientiae, European and Regional Studies*, Vol. 2, No. (1-2), 2012.

[②] Kidd B., Donnelly P., "Human Rights in Sports", *International Review for the Sociology of Sport*, Vol. 35, No. 2, 2000.

[③] Giulianotti R., *Sport and Social Development in Africa: Some Major Human Rights Issues*, International Conference on Sports and Human Rights, 1999, pp. 1-8.

[④] Sidoti E., Frankovits A., *The Rights Way to Development: A Human Rights Approach to Development Assistance*, Human Rights Council of Australia Incorporated, 1995.

[⑤] Armstrong G. & Giulianotti R., *Fear and Loathing in World Football*, New York: Bloomsbury Academic, 2001.

[⑥] 中共中央马克思恩格斯列宁斯大林著作编译局：《马克思恩格斯选集》（第1卷），人民出版社1995年版，第130页。

了全面塑造自我价值的可能。经过历史沉淀，体育已经成为一种代表性的力量，它以更为积极的方式影响着人类社会的进步。体育所包含的普遍主义、平等主义和精英主义原则都强有力地支持着现代社会发展的可行性，为其提供了情感连接纽带，建构起了具有典型文化内涵的载体。[1] 从个体发展视角看，青少年体育活动促进为每个人发展提供了平台。青少年良好的行为习惯是通过自身优势与所处的社会资源、环境有机融合而逐步形成的，即突出了个体与社会环境之间的二元性，积极的发展主要表现为对自我，以及社会行为和意识的贡献。[2]

体育具有广受赞誉的包容性，能够减轻不同群体生活中的社会排斥，这对青少年积极融入社会，降低群体（或种族）排斥风险具有积极作用。[3] 青少年正处于均衡发展的关键阶段，需要被良好环境接纳、融合，同时也需要身份认同和价值认同，这些决定着他们性格和人格的形成，而体育以其独有的情境为孩子们发展提供了多元载体。社会文化背景能够从合作、竞争、从属、个人主义四个维度对自我身体观念的塑造产生积极影响，随着年龄的增长，缺乏身体感知能力会影响体育活动的参与程度；同时由于所偏好的社会交往方式不同，男孩子更愿意参加竞争性的体育运动，女孩子则更愿意参加合作性的体育运动。[4] 青少年体育活动促进时刻都在展示着合作竞争的内涵，不断向参与者传递"规则/规范"的重要性；同时通过自身的极限体验，不仅能够更好地了解自己的世界，而且能够在更广泛的范围内建立人与人相互交流的平台。[5] 人权在强调外在条件的同时，更加突出个体的能动性和积极性，

---

[1] Helal R. G., *The Brazilian Soccer Crisis as a Sociological Problem*, Unpublished PhD Thesis, Department of Sociology, New York University, 1994.

[2] Lerner, R. M., *Promoting Positive Youth Development: Theoretical and Empirical Bases*, Washington, DC: National Academies of Science, 2005.

[3] Spaaij R., Magee J., Jeanes R., *Sport and Social Exclusion in Global Society*, London: Routledge, 2014, p.216.

[4] Pérez L. M. R., Sanz J. L. G., Sánchez I. R., et al., "Preferencias Participativas en Educaciòn Física de Los Chicos y Chicas de la Educación Secundaria Mediante la la escala de Participación Social en el Aprendizaje", *European Journal of Human Movement*, No.12, 2004.

[5] Isidori E., Echazarreta R. R., "Sport and Philosophy of Hospitality: Three Questions on How to Rethink Sport Education in Light of Gift and Peace", *Physical Culture & Sport Studies*, Vol.59, No.1, 2013.

青少年体育活动促进确立了"维护和实现尊严"的价值定位,这为每一个孩子提供了清晰的发展框架。因此,不论何种价值理念和利益取向,都应该注重青少年群体的有效体育参与,切实培养良好的体育行为习惯。

(二) 青少年体育活动促进需要系统的社会干预

构成人权的基础需要满足一些特殊重要性和社会影响力的基本条件,人权理论强调通过社会行动和方式促进人权,尤其是强调要在一个文化多样性和广泛实践的社会(环境)里确立、捍卫和评估其普适性的地位。[1] 进行科学的体育锻炼对身心健康和社会适应具有积极作用,这已经在全球范围内达成共识,从而奠定了体育参与作为一项基本权利的价值基础。[2] 体育是一种有组织的、竞争性的、以团队或个人的形式所进行的休闲活动,因此需要各种社会资源、物质和条件的支持。[3] 孩子们很喜欢参加体育活动,有研究表明,他们的体育参与水平在11—13岁左右达到顶峰,然后在接近成年时呈现下降趋势;而经常参加体育运动的青少年在成年后比不经常参加体育运动的青少年更容易养成良好的习惯,因此跟踪和评估不同年龄段孩子的体育活动情况已经成为很多国家公共政策的重要事项。[4] 青少年参加体育活动的动机广泛多样,主要包括获得乐趣、做擅长的事情、保持体型、学习新东西、提高技能和领导力、成为团队一员等。[5] 从身体发展和社会互动的进程看,青少年对身体能力的感知和认知是促进其参与体育的关键性要素,而这种能

---

[1] Sen A., "Elements of a Theory of Human Rights", *Philosophy & Public Affairs*, Vol. 32, No. 4, 2004.

[2] Eime R. M., Young J. A., Harvey J. T., et al., "A Systematic Review of the Psychological and Social Benefits of Participation in Sport for Children and Adolescents: Informing Development of a Conceptual Model of Health through Sport", *International Journal of Behavioral Nutrition and Physical Activity*, Vol. 10, No. 1, 2013.

[3] Eime R., Harvey J., Sawyer N., et al., "Understanding the Contexts of Adolescent Female Participation in Sport and Physical Activity", *Research Quarterly for Exercise & Sport*, Vol. 84, No. 2, 2013.

[4] Zimmermann-Sloutskis D., Wanner M., Zimmermann E., et al., "Physical Activity Levels and Determinants of Change in Young Adults: A Longitudinal Panel Study", *International Journal of Behavioral Nutrition and Physical Activity*, Vol. 7, No. 1, 2010.

[5] Gould D., Petlichkoff L., Sport C. I., "Participation Motivation and Attrition in Young Athletes", *Children in Sport*, No. 5, 1988.

力的获得则需要进行系统的干预。① 随着年龄增长，体育活动水平下降幅度最大的是青少年和年轻人，这已经成为一个全球关注的问题。② 虽然影响体育活动和参与行为的年龄、性别等因素无法改变，但发挥关键作用的个人因素（如态度、动机、自我效能）、社会环境（如家庭、同龄人、大众媒体、社会支持等）和市政环境（如体育设施、城市交通基础设施、健身绿道等）是可以改变的。识别与青少年群体体育行为变化相关的决定因素，有助于制定具体和有效的干预措施，提升其参与水平。③

社会支持是青少年体育活动促进的另一个关键要素，主要是指支持和帮助个人实现预期目标的一系列行为。整合社会资本促进青少年体育发展已经成为世界上很多国家采取的重要支持手段。社会资本理论的核心思想是建立社会网络，并产生价值，其中与这种网络有关的社会互动和媒体工具是非常重要的。④ 社会资本被视为一种有效促进社会包容的方式，而体育已经被公认为具有培育社会资本的能力。社会资本是社会网络中的利益链，其通过信任和互惠，就能产生并复制。⑤ 社会资本总是代表着一种力量，在青少年体育活动促进的社会干预进程中，需要将社区俱乐部、志愿者协会、体育社团等力量凝聚在一起，依据既定目标进行，搭建起以信任、互惠、包容为基础的治理桥梁和网络。整合社会资本，建立有效的社会干预和运行机制是切实提升青少年体育参与水平的重要手段。也就是说，只有社会形成了资本支持

---

① Sit C. H. P., Lindner K. J., "Motivational Orientations in Youth Sport Participation: Using Achievement Goal Theory and Reversal Theory", *Personality & Individual Differences*, Vol. 38, No. 3, 2005.

② Lamprecht M., Stamm H. P., *Activité physique, Sport et santé. Faits et tendances se dégageant des Enquêtes Suisses sur la santé de 1997 et 2002* (*Physical Activity, Sport, Health. Facts and Trends from the Swiss Health Surveys* 1992, 1997, *and* 2002), StatSanté Résultats des statistiques suisses de la santé Neuchâtel: Swiss Federal Statistical Office, 2006.

③ Cavill N., Kahlmeier S., Racioppi F., *Physical Activity and Health in Europe*, *Evidence for Action*, Copenhagen: WHO Regional Office for Europe, 2006.

④ Putnam R. D., *Bowling Alone: The Collapse and Revival of American Community*, New York: Simon and Schuster, 2000, p. 2.

⑤ Doherty A., Misener K., "Community Sport Networks", in Nicholson M., Hoye R. (eds.), *Sport and Social Capital*, Oxford: Elsevier, 2008.

的共识,青少年体育活动促进才能够取得长远的效果。当然,家庭也是儿童和青少年社会支持的重要来源,主要途径包括信息和情感支持(如观察孩子实践,与孩子讨论体育活动)、工具(主动和孩子一起参加体育活动,并协助其支付场地、设备和交通费用)等。① 同龄人也是提升青少年体育参与信念和效能的重要社会支持因素,同伴的支持具有社会融合、加强友谊、情感支持、信息和工具共享等功能;同时他们也能够在体育活动过程中提供自尊支持和价值保证,这会增加自我效能,克服行为和感知障碍。②

(三)青少年体育活动促进是一种人权建构的重要手段

体育是实现诸如性别平等、种族平等、健康促进、教育发展和社会凝聚力等其他权利的重要手段,这对人权建构具有积极的意义。③ 体育作为现代性的产物,与典型的时代元素交织融合在一起,比如对普遍性、竞争性的追求,对标准化的迷恋。从法律和道德的视角看,作为对普遍存在的道德原则和人权的追求,现代体育被视为促进"人的尊严"的有效手段。④ 随着青少年体育发展,人们认识到以往过于注重个体所获得的成就,而忽视了影响他们发展的社会经济地位和组织资源。这些因素往往发挥着关键性作用,如果没有给予足够重视,就会影响青少年体育活动的开展。⑤ 从变革理论的视角看,青少年体育活动促进是一个完整的系统,需要将组织预期产生的结果和影响条件、机制、资源等之间的关系有机联系起来,从而实现持续发展。这一理论有助于使方案实施进程与参与者现实需求达成一致,能够识别并确定

---

① Taylor W. C., Baranowski T. & Sallis J. F., "Family Determinants of Childhood Physical Activity: A Social-cognitive Model", in R. K. Dishman (ed.), *Advances in Exercise Adherence Champaign*, IL: Human Kinetics, 1994.

② Duncan T. E., Duncan S. C., McAuley E., "The Role of Domain and Gender-specific Provisions of Social Relations in Adherence to a Prescribed Exercise Regimen", *Journal of Sport & Exercise Psychology*, Vol. 15, No. 2, 1993.

③ Ireland-Piper D., Weinert K. "Is there a 'Right' to sport?", *Sports Law Journal*, No. 11, 2014.

④ Javier F., "The Sport for All Ideal: A Tool for Enhancing Human Capabilities and Dignity", *Physical Culture & Sport Studies & Research*, Vol. 63, No. 1, 2014.

⑤ Coakley J., Schinke R. J., Cole C. L., "Youth Sports: What Counts as 'Positive Development?'", *Journal of Sport & Social Issues*, Vol. 35, No. 3, 2011.

关键性的成功因素,同时也能够建立有效的机制,采取针对性的措施。① 在权利变革的逻辑模型中,青少年发展权强调资源/投入、活动、产出、预期结果和影响因素之间的因果关系,其中：资源/投入指的是青年体育方案实施的人力、财政、组织和社区资源;活动是指青年体育项目实施的具体方面和特点;产出是体育活动所产生的特定产品,如公平、规则意识、团队精神等;结果是指参与者的态度或行为发生变化,就群体行为而言,其逐渐固化为一种权利行为;影响是青少年体育项目实施对权利保障和实现更可能产生长期的后果。② 权利本身处于动态发展中,经济社会的变革总会将公民,尤其是青少年权利作为重点进行建设,这种国家行为不断赋予青年体育权利新的内涵,从而不断拓展人权体系。

从体育的内涵看,也能够从不同的角度进行人权的社会建构。体育促进发展与和平国际工作组（SDP IWG）将体育运动定义为：有助于促进身心健康和社会交往的所有形式的体育活动,如游戏、娱乐活动、有组织或竞技性的运动、传统运动和比赛等。该组织所发起的"体育促进发展与和平"运动旨在利用体育的工具性价值,将其作为一种社会手段来传授诸如团队合作、目标设定、尊重和冲突解决等方面的经验。该项目提倡采用各种不同策略,提供社会和健康计划,并充分搭建和利用体育平台吸引青少年。③《欧洲体育宪章》将体育运动定义为：通过非正式或者有组织的参与,以表现或者改善身体和心理健康状况,或者在各级别竞赛中拓展社会关系,取得良好成绩的各种形式的身体活动。④ 在这里,体育被赋予了非常宽泛的含义,其强调有组织的运动和身体活动是实现人类社会根本利益（和平发展、身心健康）的重要手段。青少年体

---

① Coalter F., "Sport-for-change: Some Thoughts from a Sceptic", *Social Inclusion*, Vol. 3, No. 3, 2015.

② Wells S., Arthur-Banning S. G., "The Logic of Youth Development: Constructing a Logic Model of Youth Development through Sport", *Journal of Park and Recreation Administration*, Vol. 26, No. 2, 2008.

③ Chawansky M., "New Social Movements, Old Gender Games? Locating Girls in the Sport for Development and Peace Movement", *Research in Social Movements Conflicts & Change*, Vol. 32, 2011.

④ Rogulski A., Miettinen S., "The EU and Sport: The Implementation of the White Paper on Sport and Future Prospects", *International Journal of Sport Policy and Politics*, Vol. 1, No. 3, 2009.

育活动促进的核心目的是实现身心健康发展,在大健康视角下,它以提升全民综合素质为导向,其具有关乎时代传承的重大意义。青少年体育活动促进与人权所倡导的理念契合,并随着经济社会的变革和发展而进一步融合,这种不可分割的纽带使各种有益的社会因素和资源发生了化学反应,创造出跨越国界的人类现实社会最为理想的精神家园。正如纳尔逊·曼德拉所认为的,"体育运动有一种无与伦比的力量,它能够使人们团结起来。在曾经只有绝望的地方,体育可以创造希望,它打破了种族障碍,它嘲笑歧视。体育运动能够用人们都能理解的语言进行彼此间的交流"①。联合国前秘书长科菲·安南(1997—2006 年在任)提出:"体育是一种能够弥合社会、文化和宗教分歧的全球性语言,它可以成为促进理解、容忍与和平的有力工具,它教会我们团队合作和公平竞争,它能够建立自尊,创造新的机会,它能够促进国家和社会的福祉。"② 国际奥委会主席罗格在提到奥林匹克休战协议时也提出:"体育能够促进人们之间的相互理解,能够促进不同社区间的对话交流,能够培养国家间的宽容。"③ 促进青少年群体的自由发展,是体育与人权交融的必然结果,两种力量相互作用,从而建构起一个崭新的社会权利系统。

三 青少年体育活动促进是注重实际效果的制度性活动

(一)青少年体育活动促进是人权制度体系的有机组成部分

权利哲学起源于个人主义理论,其中心思想是权力的合法性以人的个性为中心,即只有承认个人权利是一项实体权利时,权力才是合法的;个人权利应与社会精神相平衡,除非人与人之间的关系发生重大变化,否则,个体权利是不可能不存在的;自由没有良好有序的社会环境是不可能实现的,个体只有在遵循规则的前提下与他人建立良好的关系

---

① Chari T., "Unpacking Nelson Mandela's Sports Legacy: An Examination of Press Discourses during the FIFA 2010 World Cup in South Africa", *Journal of Literary Studies*, Vol. 33, No. 4, 2017.

② Kofi Annan, "Can a Ball Change the World?", Speaking at the 2006 World Economic Forum (Davos).

③ Donnelly P., Darnell S., Wells S., et al., "The Use of Sport to Foster Child and Youth Development and Education", *Sport for Development and Peace*, International Working Group (SDP/IWG): *Literature Reviews on Sport for Development and Peace*, 2007.

才能从自由中获益。[1] 基于这一认识，回归并遵循自然法则是必需的，它促使体育活动促进成为一项基本人权。考虑到体育的社会重要性，有必要将体育活动促进权作为人类的一项基本权利，因为这项权利与许多民事权利、政治权利、经济和社会权利（如工作权、健康福利权）、文化权利、受教育权利等相一致。[2] 在过去的半个多世纪，很多国际公约已经从抽象和具体两方面对人权和体育权利做出了庄严的承诺。例如，《消除一切形式种族歧视国际公约》《消除妇女歧视公约》《儿童权利公约》《体育运动宪章》等，都对体育权利的理念、宗旨、内容、实现方式等进行了规定。

从发展历程看，人权已经过了三代发展，其有四个基本构成条件：一是能够行使权利的人；二是赋予该权利明确的范围；三是允许在法庭上对行使异议的权利；四是有组织的制裁（为了实现权利）。体育是一项人权，它满足了当代复杂社会中人类的特定需要，有助于实现人类作为人和公民的需求。从这个角度，我们可以说体育作为一种权利属于第四代人权。自由属于第一代人权（其中包括一系列公民权利和政治权利）；第二代人权是紧密围绕"平等"主旨而构建的（如经济权利、文化权利、社会权利）；第三代人权倡导团结（即集体权利）。其中第三代权利主要是指一系列环境权利（即可持续发展），它们通常仍然是具有松散约束力的法律形式存在，如《里约热内卢宣言》和《斯德哥尔摩宣言》。第四代人权则是积极的、尚未从哲学角度加以界定的基本权利，其主要目的是将三代人权付诸实践。第四代人权满足当代社会变革（包括技术变革）所带来的新需求和新要求，其中包括娱乐、休闲和旅游的权利。因此，体育活动促进作为一种人类活动，属于第四代人权。[3] 体育本身就是所有人权的综合，这是因为体育首先是身体、运动、游戏和竞技，其本质意味着健康和幸福，以及与每个人生理和社会

---

[1] Schambeck H., Koeck H. F., Rainer A., et al., "Proceedings of the International Conference, European Union's History, Culture and Citizenship", *Social Science Electronic Publishing*, 2016.

[2] Kidd B., Donnelly P., "Human Rights in Sports", *International Review for the Sociology of Sport*, Vol. 35, No. 2, 2000.

[3] Isidori E., Benetton M., "Sport as Education: Between Dignity and Human Rights", *Procedia-Social and Behavioral Sciences*, No. 197, 2015.

心理息息相关的身体维度。随着时代的发展，青少年体育活动促进已经被纳入人权制度体系。体育是表达人性的一种方式，是人类超越物质实体的一种渴望，其作为表达人类本质的一种共性表达能够使青少年群体变得更有价值，因此政治制度必须促进、发展和保护体育作为人类共同和共享的利益。① 青少年体育活动促进是一项不可剥夺的人权，核心是均等化的参与和教育自由，从权力结构视角看，青少年体育具有深层次的哲学意蕴，其能够通过挖掘教育潜力促进人性化进程，赋予他们体验人类尊严的价值观。②

（二）青少年体育活动促进日益融合形成了稳定的秩序

从权利哲学视角看，青少年体育活动促进是一项基本权利，其强调享有平等参与的资源和机会，以实现群体均衡发展为宗旨和诉求，随着全球化进程的深入，它已经形成了一个开放的、包容的价值系统。各国日益高度关注青少年体育发展，将其纳入国家人权系统，建立了比较完善的法律保障制度体系。人权包括重要的、有影响力的经济和社会自由，但是如果未能建立良好的制度，那么这些自由就难以实现，因此不断改革和完善承认和承诺人权的制度就是一种义务。③ 青少年体育活动促进是一个相对独立的系统，其中各种因素是相互依赖、相互作用，但是宏观系统中的要素则需要微观系统解释，并给予强有力的支持。青少年积极发展理论提出通过改变制度体系来拓展有效的资源，这给青少年体育明确了建设的思路，将学校、家庭、社区等各类主体统一纳入其中通盘考量。社区是青少年体育发展的基础要素，但长期未得到重视，它所提供的体育支持能够使青少年自愿选择并参与其中，这与学校学生可能的被动性参与完全不同。④ 青少年体育活动促进需要系统整合资源，尤其是需要优化参与环境，充分发挥政府、家庭、学校、社区的积极作

---

① Schurmann V., "Sports and Human Rights", *Journal of the Philosophy of Sport and Physical Education*, Vol. 34, No. 2, 2012.

② Ilundáin-Agurruza J., Heather L., "Reid, Introduction to the Philosophy of Sport", *Journal of the Philosophy of Sport*, Vol. 40, No. 2, 2013.

③ Sen A., "Elements of a Theory of Human Rights", *Philosophy & Public Affairs*, Vol. 32, No. 4, 2004.

④ Kurc A. R., Leatherdale S. T., "The Effect of Social Support and School-and Community-based Sports on Youth Physical Activity", *Canadian Journal of Public Health*, Vol. 100, No. 1, 2009.

用，共同构建有效的运行系统。

秩序发挥着重要作用，它是政策系统效果的具体反映，确立了青少年体育治理的行为规范和准则。一方面，在不改变个体生活环境的情况下，虽然单纯地实施青少年体育参与计划可能会取得短期内的成功，但不能解决根本问题，很难取得长期的效果。因此，需要拓展青少年体育参与的环境，以建立所有青少年能够持续广泛地参与的支持系统。另一方面，青少年体质健康水平的全面提升，需要将家庭、学校和社区，以及更广泛的社会力量进行有机融合，这意味着协同多方共同致力于建立长期有效的准则、价值理念和目标体系。无论是有组织的（正式的）还是无组织的（非正式的）体育活动，都应该努力实现体育文化的传播和渗透，从而深刻地改变青少年的体育价值观，并提供多样的参与机会。建构理论认为，社会结构是由社会主体（组织机构）依据传统价值观的自愿行为来维持的，这些主体（组织机构）有能力通过创新社会行为方式来改变社会结构。当这些创新性的社会行为方式积累到一定程度时，就成为一种稳定的制度结构。[1] 青少年体育活动促进需要纳入社会共治框架，创建各层面组织机构着力的制度体系。人权实现需要结构化的社会制度，这是践行其核心理念和价值的关键。在很多国家，青少年体育虽然已经形成了稳定的发展秩序，但仍然没有被纳入人权结构化的制度体系中，这不仅制约了体育社会价值的充分发挥，而且不利于人权社会化的实现。体育积极表达了人的尊严，每个人都享有健康、社会包容和运动休闲的权利，体育已经成为实现这些基本权利的关键手段。在全球化进程中，我们应从社会、包容、教育哲学的视角重新考虑体育秩序，而不是仅仅停留在口头上，体育能够在促进当代人权教育和人的尊严方面进一步发挥根本性的作用。[2]

（三）青少年体育活动促进形成了有效的运行机制

体育被视为促进青少年积极发展（PYD）的有效机制，但是这种有

---

[1] Suzuki N., "A Capability Approach to Understanding Sport for Social Inclusion: Agency, Structure and Organisations", *Social Inclusion*, Vol. 5, No. 2, 2017.

[2] Isidori E., Benetton M., "Sport as Education: Between Dignity and Human Rights", *Procedia-Social and Behavioral Sciences*, No. 197, 2015.

机联系并不是与生俱来的，它取决于各种程序化的背景和语境。[1] 体育运动是年轻人最喜爱的活动之一，能够有效促进身心发展，培养积极探索的兴趣，同时也有助于改变身份，实现群体利益。[2] 从发展角度看，体育运动能够促进发展青少年的内在品质，塑造关键能力，因此国际社会和各个国家都在不断加大对其支持力度，各种项目激增。[3] 2003 年 11 月，联合国大会通过第 58/5 号决议，体育被纳入全球发展与和平议程之中。随后，全球性范围内达成了体育促进发展共识，随着 2005 年确立了国际体育教育和体育运动年，各种活动蓬勃开展，进一步推动了这一理念的深入。[4] 一场由政府、发展机构、企业、体育组织和非政府组织广泛参与的社会运动兴起，它们共同构成了体育发展的主体，每一个都享有独一无二的授权、议程和支持者。广泛的利益相关者形成了多层次的联盟，他们都在体育促进发展中传递着、输出着自身的价值，彼此在治理网络中成为权力中心，发挥出了显著的作用。企业广泛支持社区驱动体育发展倡议，将社区体育作为企业社会责任（CSR）和社会投资（CSI）的重要组成部分。国际体育组织协同赞助企业开展了不同类型和项目的体育推广活动。各国政府也广泛建立体育联盟，系统制定政策、明确实施机构，以期全社会确立积极参与的价值观。[5] 在国际社会，越来越多的组织机构将体育视为实现广泛社会发展目标的重要途径，为此建立长效机制，积极推行体育促进发展与和平（SDP）计划，该计划的核心理念是将体育作为一种向青少年提供社会融合、个性发展和健康教

---

[1] Jones G. J., Edwards M. B., Bocarro J. N., et al., "An Integrative Review of Sport-based Youth Development Literature", *Sport in Society*, Vol. 20, No. 1, 2017.

[2] Knifsend C. A., Graham S., "Too Much of a Good Thing? How Breadth of Extracurricular Participation Relates to School-Related Affect and Academic Outcomes during Adolescence", *Journal of Youth and Adolescence*, Vol. 41, No. 3, 2012.

[3] Burnett C., "Assessing the Sociology of Sport: On Sport for Development and Peace", *International Review for the Sociology of Sport*, Vol. 50, No. 4, 2015.

[4] Kidd B., "Cautions, Questions and Opportunities in Sport for Development and Peace", *Third World Quarterly*, Vol. 32, No. 3, 2011.

[5] Coalter, *Sport for Development: What Game Are We Playing?* London: Routledge, 2013, p. 46.

育的有效载体和平台。① 20 多年来，以青少年积极发展（PDY）、社区青少年互补发展（CYD）、青少年体育促进发展（SBYD）和体育促进发展与和平（SDP）为主的制度模式已经成为指导青少年体育活动促进项目实施和评估的主要框架。② 这一全球性的青少年体育活动促进框架发挥出了积极的作用，不断涌现出新的实施理念和措施，日益成为保护儿童和青少年体育权利的典范。③

综上所述，随着人类社会发展，青少年体育活动促进日益回归本源属性，从价值理念、发展载体、社会制度等维度形成了清晰的权利内涵。其中教育和文化是发挥青少年体育活动促进多维功能的基本路径，它通过多层次的文化特质，以及高质量的教育（包括优质的体育教育）不断实现和拓展青少年体育人权。从发展实践看，青少年体育活动促进是社会公共治理体系的有机组成部分，需要在循证支持基础上采取系统的干预措施，这是进一步融合社会核心价值观，实现青少年均衡发展的关键。

第二节　青少年体育活动促进的多元价值内涵

体育是青少年均衡发展不可或缺的重要载体。从本质上看，价值是主体与满足其需要的客体之间的一种关系，任何价值都有其客观基础和源泉，衡量社会现象的根本价值尺度是看是否有利于物质文明和精神文明进步。④ 体育不仅是一项以身体活动为媒介，以追求卓越为目标的教育，而且也是一项社会制度，与其他领域一样，也有着许多普适性的基本价值观。在现实发展中，体育与阶级、性别、种族、社会分工密切相

---

① Ramón S., Jeanes R., "Education for Social Change? A Freirean Critique of Sport for Development and Peace", *Physical Education & Sport Pedagogy*, Vol. 18, No. 4, 2013.
② Bailey R., Dismore H., "Physical Education and School Sport: The International Sport in Education Project (SPINEd)", *African Journal for Physical Health Education Recreation & Dance*, Vol. 11, No. 1, 2005.
③ Brackenridge C. H., Rhind D., "Child Protection in Sport: Reflections on Thirty Years of Science and Activism", *Social Sciences*, No. 3, 2014.
④ 冯契：《哲学大辞典》，上海辞书出版社 1992 年版，第 581—582 页。

关,植入并传承着人们理想中的公平、平等、竞技等价值诉求。[1] 体育对青少年具有十分突出的意义,不论是从哲学层面,还是从制度机制层面,已经形成了以"维护和实现尊严"为核心,涵盖教育、身心健康、社会拓展、人力资本建构的多维度价值体系。

一 青少年体育活动促进以实现"尊严价值"为核心

第一,尊严价值贯穿青少年体育活动促进的始终。体育已经成为人们积极尝试和探索世界的一种方式。人类从来都不是孤立的个体,而是始终与世界有着深刻的联系,人类具有与生俱来的运动本性,这使人本身就成为了真正意义上的运动者——一种积极的、充满乐趣的存在物,能够在不断突破身心藩篱的环境中,不断探索世界。这种探索从儿童游戏就开始,一直到成熟的基于规则的现代竞技运动,再到老年人参加的各种体育休闲活动。[2] 基于海德格尔"在世存在"的基本思想,人类通过体育能够从四个本体论维度来探索世界,即"我与我"——个体运动,"我与你"——对抗运动,"我与社会"——团体运动,"我与自然"——拓展运动。[3] 通过运动实现自我存在,这里蕴含着对身体、价值、思想以及社会理性的哲学思辨,深刻反映出了对主体及其尊严的尊重。尊严是民主社会中每一个人所应该具有的一种品质,其从美学、伦理学范畴深刻表达了身体的美,以及所具备的道德情操。体育与人的尊严是紧密相连的,可以说,运动自由本身就是人尊严的体现。作为人类的一种实践活动,体育充分总结和表达了人的尊严内在美,以及道德、倾向性和能力方面的价值,这可以从它与教育、文化、社会、经济等多方面的拓展和融合关系上得到深刻体现,没有体育就没有尊严,反之亦然。[4] 在与世界广泛的联系中,人类不断从本体论、身体论、价值论的

---

[1] Brackenridge C., "Women and Children First? Child Abuse and Child Protection in Sport", *Sport in Society*, Vol. 7, No. 3, 2004.

[2] Breivik G., "The Sporting Exploration of the World: Toward a Fundamental Ontology of the Sporting Human Being", *Sport, Ethics and Philosophy*, No. 4, 2019.

[3] Miller S. G., "Naked Democracy", in P. Flensted-Jensen (ed.), *Polis and Politics*, Copenhagen: Festschrift, 2000.

[4] Parry, J., "The Power of Sport in Peacemaking and Peacekeeping", *Sport in Society*, Vol. 15, No. 6, 2012.

视角解读体育促进和维护尊严的本质意蕴。更确切地说，维护和实现人的尊严是体育哲学本质的具体体现，即运动主体在身体形象和社会身份不断建构的进程中实现了自我的理性存在。青少年体育活动促进的基本要求是尊重和发展身体、塑造性格和锤炼意志，其以提供平等的资源和机会为基础，这契合人权社会发展的根本理念。从群体气质建构的角度看，不论是体育精神，还是制度和物质层面，青少年都将自我与运动紧密联系，深入体验，不断升华对尊严价值的感悟，这将伴随其整个成长过程。

第二，青少年体育活动促进尊严价值具有主体性和群体性的二元属性。尊严价值的主体性是毋庸置疑的，个体破除藩篱的前提条件就是享有独立、自主的身体。运动主体的尊严不仅仅是享有生物学意义上的身体，其更加强调哲学意义上的自我形象塑造。体育蕴含着其他文化所不具备的精神特质，这使其成为人一生中最好的学习载体——通过运动实践，青少年能够学会管理胜利，战胜失败，能够学会团队精神，赢得信任；同时也学会了尊重规则、尊重对手，尤其是那些长期进行训练的孩子，不断挑战身体极限，这有助于他们形成生活所必需的积极价值观。[①] 顾拜旦指出，体育是一种教育，它可以确立主体意识，能够促进价值观形成，从而进一步带来社会（共同体）认可的价值。[②] 当然，主体性尊严并不是指"绝对的自由"，不是"纯粹内在的自我激发"，而是根植于尊重规则的动态建构，这就使其确立了群体性的基本属性。[③] 创建公平规则，并得到切实有效执行是社会系统良性运行的基本要求。青少年体育活动促进能够将不同年龄阶段的孩子纳入多层次规则约束的共同体中，通过自身努力获得角色，不断分享群体利益，并塑造和提升群体尊严价值。体育的本质不是冲突，而是公平竞争；不是暴力，而是

---

① Willis O., "Sport and Development: The Significance of Mathare Youth Sports Association", *Canadian Journal of Development Studies*, Vol. 21, No. 3, 2000.

② Schurmann V., "Sports and Human Rights", *Journal of the Philosophy of Sport and Physical Education*, Vol. 34, No. 2, 2012.

③ Sheets-Johnstone M., "Essential Clarifications of Self-affection and Husserl's Sphere of Ownness: First Steps toward a Pure Phenomenology of (Human) Nature", *Continental Philosophy Review*, Vol. 39, No. 4, 2006.

有节制的掌控；它既不是非道德的，也不是无价值的，其本身就是一种道德事业；同时体育也是制度化的，这从根本上确立了其合法的权威性，它蕴含着公平竞争（建立起竞争合同关系）、规则治理（平等的权利和义务），以及参与者的合作和相互尊重。规则是体育运动的核心——尊重规则，赢得比赛，突破自我，这给予了运动者荣誉和荣耀；正是由于尊重规则，才使我们配得上胜利，配得上奖赏，配得上享有参与的自由；体育是一个载体，它使我们享有了诚实、信任、团结、超越，从而成为一种有价值的榜样，其标志性的身体美、荣耀、品质都筑起了与尊严联结的桥梁。① 正如亚里士多德认为的："一个人的尊严并非在获得荣誉时，而在于本身真正值得这种荣誉。"② 体育是表达人性的一种方式，是超越物质利益束缚的内在渴望，它既是不可剥夺的基本权利，也是一种特权，其最终目的是保护人类共享的发展利益。青少年体育活动促进是表达群体性格的重要手段，每个孩子应该享有均等开放的体育资源，这就需要社会协同优化参与的环境和条件。高质量的体育教育为培养和发展人类美德提供了载体，能够促使我们的行为更加纯粹和高尚。③ 在这里，体育尊严价值的群体性得到了清晰的表达，即通过公平参与，分享了其作为人类实践活动所展现的共同利益，创建了一个积极向上的社会群体，即顾拜旦所认为的体育共同体；而在共同体中的青少年享有体育所带来的荣誉和高尚，这为全面提升群体尊严价值奠定了实质性基础。

第三，青少年体育活动促进尊严价值的现实转译。责任与信任不仅是社会生活的基础，也是体育所承接的历史使命，同时也是实现运动主体理性存在，以及社会发展的本源。尊严的外在理性表现为身心和谐统一，体育对围绕着青少年的各种身心局限进行融合、调适，积极转译为有益的社会适应和身份认同。也就是说，随着体育参与程度的不断提升，青少年的感知力和认知力得到强化，其身体意识、形象

---

① Giulianotti R., "Human Rights, Globalization and Sentimental Education: The Case of Sport", *Sport in Society*, Vol. 7, No. 3, 2004.
② 谢芳：《人性之维：亚里士多德论逻各斯》，《伦理学研究》2016 年第 4 期。
③ Parry J., Sport, Ethos and Education, in J. Parry, M. Nesti, S. Robinson, & N. Watson, *Sport and Spirituality: An Introduction*, New York, NY: Routledge, 2007, p. 186.

意识、尊严意识逐步确立并深入，从而奠定自我发展的基础。正如苏霍姆林斯基和屠格涅夫认为的："没有自我尊重，就没有道德的纯洁性和丰富的个性精神。对自身的尊重、荣誉感、自豪感、自尊心——这是一块磨练细腻的情感砺石。"[①]"自尊自爱，作为一种力求完善的动力，是一切伟大事业的渊源。"[②] 体育活动促进以身心的不断融合与统一为根本，其突出强调青少年对身体结构、运动能力和自我形象的认知，同时高度关切人格塑造，要求在公平竞争的规则中学会坚持与付出，这种根植于人类原始生存需要的价值诉求不断实现对身体局限的超越，为全面发展提供了动力。从更广泛的视角看，体育也是引入和维护道德、公益、社会价值的有效工具，其中也蕴含着公平、正义、平等、尊重、自由、责任等普适价值。体育作为人类共性的一种表达方式得到普遍的认可和接受，其根本原因在于其蕴含的哲学认知和价值诉求，远远超越了获得简单的享乐或相对的好处。[③] 青少年体育活动促进所遵循的逻辑是建立在自由主义同构基础上的自我尊重、相互尊重、社会包容，以及契约意义上的公平、正义、诚信等理念。因此，儿童和青少年能否积极参与体育活动，并从中实现深层次的价值诉求，取决于他们的预先认知，即确立社会主导体育价值观，引导和培育孩子们形成正确的行为意识和习惯。

二 青少年体育活动促进的教育价值

第一，青少年体育活动促进根植于教育。教育的核心内涵是塑造人和培养人，体育教育已经被视为一种维护尊严、实现人权的手段；从哲学层面重新思考体育作为一种包容性的教育实践活动，其实质就是一种尊严和权利的真实体验。[④] 体育是一项人权，每个人都有权利根据自己

[①] ［苏］苏霍姆林斯基：《公民的诞生》，黄之瑞译，教育科学出版社 2002 年版，第 128 页。

[②] ［俄］屠格涅夫：《罗亭》，陆鑫译，生活·读书·新知三联书店 2018 年版，第 22 页。

[③] Parry J., "The Power of Sport in Peacemaking and Peacekeeping", *Sport in Society*, Vol. 15, No. 6, 2012.

[④] Isidori E., Echazarreta R. R., "Sport and Philosophy of Hospitality: Three Questions on How to Rethink Contemporary Sport Education in Light of Gift and Peace", *Physical Culture & Sport Studies & Research*, Vol. 59, No. 1, 2013.

的需要参加体育活动。家庭教育、学校教育、社会教育等都能够对青少年产生多层次影响,其中家庭比学校更重要,是实施体育教育,塑造体育价值观的起点。体育是一种能够打破文化、种族、宗教、代际、性别和经济障碍的全球公认的文化和教育活动,其与个人、同龄人、家庭,乃至整个社会的发展和结构优化息息相关。体育对青少年的成长具有积极的促进作用,越来越多的证据表明,良好的体育环境能够给予青少年更有意义的体验,并产生良好的社会效应。① 因此,高质量体育教育已经成为很多国家青少年政策系统的首要选择,尤其是注重将社会互动、乐趣、挑战、运动能力、自主学习、规则意识等作为制定专门规划的重要指标。② 运动实践虽然奠定了公平竞争的基石,但是也应该看到,在复杂的利益关系中,也极易出现各种泛化和异化的情形,会使主体产生不愉快的经历和体验,甚至会形成不良的行为习惯,从而带来一系列社会问题。③ 这就对青少年体育教育提出了更高的要求,必须要提供优质的学习条件和环境。近 20 年来,基于对主动性、身体性的探索和反思,以情感融合、团队合作、技能拓展为核心的体育教育模式日趋成熟,发挥出了显著作用。④ 体育教育的积极意义在于为人类社会发展提供价值理性和工具理性协调统一的全球性公共文化产品,它以身心体验为载体和媒介,以塑造人性为最终诉求。一方面,体育具有的教育和社会包容内涵,能够确保其实践价值保持纯粹性,始终围绕"运动主体理性存在"开展各类活动。另一方面,虽然现实环境中人们对体育有着不同的利益诉求,但都对其本质具有高度共识,最终目标是超越身体局限,促进精神世界充实。简而言之,体育的教育价值

---

① Anderson-Butcher D., Riley A., Amorose A., et al., "Maximizing Youth Experiences in Community Sport Settings: The Design and Impact of the LiFE Sports Camp", *Journal of Sport Management*, Vol. 28, No. 2, 2014.

② Beni S., Fletcher T., Ní Chróinín D., "Meaningful Experiences in Physical Education and Youth Sport: A Review of the Literature", *Quest*, Vol. 69, No. 3, 2017.

③ Wells M. S., Ellis G. D., Paisley K. P., et al., "Development and Evaluation of a Program to Promote Sportsmanship in Youth Sports", *Journal of Park & Recreation Administration*, Vol. 23, No. 1, 2005.

④ Hansen D. M., Larson R. W., Dworkin J. B., "What Adolescents Learn in Organized Youth Activities: A Survey of Self-reported Developmental Experiences", *Journal of Research on Adolescence*, Vol. 13, No. 1, 2003.

内涵具有两层含义：一是通过具有突出实践性的运动教育使自身成为人类创造的价值；二是具备了人类所创造其他价值的基本价值属性。[1]体育运动对青少年的教育意义更为突出，德、智、体不可分割，体育寓于德智，融会贯通，促进全面发展。而且从群体建构的角度看，青少年的包容、自我超越、行为自律等都需要通过教育实现，而这关系到整个社会的进步与发展。

第二，青少年体育活动以培养品质为导向。教育资本是一种能够直接或间接促进人们未来福祉的资源，核心目标是培养具有高尚品质的、社会的人。[2] 长远看，投资于体育运动、体育教育和生活技能能够带来福泽后代的好处。[3] 人力资本理论（HCM）提出，体育是一种能够带来有价值回报的投资，其主张的技能塑造、专门知识和个性特质都体现在并形成于现实参与的综合能力之中。而且通过体育所产生的自我和社会价值都是以增加幸福感、教育成就、经济收益等积极性结果来实现的。[4] 意志品质是青少年成长的决定因素，良好的体育环境氛围能够为他们提供必需的性格和技能要素，如克服困难、合作、人际交往、正确的价值取向等。[5] 青春期是人生中的一个重要阶段，在这个阶段，个体发展形成了更强的与他人共鸣的能力，并学会为自己的行为承担责任。在不同层次的体育实践中，青少年逐步思想独立，沉淀性格特征，同时能够将运动中的积极品质延伸到生活、学习，以及社会交往中，这又会进一步促使他们形成良好的心理素质和意志品质。因此，高质量体育教育在教会孩子们各种技能的同时，也对他们的意识、品质、性格，以及决策能力、解决问题能力等产生潜

---

[1] Isidori E., Benetton M., "Sport as Education: Between Dignity and Human Rights", *Procedia-Social and Behavioral Sciences*, No. 197, 2015.

[2] Bourdieu P., "Le Capital Social: Notes Provisoires", *Actes de la Recherche en Sciences Sociales*, Vol. 31, No. 1, 1980.

[3] Bailey R., Hillman C., Arent S., et al., "Physical Activity: An Underestimated Investment in Human Capital?", *Journal of Physical Activity and Health*, Vol. 10, No. 3, 2013.

[4] Bailey R., Hillman C., Arent S., et al., "Physical Activity: An Underestimated Investment in Human Capital?", *Journal of Physical Activity and Health*, Vol. 10, No. 3, 2013.

[5] Gano-Overway L. A., Newton M., Magyar T. M., et al., "Influence of Caring Youth Sport Contexts on Efficacy-related Beliefs and Social Behaviors", *Developmental Psychology*, Vol. 45, No. 2, 2009.

移默化的影响，从而为积极适应和融入社会提供一个有效的通道。很多国家越来越重视体育教育对青少年发展的巨大促进作用，不断整合优质资源全面介入群体气质和性格塑造，已经成为当前治理的最新趋势。

第三，青少年体育活动促进是提升领导力的有效途径。体育提升领导力主要包括以下几层含义：一是领导是一个复杂的过程，需要个人积极努力，帮助团队确定并实现既定目标。青少年体育活动促进提供了个体努力、团队协同的平台，其典型的精神文化特质时刻发挥着潜移默化的作用。二是效率和品质（有效领导）是领导者特征（如品德、方向、行为等）、追随者特征，以及环境（如资源可用性）相互作用的结果。[1] 体育运动，尤其是团队项目需要突出的决断力、心理承受能力和临场应变能力，这需要教练、队员、管理者、环境等多种因素的共同作用，其中领导力是一个基本要求。在激烈的竞技环境中，运动员都是以领导者的身份出现的，他们能够彼此形成一个具有凝聚力的团队去比赛，同时也分别扮演着重要的角色（如沟通、规划、组织、纪律、互动等），以充分发挥和展现自己的实力。[2] 三是所有年轻人都需要学习专门的技能，其角色中心定位有助于快速提高他们的领导能力和效果。[3] 在长期的实践中，青少年通过高质量的体育学习能够不断提升运动能力，这本身就是克服身体和心理阻碍的过程，会形成自我超越和自我价值的认同。而通过广泛的竞技性关系，这些认知会进一步得到拓展和强化——青少年运动员必须要形成微观的决策和执行体系（如技战术运用等），每个人都是角色的中心（不论他所处的空间位置、任务性质及互动频率如何），这可以有效提升他们的责任感和执行力。[4] 四是需要通过多方面的学习才能够筑牢领

---

[1] Gould D., Voelker D. K., "Youth Sport Leadership Development: Leveraging the Sports Captaincy Experience", *Journal of Sport Psychology in Action*, Vol. 1, No. 1, 2010.

[2] Weese J., Nicholls E., "Team Leadership: Selection and Expectations", *Physical Educator*, Vol. 44, No. 1, 1987.

[3] Muir D., "Mentoring and Leader Identity Development: A Case Study", *Human Resource Development Quarterly*, Vol. 25, No. 3, 2014.

[4] Martinek T. & Hellison D., *Youth Leadership in Sport and Physical Education*, New York, NY: Palgrave Macmillan, 2009, p. 181.

导力（如经验学习、引导教育、成人监督等）的基础。青少年领导力始于对个体技能与能力的发展，并逐步转向对训练或比赛环境抽象的解释和干预（如领导者与追随者动态的复杂性、确立和团队贡献愿景、激励追随者积极行为等），因此需要进行多方面系统的学习和引导。体育对塑造青少年领导力具有突出的作用，主要表现在高超的技能、突出的职业道德、扎实的专业知识、系统思维和良好的人际关系，其中同伴、教师和教练、父母、个体环境等都会对其产生不同程度的影响。[1] 在这些利益相关因素中，教育制度起着至关重要的作用，它能够引导和培养青少年领导力所需要的基本素质。

第四，青少年体育活动促进能够提升学业成就。从社会建构主义的视角看，个体的价值不是存在于脱离现实的理想泡沫之中，而是存在于自我认知能力建构，以及不断提升的进程中。[2] 高质量的体育教育和运动环境能够增强大脑功能，有效提升青少年的自我认知和建构能力，拓展了他们的思维和视野，从而奠定了多方面学习的基础。[3] 体育运动提升认知能力的原因包括：（1）增加大脑的血液和氧气循环；（2）增加去甲肾上腺素和内啡肽水平，减轻心理压力，改善情绪；（3）增加生长因子，帮助创造新的神经细胞和支持突触可塑性。[4] 学业成就的获得依赖于多种因素共同作用，其中最为重要的就是自主性学习，而经常参加体育活动的孩子恰恰能够在运动能力不断提升的过程中提升自尊和自主性意识。[5] 青少年体育活动与学业成绩和认知能力之间存在正相关[6]，

---

[1] Wright A., Côté J., "A Retrospective Analysis of Leadership Development through Sport", *The Sport Psychologist*, Vol. 17, No. 3, 2003.

[2] Light R. L., Harvey S., Memmert D., "Why Children Join and Stay in Sports Clubs: Case Studies in Australian, French and German Swimming Clubs", *Sport, Education and Society*, Vol. 18, No. 4, 2013.

[3] Hillman C. H., Erickson K. I., Kramer A. F., "Be Smart, Exercise Your Heart: Exercise Effects on Brain and Cognition", *Nature Reviews Neuroscience*, Vol. 9, No. 1, 2008.

[4] Winter B., AlE., "High Impact Running Improves Learning", *Neurobiology of Learning & Memory*, Vol. 87, No. 4, 2007.

[5] Singh A., Uijtdewilligez L., Twisk J. W. R., et al., "Physical Activity and Performance at School", *Jama Pediatrics*, Vol. 166, No. 1, 2012.

[6] Fedewa A. L., Ahn S., "The Effects of Physical Activity and Physical Fitness on Children's Achievement and Cognitive Outcomes: A Meta-analysis", *Research Quarterly for Exercise and Sport*, Vol. 82, No. 3, 2011.

促进学校体育活动（尤其是以体育课程为基础的干预）能够提升对孩子的教育成果（核心能力）——除了生理方面的积极效应外，还能够提升孩子的注意力，减少压力和无聊感，改善课堂行为，增加他们课程学习的专注力。[①] 1951—1961 年，法国进行了一项关于体育活动与学校成就表现之间关系的经典研究。研究人员将学业理论课程减少 26%，取而代之的是加大体育活动开展力度，跟踪结果显示：学生的成绩并没有呈现下降趋势，反之更具有纪律性，注意力更集中。[②] 近年来，越来越多的研究证明体育活动、体能适应、认知能力和学业成就之间存在积极性的关联。体育活动和体育教育对学业成绩的直接影响最弱，呈现中性相关，但其对身体生长发育和整体健康水平非常重要，同时已有证据表明，体育活动对提升认知能力，促进脑结构和功能具有十分重要的作用。[③] 学校是孩子们养成良好生活习惯最为重要的场所之一。但是从现实发展看，很多国家正在削减学校体育，这出现了价值取向的偏差，全球性学校体育活动时间的减少对儿童和青少年学习能力将会产生诸多负面影响。对于决策者而言，应采取有效措施促使地方、学校重视体育教育和体育活动的开展。

第五，青少年体育活动促进能够提升智力资本回报。体育，尤其是学校体育有利于教育成就，其主要原因是在身心参与和体验的情境中，能够有效提升青少年的责任心、自主性等，同时也能够提升规划意识，以及认知能力和抗挫折能力，这些都是他们成长必须具备的品质。[④] 体育参与水平与青少年对学业的积极态度、学业成绩提高，以及获得大学教育后产生更高的愿望有直接的关系，而且在一定程度上也能够对未来

[①] Käll L. B., Nilsson M., Lindén T., "The Impact of a Physical Activity Intervention Program on Academic Achievement in a Swedish Elementary School Setting", *Journal of School Health*, Vol. 84, No. 8, 2014.

[②] Fourestier M., "Les Expériences Scolaires de Vanves", *International Review of Education*, Vol. 8, No. 1, 1962.

[③] Donnelly J. E., Hillman C. H., Castelli D., et al., "Physical Activity, Fitness, Cognitive Function, and Academic Achievement in Children: A Systematic Review", *Med Sci Sports Exerc*, Vol. 48, No. 6, 2016.

[④] Bradley J., Keane F., Crawford S., "School Sport and Academic Achievement", *Journal of School Health*, Vol. 83, No. 1, 2013.

的教育成就和职业成功产生影响。① 从发展的视角看，智力资本主要是指通过投资体育而获得心智成长方面的收益。毫无疑问，体育是一种重要的资源，投资高质量的多元化教育，能够获得均衡发展的极大回报，这已经为人力资本提供了很多有价值的范例。从本质上看，社会资本表现为人与人之间的信任关系，能够有效生成人力资本；而从运行看，家庭资本、学校资本和社区资本都会对塑造学生品质，发展智力产生相当大的作用。② 多样的体育活动在学生培养过程中发挥着不可替代的作用，它是一种理想的干预和教育介入手段，可以预防儿童肥胖症流行，同时也能够获得极大的人力资本回报。基于广泛的循证考量，教育管理部门应加大力度实施有助于提高学生身体素质（PF）的多元化体育课程策略，并将其作为评价青少年健康状况和综合发展的重要指标。③

三 青少年体育活动促进塑造身心健康价值

第一，促进青少年身体均衡发展。青少年体育活动促进具有突出的健康价值，其对肌肉骨骼系统、心血管、自我形象的树立都能够产生积极的影响[4]；如果缺乏运动则可能会引发一系列的严重疾病。[5] 越来越多的证据表明，超重的青少年进入成年期也会超重，不爱运动的习惯也极易带入成年期[6]，这一延迟效应已经引起了人们的高度关注。体育对身体资本的最大价值表现就是保持能量平衡，有效降低超重和肥胖，形

---

① Sorkkila M., Aunola K., "A Person-oriented Approach to Sport and School Burnout in Adolescent Student-athletes: The Role of Individual and Parental Expectations", *Psychology of Sport & Exercise*, No. 28, 2017.

② Coleman J. S., "Social Capital in the Creation of Human Capital", *American Journal of Sociology*, No. 94, 1988.

③ Pozo F. J. F. D., Alonso J. V., Álvarez M. V., et al., "Physical Fitness as an Indicator of Health Status and its Relationship to Academic Performance during the Prepubertal Period", *Health Promotion Perspectives*, Vol. 7, No. 4, 2017.

④ Goldfield G. S., Henderson K., Buchholz A., et al., "Physical Activity and Psychological Adjustment in Adolescents", *Journal of Physical Activity and Health*, Vol. 8, No. 2, 2011.

⑤ Tremblay M. S., Colley R. C., Saunders T. J., et al., "Physiological and Health Implications of a Sedentary Lifestyle", *Applied Physiology, Nutrition, and Metabolism*, Vol. 35, No. 6, 2010.

⑥ Freedman D. S., Khan L. K., Dietz W. H., et al., "Relationship of Childhood Obesity to Coronary Heart Disease Risk Factors in Adulthood: The Bogalusa Heart Study", *Pediatrics*, Vol. 108, No. 3, 2001.

成健康的生活方式。但是相当多的人并没有充分认识到身体活动促进的长远作用,尤其是没有认识到对很多年幼儿童而言,体育运动能够对其身体发育和发展产生实质性的贡献。[1] 体育有形资本的一个方面特别好地反映了其投资蕴含的价值,那就是儿童阶段是发展运动技能的关键时期,这些技能有助于促进他们的身体、社会认知和适应性发展,从而奠定健康生活方式的基础。[2] 在生命体的任何阶段进行体育投资都有可能提高生活质量,当然越是在早期阶段投入时间和资源,就越是会在将来带来可观的回报。[3] 坚持日常生活中进行体育锻炼,其效果会一点一滴积累,遵循《国家身体活动指南》进行系统的体育运动,可以有效降低胆固醇水平、血压,改善体脂成分、骨密度、心肺功能,以及促进肌肉力量、强健骨骼和心理健康,体育运动带来的益处远远超过了其潜在的风险。[4] 从长远发展看,儿童和青少年进行规律体育运动的重要性怎么强调都不过分。[5] 影响青少年体育活动的因素多种多样,生活条件、体育环境、父母教育程度、家庭经济收入等与体育参与水平呈现正相关。[6] 青少年体育活动促进应纳入公共事务体系,动员全社会协同共建,只有提供了基本的条件和资源,才能产生群体参与的规模效应。这里需要注意的是,时间管理是一个非常重要的因素,一个人利用时间的方式可以极大地改善其身心健康状况。体育活动与屏幕时间之间存在着较高的弹性关系,尤其是对肥胖儿童和青少年而言,体育参与时间与他们的整体健康状况更加密切关联。有研究表明,每增加1小时的体育活

---

[1] Finkelstein E. A., Trogdon J. G., Cohen J. W., et al., "Annual Medical Spending Attributable to Obesity: Payer-and Service-specific Estimates", *Health Aff*, Vol. 28, No. 5, 2009.

[2] Lubans D. R., Morgan P. J., Cliff D. P., et al., "Fundamental Movement Skills in Children and Adolescents", *Sports Medicine*, Vol. 40, No. 12, 2010.

[3] Fisher A., Reilly J. J., Kelly L. A., et al., "Fundamental Movement Skills and Habitual Physical Activity in Young Children", *Medicine & Science in Sports & Exercise*, Vol. 37, No. 4, 2005.

[4] Canadian Society for Exercise Physiology, *New Canadian Physical Activity Guidelines* (http://www.csep.ca/english/view.asp?x=804).

[5] Young D. R., Felton G. M., Grieser M., et al., "Policies and Opportunities for Physical Activity in Middle School Environments", *Journal of School Health*, Vol. 77, No. 1, 2010.

[6] LaPlante C., & Peng W., "A Systematic Review of e-Health Interventions for Physical Activity: An Analysis of Study Design, Intervention Characteristics, and Outcomes", *Telemedicine and e-Health*, Vol. 17, No. 7, 2011.

动，屏幕时间就会减少 32 分钟，这对于肥胖青少年更为明显，能够平均减少 56 分钟。① 从身体论的角度看，体育运动提供了身心深入体验和学习的环境和载体，在潜移默化中，青少年学会了尊重身体、认知身体，并回归了身体卓越（展现运动能力）的原始诉求，而这些是他们成长过程中必须要具备的基础素质。

第二，促进青少年心理健康。体育活动与青少年的各种心理健康结果有关，包括可以提高自尊水平和抗抑郁能力，抑制和减少焦虑，降低社会孤立感（通过结交新朋友，提高社交技能，在与同伴相处中获得自信，学习如何调节积极和消极的情绪等）。② 当然，有组织的体育运动虽然对青少年来说具有重要的价值，但也有可能产生负面影响，其中在很大程度上取决于比赛结果（输赢），以及成年人引导和参与的质量。③ 也就是说，虽然影响儿童和青少年体育情感的介导因素很多，但体育教师、教练，以及其他成年人所创造的体育环境（社会氛围）的影响更关键。④ 研究表明，患抑郁症的年龄越来越早，青少年的患病率是 25—44 岁成年人的两倍。美国几项大规模的人口调查数据显示，青少年存在的心理健康问题令人担忧。⑤ 据估计，在美国有超过 30% 的青少年患有精神健康障碍方面的疾病。⑥ 体育活动具有促进心理健康的价值，这已经在成年人中得到了充分证明。临床和流行病学研究表明，体育活动与抑郁症、焦虑、恐慌症、恐惧症和应激障碍呈负相关。而在青少年群

---

① Olds T., Ferrar K. E., Gomersall S. R., et al., "The Elasticity of Time: Associations between Physical Activity and Use of Time in Adolescents", *Health Education & Behavior*, Vol. 39, No. 6, 2012.

② Scanlan T. K., Babkes M. L., Scanlan L. A., *Participation in Sport: A Developmental Glimpse at Emotion*, Mahwah, NJ: Erlbaum, 2005.

③ Smoll F., Smith R., "Enhancing Coaching Effectiveness in Youth Sports: Theory, Research, and Intervention", in Malin R. M., Clark M. A. (eds.), *Youth Sports: Perspectives for a New Century*, Monterey, CA: Coaches Choice, 2003.

④ Kremarik F., "A Family Affair: Children's Participation in Sports", *Canadian Social Trends*, No. 58, 2000.

⑤ Kessler R. C., McGonagle K. A., Zhao S., Nelson C. B., Hughes M., Esheleman S., et al., "Epidemiology of DSM III-R Major Depression and Minor Depression among Adolescents and Young Adults in the National Comorbidity Survey", *Depress Anxiety*, No. 7, 1998.

⑥ US Department of Health and Human Services, *Mental Health: a Report of the Surgeon's General* (https://profiles.nlm.nih.gov/spotlight/nn/catalog?search_field=all_fields).

体中，体育活动与他们的情绪和行为问题之间存在负相关关系。在青春期，持续参加低强度至中等强度的体育运动，能够有效预防和抑制抑郁症，而经常进行高强度的体育运动能够有效降低自杀意念和其他一些心理障碍风险。[1] 童年和青春期是形成健康行为的关键时期。经常参加体育活动能够提升认知功能、增强注意力和记忆力。[2] 体育活动和体育运动对儿童、青少年身体健康具有积极的促进作用，儿童时期经常参加体育活动能够有效降低在青年和成年后患心血管病的风险。同时，体育活动对几种心理健康能够产生有益的影响，包括与健康相关的生活质量和更好的情绪状态。[3]

第三，塑造青少年健康的行为习惯。体育是与身心健康和社会福利密切相关的一种活动，如果得到良好发展，就能够帮助人们改善生存和生活状况，更好地融入群体生活，并形成积极的价值观；同时体育所具有的公平内涵，以及各种规则也有助于人们养成健康的行为习惯，它能够给身心提供积极的体验，这就是体育总是与教育、发展、社会融合和包容等紧密联系在一起的主要原因，它们共同构成了体育权利的基本内涵。[4] 世卫组织提出在生命早期养成身体活动、不久坐和睡眠方面的健康行为习惯，有助于形成良好的生活方式。[5] 体育运动能够持续改变青少年的行为习惯，为形成健康的生活方式奠定基础。体育教育和运动环境能够给青少年带来社交、乐趣、挑战、运动能力、精神愉悦等有价值的体验，这对确立体育生活方式具有积极的

---

[1] Tao F. B., Xu M. L., Kim S. D., et al., "Physical Activity Might not be the Protective Factor for Health Risk Behaviours and Psychopathological Symptoms in Adolescents", *Journal of Paediatrics & Child Health*, Vol. 43, No. 11, 2010.

[2] Singh A., Uijtdewilligen L., Twisk J. W., et al., "Physical Activity and Performance at School: A Systematic Review of the Literature Including a Methodological Quality Assessment", *Archives of Pediatrics & Adolescent Medicine*, Vol. 166, No. 1, 2011.

[3] Penedo F. J., Dahn J. R., "Exercise and Well-being: A Review of Mental and Physical Health Benefits Associated with Physical Activity", *Current Opinion in Psychiatry*, Vol. 18, No. 2, 2005.

[4] Beni S., Fletcher T., Ní Chróinín D., "Meaningful Experiences in Physical Education and Youth Sport: A Review of the Literature", *Quest*, Vol. 69, No. 3, 2017.

[5] World Health Organization, *Guidelines on Physical Activity, Sedentary Behaviour and Sleep for Children under 5 years of age* (http://www.who.int/iris/handle/10665/311664).

意义。同时，经常参加体育活动有助于青少年获得长期的健康、成就和幸福；有助于青少年养成良好的生活习惯（每天有充足的体育活动，睡眠至少7个小时）和健康的饮食习惯；有助于促进青少年心理健康，包括更高的自尊感和更强的社会关系（如更高水平的社会支持，以及更少的焦虑和孤独感）；有助于青少年养成自律习惯，不滥用药物。[1] 但是从现实情况看，体育活动与其他健康行为的关系尚未被完全认识，青少年阶段是形成健康行为习惯的关键时期，与成年后的社会融合密切相关；而从整个生命周期来看，科学的体育行为观对健康最为有益。[2]

四　青少年体育活动促进的社会拓展价值

体育作为一种典型文化是经济发展和社会复兴的构成要素，也是提升生活质量和个人福利的重要推动力。在工业社会中，体育培养劳动力只是其真正意义的一部分，而不是全部，它已经被赋予了塑造人性的功能；在从工业社会向后工业社会（知识型社会）转换过程中，体育更应该发挥出积极的作用，以促进人类自身的发展和完善。[3] 就青少年体育而言，其社会拓展价值主要包括三个方面：一是提供了融入社会的有效通道；二是改变和矫正"高危"人群；三是培育社会资本，以促进未来的职业成功和公民参与。[4] 具体内容如下：

第一，体育活动促进能够实现青少年自身价值的社会转化。一方面，青少年体育活动促进有助于利用社会因素实现自我价值。青少年体育需要个人（内部资产）和环境（外部资产）的共同作用，其中积极

---

[1] Biddle S. J. H., Asare M., "Physical Activity and Mental Health in Children and Adolescents: A Review of Reviews", *British Journal of Sports Medicine*, Vol. 45, No. 11, 2011.

[2] Delisle T. T., Werch C. E., Wong A. H., et al., "Relationship Between Frequency and Intensity of Physical Activity and Health Behaviors of Adolescents", *Journal of School Health*, Vol. 80, No. 3, 2010.

[3] Fujiwara K., "Physical Movement in the Aging Society of Japan", *International Review for the Sociology of Sport*, Vol. 22, No. 111, 1987.

[4] Coalter F., *A Wider Social Role for Sport: Who's Keeping the Score?* London, UK: Routledge, 2007, p. 27.

的身份认同、赋权和社会支持三种特殊资产尤为重要。① 这些重要的内外部因素能够促进青少年个性发展,尤其是对提升独立性(决策)和担当(领导力)具有显著作用。有研究结果表明,家庭(父母)、自我身体认知能力、社会接受程度(人际关系)、参与乐趣等对儿童和青少年体育参与具有引导和培育的作用,同时也有助于对其他社会活动产生积极的影响。② 体育运动所形成的特殊环境和平台,需要儿童和青少年不断地付出才能够掌握技能和提升竞技水平。而随着这一进程的深入,其能够形成并转化为孩子们可控的有形身体资本:改善体能状况,提升身体的整体健康感;增强自信、自尊和积极的身体形象;通过纪律、团队精神和责任感塑造性格,健全人格。对于青少年而言,体育运动具有肥料效应,即如果将其融入日常的生活和经历中,能够促进他们的性格和潜力按照社会需要或要求的方式发展。③ 从历史发展的角度看,尽管体育和休闲娱乐反复被视为一项人权,但并不总是被视为一项优先权利,甚至在很多时候被遗忘。在更多的时候,体育往往被视为社会发展的副产品,而不是引擎。但是随着经济社会的发展,体育价值观逐步确立,体育日益成为人们生活中不可或缺的组成部分。在全球化进程中,体育蕴含的团结、宽容、公平、竞争等重要价值有助于培养积极的公民意识,从而为获得社会身份,实现自我发展奠定基础。联合国突出强调体育的重要性,提出它是一项关乎公民权的基本权利,具有显著的社会促进价值——能够把个人、群体和社区紧密地联系在一起,通过融合共建来弥合文化和种族的分歧。④ 青少年个性塑造与其获得身份认同(社会认同)密切关联,其本身就构成了实体权利转化的必要条件。

---

① Fraser-Thomas J., Côté J., MacDonald D. J., "Community Size in Youth Sport Settings: Examining Developmental Assets and Sport Withdrawal", *Revue phénEPS/PHEnex Journal*, Vol. 2, No. 1, 2010.

② Strachan L., Jean Côté, Deakin J., "An Evaluation of Personal and Contextual Factors in Competitive Youth Sport", *Journal of Applied Sport Psychology*, Vol. 21, No. 340, 2009.

③ Fullinwider R. K., *Sports, Youth and Character: A Critical Survey*, Circle Working Paper44, Center for Information and Research on Civic Learning and Engagement, College Park: University of Maryland Press, 2006.

④ *Report from the United Nations Inter-Agency Task Force of Sport for Development and Peace* (http://www.unep.org/sport_env/documents/taskforce).

另一方面，青少年体育活动促进提供了多样化的社会转译渠道。体育是一项积极的社会活动，它能够有效减少孤立和社会排斥，提供广泛交际的机会。主要表现在以下几方面：一是体育活动为发展个体能力提供机会，即要求不断克服运动障碍和局限，提升综合控制能力；二是有组织的体育活动可以给青少年一种团队、俱乐部或社区归属感，从而在个人和社会身份之间形成联结情感的纽带；三是体育活动克服了语言和文化障碍，能够使不同社会和经济背景的人聚集在一起，实现群体间的交流与融合；四是体育活动通过扩展社交网络、增强社区凝聚力和公民自豪感来提升个体对生活的掌控感。[1] 从这里可以看到，体育具有守护天使的效应，它能够引导青少年在一生中朝着积极的方向发展，尤其是能够塑造他们的社会属性，筑牢获得成功的基础。[2] 均衡发展，融入社会是青少年群体的核心目的，所有的实践活动都以此为中心。青少年体育活动促进所建构的平台具有突出的集体性，它要求在各种学习、交流关系中建立自信、尊重，进而不断实现身体卓越，这为他们的成长积累了宝贵财富。相关研究表明，参加两项或以上的运动项目能够使青少年在学业、心理和身体健康状况方面获得更大的收益，其中主要原因是运动体验和经历具有价值累积效应，广泛地参与能够使年轻人接触并获得与成长有关的机会和技能，比如团队合作、责任心、统筹能力等。在多样的社会联系中，孩子们有更多的机会挑战困难，为团队做出贡献，同时也能够与各种各样的成年人和同龄人建立支持性的关系。[3] 社会资本的获取也表现在对各种社会关系的体验和拓展上。青少年的成长需要建立接触并建立良好的社会关系和环境，体育先天所具有的特质（身心参与体验）能够迅速形成人与人信任、沟通和交流的语境，这对影响和塑造孩子们良好的心理状态，提升社会认知能力具有重要的作用。

第二，体育活动促进能够有效矫正（改造）有潜在风险的年轻人。

---

[1] Kelly L., "'Social Inclusion' through Sports-based Interventions?", *Critical Social Policy*, Vol. 31, No. 126, 2011.

[2] Coakley J., *Using Sports to Control Deviance and Violence among Youths: Let's be Critical and Cautious*, Albany: State University of New York Press, 2002, p. 13.

[3] Women's Sports Foundation, *Teen Sport in America: Why Participation Matters* (womenssportsfoundation. org/articles – andreport/teen – sport – in – americal).

社会学家 Giulianotti（2004）认为，从本体论的角度看，体育不可避免地会带来多种形式的发展，其中包括那些需要进行社会化矫正的个体，以及需要注入的公民意识和良好融合的社区转型。[1] 全美大学生体育协会（NCAA）将体育界定为，运动员、教练员、官员、管理者、球迷、家长等在体育竞赛中展现出来的行为集合，蕴含了尊重、公平、礼貌、诚实、责任等基本价值观。[2] 体育精神所展现的行为集合能够使不同类型的青少年群体产生感同身受的内心体验。体育促进的核心目的是促进尊重、责任、公平、诚信、关怀和领导素质，同时预防和阻止诸如欺骗、说垃圾话（坏话）等不良社会行为，其坚持在文化实践中必须遵守一系列清晰的道德价值，同时要求每个人承担因行为不当而可能引发的责任。[3] 体育环境可以放大对青少年的有效影响，使他们有机会与同龄人、教练等形成亲社会关系，这有助于培养实践技能，同时也能够通过竞争、合作等途径减少可能引发犯罪的因素。[4] 青少年体育活动促进以尊严为根基，其能够通过生物性（身体参与）、社会性（社会适应）、心理（超越和抗压）等多个维度发挥矫正作用。一方面，体育运动能够促进青少年围绕社会主流价值观和目标调整生活方向。青少年在长期有规律的体育实践过程中，能够持续产生亲社会行为，并能够影响其社会心理和道德发展，逐步内化形成其自觉遵循的规范意识。[5] 这种具有自主性的规范意识能够促进青少年将体育视为一种生活方式，养成自律的行为习惯。大量的研究表明，适当的、有组织的、展现自我的体育活动可以促进亲社会行

---

[1] Coalter F., *A Wider Social Role for Sport: Who's Keeping the Score?* London, UK: Routledge, 2007, p. 27.

[2] National Collegiate Athletic Association, *Report on the Sportsmanship and Fan Behavior Summit* (http://www.ncaa.org/sportsmanshipFanBehavior/report.pdf).

[3] Goldstein J. D., Iso-Ahola S. E., "Promoting Sportsmanship in Youth Sports: Perspectives from Sport Psychology", *Journal of Physical Education, Recreation & Dance*, Vol. 77, No. 18, 2006.

[4] Spruit A., Van Vugt E., Claudia V. D. P., et al., "Sports Participation and Juvenile Delinquency: A Meta-Analytic Review", *Journal of Youth and Adolescence*, Vol. 45, No. 655, 2016.

[5] Newman T. J., Ortega R. M., Lower L. M., et al., "Informing Priorities for Coaching Education: Perspectives from Youth Sport Leaders", *International Journal of Sports Science & Coaching*, Vol. 11, No. 436, 2016.

为，甚至在一定程度上可以调整青少年的反社会行为和犯罪行为。① 从某种意义上讲，体育已经成为一种不良社会行为的矫正手段，它能够积极引导年轻人学会正确融合环境，融入角色，从而为确立社会身份奠定基础。另一方面，体育活动对缓解社会暴力和社会排斥也具有积极的作用。体育运动能够使青少年远离街头（暴力）和其他不良的社会联系，尽快融入良性的环境中。在长期的运动坚持、付出与突破中，青少年学会自制、遵守规则、团队合作，同时也在潜移默化中为自己找到了向成人角色转化的参照模型。② 以身心投入为媒介的运动情境能够使青少年产生情感为纽带的角色归属感，这对他们形成正确的价值观具有突出的意义。体育教育已经搭建起了有效的平台，力求与青少年发展原则有机结合，目标是向他们教授和灌输个人和社会责任（TPSR），因为很多孩子往往因为贫困、暴力、毒品、家庭等问题而存在发展的风险，其主要的途径是实施对接项目，强调尊重、自我努力，通过运动引导确立自主性和规范意识，学会关心他人。③ 社会排斥主要是指社会某些成员隔离于正常的生活和工作之外，它能够引发各种心理健康问题，同时也会引发贫困和犯罪行为。④ 值得注意的是，成年时期所出现的社会排斥后果往往在生命早期就已经埋下了种子。⑤ 因此，越来越多国家开始关注早期的干预，建立了比较有针对性的体育介入机制，试图提高儿童和青少年的社会包容性，阻断社会排斥（尤其是种族排斥）的发生。

第三，体育活动能够为青少年积累社会经验并拓展社会关系（社会资本）。青少年体育具有突出的价值广度和效度，主要包括：意动——满足行为、行动的欲望；竞技——满足竞争和展现运动能力的欲望；最

---

① McNamee M. J., "Sporting Practices, Institutions and Virtues: A Critfique and a Restatement", *J Philos Sport*, No. 61, 1995.

② Donnelly P., Darnell S., Wells S., et al., "The Use of Sport to Foster Child and Youth Development and Education", *Literature Reviews on Sport for Development and Peace*, No. 7, 2007.

③ Sucre S., "Teaching the Whole Child Through Physical Education and Youth Development", *Strategies*, Vol. 29, No. 42, 2016.

④ Rudert S. C., Reutner L., Greifeneder R., et al., "Faced with Exclusion: Perceived Facial Warmth and Competence Influence Moral Judgments of Social Exclusion", *Journal of Experimental Social Psychology*, No. 101, 2017.

⑤ Cheung C., "Public Policies that Help Foster Social Inclusion", *Social Indicators Research*, Vol. 112, No. 47, 2013.

大化身体机能——促进身心发展，提升社会计划执行力；社会拓展价值——通过资源整合和社会主张，实现身份认同，以及发挥经济、文化功能。① 从这里可以看到，多维效度的中心是个体内外期望的有效衔接，这是明确青少年群体关系、社会属性和社会身份的关键。不论何种价值取向，青少年体育促进所建构的社会资本支持系统能够拓展群体发展的基础。美国著名学者罗伯特·帕特南认为，社会资本是指网络、规范和信任，它能够使参与者更为有效地一起行动，以追求和实现共同目标，其本质是根植于互惠所建立的一系列正式和非正式社会网络的集体财产。② 在他看来，社会资本是人们聚集在一起所能够产生的资源，不论是黏合性的社会资本还是过渡性的社会资本，都需要建立广泛的社会联系和关系；支持社会资本的不是个体，而是整体（群体），因此需要强有力的社会团结和凝聚力。③ 依据这一观点，青少年体育活动促进能够创造可用于获取社会和文化资源的身体（体能）资本，激发他们的教育成就，有利于形成社会网络，并形成超越运动本身的理想和抱负。体育的社会资本属性是不言而喻的，无论是团队的还是组织的运动项目，都能够提供公民社会所必需的信任、责任，以及许多横向的关系网络。长期以来，以体育运动为平台的聚集，自然而然地会向外部世界实践转化。

五 青少年体育活动促进的人力资本价值

随着现代体育的发展，其所具备的人力资本促进价值日益显现。经济学家过去常常把资本投资等同于对工厂、建筑、机器等实物资产的投资，然而为适应人类多层次发展的需要，对无形资本的投资力度日益加重。从概念上讲，截然分开有形资本和无形资本是没有必要的，要想成为一种资本，所需要的基本条件就是承诺未来是一种有效用的资源，当

---

① Celia B., Daniel R., "Child Protection in Sport: Reflections on Thirty Years of Science and Activism", *Social Sciences*, Vol. 3, No. 326, 2014.

② Putnam R. D., "Bowling Alone: Americas Declining Social Capital", *Journal of Democracy*, No. 65, 1995.

③ Harris J. C., "Civil Society, Physical Activity, and the Involvement of Sport Sociologists in the Preparation of Physical Activity Professionals", *Sociology of Sport Journal*, Vol. 15, No. 138, 1998.

越来越多的人认识到一系列社会活动可以看作是对人力资本的投资时，经济学中的人力资本革命就发生了。[1] 以往关于人力资本关注的重点主要是在教育方面，而且普遍以技能、资质和教育程度来进行解释和界定，这无疑是很狭隘的，很多有效的投资都可以改变一个人未来获得收益的能力。体育的人力资本价值是多方面的，主要表现在能够提高盈利能力、工作表现、生产力和工作成就，以及降低医疗保健成本和旷工/出勤率等。数据表明，在美国投资1美元到体育运动（包括时间和设备）可以节省3.2美元的医疗成本；积极参加体育活动的人每年可以节省500美元的医疗费用（1998年调查结果）；2000年，美国因为不运动或运动不足造成累计医疗开支高达750亿美元，而良好的体育锻炼习惯可以减少短期病假（6%—32%），降低医疗保健成本（20%—55%），提高生产力（2%—52%）。在加拿大，由于不运动或运动不足而产生的相关费用占总医疗开支的6%，而经常参加体育锻炼的员工每年可以获得513美元的福利，其中包括提高生产力、减少旷工和伤害等。[2] 世界上几乎所有的国家都含蓄地将职业生涯成功和学业成就等同起来，但有令人信服的证据表明，这种观点存在很大误区，非认知能力才是人生成功更为重要的决定因素。与许多认知技能不同，非认知能力需要很长的时间才能够形成，因此其产生的影响也更加持久。[3] 例如，决心、自律、时间管理、目标设定、情绪控制、决策等都对生活中每一个阶段的成功产生很大影响，但是在现实中，这些几乎都被教育评估普遍忽视。体育具有以教育为核心的本源价值，这为其进一步拓展多维度的社会和经济价值奠定了基础。体育参与并不是一个零和游戏，所有人进行长期的学习和训练都能够使工作和生活质量变得更好，对于年龄较大的青少年来说，积极参与体育运动会带来更大的回报，因为他们正处于身心发展的关键时期，进行多层次的体育体验能够对各种非认知技能

---

[1] Schmid A., Allan, "Social Capital: Critical Perspectives", *Journal of Economic Issues*, Vol. 36, No. 824, 2002.

[2] World Health Organization, *Health and Development through Physical Activity and Sport* (https://www.who.int/whr/2003/en/).

[3] Eccles J. S., Barber B. L., Stone M., et al., "Extracurricular Activities and Adolescent Development", *Journal of Social Issues*, Vol. 59, No. 865, 2010.

和能力获得产生重要的影响。①

此外,还有许多研究表明经常从事体育活动的学生比不参加体育活动的学生更容易获得成功,能够获得更高的福利待遇,他们进入工作岗位后,平均工资水平普遍增加了12%;而且经常进行体育锻炼要比适度锻炼所带来的收入效应更高,其中男女没有显著性差异;有组织的体育活动所带来的职业优势主要归因于身体健康与软技能(如表达沟通、团队协作等)的有机融合,体现出更高的工作效率。② 儿童体育活动可以通过非认知技能促进其人力资本的积累,事实上不同类型的运动对参与者都能够产生积极的影响。德国经济学家进行队列数据分析认为,经常参加体育活动的学生能够获得更多客观优势,因为他们的身体健康情况得到了全面改善,并获得了自尊、竞争、韧性、积极、自律、负责等品质。③根据美国长期大规模固定样本跟踪数据,儿童体育活动与成人劳动力市场的积极结果相关;体育运动,尤其是在高中阶段养成的体育锻炼习惯与13年后所监测的一些成人劳动力市场结果之间存在显著相关性;体育活动的边际效应是巨大的,在高中进行每周一次的团队运动能够增加其成人后的岗位时薪1.5%,成为经理的可能性增加2%;在工作中能够自由地做出重要决定的相似效应为1%,工作非常满意的概率提升了0.8%。④ 而从"就业市场信号"(job-market signaling)的角度看,经常参加体育活动能够给雇主提供一种潜在的信号,即雇主认为体育活动与雇员更大的能力存在正相关关系。事实上,经常进行锻炼的人,他的行为方式更具有积极性,通常会引起雇主的重视,他们更具有竞争力和生产力,这些都表明体育活动可以作为增强职业和经济成果的一种有效资产和社会技能。根据瑞典劳动力市场的研究,长期体育锻炼的青少年在进入成年时(能够有效控

---

① Cabane C., Clark A. E., "Childhood Sporting Activities and Adult Labour-Market Outcomes", *Ann Econ Stat*, No. 123, 2013.

② Barron J. M., Ewing B. T., Waddell G. R., "The Effects of High School Athletic Participation on Education and Labor Market Outcomes", *Review of Economics and Statistics*, Vol. 82, No. 409, 2000.

③ Pfeifer C., CorneliBen T., "The Impact of Participation in Sports on Educational Attainment—New Evidence from Germany", *Economics of Education Review*, Vol. 29, No. 100, 2010.

④ Cabane C., Clark A. E., "Childhood Sporting Activities and Adult Labour-Market Outcomes", *Ann Econ Stat*, No. 123, 2013.

制非认知因素),他们的健康溢价(排除不可观测的家庭变量)会从4%—5%降低到1%。[1] 综合这些数据看,青少年体育活动促进的人力资本价值已经得到了充分体现,尽早干预已经成为西方国家的高度共识。

综上所述,青少年体育活动促进已经形成了多维度的价值体系,日益发挥出重要作用。体育权利是应然权利、社会权利和实体权利的综合体现,它以"维护和实现人的尊严"为价值起点,其能够从身心、教育、社会化、人力资本等多维度促进青少年的均衡发展。在青少年体育活动促进的治理进程中,应紧紧守护其所具有的本源价值内涵,分层建构针对性的权利保障和运行体系。体育作为一种特有的社会活动,本身也是一个哲学问题,在价值、规范和倾向性行为方面具有典型特征,其深刻体现出人类在体育运动中的情感互动、身心超越和自我形象塑造。但同时也应该看到,体育就如同医药,善与恶并存,而决定这种善恶之分的就是其所处的发展环境和语境。[2] 因此,我们不能只强调青少年体育活动促进的积极作用,也要警示其存在的风险,尤其是在复杂利益关系中可能带来的群体价值偏差。针对这些现实问题,青少年体育治理需要建立有效的防范和规避机制,以应对各种矛盾和冲突。

第三节　青少年体育活动促进是一项法律权利

人权在法律话语体系中具有独特的地位,它是最基本的,有时候是不可减损的,不论主体地位和背景如何,法律保护每一个人的合法权益。[3] 青少年体育活动促进作为基本权利有着充分的法律依据,很多国家法律明确了主体地位和排他性义务的要素,而且在不断建设进程中,

---

[1] Rooth D. O., "Work out or out of Work—The Labor Market Return to Physical Fitness and Leisure Sports Activities", *Labour Economics*, Vol. 18, No. 400, 2011.

[2] Isidori E., Maulini C., Frías F. J. L., "Sport and Ethics of Weak thought: A New Manifesto for Sport Education", *Physical Culture & Sport Studies & Research*, Vol. 60, No. 22, 2013.

[3] Van Der Sloot B., *Is the Human Rights Framework Still Fit for the Big Data Era? A Discussion of the ECTHR's Case Law on Privacy Violations Arising from Surveillance Activities*, New York: Springer Netherlands, 2016, p. 3.

其逐渐转译为一种固有权利。我国经济社会正经历着巨大变革，依法治体深入融合了社会主义核心价值观，这为全面塑造和建构青少年体育法律权利奠定了实质性基础。

一 青少年体育权利的法律依据

(一) 青少年体育权利的国际体育法律依据

在长期的发展历程中，体育权利成为了国际公约、宪章关注的焦点。国际法律以青少年健康和均衡发展为中心，从权利定位、内容、保障、实施等方面进行了系统的规定，确立了人权法依据。《世界人权宣言》（1948）首次正式提出了儿童和青少年的发展和教育权，奠定了国际人权法的基础。[1] 在接下来的半个世纪，国际人权法进一步发展，联合国先后颁布了《公民权利和政治权利国际公约》（1966）、《经济、社会及文化权利国际公约》（1966）、《消除一切形式种族歧视公约》（1966）、《儿童权利公约》（1989）等一系列重要公约，承认并确立了全人类大家庭所有成员的固有尊严，赋予每个人平等的、不可剥夺的基本权利，这进一步拓展并丰富了国际人权法的法律基础。[2] 1978年联合国教科文组织大会通过了《国际体育教育、体育活动与体育运动宪章》，该宪章第一条明确指出：体育教育与体育运动是每个人的基本权利；各国应在教育制度和社会生活的多个方面保障公民通过体育运动和体育教育发展身体、智力和道德力量的自由。[3] 2015年该宪章又进行了重新修订，"新修订的《宪章》强调了体育活动对于人类健康，对于帮助残疾人群体，对于保护少年儿童，以及对于世界和平发展的作用，同时强调了反对滥用兴奋剂、体育暴力、非法操纵比赛，以及保护体育运动纯洁性等重要内容"[4]。

---

[1] 联合国：《世界人权宣言》（http://www.un.org/zh/universal-declaration-human-rights/index.html）.

[2] Marshall J. A., Smith G., *Human Rights and Social Issues at the U. N. A Guide for U. S. Policymakers*（https://www.facebook.com/heritagefoundation）.

[3] United Nations Educational, Scientific and Cultural Organization, *International Charter on Physical Education and Sport*, GA Res 20C, 12th sess, UN Doc 20C/Resolution.

[4] 尚栩：《新修订的国际体育运动宪章获准》，《解放军报》2015年第12期。

人权是人的固有权利，单独或作为预先决定的社会群体的组成部分。人被剥离人权就等于失去了天性，就不能作为"自由的人"而存在，同时也会引发政治和社会混乱。因此，只有在保障和履行人权保护的法律制度下，人才能自由行使体育的基本权利。《世界人权宣言》在序言中，明确提出体育文化是经济发展和社会复兴的一个基本要素，是评价个人生活质量和福利的一个重要指标。其中第一段指出，承认人类大家庭所有成员的固有尊严、平等权利和自然权利是世界自由、正义与和平的基础。[①] 现行的《奥林匹克宪章》[②]（2018年10月生效）进一步明确了奥林匹克发展的基本原则，其中规定：（1）奥林匹克是一种生活哲学，它将身体、意志和精神的品质完美地结合在一起。奥林匹克主义将体育与文化、教育融为一体，力求创造一种基于努力乐趣、良好榜样教育价值、社会责任和对普遍基本道德原则尊重的生活方式。（2）奥林匹克的目标是使体育运动为人类的和谐发展服务，以期建立一个关心维护人类尊严的和平社会。（3）体育运动是一项人权。每个人都享有在没有任何歧视的情况下，本着奥林匹克精神（友谊、团结、相互理解和公平竞争）从事体育运动的权利。《儿童权利宣言》第7条规定：儿童应享有充分的玩耍和娱乐机会，促进掌握文化知识，使他们在平等机会的基础上发展能力、个人判断，以及道德和社会责任感，最终成为一个有用的社会成员。《儿童权利公约》（CRC，1989）第31条也确证了儿童的体育权利，其中规定：缔约国承认儿童享有休息和休闲、从事适合年龄的游戏和娱乐活动的权利，以及享有自由参加文化生活和艺术的权利；缔约国应尊重和促进儿童充分参与文化和艺术生活的权利，并应鼓励为文化、艺术、娱乐和休闲活动提供适合与平等的机会；缔约国要为儿童和青少年日益得到广泛承认的体育活动权利提供支持。联合国的其他一些法律也确证了获得和参加体育活动的重要性。劳工组织关于童工的"第138号"和"第182号"公约要求各国政府制定童工康复政策，其中体育被认为是一种有效的政策

---

① United Nations, "Universal Declaration of Human Rights", *Z Krankenpfl*, Vol. 2, No. 84, 1998.

② The previous edition of the Olympic Charter (in force as of 15 September 2017) were modified by the 133rd Session in Buenos Aires on 9 October 2018.

工具。① 半个多世纪以来，青少年体育权利已经是国际法律的重要内容，建构起了国际体育人权的权威依据。

（二）青少年体育权利的欧洲（欧盟）体育法律依据

在欧洲范围内，儿童和青少年体育权利也有着充分的法律依据。欧洲法律更加侧重于从"善治"的角度明确体育人权的主旨、法律义务、权利范围等，同时基于这一基本人权确立了明确的治理原则。《欧洲人权公约》（ECHR，1950）规定，基于对各项基本自由的深切信仰，致力于维护和实现所有成员的人权。② 欧盟法律判例法（ECJ）逐步完善了有关实现基本人权的法律义务，确保了欧盟的法律秩序与各成员国保持一致性。考虑到体育运动（体育锻炼和体育竞赛）是人类的一项固有权利，欧洲委员会部长级理事会已经赋予其明确的法律价值，并在1975年通过的《欧洲大众体育宪章》中将其视为一项基本权利，其中第一条规定：每一个人都有参加体育运动的权利。这一规定不仅体现了体育的人权属性，也强调了体育的自由精神。从那时起，欧洲的体育政策被赋予了一个共同的理念：体育具有多元价值，它有助于人权的实现。1992年，通过的《欧洲体育宪章》进一步提出了欧洲共同发展的总体要求和原则，确立了以促进公平竞赛为核心的《体育道德守则》。该"宪章"规定：保护和发展体育的道德和伦理基础，维护每一个参与者的尊严和运动安全，使运动员不受政治、商业和经济利益的剥削，尤其是要保护儿童、青少年和妇女不受虐待或歧视行为的侵害，包括滥用药物、性骚扰和性虐待，其中着重对违反公平竞争的不当体育行为进行了约束，尤其是对不同类型的权利保护义务和职责进行了细化。③ 欧盟这一时期的主要法律已经开始关注体育的价值，并将其视为一项基本权利。自《阿姆斯特丹条约》（1999）生效以来，保护基本权利就成为欧盟法律和政策的重要组成部分，2000年颁布的《欧洲基本权利宪章》（具有与条约同等的法律地位和价值）也明确了这些原则。《欧洲基本

---

① United Nations Inter-Agency Task Force of Sport for Development and Peace（http://www.unep.org/sport_env/documents/taskforce_report）.

② 欧盟：《人权和基本自由欧洲公约》（https://baike.baidu.com/item/）。

③ History of the European Sport Charter（http://www.coe.int/t/dg4/sport/sportineurope/charter_en）.

权利宪章》借鉴了《欧洲人权公约》《欧洲社会宪章》，以及其他国际人权公约、欧盟成员国的宪法传统和判例法，其中进一步突出了对人权内容的规定。

2009年颁布生效的《里斯本条约》则进一步突出了保障人权的基本原则，这赋予了欧盟法律新的"灵魂"。[1] 正如有学者认为的，"自2000年以来，人权已经成为欧洲制度设计和宪政建设日益重要的组成部分，尤其是随着《欧盟基本权利宪章》（以下简称《宪章》）的颁布，以及《欧盟宪法公约》（TCE，2004）的宪法化，人权保障日益成为欧盟的核心目标"[2]。其中《宪章》为欧盟提供了一个更为清晰的保护个人基本权利的法律框架，旨在解决其所规定的权利和自由问题，尤其是针对《宪章》范围，基本权利保障的限制，人权保护文书，以及如何防止《宪章》被滥用等进行了明确。第52条规定，对基本权利的任何限制必须由法律规定，尊重这些权利和自由的本质，并尊重对称比例原则，否则，欧盟的立法将被视为无效。[3]《欧洲宪法公约》的中心任务之一是审查欧洲联盟与成员国之间更为明确和清晰的权限界定。在这方面，它审查了不同的政策领域，其中主要包括欧洲联盟的专属权限领域、欧洲联盟与成员国之间共享权限的领域，以及成员国保留权限（但欧盟可发挥支持作用）的领域。显然，《欧洲宪法公约》还保留了将某些政策部门定义为不属于欧盟管辖范围的自由裁量权，体育即是如此。该公约第16条建议改变体育的法律地位，并将体育界定为一个支持、协调或互补行动的领域；第182条（教育、职业训练、青少年体育）对此作了详细阐述，建议欧盟应为促进欧洲体育发展做出贡献。鉴于体育具有多重社会功能，欧盟应采取以下行动：发展欧洲体育，通过促进公平竞争，以及与不同体育组织之间的合作保护男女运动员，特别是青少

---

[1] Ferraro F., Carmona J., *Fundamental Rights in the European Union*, European Parliamentary Research Service, 2015, p. 2.

[2] Beaumont P., *Human Rights: Some Recent Developments and their Impact on Convergence and Divergence of Law in Europe*, Oxford: Hart Publishing, 2002, p. 151.

[3] Garcia R. A., "The General Provisions of the Charter of Fundamental Rights of the European Union", *European Law Journal*, Vol. 8, No. 492, 2010.

年运动员的身心健全。①《欧洲宪法条约》第 16 条和第 182 条的通过，不仅将解决体育法律地位的问题，而且将使欧盟能够在支持性措施下优先发展体育，尤其是为青少年体育活动开展提供了充分保障。欧洲联盟与其成员国一样，需要提升治理能力，优化运作方式，在履行条约所设定的任务时必须遵守法治和基本权利的原则。② 2007 年 12 月，欧盟各国在签署《里斯本条约》时，进一步达成了解决体育教育、职业培训、青少年发展的一揽子共识。该条约尤其重点关注了年轻运动员生存和职业生涯中面临的突出问题，对公平竞赛、跨机构合作、权益保障等进行了细化规定。③ 应该说，欧盟将体育纳入共治框架，标志着进一步确立了其战略地位，为欧洲各国提升保障水平，实现公民权利注入了新的动力。

（三）典型国家有关青少年体育权利的法律规定

第一，典型国家的体育法案规定。人们对体育的需求和主张越来越具有普遍性，在很多国家体育被作为公民权利，甚至是人权写入法律法规中。同时，世界上大多数国家都将体育作为儿童和青少年教育的强制性内容，并以体育参与权利为核心建立起了比较完善的保障体系。④ 1996 年颁布的《南非共和国宪法》（《权利法案》）规定，每个儿童都享有营养、庇护所、基础医疗保健和社会服务等基本权利。其中社会服务主要包括艺术、文化、卫生、劳动、社会发展、体育和娱乐。⑤ 1989 年颁布的《澳大利亚体育委员会法》规定：（1）促进所有澳大利亚人享有平等参与体育的机会；（2）鼓励澳大利亚人积极参与体育运动，提高运动水平和体育能力；（3）国家提供资源、服务和设施，使澳大

---

① Parrish R., "The EU's Draft Constitutional Treaty and the Future of EU Sports Policy", *Asser International Sports Law Centre*, No. 2, 2003.

② Crum B., "The EU's New Economic Governance Lacks Democratic Legitimacy: The Rise and Fall of the EU Constitutional Treaty can Teach Policy-makers How to Solve This Problem", *Science*, Vol. 334, No. 467, 2012.

③ Griller S., Ziller J., *The Lisbon Treaty*, Springer Vienna, 2008.

④ Devine C., "Sex, Sport and Justice: Reframing the 'who' of Citizenship and the 'what' of Justice in European and UK Sport Policy", *Sport, Education and Society*, Vol. 21, No. 1193, 2016.

⑤ Dutschke M., *Rights in Brief: Defining Children's Constitutional Right to Social Services*, Project Paper, No. 28, 2007.

利亚人在追求和取得卓越体育成绩的同时，也能够促进他们的教育、职业技能和其他方面的积极发展。[1] 芬兰 1998 年颁布的《体育法》规定：体育是公民的一项基本权利。该法案的目的是：（1）促进休闲体育、竞技体育、高水平体育和公民体育活动的发展，促进国民的健康和福利。（2）通过体育活动促进儿童和青少年的成长和发展。（3）通过体育促进平等和宽容，并支持多元文化和环境的可持续发展。[2]《罗马尼亚体育与教育法案》（69/2000）第二条规定：体育是一项不受任何歧视，受国家保护的人权。行使这项权利是自由、自愿的，可以独立进行，也可以参加相关的体育组织进行。体育是指所有形式的体育活动，其目的是通过有组织的或独立参与，以诉诸改善身心健康状况，建立良好的社会关系，或者在比赛中取得好的结果。第三条规定：法律规定的体育活动包括体育教育、学校体育、全民体育、高水平体育表演，以及为维护身体健康，发展身体或以治疗为目的的体育活动。为此，法律规定要采取针对性措施保障这一权利：（1）体育是国家支持的有利于国家利益的活动。（2）根据适用法律，国家承认并鼓励公共机构开展促进体育发展的活动；同时在适当的情况下，承认和鼓励非政府组织（重点是关于教育、国防机构、公共秩序、国家安全、卫生、企业和社会生活其他部门的非政府组织）开展促进体育发展的活动。（3）国家根据各方合作和责任均衡原则，保障公共部门和私营部门在体育活动中履行特定职能。（4）国家承认和保障自由结社成立体育实体组织的自然权利和法律权利。（5）政府、教育机构、体育机构和社会团体有义务支持全民体育和高水平体育运动的发展，保障地方、社区开展体育活动的组织和物质条件。（6）政府和公共机构应首先确保为学龄前儿童、青少年和老年人进行体育锻炼提供适当的条件，以促进他们实现社会融合。[3] 2010 年和 2012 年，法国通过了旨在保护青少年运动员健康的立

---

[1] *Australian Sports Commission Act 1989*（http://www.comlaw.gov.au/Details/C2006C00516/）.

[2] Kidd B., Donnelly P., "Human Rights in Sports", *International Review for the Sociology of Sport*, Vol. 35, No. 131, 2000.

[3] Voicu V., Réka K., "Arguments for Promoting the Right to Practise Sports as a Fundamental Right", *Acta Universitatis Sapientiae, European and Regional Studies*, Vol. 2, No. 1–2, 2012.

法，并根据《欧洲人权公约》《世界反兴奋剂条例》等修改了相关的国家体育法规，其中明确规定，尊重个人和家庭生活的基本权利，充分保障活动自由。① 1998 年，英国颁布了《人权法》，2010 年又修订了《平等方案》，两部法案适用于所有向公众提供商品、设施和服务的组织、部门（包括政府），这为进一步保障体育人权奠定了基础。② 其中各联邦体育委员会明确提出履行《平等法案》所规定的义务，促进不分性别的体育参与平等，保障公民的体育权利。③ 2000 年日本文部科学省颁布实施的《体育促进基本计划》，系统提出体育运动是促进社区成员深化交流，提升凝聚力的一种有效手段。该计划的政策目标是实现一个终身体育锻炼的社会，通过提高经常体育活动参与水平，使每两个成年人中就有一个人至少每周进行 1 次体育运动。④ 在日本，一般情况下体育参与权利与娱乐无关，而是与教育目的密切联系。青少年运动员如果被严厉对待，他们的父母也很少抱怨，因为他们担心自己的孩子失去参加体育运动的机会，或危及运动员生涯。从某种程度上看，日本严格的家教根植于儒家哲学，老师、教练采取严厉的措施被认为是热情、敬业的，但是随着体育的发展，体育领域中的暴力、虐待、体罚等被普遍反对。日本政府修改了有关日本体育业协会权限的有关法律条款，明确了其管辖范围，并允许运动员报告教练的体罚行为。2011 年，日本颁布了《体育基本法》，规定体育权利是一项人权。第 2 条规定，所有人有权通过参与体育活动保持健康和幸福的生活方式。第 13 条规定保护运动员和孩子参与体育的权利（追求幸福的权利）。第 25 条规定享有健康的、有修养的生活的最低标准。⑤ 日本《体育基本法》细化明确了体育

---

① González C. P. , "International Sports Law and the Fight Against Doping: An Analysis from an International Human Rights Law Perspective", *Social Science Electronic Publishing*, Vol. 4, No. 2, 2014.

② Equality and Human Rights Commission, *Strategic plan 2012 – 2015* (https://www.equalityhumanrights.com/sites/default/files/strategic_ plan_ 2012 – 15_ pdf).

③ Devine C. , "Sex, Sport and Money: Voice, Choice and Distributive Justice in England, Scotland and Wales", *Sport, Education and Society*, No. 1, 2017.

④ Policies for the Deployment of the Sports Promotion Measures, *Basic Plan for the Promotion of Sports (2001 – 2010)* (http://www.mext.go.jp/english/news/2000/09/000949c.htm).

⑤ Lisgara P. , "Recent Developments of Sports Governance in Japan", *The International Sports Law Journal*, Vol. 13, No. 329, 2013.

治理所遵循的公平、公正、正当程序等，为建构和实现多层次的高效管理体系奠定了基础。

第二，相关国家的体育法规规定。1923年，《美国妇女和女童体育教育和竞技体育若干决议》规定，要为每一个孩子提供、保持和精心指导的充满活动的、有强度的、积极的、快乐的、以大肌肉群为主的体育活动；同时所有各级别政府要为普及体育教育提供充分的机会，为促进和帮助所有孩子享有公民基本权利，履行公民义务，更好地生活做好准备。[①] 1931年，英国休闲理事会提出"倡导更广泛和更丰富的休闲运动"，为此鼓励艺术、研究、旅游、手工艺和体育运动的开展。[②] 直至20世纪30年代末，英国开始制定系统的国家体育和娱乐政策。例如，1937年的《英国体育训练和娱乐法案》、1944年的《巴特勒教育法案》等。[③] 20世纪60年代，美国"人民体育组织"明确提出：（1）每个民族、每个年龄的每个人都享有体育权利；（2）无论贫富，都享有体育权利；（3）都享有由政府资助，以及由种族和两性群体组织开展的体育项目权利；（4）享有每个社区全天开放的体育设施权利——游泳池、游乐场、健身房、海滩、公园、溜冰场、场地等；（5）享有通过社会学、心理学和生物学获得体育信息的权利；（6）享有获得专业培训和指导的权利；（7）享有健康身体的权利，有权在工作场所进行运动或锻炼的权利。[④] 20世纪80年代，随着富兰克林儿童权利学说日趋成熟完善，英国立法部门于1989年颁布了《儿童法》，停止将儿童客体化，取而代之的是明确了他们的法律主体地位。其中规定：儿童和青少年享有评论自己生活的权利；享有教育的基本权利；享有不被贴上标签的权利；

---

① Spears B. M., Swanson R. A., (eds.) *History of Sport and Physical Activity in the United States*, IA: W. C. Brown, 1983, p.240.

② Jone S. G., *Workers at Play: A Social and Economic History of Leisure (1918–1939)*, London: RouCledge & Kegan Paul, 1986, p.166.

③ Coghlan J., "Sport and the People", *British Journal of Physical Education*, Vol.17, No.59, 1986.

④ Hordey C., *Sports for the People (1980)*, 834 E. 156 St (Thurman Munson Way), Bronx, NY 10455 USA.

享有受到尊重的权利。① 以该法为依据，英国体育理事会联合多部门全面更新了儿童体育教育和保障的政策体系，明确了地方政府、教育委员会和学校的职责。虽然随着儿童的公民权利得到承认，其日益得到了英国社会各界的高度关注，但是儿童的公民主体地位仍然没有完全被纳入公共生活领域，其在决策系统中没有得到普遍认可，在儿童和青少年体育决策过程中，一般很难选出代表咨询他们的意见。此外，由于没有清晰的年龄界限，运动项目对不同年龄阶段和竞技水平的孩子来说存在很大差异，很难采取统一的保障措施，儿童和青少年的权利被进一步混淆了。②

（四）国际体育人权清单制度

体育人权已经成为人们关注的焦点问题。《消除对妇女歧视公约》《儿童权利公约》《残疾人权利公约》《关于战俘待遇的日内瓦公约》《国际反歧视公约》《消除一切形式种族歧视国际公约》等国际法律都为建立体育与人权框架奠定了基础。③ 为了清晰界定体育参与者的权利，提高人们对体育人权现状的认识，同时为体育组织和第三方提供一个有效的工具，以便更好地了解体育人权的发展，及时采取推进和调整措施，就需要建立有效的体育人权清单制度。体育人权清单制度（体育人权遵约机制）的建立推动了其实体化进程，其适用于受联合国公约约束的体育组织、非政府组织和政府机构。体育人权清单由美国东北大学社会体育中心牵头编制，它是基于现有人权清单所使用的语言，同时以有关的国际公约为框架和指导方针进行编写的，主要内容包括：(1) 体育社会权利；(2) 体育促进健康和安全权利；(3) 体育和就业权利；(4) 体育权利正义；(5) 体育环境权；(6) 体育财权。④

---

① Franklin B., *The Handbook of Children's Rights: Comparative Policy and Practice*, London: Routledge, 1995.

② Brackenridge C., "Women and Children First? Child Abuse and Child Protection in Sport", *Sport in Society*, Vol. 7, No. 322, 2004.

③ Hums M. A., Wolff E. A., Morris A., *Ensuring Human Rights in Sport: Constructing a Human Rights in Sport Monitoring Checklist*, Annual Conference of the Sport, Recreation, and Law Association, San Antonio, TX, 2009.

④ Hums M. A., Mahoney M. & Wolff E. A, et al., *Monitoring Human Rights in Sport: How a Human Rights in Sport Checklist can Assist with Best Practices*, 17th Easm Conference, 2009.

参加体育运动的权利与受教育权密切联系。欧洲人权法院的一项决议指出，受教育权的核心是平等，不受歧视。同时规定，无论学生的社会背景、宗教信仰、国籍、性别、种族或能力如何，都必须为其确保一个开放的、包容的学校环境；学校有义务向所有学生提供多样的体育活动。[①] 以受教育权为核心，欧洲很多国家也启动了体育人权清单制度，其中将儿童和青少年享有高质量的体育教育作为重点，建立了针对学校体育、社区体育俱乐部的跟踪和评价机制。体育人权制度的确立进一步表明国际社会对每一个人享有均等体育资源和机会的高度重视。但是也应该看到，青少年体育在各个国家的发展十分不均衡，总体上还存在很多突出问题，如何建立切实有效的运行和评价机制是落实这一人权制度的关键。

二 青少年体育活动促进的法律权利内涵

（一）青少年体育权利的法律主体属性和能力支持

第一，青少年体育权利的法律主体属性。"权利"是一种公正的要求或公认的利益，其他人有义务尊重它的一种道德或法律上的权利。[②] 人权强调的"尊严"具有清晰的法律属性。"人的尊严是由于人作为人类共同体成员所拥有的高贵与尊荣。法律所规定人的尊严不是对人的外在品性的褒奖，而是对人的平等身份的确认；人的尊严并非是由实在法所设定，而是超越于实在法之上，属于不依据实在法而存在的先在规范，是整合法律体系的基础规范，是一种不可随意修正的永久规范，代表现代法律的伦理总纲；人的尊严不是权利和基本权利，而是表征人在社会中立足和在法律中存在的与他人平等的法律地位。"[③] 体育活动促进深刻反映人权本质，在当今社会，其所蕴含的公平、平等、健康、教育等价值得到进一步彰显，日益被各国纳入法治体系，从而具备了超越本体性的法律价值属性。在很多国家的法治化进程中，国家法律价值不

---

① Ireland-Piper D., Weinert K., "Is There a 'Right' to Sport?" *Sports Law Ejournal*, No. 11, 2014.
② Barnes J., *Sports and the Law in Canada*, Toronto: Butterworths, 1988, p. 47.
③ 胡玉鸿：《人的尊严的法律属性辨析》，《中国社会科学》2016 年第 5 期。

断增值,其重要原因在于越来越多的人把体育视为了一项基本人权。①当体育权利被法律普遍性承认时,其本质上体现出的是对平等法律人格(即法律主体资格,具有身份和能力两大属性)的确证和认定。正如恩格斯指出的,现代社会的平等观更应当是从人的这种平等共同特性中,从人之所以为人的哲学思辨中引申出这样的要求:一切人,或者至少是一个国家的一切公民,或者一个社会的一切成员,都应当有平等的政治地位和社会地位。也就是说,平等观念是一种规范性的价值判断,是正义的具体表现。②《公民权利与政治权利国际公约》也规定:人在任何地方有权被承认在法律前的人格;人人有权享受法律保护以免受这种干涉或攻击。③ 从这里可以看到,在法律人格的意义上,所有参与者应享有平等的法律尊严,能够自主行使体育权利,履行体育义务。权利能力和权利资格是主体进行法定活动的前提,平等也是体育的核心内涵,这种体现出规范性特征的价值取向进一步突出了体育固有法和体育国际法的精神诉求。简而言之,体育法价值理念赋予了运动主体平等的伦理品质,其通过权威性的法制建设,不断促进实现实在法意义上的人格赋权。

第二,青少年体育权利的能力支持。当然,权利(人权)与能力之间有机联系,虽然它们不是同一范畴,但都具有共同元素,因此能够彼此承接,二者都取决于公共治理的进程。④ 所有权利,被理解为有能力的权利,都取决于社会和物质的先决条件,都需要政府采取有效的行动,未来我们面临一系列重大人权的挑战,其中最重要的是要为孩子们的健康成长创造一系列体面的机会,其中包括教育、医疗、健康、政治参与,以及选择的自由。⑤ 体育成为促进人权的手段就必须清晰地明确

---

① Report from the United Nations Inter-Agency Task Force of Sport for Development and Peace (http://www.unep.org/sport_env/documents/taskforce_report.pdf).
② 中共中央马克思恩格斯列宁斯大林著作编译局:《马克思恩格斯选集》,人民出版社2012年版,第80页。
③ 赵丽艳:《罪犯心里矫治》,吉林摄影出版社2004年版,第36—37页。
④ Sen A., "Human Rights and Capabilities", Journal of Human Development, Vol. 6, No. 151, 2005.
⑤ Nussbaum M., "Human Rights and Human Capabilities", Harv. Hum. Rts. J, No. 21, 2007.

法律主体的能力。从实践看，能力（可行的核心能力）优先于权利，主要包括：生命力，身体健康，身体完整，感觉、想象和思考，情感控制，理性实践，信仰，关爱大自然（和谐共处），娱乐休闲，控制环境。可行能力是一种典型的人权路径，其要求社会应建立一套完整的制度，通过公共治理（公共行动），确认社会自由和道德权利能力，维护元伦理正当性等途径不断提升人的能力，从而实现人的尊严，这才是真正的、实质性的自由，也是人发展的要义所在。尊严、自由和能力紧密联系，不可分割，每个人都应该有选择的自由（即享有一定的机会和资源），这是尊严的基础。[1] 体育是增加和保护人的内在价值的有效工具，至少可以从两方面促进人的能力：实用理性和归属感。[2] 体育已经成为一种积极的民主生活方式，它对身体活动的限制已经变得相当模糊。从一定意义上讲，一项运动项目的兴起与倡导者和践行者的切实利益相关，现代体育就日益为工具理性和专业化所主导。青少年体育教育有着清晰的目标，要赋予他们权力，并不断提升各种能力，给予年轻人运动实践机会的实质是拓展有益的公共空间，让他们按照全民理想的模式和需求发展。一方面，通过体育运动培养青少年具有启发性的综合素质，如自我表达、专注、奉献、团队和牺牲，这就是康德所提出的实践理性，也就是按照普遍规律（准则）行事的能力。[3] 另一方面，通过体育运动和运动竞赛实现情感的互动、交流和融合。运动实践中，所有的体育参与者不是对手，而是伙伴和同事，正是他们的相互存在使个体有了真切的身心体验，并克服诸多障碍。[4] 归属感是一种深层次的社会心理，在亚里士多德的哲学思想中，系统提出了卓越的整体性、和谐性和内在激励因素对青少年体育促进、健康和幸福动机能够产生深层次的影响。体育所蕴含的卓越、友谊和尊重都与幸福密切相关，尤其是当其融

---

[1] Nussbaum M. C., "Creating Capabilities: The Human Development Approach", *Hypatia*, Vol. 24, No. 211, 2010.

[2] Javier F., "The Sport for All Ideal: A Tool for Enhancing Human Capabilities and Dignity", *Physical Culture & Sport Studies & Research*, Vol. 63, No. 20, 2014.

[3] Eichberg H., *Bodily Democracy: Towards a Philosophy of Sport for All*, New York, NY: Routledge, 2010, p. 123.

[4] Fraleigh W., "Right Actions in Sport: Ethics for Contestants", *Journal of the Philosophy of Sport*, No. 83, 1985.

入到教育中时，能够对青少年树立正确的价值观产生内在重构的重大作用。① 从长远看，体育活动是青少年群体建立社会归属感的来源，是成功融入社会的重要载体。在我国依法治国基本方略下，体育赋权是"依法治体"的基础，其深刻体现出"以人为本"的核心价值理念。从现实改革进程看，在成熟的经济社会，体育权利的内容丰富、形态多样，反之，则受压制，体育自由缺失，体育权利就难以实现。②

（二）青少年法律权利转译为一项固有权利

马克斯·韦伯在谈到世界的设计和人类在其中的地位时，明确将人权视为一个立法概念，人权教育是指在支撑某种观念以及案例分析等方面有着技术性和专业性的法律条文。在这种特定语境下，人们不能忽视体育的存在，它已经发展成为一种重要的社会现象，并成为一项基本权利。③ 从需求工作动机理论的视角看，在更迫切的基本需要尚未得到满足之前，所有其他需求都处于次要地位（潜藏在幕后），而当一种需求得到满足时，另一种更高层次的需求就会紧跟而来，随着时间的推移，人们会重新重视人的需要，经过几代人基本人权的不断变化，最终形成了一种法定的固有权利。④ 人们对体育的需要源自身心均衡发展，其依赖于经济文化社会发展，当国家法律将体育权利纳入既定框架时，就达成了对体育核心价值和理念的高度承认和尊重。尊严是人类社会最基本的，也是永恒的价值存在，其与体育融合本身就是人的根本性的最佳体现，在人权的动态发展进程中，体育始终发挥着促进人均衡发展的积极作用。青少年体育促进所宣示的是被社会主流认可的、适宜的、具有长远效力的活动体系，其关乎国之根本，因此需要国家法律权威的保障和实施。

法律人权（国际法律人权）需要在法律规范基础的讨论中加以解

---

① Papaioannou A. G., "Teaching a Holistic, Harmonious and Internal Motivational Concept of Excellence to Promote Olympic Ideals, Health and Well-being for All", *Journal of Teaching in Physical Education*, Vol. 36, No. 353, 2017.

② 宋亨国、周爱光：《体育权利的分类》，《体育学刊》2015 年第 3 期。

③ Voicu V., Féka K., "Arguments for Promoting the Right to Practise Sports as a Fundamental Right", *Acta Universitatis Sapientiae, European and Regional Studies*, Vol. 2, No. (1 - 2), 2012.

④ Fuerea A., "The Current Status of the Fulfillment of the Fundamental Rights and Freedoms in the European Union", *Cross-border Journal For International Studies*, No. 57, 2016.

释，直观上看，从道德权利哲学的视角理解人权能够更好地履行或执行目标任务。道德人权是指在任何制度安排之外个体因其人性而享有的自然权利；同时也是指赋予他人特定义务（包括积极义务和消极义务），使其采取必要行动的权利。[1] 体育蕴含深刻的道德内涵，这使其具备了应然权利的先决条件。"应有体育权利往往产生于对体育价值、体育道德、体育精神的本源性价值需求，即根植于体育文化传统本身的认同和需要。体育之所以能够成为一种世界普遍认可的文化现象，根本原因就在于它具备了符合现代人类社会发展的独特内涵。"[2] 毫无疑问，青少年体育活动促进是一种受到道德规范约束的自然权利，个体能够在脱离各种社会制度之外实现身心参与的基本诉求。当然，这仅仅是对个体参与者而言，如果针对群体而言，青少年的自然权利必须成为法律人权才具有权威性和普适性，也才能够得到有力的保障。法律人权诉诸社会普遍正当的价值观，能够有效地抵御狭隘主义，并为善治提供规范性依据。法律权利具有公共政策和私人政策所不具备的权威性和长期性，只要权利存在，它们就必须得到有关部门（治理机构）的尊重、保护和保障。法律人权具有制度合法性（有明确的权利来源和司法解释），其优先于道德人权，主要包含两层含义：一方面，法律话语体系具有显著的优势，它能够使人们从公认的制度立场进行规范性的考量，而道德规范的主张几乎无法化解和处理基本的争议。另一方面，制度性嵌入的法律人权能够满足多元化需求，充分表达其核心的价值理念和内涵。[3] 这里需要注意的是，青少年体育活动促进虽然具有权利的应然属性，但仍然不具备法律的权威性和长期性，也不能为其治理提供导向性依据。因此，在"依法治体"深化改革进程中，应该确立我国体育权利的法律话语体系，建立和完善儿童和青少年体育权益保障制度，这是全面提升青少年体质健康水平的前提，意味着所有人均负有完全的人权义务，因此成为最为重要的国家法律屏障。但是也应该看到，我国正处于社会主义初级阶段，经济发展不均衡，儿童和青少年享有的体育资源和机会也

---

[1] Griffin J., *On Human Rights*, Oxford: Oxford University Press, 2008, p. 74.
[2] 宋亨国、周爱光：《体育权利的内涵及形态》，《成都体育学院学报》2016年第1期。
[3] Hazenberg J., Wittek R., Woltjer J., Decentralization and Covernace in Indonesia, Cham: Springer, 2016, pp. 31–53.

存在很大差异，这决定了体育权利的建构必然是一个波动的动态过程。①

三 我国青少年体育法律权利的建设

通过法律人权设定（创造）的不同职责来解释社会可持续性的目标，会进一步带来保护个人权利的高度共识。这并不是说可持续性的概念只代表了人权保护；与单纯意义上的人权概念相比，法律人权更为宽泛，其设定了更具有针对性的主体责任。所有机构（治理主体）"不干涉个人基本权利的承诺"是社会可持续发展的必要组成部分，虽然这意味着并不是所有行动者都负有完全积极的人权义务，但是从更深层次看，他们对人权的不尊重就是侵犯了社会的可持续性。将青少年基本体育权利纳入国家法律体系，这是一种最高的权威承诺，也是协同治理理念的具体体现。青少年法律人权的战略定位的实质是有序纳入经济社会的可持续发展，如果不能给予明确的设定、充分的保障，就会造成公民整体健康权和发展权的不完整。其主要包含以下几个方面的内容：

第一，青少年体育法律权利来自国家自信和身份认同，这是我国公民权利建设的关键内容。"与其他任何国家身份认同一样，中国人的自我形象与其历史有着千丝万缕的联系。过去所发生的事情以及从中汲取的教训构成了中国特色的基石。一旦确立了国家认同，它就成为制定政策的指导性原则。然而，国家认同并不是一个静态概念，它随着时间的推移而不断演变，这是经济和政治深刻变革的结果。长期建设的经验不断与现实发展相互作用，这一过程直接导致了中国对实现国家现代化和高质量发展的痴迷。"② 作为一个文明古国，中国的崛起并没有遵循西方现代化的转型模式，其必须再次成长为一个国际知名的大国（不仅在经济上，而且在文化上），这一目标在过去几十年与中国的历史感和责任

---

① 宋亨国、周爱光：《体育权利的分类》，《体育学刊》2015 年第 3 期。
② Geeraerts G., *China, the EU and Global Governance in Human Rights*, China, the European Union, and the International Politics of Global Governance, Palgrave Macmillan, New York, 2016, p. 213.

感密切联系①。毫无疑问的是，中国的国际利益和影响力在持续增长，而且已经对全球秩序产生了重大影响，这些都正在使其成为一个更加自信的参与者。② 文化认同就是对历史的认同，百年来，饱受奴役压迫的中华民族迎来了真正的国家身份认同，国民对"自主发展"日益展现出强有力的自信心。中国正在走一条特色发展道路，其以"社会主义核心价值"为导向，探索一种高质量的发展模式。青少年群体是民族的基础，以强大的文化自信和国家身份为依托，其法律人权的塑造就具有了清晰的"民族自信"、"文化认同"和"立德树人"的核心价值基础。

第二，青少年体育法律权利构建不断融入到了经济社会建设中。"随着经济社会发展，中国高度重视人权的普遍性。政府强调公民对国家的义务已经被基本的经济、健康需求所取代；保障生存权和健康权是实现公民平等、自由和民主的最好途径。换句话说，经济社会发展水平在很大程度上影响着中国对制定人权政策的理解。从现实看，中国将人权实现分为两步走：第一步是获得经济发展权，第二步是实现政治自由和民主自由。"③ 我国经济社会发展不平衡，仍然处于社会主义发展的初级阶段，这决定了青少年权利建设不可能一蹴而就，需要总体设计，分阶段逐步实施。应该看到，在当前我国依法治国总体方略实施进程中，法律人权体系得到了逐步完善，公民福祉持续得到了极大改善。在共时性发展语境中，青少年体育人权也被纳入各种人权政策中。近10年来，党中央、国务院、教育部高度重视青少年体质健康，连续出台了一系列重要文件，总体战略布局，全面提升青少年的体育参与水平，已经形成了战略布局—协同实施—多层次保障的制度体系。

第三，青少年体育法律权利依托国家（政府），建立了多方共治体系。"中国重新崛起为世界强国是本世纪初国际关系发展的重要标志之

---

① Jacques M., Peterson S. "When China Rules The World: The End of the Western World and the Birth of a New Global Order, Martin Jacques. Harmondsworth: Penguin Books, p812（Pbk），2012", *Journal of International Business Ethics*, Vol. 5, No. 265, 2012.

② Breslin S., "China and the Global Order: Signalling Threat or Friendship?" *International Affairs*, Vol. 89, No. 615, 2013.

③ Men J., "Between Human Rights and Sovereignty—An Examination of EU-China Political Relations", *European Law Journal*, Vol. 17, No. 534, 2011.

一。在新经济的推动下,中国已成为全球经济体系中的关键角色,并成为许多渴望复制中国增长的发展中国家的榜样。在过去的几十年里,中国显著扩大了对国际人权制度的参与,签署了一系列重要的国际条约,并与各国际人权机构进行了积极合作。1997年和1998年,中国分别签署了联合国最重要的两项国际人权公约——《经济、社会、文化权利国际公约》《公民权利和政治权利国际公约》。2001年,中国又签署了其他7项重要的人权条约。"[1] 中国参与国际体系的程度显著提高,目前是26项人权条约的成员国,其中包括6项核心条约。[2] 应该看到,在国际人权体系中,中国已经清晰地表明了自身的权利主张,并日益发挥出重要作用。我国青少年法律权利的建构需要建立有效的国际对接机制,要充分借助国际人权建设的优质资源,并汲取优势经验和做法。中国的成功发展正不断检验和冲击着西方自由主义的世界观,全球治理体系中日益融入了中国模式。[3] 我国在积极探索一条"人类命运共同体"的发展之路,提出了全新的全球治理观,这为国际人权发展注入了新的思路和动力。共同利益与人类的命运、尊严紧密联系,不断创造出共生、共享、共融的人权价值新内涵。当前我国应进一步确立和完善青少年法律人权的准则,完善体育人权制度体系,依托"仁和"、"明德"、"修身"、"大同"东方哲学智慧不断输出"法与时转"、"治与世宜"的法律人权建构理念,扩展国际影响力。"民族自豪感占据了中国人中心地位,在中国人心目中,中国能够发展到达如此高度,离不开其伟大的历史文化。中国社会是以文化价值观来定义的,国家被视为这些价值观的守护者。"[4] 国家是青少年体育法律人权的主导建构者,在依法治体深化改革进程中,应建立权威的治理体系,将多方主体纳入其中。人权和善治不可分割,我国青少年体育法律人权需要以国家权力为主线,建构

---

[1] Sceats S., Breslin S., *China and the International Human Rights System*, Chatham House, The Royal Institute of International Affairs, 2012, p. 21.

[2] Ahl, B., "The Rise of China and International Human Rights Law", *Human Rights Quarterly*, Vol. 37, No. 637, 2015.

[3] Acharya A., *The End of American World Order*, UK Cambridge: Polity, 2014, p. 132.

[4] Iriye A., "Culture and Power: International Relations as Intercultural Relations", *Diplomatic History*, Vol. 3, No. 115, 2007.

起社会权力、市场权力共同参与的运行体系，这是当前一个时期的重要任务。从现实发展看，我国青少年体育治理进程日益深入，国家战略布局，各种力量协同参与，青少年体育参与水平和程度不断提升，健康权益、体育教育权利得到了极大保障。

综上所述，人权的核心诉求在于实现人的协调融合发展。一个多世纪以来，人权学说不断汲取世界各国优秀的文化哲学思想，内涵不断拓展。青少年体育活动促进具有清晰的法律属性和固有权利属性，将其纳入人权体系，深刻反映出了对其价值的高度认可。从善治的视角看，青少年体育活动促进是一项系统工程，需要优先给予多层次的法律保障，而当出现侵权行为时，则要给予及时厘定责任，这是实现群体根本利益和社会公益的关键。我国日益高度重视公民体育权利，以"发展权"为根基的人权体系也深刻蕴含着传统文化的精髓，这为进一步保障青少年体育权益，全面提升体质健康水平奠定了基础。

本章小结

人权是人类社会发展的核心命题，它以实现人类的根本利益为宗旨。长期以来，人权哲学不断汲取各个国家优秀的文化思想，建构起了动态融合的学说体系。随着公民社会的深入，青少年体育活动促进日益具备了深刻的人权哲学内涵，其所确立的"群体均衡发展"的核心目标时刻都在践行着"维护和实现尊严"的价值理念。青少年体育活动促进是强调尊严的文化和教育实践活动，它通过制度性的社会建构不断推动青少年群体全面发展。青少年体育活动促进是一项基本权利有着充分的法律依据，它通过人格赋权，提升个体可行能力不断拓展着权利内涵。法治视角下，青少年体育活动促进具有清晰的法律属性和固有权利属性，将其纳入人权治理体系，反映出了国家意志对其价值的高度认可。青少年体育活动促进从尊严、教育、身心、社会拓展、人力资本 5 个方面形成了多维度的价值内涵，这决定了在治理中要优先给予法律保障。我国立足经济社会发展，确立了"依法治国"总体方略，不断加大权利建设力度，所构建的人权体系蕴含了中华民族深厚的哲学文化底蕴，这为实现青少年体育权利奠定了基础，同时也为拓展国际人权注入了新内涵。

第三章 青少年体育活动促进的治理和治理权

　　法治视域下,由管理向治理转变已经成为国家和公民社会的发展趋势。20世纪90年代以来,随着体育全球化进程的不断深入,治理和治理权理论日趋成熟。该理论以治理权合理配置为基本手段,以实现整体利益为最终目标,确立了善治的核心价值和内在机理,这为深入探讨青少年体育活动促进的依法治理问题提供了新的思路。

第一节 青少年体育活动促进的元治理

　　20世纪50年代,由于传统管理界限日益模糊,公众对社会的不满程度加剧,治理理论逐渐兴起。经过半个多世纪的发展,该理论日趋成熟,形成了不同的学说流派,这为深入理解我国青少年体育活动促进的治理提供了多元化视角。

一 治理理论的兴起

　　治理理论的兴起与社会经济发展密切相关。19世纪初期,随着人类社会的发展,社会主体与传统公共行政主体之间相当明确的角色已经逐渐消失。政府已经深刻地认识到,它无法独自解决各种复杂的社会问题,必须依靠其他公共部门、私营部门和非政府组织建立良好的合作关系。制度上的缺陷已经影响了重要政策的制定和实施,而无法适应新形势的公共事务部门也陷入了困境,没有普遍接受的规则和规范来进行科学决策，合作诉求成为当务之急。① 但是在社会法律制度尚不健全的语境中，这种合作诉求还不具备现实意义，其他社会部门和公共组织还处于弱势地位，难以建构起与政府等同的权力主体身份和地位。在复杂的社会矛盾中，公众和社会组织要求得到明确的、权威的引导，而且期望参与决策和管理的呼声越来越高。传统管理界限的模糊引发了诸多社会不满，当公众不清楚公共组织及其所承担的责任时，就可能不知道由谁来解决所面临的社会问题，而如果出现了行政界限的模糊，则会进一步增加这种社会不满。② 现实不满的深层次原因是对传统管理的失望，迫切要求进行改革，这就要求出现一种新的、符合社会发展的治理理念和制度体系。社会结构功能主义奠基人尼克拉斯·卢曼提出，"社会进化是当前社会发展的一个重要表象，所谓社会进化就是互动系统、组织系统和全社会系统相互变得日益分化的过程。它包含着三种类型的内部分化：一是形形色色的互动系统成倍地增加并且变得样样不同；二是组织系统在数量方面的增加；三是在不同活动方面逐渐专门化"③。从这里可以看到，在社会进化过程中，社会系统（领域）出现了分化，而且日益呈现出专门化的趋势。系统分化既是社会发展基本规律的体现，也是优化社会资源配置，实现善治的必然阶段。当然，如果社会系统分化缺乏良好的民主和自由环境，就会陷入混乱，引发各种矛盾，因此需要构筑起能够防止集权和暴权的堤坝。正如社会制约权力理论创始人托克维尔认为的，"再没有比社会情况民主的国家更需要用结社自由去防止政党专制或大人物专权的了。……在没有这种社团的国家，如果人们之间不能随时仿造出类似的社团（力量），我看不出有任何可以防止暴权的堤坝"④。在托克维尔看来，缺乏民主的制度环境中，社会组织往往受制于国家权力，成为政治的附庸，因此在民主国家必须要赋予它们独

---

① Hajer M., "Policy without Polity? Policy Analysis and the Institutional Void", *Policy Sciences*, Vol. 36, No. 175, 2003.

② Kettl D. F., "Managing Boundaries in American Administration: The Collaboration Imperative", *Public Administration Review*, Vol. 66, No. 10, 2006.

③ [美] 乔纳森·H. 特纳：《现代西方社会学理论》，范伟达主译，天津人民出版社1988年版，第155页。

④ [法] 夏尔·阿列克西·德·托克维尔：《论美国的民主》（上卷），董果良译，商务印书馆1991年版，第217—218页。

立的生存和发展空间,使其成为能够制衡国家权力的力量,这不仅是实现国家良性治理的重要内容和途径,而且也是人类社会发展的重要推动力。① 随着社会的分化,利益需求纷繁复杂,各种权力在相互博弈的同时,也逐渐共同指向了合作和融合,这为产生新的社会治理架构奠定了基础,同时也推动了治理理论的全面兴起。

全球化也是不确定性的因素之一,它进一步增加了国家与社会之间边界的模糊性,这在很大程度上决定着治理风格的形成。20世纪50年代,盛行层级治理的风格,即强调权威和等级制度,但这一风格有明显的缺陷,容易造成信任(网络)和价格(市场)的对立,在一定程度上破坏了平等原则。80年代,市场机制取代了50年代至70年代盛行的层级治理风格,其倡导一种区域和局部空间的自由竞争。但是这种以市场为主体的治理存在先天的不足,各种复杂的利益诉求形成了庞大的利益相关者。他们所构筑的治理结构强调从内外两个维度实现有效治理,其优势是降低了社会治理的"成本",尤其是"代理成本",但是其劣势也十分明显。当利益团体之间庞大需求不可调和时或不能满足时,就很容易打破以往靠均衡利益所建立的相互监督和约束机制,从而造成社会秩序的失衡。② 20世纪90年代,则出现了第三种治理风格,即基于网络治理,进一步拓宽了掌舵、合作、组织干预的范围。而进入新千年治理风格的演变并没有导致一种新的共同风格,而是在公共部门组织与社会以及这些组织内部的关系中形成了复杂而动态的混合治理风格。20世纪中后期以来,西方国家公共部门的性质、作用和制度基础都在发生着深刻的变化,远远超出了国家(政府)干预的范围。因此,权力不确定性和边界模糊性推动了政府、社会组织、公共部门等在内的深化改革,治理则作为包含宏观(政府与社会的关系)、中观(公共管理部门与政府)和微观(公共管理部门内部关系)层面的公共管理问题出现了。③

---

① 宋亨国:《我国非政府体育组织自治的法学研究》,科学出版社2019年版,第31—32页。
② 张文显:《法治与国家治理现代化》,《中国法学》2014年第4期。
③ Meuleman, *Public Management and the Metagovernance of Hierarchies, Networks and Markets*, Physica-Verlag HD, 2008, p. 3.

二 治理理论的主要内容

治理通常是指一种行为或过程,从严格意义上讲,治理尚没有形成统一的含义,其内容体系也在不断地拓展。[1] 联合国开发计划署将治理定义为:治理是指行使经济、政治和行政权力,全面管理各层级的国家事务,其中包括公民和团体表达自身利益、行使法律权利、履行法律义务和调解分歧过程中所建构的各种机制、程序和体系。[2] 世界货币基金组织认为,治理是指使用公共机构行使公共权力来处理公共事务,管理公共资源的过程。[3] 世界经合组织认为,治理是指行使政治权力和控制权来管理社会、经济发展所需要的资源,其中包括公共部门所建立的经营工作环境、利益分配制度等,其本质体现出的是统治者与被统治者之间的关系。[4] 世界银行(1994)提出治理是指行使权力管理一个国家、民族、社区或经济的集体事务和经济社会资源的过程,主要包括6个方面的主要内容:(1)发言权和问责制;(2)政治稳定和没有暴力;(3)政府效率;(4)监管质量;(5)法治;(6)控制腐败。[5] 2010年,世界银行将治理重新定义为:在设定的规则内(社会共同遵守),实施规则(行使权力的行为或方式)的过程。其中善治是治理的最终目标,其主要有4个基本构成要素:责任制、参与、可预测性和透明度。[6]

作为20世纪50年代以来各国学者关注和研究的热点问题,治理理论的内涵和主体内容也处于动态建构进程中。Kooiman(1999)提出治理需要建立一种结构和秩序,这种结构和秩序不能由外部强加,而是

---

[1] Keefer P., "Governance", in T. Landman and N. Robinson (eds.), *The Sage Handbook of Comparative Politics*, London: Sage, 2009.

[2] United Nations Development Programme (UNDP), *Governance for Sustainable Human Development*, New York: UNDP, 1997, p. 2.

[3] United Nations Development Programme (UNDP), *Supporting Country-Led Democratic Governance Assessments*, Practice Note, 2009.

[4] Organisation for Economic Co-operation and Development (OECD), *Participatory Development and Good Governance*, Paris: OECD, 1995.

[5] *The Worldwide Governance Indicators (WGI) project (1996 – 2017)* (http://info.worldbank.org/governance/wgi/index.aspx#home).

[6] World Bank, *What is Governance?* (http://web.worldbank.org).

由于治理体系本身的多重性,以及不同行动主体之间相互影响作用的结果;治理的本质是注重建立完善的运行机制和秩序,而不是依靠政府的权威和制裁;治理应与管理区分开来,其作为一种社会活动,是指有目的地、努力地指导、引导、控制和管理社会(包括各部门和领域)。① 在他看来,治理主要是描述社会、政治和行政部门管理活动所产生的一种模式,着重强调制度的质量、效率和行为规制,同时突出加强合法性和有效性合作,以及突出新的程序和公私协同管理。基于这一认识,治理理论的主体内容包含三个重要的维度:独立的结构系统和秩序;不依赖行政权威的完善的运行机制;绩效管理和评价。Stoker(2002)从与政府管理进行区别的角度对治理的内涵进行了解读。他认为,政府管理通常是指在国家体制内所进行的正式的、制度化的、自上而下的运作过程,而治理具有更广泛的含义,除了国家政府外,治理还包括非正式的、非政府的运行机制,因此也包含了很多非国家行为者。针对不同的主体,治理需要构建多元的关系,其主要内容涵盖多方面。一方面,包括多机构伙伴关系,公共部门与非公共部门之间的责任,参与集体行动中组织之间的权力配置和依赖,自治网络,以及政府开发新任务和管理工具。另一方面,着重研究影响治理效果的关键因素,其中包括基础薄弱、机制不健全(逃避责任,寻找替罪羊)、突出事件应对不及时(不良后果扩散)、问责制不完善。② 而在英美国家的政治理论中,治理理念逐步深入,权力配置成为核心诉求,这使得出现了与传统政府机构平行的管理主体;治理最终的目的是为建立秩序和集体行动创造条件,即提供一个能够不断理解治理过程变化的框架和参照系。③ 基于这一理念的确立,传统管理模式受到极大挑战,对合法性权力的诉求日益突出。随着治理理论的发展,政府以及公共事务管理的含义发生了变化,出现了新的内涵、新的过程和新

---

① Kooiman J.,"Social-Political Governance",*Public Management Review*,Vol. 1,No. 1,1999.

② Stoker G.,"Governance as Theory: Five Propositions",*International Social Science Journal*,Vol. 50,No. 155,2002.

③ Judge D.,Stoker G.,Wolman H.,*Urban Politics and Theory: An Introduction*,London: Sage,1995,p. 1.

的方法。① 治理理论提出了一个挑战传统公共行政管理的参考点，其主要包含5个核心命题：（1）治理需要一系列的组织机构、部门和行动主体，他们不仅来自政府，而且来自其他领域；（2）治理厘清了处理社会和经济问题界限和责任的模糊性；（3）治理明确了进行集体和公共行为的组织机构之间的权力关系；（4）治理建构起了参与主体的自治网络；（5）治理清晰认识到了有能力完成或实现不依赖政府权威的事情和任务，同时政府的主要职责是不断使用新的工具和方法提供引导。②

通过上文分析可以明确，虽然对治理内涵的各种解释不同，但一般都包括几个共时性的要素：一是治理需要有专门性的机构；二是治理是配置资源，行使权力的过程；三是治理是管理国家、社会或社区等的集体事务（公共事务）；四是通过有效治理实现核心目标；五是治理过程中应坚持原则、价值观和规范。治理理论以这些内涵要素为起点，分层分类建构起了多维度的内容体系。主要包括：治理系统（纳入法治），资源整合，权利配置，公共事务管理，绩效评级，治理理念和价值规范，治理主体的责权利，等等。

三 元治理理论的主要观点

随着治理风格的不断转换，网络化治理日益成为全球关注的热点。网络治理是指通过政府、企业和民间的社会主体之间的关系网络来制定和实施公共政策，主要目的是应对社会发展，并解决不断出现的社会问题。③ 网络化治理是治理理论的一次飞跃，它从更为宽泛的视野看待各种社会关系，尤其是那些发挥着决定性作用的决策权关系。在现实发展中，面对各种利益关系，公众深信公共部门已经不能独立解决复杂的社会问题，同时公办部门自身也面临着越来越大的社会压力，需要与其他社会主体进行深入合作，这一诉求颠覆了传统的"社会管治"的观念。

---

① Gisselquist R. M., *Good Governance as a Concept, and Why This Matters for Development Policy*", Working Paper, No. 30, 2012.

② Stoker G., "Governance as Theory: Five Propositions", *International Social Science Journal*, Vol. 50, No. 155, 2002.

③ Klijn E. H., "Governance and Governance Networks in Europe", *Public Management Review*, Vol. 10, No. 4, 2008.

社会网络治理的特征是在基于感同身受、相互理解依赖的基础上建立互信，求同存异，达成共识。[1] 任何组织网络都必须在成员（利益相关者）之间形成关于网络目标、战略和实施路径的统一；同时也要维持和充分利用成员（利益相关者）的多样性，以生成支持或推进其工作的权力和资源。保持成员统一性和多样性之间的平衡，对于目标导向的行动网络是至关重要的。[2] 因为它们是相对独立的自愿组合，当这些组织利用各自优势和资源朝着同一个目标共同努力时，就会蓬勃发展；而如果成员之间缺乏统一性意识和共识，行动网络就会缺乏共同的目标和战略方向；如果成员缺乏多样性，也会限制其知识、权力和资源的获取，同时降低其代表的权威性。领导者为了实现组织网络的统一，就必须承担以牺牲多样性为代价的风险同质性。当然，如果过分强调网络成员组织之间的多样性，风险划分和过度的交易成本，也会阻碍行动目标的实现。[3] 因此，要建立稳定的秩序，动态衡量和把握关键利益相关者所代表的权力诉求。构建公共管理网络是当代治理的固定模式，其在公共产品和公共服务规划和供给方面发挥着重要的作用。然而，公共管理网络并不总是具有将集体方案转变为正式政策的能力，尽管其涉及范围非常广泛，但其创新政策的能力是有限的。政府或其他强有力的权威机构通常可以控制公共管理网络，官员（行政部门）也可能做出与建议行动不一致的政策决定，而对其效能评估通常是一个捉摸不定的目标。公共管理网络包括参与公共政策制定的行政机构，需要通过这些机构规划、设计、生产和供给公共产品、服务和开展相关活动。这一网络的形成通常是跨部门的、政府间的，并以特定政策或领域功能为基础的。也就是说，政府、行政部门、非政府组织、社区组织等为了实现目标必须要进行协同运作。[4]

---

[1] Meuleman, *Public Management and the Metagovernance of Hierarchies, Networks and Markets*, Physica-Verlag HD, 2008, p. 3.

[2] Saz-Carranza A., "Uniting Diverse Organizations: Managing Goal-oriented Advocacy Networks", New York, NY: Routledge, 2012.

[3] Stephen P., "Achieving Shared Aims through Organizational Networks", *Public Administration Review*, Vol. 73, No. 6, 2013.

[4] Mcguire M., Fyall R., "Policy Energy and Public Management Networks", *Complexity Governance & Networks*, 2014.

为了应对日益增长的掌舵野心，以及社会、政治生活的分裂，元治理理论迅速兴起和发展。元治理是指一种旨在将不同管理风格的思想成功结合起来并加以实施的方法，其实质是建立协调治理制度，即通过设计政府（层级）、市场和社会主体的职责，实施网络化治理，建立公共部门持续评价机制，从而达到治理的最佳效果。[1] 通过由公共部门和私人部门构成的网络进行元治理，可能会有助于解决社会不良问题，增强公共民主决策，但如果运行不畅，也会造成混乱和僵局，使公共治理的透明度和问责性降低。为了确保治理网络能够产生民主的、有效的社会治理效果，就需要对政府（行政）、公共管理部门以及其他相关执行部门进行必要的监督；为了使政府、公共管理部门能够构建起高效的元治理网络，就必须不断获取新的技能和工具，并不断提升战略管理能力和协作能力；为了实现治理网络的民主和有效治理，就必须优化配置权力，突出切身的体验和实践。[2] 现代治理理论认为，传统行业自治转向政府介入干预的变革看起来有些非典型性；公共部门需要被政府全面介入，以应对当今多层次的社会发展需求。在社会各领域，传统自治的社会组织和机构也需要接受政府的全面监管。这一过程中，一方面是政府干预公共事务的力度不断增加，另一方面则是推动了利益相关者的兴起和不断发展，赋权和授权成为新的诉求。[3] 这是一场深层次的变革，集中于政府的行政权性质、范围和内容逐步发生了改变。同时，不同的主体也被纳入国家治理体系中，建立起了以"权力合理配置"为中心的运行秩序，这就产生了一系列自上而下的积极影响，所有关乎人类社会发展的公共事务都建立了以元治理为基础的理论框架。

四 青少年体育活动促进的元治理

综合元治理网络的基本要求，青少年体育活动促进治理也需要逐步

---

[1] Jessop B., "Capitalism and Its Future: Remarks on Regulation, Government and Governance", *Review of International Political Economy*, Vol. 4, No. 3, 1997.

[2] Sorensen E., Torfing J., "Making Governance Networks Effective and Democratic through Metagovernance", *Public Administration*, Vol. 87, No. 2, 2009.

[3] Skelcher C., Klijn E. H., Kübler D., et al., "Explaining the Democratic Anchorage of Governance Networks", *Administrative Theory & Praxis*, Vol. 33, No. 1, 2011.

推进，构建起了一个相对独立的网络体系。具体而言：

第一，青少年体育活动促进要求建立稳定的治理秩序，实现权力优化配置。青少年体育活动促进需要建立广泛的治理网络，其中涉及不同类型和层次的主体，包括政府、体育行政部门、学校、社区、企业等，这就为元治理网络的建立提出了更高的要求。在治理权力配置体系中，当局和公共机构必须从战略层面明确不同主体的职责，因此这就要求他们必须要具备治理所需要的专业背景，同时要求通过规制权力主体（机构）来调节治理网络，从而实现治理效果的最大化。其中尤其是要求实施机构必须要具备一系列的战略协作能力，如谈判目标一致性，风险评估、程序和手段的可行性，项目管理、处理非常规问题等，以及良好的执行能力，如合作、沟通、指导建立信任关系等。[1] 权力配置，厘清复杂的利益关系，建构治理主体架构是青少年体育治理的关键一步，奠定了运行的基础。从交互式的角度看，治理更加强调对主体权力的配置，需要整合多种社会力量实现目标治理。一般意义而言，治理是社会主体根据公共需求和愿景开展的综合治理活动，通常要求建立系统的且相互作用的组织、程序和运行机制。[2] 青少年体育活动促进治理网络实质是解决现实问题和矛盾，为孩子们创造和提供多样的体育教育、体育运动资源和机会，其中既包括制定和遵循多方主体共治共享的治理原则，也包括精准化的管理制度和精细化的协同实施机制。当青少年体育活动促进治理网络初步形成时，需要注重规范体系建设。因为不同主体的持续相互作用会导致先前的治理理念和价值观念出现偏差，也可能会导致已有的决策不能应对现实情况，这就需要将他们的愿景和审议结合起来，纳入制度框架通盘考量，统一做出共识性的、合法性的决议，主要内容包括体育治理的总体目标（含绩效考核目标）、主体责权利、自主权保障等。

第二，青少年体育活动促进治理要求建立完善的运行机制。为了实现青少年体育活动促进的有效治理，就需要在国家（政府）、市场、社

---

[1] Sørensen E., Torfing J., *Theories of Democratic Network Governance*, Basingstoke：Palgrave Macmillan, 2007, pp. 5 - 8.

[2] Kooiman J., Bavinck M., *Theorizing Governability—The Interactive Governance Perspective*, Governability of Fisheries and Aquaculture, Springer, Dordrecht, 2013, p. 9.

会的不同组织和团体之间建立沟通、谈判和互动机制。互动治理强调各方权力必须在公共治理体系下发生积极的作用，因此完善的运行机制必不可少。也就是说，各类治理主体都受其所处的环境的制约，即便它们处在统一的治理结构之下，也会发生交互影响，如果没有形成良性的权力互动关系，就会对整体系统的运行产生消极影响。与传统治理模式相比，交互式治理是一种更为有效的方式，广泛的社会参与是民主性的表现。因此，互动治理理念是将价值取向、所遵循的原则和既定目标进行一体化设定，其中目标不是强制性的，而是需要所有参与者协商，并根据不同主体的能力和资源进行调整。互动治理很少设计宏大的改革计划，其通常采取交互式的、基于经验式的、渐进性的计划来实施。[1] 青少年体育活动促进治理最终要落实到切实的运行，主要包括两方面的含义。一方面，优化治理架构，建立稳定的权力运行机制，强化制度化的自我监管。公共体育部门（包括行政部门）和私人体育组织（权威组织）的相互作用和调节，会在一定程度上减弱体育治理网络中某一方的自主权，从而造成权力秩序不稳定，进而出现不同主体相互认知和行为的偏差。为了规避这种情况，需要建立青少年体育治理的权力互动制度和自我监管制度，这种具有行业自律性质的自治制度不仅能够改变整个治理政策的话语体系，同时也能够促使多方执行者依律规范行为。另一方面，需要建立有效的协商机制。协商机制需要分层次建构，在整个青少年体育治理体系中，具有主导地位的主体和机构发挥着指向性作用，它们负有搭建有效协商平台的职责。而在具体的业务实施中则需要根据不同权力主体制订针对性的活动计划和方案，稳步推进实施。从整个治理系统运行看，两个方面缺一不可，权力运行机制是基础，协商机制的载体，共同指向既定目标的实现。

第三，青少年体育活动促进治理需要采取多种多样的形式。在体育领域中存在多种多样的治理形式：依法赋权，行政授权；采取正式的或非正式的治理手段；组织内与组织外有机结合；采用开放或封闭、紧密与松散相互结合的方法；设定短期或长期目标；全社会或特定体育领域

---

[1] Jentoft S., Chuenpagdee R., Pascual-Fernandez J. J., "What Mpas are for: On Goal Formation and Displacement", *Ocean and Coastal Management*, Vol. 54, No. 1, 2011.

管理；专注体育政策制定和实施；等等。[1] 青少年体育治理进程中，需要对现有的治理网络和语境进行充分的了解和分析，尤其是要对决策制度进行剖析，这决定着进一步的优化布局。青少年体育治理的主要任务是依法依规调动主体积极性，采取灵活多样的措施实现既定目标。这一过程始终处于不断的拓展和完善中，其中涉及对社会价值和权力的再分配，因此在不同语境中，需要采取有效的、民主的方式进行决策，并针对不同主体，建立长效的协同实施和绩效评估体系。[2] 青少年体育促进积极发展已经成为全球关注的焦点问题，它是涉及多个工作领域的庞大系统，主要包括心理、教育、公共卫生、健康促进、疾病预防、社会工作、医疗、营养等。在治理实践中，各种力量通过共同理念紧密联系在一起，积极开展行动，将广泛的参与者纳入战略联系之中，提供了促进青少年健康发展的各种计划、环境、资源和机会。[3] 青少年体育治理是逐层递进的，一是要建设良好体育环境，包括家庭、学校、居民区、教会、社区等；二是基于不断提升的治理经验和社会支持，创造多样化的机会；三是全面实施，实现青少年积极发展的预期成果。[4] 从这里可以看到，青少年体育活动促进治理需要针对不同的领域采取适宜的治理形式，其中促进和推广是所遵循的主要组织原则，即帮助和支持各年龄段的孩子享有参与机会，积极体验，使他们获得有利于自身和社会的成果。最后需要明确的是，青少年体育活动促进作为一项社会活动，不论采取何种治理形式，都需要突出发挥各类主体的能动性和积极性，始终贯穿实现群体根本利益和社会公益这一主线。

第四，青少年体育活动促进治理需要防范运动风险，规避暴力，并以国家司法为屏障。青少年体育人权是一项基本权利，具有排他性，需

---

[1] Sorensen, Torfing J., "Making Governance Networks Effective and Democratic through Metagovernance", *Public Administration*, Vol. 87, No. 2, 2009.

[2] Nalbandian J., "Collaborative Public Management: New Strategies for Local Government", *Journal of Politics*, Vol. 67, No. 1, 2005.

[3] Benson P. L., Scales P. C., Hamilton S. F., et al., *Positive Youth Development: Theory, Research, and Applications*, Handbook of Child Psychology, John Wiley & Sons, Inc, 2007, p. 894.

[4] Benson P. L., Pittman K., "Moving the Youth Development Message: Turning a Vague Idea into a Moral Imperative", in P. L. Benson & K. J. Pittman (eds.) *Trends in Youth Development: Visions, Realities, and Challenges*, Norwell, MA: Kluwer Academic, 2001.

要针对性地防范运动风险，规避暴力因素；而如果出现了侵权行为，则需要通过有效的途径及时清晰地划定责任。《儿童权利公约》第19条规定，所有的儿童都有权免受暴力侵害，并呼吁缔约国采取一切适当的保护措施，其中最为重要的是，要尊重儿童（运动员）基本的体育权利，制定和执行他们体育参与的保护和健康标准。[①] 运动伤害风险防范是实现青少年体育权益的重要内容和手段。儿童和青少年无法充分认识参加体育运动所带来的风险，因此需要对运动风险的可接受性及原因展开差异性分析。有研究表明，体育运动是青少年受伤的主要原因之一，由于持续处于生理发育期，长时间的运动极易出现损伤，因此需要建立完善的预防机制。[②] 从评估青少年运动伤害预防策略有效性的角度看，可以通过系统监控内外部因素予以实现。内部因素主要包括体能、素质、运动能力等的监测，外部因素主要包括安全政策、防范机制、运动防护等的实施。儿童和青少年体育参与中的暴力行为普遍存在，这已经引起了公众对体育环境的广泛关注。的确，体育运动的层级结构（不同项目）、身体接触、男性主导、威权式的领导，以及现有的奖励制度（环境）等都在不断地创造一种对参与者（运动员）产生暴力行为的氛围。[③] 基于这一现实情况，规避暴力成为青少年体育权利保护的重要内容，它要求在各级体育政策法规中将其作为重点，同时也要求在治理进程中各类体育组织要针对儿童和青少年心理、生理虐待，性虐待等暴力行为采取严苛的预防和干预措施。[④] 国家司法是保护儿童和青少年体育权利的最后屏障，其需要和体育治理系统有序对接。随着司法介入，体育与法律之间的关系变得错综复杂，这已经扩大到对儿童和青少年体育活动的更多管制，其中最令人关注的是保护他们免受成年人的虐待，尤

[①] Brackenridge C., Kay T., *Sport, Children's Rights and Violence Prevention: A Sourcebook on Global Issues and Local Programmes*, London: Brunel University Press, 2012, p. 7.

[②] Abernethy L., Bleakley C., "A Systematic Review of Strategies to Prevent Injury in Adolescent School Sport", *British Journal of Sports Medicine*, Vol. 41, No. 10, 2007.

[③] Kirby S., Greaves L. & Hankivsky O., *The Dome of Silence: Sexual Harassment and Abuse in Sport*, Halifax: Fernwood Publishing, 2000.

[④] Vertommen T., Kampen J., Schipper-Van Veldhoven N., et al., "Severe Interpersonal Violence Against Children in Sport: Associated Mental Health Problems and Quality of Life in Adulthood", *Child Abuse & Neglect*, No. 76, 2018.

其是教练员和管理人员。儿童和青少年虐待问题带来了严重的后果，各个国家都制定了专门的法案，建立了问责制，加大了刑法的处罚力度。在欧美西方国家，司法介入体育的程度不断增加（基于判例法），司法管辖适用性和范围已经成为体育管理制度的重要组成部分；而体育领域中针对儿童的犯罪已经纳入了最新的司法解释。[①] 但是从现实情况看，由于体育运动的即时性，以及项目的差异性，针对儿童和青少年体育侵权行为的举证和责任认定始终是一个难点，这对体育治理系统提出了更高的要求。

综上所述，治理理论的兴起与人类经济社会发展密切相关，在全球化进程中，其已经从不同视角形成了多维度的内容体系。在现实发展中，公共事务的治理风格不断调整变化，其中以多元网络化为主要特征的元治理成为主体模式。该模式提出在治理主体协同合作的进程中，应建立完善的制度体系，细化多方主体的责权利，同时要求在复杂的利益关系中，应不断提升政府的决策（顶层设计）能力。从有效运行的角度看，这种依托国家法制，多元权力主体协调运行的元治理模式融合了不同风格，给经济社会变革带来了深层次的影响。青少年体育活动促进是一项需要优先考虑的公共事务，其元治理内涵也体现出秩序稳定、机制完善、措施灵活多样、司法预警的结构性特征，这为深化权力秩序改革，优化治理路径提供了总体框架。

第二节 青少年体育活动促进的治理权

法治视域下，由管理向治理转变已经成为国家和公民社会发展的趋势。随着法治社会进程的不断深入，治理权理论日趋成熟，这为体育的"善治"奠定了基础。以权力合理配置为导向，以实现整体利益为最终目标，这是青少年体育治理的总体原则。随着权力主体日趋多元化，国家法律法规必须严格地明确其权力的范围和内容。

[①] Osborn G., Greenfield S., Rossouw J. P., "The Juridification of Sport: A Comparative Analysis of Children's Rugby and Cricket in England and South Africa", *Journal for Juridical Science*, Vol. 36, No. 1, 2011.

一 体育的法治

20世纪末，体育领域要求善治的呼声越来越高。[①] 体育治理相对于其他领域要慢得多，这与体育领域享有很大的自治权有关。从某种意义上讲，以往的体育领域几乎是完全自治的。现代体育建设与发展的本质根植于古典自由主义，尤其是结社自由，其中成立俱乐部是关键因素。[②] 19世纪末20世纪初才成立了第一个国际非政府体育组织，当时人们认为政府过多干预只会影响体育的完整性。[③] 20世纪60年代，很少有国家的政府将体育纳入公共政策体系，体育没有任何国家预算和管理机构。但到了90年代中期，其逐渐成为了大多数西方国家政府治理的优先事项。例如，在欧洲体育理事会的39个成员国中，至少有26个国家明确了政府的体育治理责任。而在这26个国家中，有15个国家设置了体育部长级别的职能部门，10个设置了专门的国家体育职能机构，20个国家的职能机构将体育确定为重要职责。[④] 在很长的一段时间里，体育被认为是一个独立的领域，公共法律和政府当局没有发挥出特别显著的作用。但是在最近过去的十几年，公共部门（政府）对体育管理部门发出强烈要求，系统提出要提高法律建制和审查水平，提升管理的民主和透明度，进一步保障基本权利。[⑤] 简而言之，将体育纳入法治轨道的诉求越来越强烈。

法治作为一种观念，已经超越了组织内部和行业的自律（自愿）以及外部法律法规强制之间的二元对立，其更为关注的是法律中不直接侵入社会领域的情况下，仍然可以按照原有形象重构该领域。因此，社会

[①] Sugden J., Tomlinson A., *FIFA and the Contest for World Football: Who Rules the Peoples' Game?* Cambridge: Polity Press, 1998.

[②] Szymanski S., "A Theory of the Evolution of Modern Sport", *Journal of Sport History*, Vol. 35, No. 1, 2008.

[③] Chappelet J. L., *From Daily Management to High Politics: The Governance of the International Olympic Committee*, London: Routledge, 2013, p. 27.

[④] Houlihan B., "Public Sector Sport Policy", *International Review for the Sociology of Sport*, Vol. 40, No. 2, 2005.

[⑤] González C. P., "International Sports Law and the Fight Against Doping: An Analysis from an International Human Rights Law Perspective", *Social Science Electronic Publishing*, Vol. 4, No. 5, 2014.

领域变得更加法制化,极力模仿法律的形式,完善组织和行业规范,并不断将法治化引入治理实践中。这一过程体现出的是社会领域既被动又主动,它既受法律约束(作为被法制化对象)又不断使自身成为"法律"的制定者。[1] 体育领域已经建立了比较完善的行业规范,它已经确立了符合自身发展规律的立法方式,并建立了相对独立的仲裁程序和制度。体育内部法具有自我调节能力,也能够创造权力来控制行业系统。外部法律的作用相对是有限的,它仅仅提供了一个治理的框架,即允许体育在固定的边界内依法自治,这种赋予通常是程序性的。任何过度进行体育内部治理干涉都可能会出现拒绝、抵制外部力量而重新依法确立行业自治权的情况。这一现象被法学家们称作法治化,主要是指社会规范或行业规范转化为法律规范的过程。从一个简单的层面上看,这一过程只是复制了私人领域和公共领域的传统观念,私人领域日益受到公共法律和司法的控制,从唯意志论向法制论转变;而从复杂的关系层面看,法治化也强调多个领域的相互作用,法律规范被用来重新排列和配置社会领域的权力。[2]

自由民主国家的法律越来越具有穿透性,不受法律规制的社会领域日渐式微。体育的依法治理更为复杂,需要进行多视角的审视。保障和保护儿童和青少年体育权利已经成为很多国家政府重点关注的事项。在美国、澳大利亚、英国、加拿大等西方国家,国家法律介入体育得到了迅速发展。[3] 从一般性的体育参与视角看,国家法律对绝大多数运动主体和观众而言没有什么太大意义,然而,如果将体育视为一种需要强化监管的公共事务,法律则具有十分重要的价值。无论情况怎样,我们将看到法律都会以新的、复杂的、多元的方式介入,这不是传统形式的灌输式介入,而是通过侵入一种法律理念和文化,全面确立体育的法治框架。[4] 体育的法治既是一种理念,也是一种手段。从价值理性的视角看,体育法治的根基在于对自由和权利的保障,以及对"良恶秩序"

---

[1] Foster K., *The Juridification of Sport*, Social Science Electronic Publishing, 2011, p. 1.
[2] Foster K., *Sport: Critical Concepts in Sociology*, London: Routledge, 2003, p. 1.
[3] Green K., *Key Themes in Youth Sport*, London: Routledge, 2010.
[4] Greenfield S., Osborn G., "Regulating Sport: Finding a Role for the Law?", *Sport in Society*, Vol. 13, No. 2, 2010.

的追问,其本质体现出的是民主精神和正义价值在体育秩序中的确立。从工具理性的视角看,体育法治驱动着法律制度的建立,是制约和均衡不同主体权力,建立稳定运行秩序的重要手段。国家法律奠定了体育法治的最高权威基础,确立了价值理性与工具理性合一的治理理念,它以良法善治为基础,以规约权力,保障公民基本体育权利为首要目标。

二　体育治理权的内涵

20世纪90年代,政府的合法性日趋弱化,在市场和政府呈现双重失灵的困境下,西方国家的学者突破传统观点束缚,逐步建构起了涵盖管理学、经济学、社会学、政治学、法学、国际关系学等多学科的治理理论体系。[①] 治理权是治理理论的核心内容,它将多方主体纳入权力合理配置的法制框架下,建立起了以"品质"和"效率"为核心诉求的多权力中心。体育治理权遵循治理权的基本原理形成了多层次结构的权力体系,主要表现在以下几个方面。

(一) 体育治理权的合法性与民主性

第一,体育治理权的合法性。"权力多元化是政治民主化的必然要求,权力社会化则是权力人民性的进步和人类社会发展的必然归宿。"[②] 权力多元化和社会化是社会民主化进程的具体体现,其奠定了法治运行的基础。[③] 治理权的建构和运行依赖于完善的法制,它以多元权利为基础,契合于法治社会和市民社会的理性规则秩序理念。治理的本质是为集体行为和秩序创造良好的法制条件,其不依赖于政府的权威和制裁,是由多种治理方式和相互影响的管理者相互作用的结果;治理强调是多权力中心,不论是公共机构还是私人机构,只要其得到了法律和公众的认可,就都可能成为在不同层面上的权力中心[④]。这里需要注意的是,国家法律是建构多元权力中心的基石,没有良好的法制保障,各种权力

[①] [英] 鲍勃·杰索普:《治理的兴起及其失败的风险:以经济发展为例的论述》,漆燕译,《国际社会科学杂志》1999年第1期。
[②] 郭道晖:《权力的多元化与社会化》,《法学研究》2001年第1期。
[③] 马长山:《市民社会与政治国家:法治的基础和界限》,《法学研究》2001年第3期。
[④] Stoker G., "Governance as Theory: Five Propositions", *International Social Science Journal*, Vol. 50, No. 155, 1998.

就缺失了来源和运行的基础。将体育纳入国家法治体系是国际和很多国家共识性的理念，这是确立其治理权合法性、民主性的根基。也正如有学者认为的，"在体育系统不发达，法制不完善的国家，其体育治理体系存在先天合法性不足，体育组织易受政府控制，行业难以自治。一个看似可以接受的，具备自律特征的体育管理架构，可能会出现现实管理很糟糕的情况。如果我们要实现体育组织的善治，就必须要充分了解组织文化，并成功地实现民主进程，只有这样才能使每个成员实现和维护组织的权力和地位"①。体育治理的国家立法模式奠定了最高的权威性，其自上而下设计了国家统一的体制和制度框架。目前体育立法主要有两种独特的模式——"干预主义立法模式"和"非干预主义立法模式"，前者主要是指包含国家体育活动结构、权限、职责等在内的具体立法，而除此之外的其他立法都称为非干预主义立法。② 不论哪种体育立法模式，其核心目的都是建立完善的国家体育法律体系，为全面实现善治奠定运行的基础。

第二，体育治理权的民主性。体育治理机构享有自主权是民主性的集中体现，其要求在内部建立有效的运行机制，能够及时有效汇总不同主体的声音。随着现代体育的发展，各个国家建立了各具特色的体育治理系统，分类分层形成了管理架构。在治理进程中，需要依法赋予体育治理机构相对的自主性，并根据国家战略不断进行改革优化。从本质上看，体育治理系统的改革是一个"投资用于变革—现代化方案审查—实现现代化管理"的过程，其核心目的是提高国家体育治理机构的自主性，将使命、效率和领导力融为一体，这一改革所确立的共同治理理念是成功的关键性因素，国家体育管理机构每年必须要确证资金使用符合国家标准，并切实优化决策权与共治体系。③ 当然，体育组织的绝对自治权在当前体育管理的情况下是不可行的，它与语境变化紧密相关。考

---

① Minikin B., Winand M., Dolles H., "Legitimacy and Democracy: Implications for Governance in Sport", *Sport Business & Management An International Journal*, Vol. 5, No. 5, 2015.

② Siekmann R., Soek J., "Models of Sport Governance in the European Union: The Relationship between State and Sport Authorities", *International Sports Law Journal*, Vol. 72, No. 12, 2010.

③ Walters G., Trenberth L., Tacon R., "Good Governance in Sport: A Survey of UK National Governing Bodies of Sport", Vol. 43, No. 7, 2010.

虑到体育系统的复杂性，体育系统的自治权可以从政治、心理、经济和理论建构等几个维度去深入理解。"善治"突出强调了体育系统的多样性，因此应充分考虑实现体育组织自治的多种路径，从经济上、政治上、法律上、功能上赋予其足够的自主权。[①] 参与式民主是体育治理权运行的基本要求。"参与式民主制度寻求所有成员积极参与决策，并以协商的方式来做出选择和抉择。参与式民主实现的有效途径是通过体育组织与其成员或工作人员的有效合作。参与式民主理论是非营利体育组织成功治理的基础，为了使成员能够正确地选出合适的人来代表他们，并进行有效监督，就必须设置参与民主的条件。会员理事会是重要的决策机构，因此必须建立共识性的治理参与制度，就管理者的绩效和议案作出明确的决议。"[②] 协商民主体现在体育治理的方方面面，形成了广泛的关系网络。广泛征集意见的决策和规划过程是协商民主的具体体现，而通过授权将总体任务委托给工作组或专业委员会，就是体育组织协商管理的典型例子。根据发展需要，通过与会员积极协商选取董事会成员则更加需要组织必须具备突出的领导能力和管理能力。[③]

综上，体育治理权需要有国家法律依据，这是进行合理配置的前提条件。在体育法制不健全的语境中，很难形成有序的多权力中心。民主协商是一种高效的运行机制，其要求发挥各自专业优势，合力实现共治共享。

（二）体育治理的权力资源配置

治理权的核心内涵是实现社会资本和资源的合理配置，突出强调治理的"效率"和"品质"。体育治理是一个相对独立的体系，遵循法治的基本理念，即制约和均衡不同主体（治理机构）的权力，保障和实现公民的体育权利。法治运行的首要环节是战略布局，厘清权力关系，

---

① Mrkonjic M., Geeraert A., *Sports Organisations, Autonomy and Good Governance*, Play the Game/Danish Institute for Sports Studies, 2013, p. 145.

② Thibault L., Kihl L., Babiak K., "Democratization and Governance in International Sport: Addressing Issues with Athlete Involvement in Organizational Policy", *International Journal of Sport Policy & Politics*, Vol. 2, No. 3, 2010.

③ Walters G., Trenberth L., Tacon R., Good Governance in Sport: A Survey of UK National Governing Bodies of Sport (https://www.sportsthinktank.com/research.117847.html).

合理配置多方权力。"'治理'一词指的是治理模式,正如我们所知,各国的治理模式不相同。从本质上讲,治理是将公民有分歧的选择权转化为有效决策权(如制定政策)的一种方式和手段,即将实现社会利益转化为统一行动,通过制定权威性的准则,要求利益相关者共同参与和遵从。"① 由于公民体育需求的多样化,体育领域分工日趋细化,体育治理基于普遍性的国家法治要求,建构起有效的权力秩序,形成了规制和促进并进的运行体系,这就使得其他社会资源不断与体育融合,建构起庞大的利益网络。随着社会发展,需要加强顶层设计,厘清各类体育权力的基础和界限。"国家和社会的二元分化和多元社会权利对国家权力的分割分解,构成了法治的基础和界限。"② 传统的体育自治和行政管理都无法积极应对现代体育的快速发展,急需在两者之间找到有效的制衡点,一部分体育行政权力让渡给有资质的社会主体成为必然,这就需要对原有的权力秩序做出调整。体育权力配置也就成了有效治理的基础条件之一。

从治理场域的视角看,体育治理权力深刻反映出对社会资本的配置,其先决条件是要对各种利害关系进行辨识,并采取针对性的调整措施。法国著名思想大师皮埃尔·布迪厄明确指出体育是一个相对自治的文化领域。在他看来,虽然存在着场域的一般法则,但一个场域只是通过特定的利益关系和利害关系来定义自身的,而且这些关系是不能够被还原或是被平面化的。一个领域要想发挥作用,就必须有普遍存在的利害关系,人们则必须要在既定的框架内做好充分的准备。随着各种社会资本的不断积累,人们就自然而然地被塑造了一种思维和行为习惯,这种习惯意味着能够对该领域的内在规律,以及各种利害关系进行充分认识和识别,因此场域的显著特点就是针对资源垄断而进行不断的斗争。③ 体育善治的决定性因素在于获得优质资源,并实现其高效率的运

---

① Kohler-Koch B., "The Evolution and Transformation of European Governance", in *B. Kohler Koch & R. (eds.), Sing the Transformation of Governance in the European Union*, London: Routledge1999.

② 马长山:《国家、市民社会与法治》,商务印书馆2002年版,第9页。

③ Bourdieu P., "How Can One be a Sportsman", in *Sociology in Question*, London: Sage, 1993, pp. 115 – 131.

行。而体育治理权的首要条件就在于建立自主性的权力秩序,以便不断整合拓展社会资源,切实选择适应于自身发展规律的有效路径。当然,体育治理权并不是一成不变的,而是始终处于动态建构中。场域的概念可能会产生一个不同的、动态的权力关系模型,其中每个领域都有自己的历史逻辑,都可能会加强其他领域的利益冲突;任何领域内的正统观念都是由那些垄断的、持有资本的人捍卫和维护的。因此,调和利益冲突始终是权力建构的主要命题。[1] 随着体育在人类社会中发挥出越来越重要的作用,其关键性的角色定位和作用就得到了极大提升,从而必然地进入到了整合社会资本,不断优化和拓展权力的系统中。从权力运行的角度看,治理与政府管理具有一致性,都是要做出有约束力的决定,二者的主要区别在于主体的多样性和法律权威性。政府原则上是享有权力的单一行为体,它根据既定的程序进行控制和管理,而在一个民主国家,所有的权力都将被纳入法制和公开运行的框架中,治理决策通过合法性的制度高效率运行。[2] 体育治理不同于传统的行政干预,其本质是达成有约束力的协议,并依法实施。体育治理权必须镶嵌在法律制度中,以法律规范为框架,并依赖其权威确保有效实施。

通过上述分析可以明确,资源配置和权力分割是当代体育治理体系的一个显著特点,它既打破了传统的体育自治,同时也颠覆了行政管制的狭隘,其实质是建构起符合法治的治理秩序。由于体育领域中存在着多样的利益关系和空间,各种有组织的力量相互作用,它们会因为一致性的利益需求而产生合力,但同时也会因为利益分割不均而产生冲突,因此进行动态的权力调整与配置成为常态。从法治视角看,治理权必须以完善的法律制度为根基,其多样的权力关系(法律关系)就构成了体育治理的核心内容。[3]

(三) 体育治理权的监管

法治视域的体育治理权需要进行系统监管,建立长效的评估和问责

---

[1] McNay L., *Gender and Agency: Reconfiguring the Subject in Feminist and Social Theory*, Cambridge: Polity, 2000.

[2] Stoker G., "Governance as Theory: Five Propositions", *International Social Science Journal*, Vol. 50, No. 155, 1998.

[3] Stoker G., "Governance as Theory: Five Propositions", *International Social Science Journal*, Vol. 50, No. 155, 1998.

机制，这是一个不可忽视的构成要素。一般而言，需要从 4 个维度对体育治理进行监管和评估：一是透明度（公众知情权）。透明度是善治的核心要素，治理的失败往往是因为没有及时披露情况而引发公众猜忌，造成公共信息混乱。① 透明度被视为抵御腐败的第一道防线，与问责制紧密关联。当前，如何提升治理的透明度已经成为国际体育组织关注的焦点问题。信息透明是善治的前提条件。政府实施善政被视为社会民主化的具体体现，而公众知情权则被视为一项基本的民主权利。公众知情权和善政就如同一枚硬币的两面，无法分离。公众知情权能够有效实现对政府治理及其效果的监管。为促进政府治理的公开运行，就需要制定细化的法案，知情权能够使公民充分了解政府做出的决定及其依据，并能够对公共政策的是非曲直作出自己的判断。② 二是民主化进程。民主进程的基石是利益相关者共同治理，其依赖于完善的法律规范，同时需要建立长效的问责机制。③ 体育组织一般根据章程进行运作，有管理委员会或执行委员会，但大多没有立法部门（即没有建立广泛参与并依法决策的机制），因此这实际上仍然是一种威权体制下的规制与管制。④ 体育治理机构（尤其是权力建构主体）不能只关注短期利益，更不能只对巨大的商业化运行趋之若鹜，它应该遵循行业共治的基本原则，积极践行社会责任。三是权力制衡。制衡的核心是合理分权，它是建立有效问责制度的关键因素，而问责制的突出作用是能够有效防范权力的过度集中和滥用。如果没有形成良好的权力制衡制度，就会出现民主缺乏、效率低下的情况，甚至会滋生腐败。⑤ 体育治理需要建立科学的分权制度，不断深化体育组织内部机构改革，以确保决策的稳健性、独立

---

① OECD, *Principles of Corporate Governance*, Paris: OECD, 2004.
② Bhat K A., "Good Governance and Right to Information: Two Sides of the Same Coin", *Asian Journal of Research in Social Sciences and Humanities*, Vol. 3, No. 12, 2013.
③ Aucoin P., Heintzman R., "The Dialectics of Accountability for Performance in Public Management Reform", *International Review of Administrative Sciences*, Vol. 66, No. 10, 2000.
④ Bruyninckx H., "Sports Governance: Between the Obsession with Rules and Regulation and the Aversion to Being Ruled and Regulated", *Journal of World Investment & Trade*, Vol. 14, No. 1, 2012.
⑤ Aucoin P., Heintzman R., "The Dialectics of Accountability for Performance in Public Management Reform", *International Review of Administrative Sciences*, Vol. 66, No. 1, 2000.

性和循证性。同时,各权力中心也需要不断提升治理能力,能够形成彼此匹配或对应的协同运行机制。四是团结一致。团结一致的基础是实施"共同社会责任战略",它是对不同社会、经济和环境压力的积极回应。体育发展在很大程度上需要公共财政的支持,体育组织的治理不仅需要对利益相关者负责,而且也需要对公众负责,因此需要凝聚和整合优势资源给予社会积极的回报。①

当然,如果体育治理出现了权力失衡,就很容易造成不良的后果,因此需要依据这些后果所造成的严重性及时问责和追责。"问责制是社团治理和公共治理的基石,因为它构成了一项准则,时刻警醒着那些持有和行使权力的人。"② 体育治理权力与各种资源密切联系,问责制度必须并行,如果失去了对权力的监管和问责,治理秩序就会失衡,严重的时候就会产生不可逆转的消极事态。这样的情况在我国体育领域时有发生。例如,职业足球出现的腐败、假球等事件的根源就在于对相关权力缺失了必要的监管和追责。从法理上看,"问责"是指"行动者和法庭的关系",行动者有义务解释和证明自己行为的合法性,而法庭则要进行质询并做出判定,即行动者可能会承担的后果和责任。因此,问责主要由 3 个因素构成:一是权力主体向法庭的告知义务;二是法庭依法质询,并确定主体行为的合法性;三是对主体行为作出明确的判定。③ 体育是相对自治的领域,法院一般不介入体育组织和机构的决定,除非是在最特殊的情况下,比如被指控违反了自然正义和法律正义;司法介入的前提条件是已经用尽了行业内部的纪律机制,并且最终不能进行有效的调解或仲裁。④ 因此,对因为体育治理权力滥用而造成不良后果的问责更多是基于行业领域内,其中体育仲裁是有

---

① Geeraert A., *The Governance Agenda and Its Relevance for Sport*:*Introducing the Four Dimensions of the AGGIS Sports Governance Observer*, Play the Game/Danish Institute for Sports Studies, 2013, pp. 16 – 17.

② Aucoin P., Heintzman R., "The Dialectics of Accountability for Performance in Public:Management Reform", *International Review of Administrative Sciences*, Vol. 66, No. 1, 2000.

③ Bovens M., "Analysing and Assessing Accountability:A Conceptual Framework", *European Law Journal*, Vol. 13, No. 4, 2007.

④ Donnellan L., "Dispute Resolution in Irish Sport:The Courts as Reluctant Interlopers", *Entertainment and Sports Law Journal*, Vol. 14, No. 1, 2016.

效的方式。当然，更不能忽视司法介入的震慑和保障作用。在日趋复杂的体育利益关系中，各种侵权行为屡禁不止，迫切需要建立完善的司法救济制度。总体而言，针对行政机构、行业组织、市场等不同主体都需要建立问责机制，这既是体育治理权力体系的基本构成要素，也是实现其良好运行的保障。

三 青少年体育活动促进的治理权秩序和构成

（一）青少年体育活动促进的治理权秩序

青少年体育活动促进需要纳入国家法制体系，它以多元权利为基础，契合于法治社会和市民社会的理性规则秩序理念。在民主化进程中，青少年体育治理进一步细化并彰显了这种合法性的权力秩序。体育治理是指与国家体育机构、非政府体育组织等建立有效管理网络，并在完善的立法和政策体系下协同运作，充分践行多元主体的社会责任。[1] 青少年体育活动促进的治理秩序主要包括以下两方面的含义：

第一，青少年体育治理主体依法享有自主权是建构稳固秩序，实现"善治"的基础。现实发展中，青少年体育治理涵盖多个领域，需要依法依规赋予专业主体相应的权力，这是网格化管理的关键。一方面，需要不断提高青少年体育治理机构的自主性，将使命、效率和领导力融为一体。青少年体育活动促进纳入国家治理体系，这一深层次改革确立了主导的法治理念，其治理必须遵循国家标准，切实优化决策权与共治体系。[2] 从制度理论的视角看，青少年体育活动促进是一个包括多种因素的社会系统，多方干预是以对传统权力（集中）的剥离为基础，并以个人、环境、行为因素的有机融合为实现路径，其中凸显了对专业力量介入的迫切要求，而这也是赋权的必要条件。[3] 另一方面，青少年体育治理需要建立赋权秩序。在青少年体育治理的复杂语境中，确立了"善

---

[1] Siekmann R., Soek J., "Models of Sport Governance in the European Union: The Relationship between State and Sport Authorities", *International Sports Law Journal*, Vol. 72, No. 12, 2017.

[2] Walters G., Trenberth L., Tacon R., Good Governance in Sport: A Survey of UK National Governing Bodies of Sport（https://www.sportsthinktank.com/research.117847.html）.

[3] Lindqvist A. K., *Promoting Adolescents'Physical Activity of School*, Printed by Luleå University of Technology, 2015.

治"的主导理念。"善治"突出强调了体育系统的多样性,因此应该充分考虑实现体育组织自治的多种路径,从经济上、政治上、法律上、功能上赋予其足够的自主权。[①] 青少年体育治理系统包含多个领域,需要根据各自特点依法建立赋权秩序,即在统筹设计和安排的情况下,赋予自主权,这是发挥主体积极性的关键,也是实现"善治"的重要手段。根据社会生态模型,体育活动促进治理是一个包含个人、社会、环境、政策等因素的多层次体系,其中社会支持是提升青少年体育参与程度的重要内容,需要给予战略支持。同时,在科学政策指导的基础上,要赋予学校自主权,并尊重其自由裁量权,以促使其能够针对性地制定和实施更加灵活和可调整的干预策略和措施。[②] 而从运行的视角看,均衡的决策、良好的环境能够显著提升青少年体育活动水平,因此要以社区为中心,不断优化环境(体育设施),为青少年体育活动提供更多的参与机会。[③]

第二,青少年体育活动促进治理权运行依赖完善的法制。法律已经被充分地应用到了体育领域中,已经建立了完善的制度框架,为每一位参与者提供了基本保障。[④] 体育作为一种社会制度,具有同其他制度一样的风险和保护特征,全球化进程中的国际利益相关者在儿童权利保护方面始终存在着认识偏差和利益冲突。[⑤] 虽然现代体育起源于古代文明,但人们普遍认为它是在工业革命时期才编纂形成了成文的法典,这标志着体育被纳入国家治理体系,成为社会的主要文化领域。[⑥] 体育服

[①] Mrkonjic M., Geeraert A., *Sports Organizations, Autonomy and Good Governance*, Play the Game/Danish Institute for Sports Studies, 2013, p.145.

[②] Haapala H. L., Hirvensalo M. H., Laine K., et al., "Adolescents' Physical Activity at Recess and Actions to Promote a Physically Active School Day in four Finnish Schools", *Health Education Research*, Vol.29, No.5, 2014.

[③] Perez L. G., Conway T. L., Arredondo E. M., et al., "Where and When Adolescents are Physically Active: Neighborhood Environment and Psychosocial Correlates and their Interactions", *Preventive Medicine*, No.105, 2017.

[④] Voicu V., Réka K., "Arguments for Promoting the Right to Practise Sports as a Fundamental Right", *Acta Universitatis Sapientiae, European and Regional Studies*, Vol.2, No.(1-2), 2012.

[⑤] Celia B., Daniel R., "Child Protection in Sport: Reflections on Thirty Years of Science and Activism", *Social Sciences*, Vol.3, No.3, 2014.

[⑥] Guttman A., *From Ritual to Record: The Nature of Modern Sports*, New York: Columbia University Press, 1978.

务具有不同的社会目的,从教育到健康、休闲、经济和社会生产力,都表现出强大的文化力量。与20世纪50年代和60年代"体育与政治不应混为一谈"的观点截然相反,体育已经成为很多国家政治和经济体系中的一个核心领域。[①] 近30年来,随着体育文化发展,人们的需求越来越多样化,尤其是商业化运行带来了巨大的经济效益,迫切要求采取与其他主要社会机构(如教育、卫生)相同的公平和多样的标准。这一进程中,关于保护儿童和保障安全成为最为关切的议题,这对体育政策和实践产生了深远的影响。[②] 总体看,青少年体育活动促进已经成为一个重要的公共健康问题(公共权利),有规律的体育锻炼与个体健康及社会利益密切相关,参与程度和水平受到个人、社会和环境因素的综合影响,因此需要制定国家政策和标准,建立社会协同实施制度。[③] 注重法律制度建设是切实推进青少年体育治理的基础,当前尤为重要的是应当从国家法律层面提出总体的战略要求,将体育行为提升为法定的"应当行为",通过法律义务约束各方主体。但是也应该看到,体育制度曾一度是一个文化和政治孤岛,被视为游离于社会的其他部分,具有"灰姑娘"一般的地位。[④] 今天,在一些国家,体育仍然不是一项法定的公共服务,有关财政预算中,其不像教育、卫生等领域那样受到高度关注,这也反映出青少年体育法制建设任重而道远。

第三,青少年体育活动促进治理权需要建立多方共治的民主协商机制和实施网络。合法性的体育权力虽然奠定了依法共治的基础,但其仍然是静态的,需要建立民主协商机制实现有效运行。协商民主体现在青少年体育治理的方方面面,广泛征集意见的决策和规划过程就是基础的民主机制,而通过授权将总体任务委托给工作组或专业组织机构,就是协商管理的典型例子。协商民主要求决策机构、管理机构和实施机构要

[①] Coalter F., "The Politics of Sport-for-development: Limited Focus Programmes and Broad Gauge Problems?", *International Review for the Sociology of Sport*, Vol. 45, No. 3, 2010.

[②] Brackenridge C. H., Telfer H., "Child Protectionn and Sport Development", in *Handbook of Sport Development*, London: Routledge, 2011, p. 451.

[③] Pratt M., Jacoby E. R., Neiman A., "Promoting Physical Activity in the Americas", *Food & Nutrition Bulletin*, Vol. 25, No. 2, 2004.

[④] Gruneau R. S., *Class, Sports and Social Development*, 2nd ed, Champaign: Human Kinetics, 1999.

具备突出的领导能力和专业能力,因此主体的选择和资格确认至关重要。① 青少年体育活动促进治理要给予多方自主权,这是建构国家体育秩序,实现体育社会利益最大化的关键,因此要以国家法律规范为基础,形成多层次布局的选拔制度和运行机制。专业主体资格确认是当前的一项重要工作,要求扎扎实实地把有资质、有能力、有资源的组织机构纳入青少年体育管理体系中,这决定着治理的质量和效果。协同运行依赖于全面覆盖的网络,这对青少年体育治理权运行提出了更高的要求。第二次世界大战结束以来,很多国家将国际人权条约纳入本国法律,制定了针对性的权利法案,并采取网格化的措施来推动人权保护。人权思想的发展是一个显著的法律现象,而且随着这一思想在法律形式上的概念化,在促进权利、解决争议、司法诉讼等领域的典型法律方法也被视为保护和深化法律人权价值的主要途径。② 应该说,这一观念转型带来了治理权的深层次变革。青少年体育活动促进是一项人权,其被纳入国家公共事务治理体系也经历了长期发展。在国际社会的努力下,体育组织与社区、教会、健康、教育机构建立了深入的合作关系,发起了一系列的儿童权利保护活动,已经对更为广泛的社会和政治影响作出了积极的回应。③

第四,权利实现是评价青少年体育活动促进治理权的关键指标。20世纪90年代以来,随着国际体育范围和规模的不断扩大,儿童(包括运动员)权益保护日益得到了高度关注。权利倡导者已经在联合国、世界卫生组织、国际奥林匹克委员会等一些重要的国际组织中获得了话语权。④ 从现实发展看,世界各国也日益注重儿童和青少年的体育权利,并将其纳入了体育教育质量、公共资源利用等的评价之中。保护儿童体育权利的做法已经从英国、加拿大、澳大利亚等西方国家逐步扩大到了

---

① Walters G., Trenberth L., Tacon R., *Good Governance in Sport: a Survey of UK National Governing Bodies of Sport*, London: Birkbeck Sport Business Centre, No. 3, 2010.

② Mccrudden C., "Common Law of Human Rights? Transnational Judicial Conversations on Constitutional Rights", *Oxford Journal of Legal Studies*, Vol. 20, No. 4, 2000.

③ Brackenridge C., *Spoilsports: Understanding and Preventing Sexual Exploitation in Sport*, London: Routledge, 2001.

④ International Olympic Committee, *Consensus Statement on Sexual Harassment and Abuse* (http://www.olympic.org/medical-commission? tab = statements).

很多新兴国家。① 在世界范围内已经达成了青少年体育权利现实转译的共识，而这也成为众多国家各层级治理主体和权力运行的核心诉求。随着经济社会发展，体育领域的组织系统日趋严密，利益关系日益复杂多样，已经镶嵌到了广泛的权力关系中。因此，不论是赛事管理、公共服务，还是市场拓展、职业体育运营，践行社会责任，保护儿童和青少年权益都不可避免地成为综合评价体育发展质量的重要内容。② 以国际体育组织为主导的体育治理网络日益分化，很多国家也立足现实情况将青少年体育纳入经济社会评价中，确立了以权力运行和权利实现为核心的指标体系。

（二）青少年体育活动促进治理权的构成

青少年体育活动促进治理以"效率"为核心诉求，这就决定了其权力构成的有机融合性。治理权首在决策，即顶层设计——要求依据发展脉络将选择权转化为能够体现国家意志的决策权。③ 同时，从表现力和高效率的视角看，青少年体育活动促进治理意味着多方主体践行社会责任，通过彼此战略能力的协同来实现既定目标④，其权力构成始终延循这一主线。

第一，青少年体育活动促进治理权主体。"体育治理的本质是与规划、组织、协调、激励、控制等密切相关的综合技能，涉及的领域非常广泛，其中体育介质（领域）、体育管理经验、有组织的运动竞赛和体育企业通过相互依存、相互制约的方式影响着它的方方面面，因此需要建构专业和职业化的团队。"⑤ 青少年体育活动促进治理系统具有典型的特质，其通过整合社会资源，搭建起以体育文化和体育教育为

---

① Lang M., Hartill M., (eds.) *Safeguarding, Child Protection and Abuse in Sport: International Perspectives in Research, Policy and Practice*, London: Routledge, 2014.

② Maguire J., Jarvie G., et al., *Sport Worlds A Sociological Perspective*, Champaign: Human Kinetics, 2002, pp. 3 – 24.

③ Kohler-Koch B., "The Evolution and Transformation of European Governance", in B. kohler Koch & R. (eds.) *Sing the Transformation of Governance in the European Union*, London: Routledge, 1999.

④ Vega I., Detweiler S., "The Role of Performance Pyramid in Sports Management Case Study—The Athletics Section in CSM Onesti", *Sport Science Review*, Vol. 24, No. 3, 2015.

⑤ Drakulevski L., Nakov L., Iliev F., "Sports Management and Opportunities for Professional Development", *Research in Physical Education Sport & Health*, Vol. 3, No. 1, 2014.

核心的平台，从而在群体综合发展、公共健康（民族素质）、社会公益等之间架起了有效的联结纽带。因此，构建专业化的管理架构是青少年体育活动促进治理需要解决的首要问题。"法律制度和治理能力是国家现代化治理的核心内容和手段。法律制度的有效安排的实质是在'善治'的统一指向下，逐步优化和剥离国家各项权力，建立高效的执政体制和国家管理体制。"[1] 依法治体框架下的行政权力剥离是青少年体育活动促进治理遵循的基本原则，政府和体育行政部门不仅要简政放权，而且角色也必须要进行从"划桨"到"掌舵"的重大转型。社会和社区组织、家庭、学校、企业则需要获得明确的权力主体身份，为共建青少年体育的社会治理体系奠定基础。权力的核心是影响力和决定力，多层次权力主体身份的明确为开展各类体育促进活动提供了主导性条件。

第二，青少年体育活动促进治理的决策权。体育治理需要纳入法治体系中，以便明确政府、管理者、执行者之间的权力关系与合作关系。[2] 在多权力秩序中，决策权是关键，它从根本上决定着体育治理的方向。当然，体育组织或部门不能只关注有限利益相关者（精英）的（商业）利益，也不能以个人利益为导向，而应将整体利益作为治理的目标。[3] 青少年体育活动促进是一项关乎国民整体健康素质的基础工程，需要进行专业系统决策，充分整合社会公共资源，切实实现依法治理。为了提高青少年体育参与程度和身体活动水平，必须要将其纳入公共健康体系依法进行协同干预。[4] 青少年体育活动促进决策要考虑个体发展、社区发展和社会变革之间的关系，要充分识别各种权力关系，并进行合理配置。同时，要尽量避免对体育变革幼稚的、不切实际的概

---

[1] 宋亨国：《我国非政府体育组织自治的法学研究》，科学出版社2019年版，第241—242页。

[2] Panagiotopoulos D. P., "Physical Activities-Legal Horizon and Sports Regulation as Lex Specialis: Lex Sportiva", *Open Sports Sciences Journal*, Vol. 9, No. 1, 2016.

[3] Bruyninckx H., "Sports Governance: Between the Obsession with Rules and Regulation and the Aversion to Being Ruled and Regulated", *Journal of World Investment & Trade*, Vol. 14, No. 1, 2012.

[4] Sallis J. F., Prochaska J. J., Taylor W. C., "A Review of Correlates of Physical Activity of Children and Adolescents", *Med Sci Sports Exerc*, Vol. 32, No. 5, 2000.

括，要对体育组织制度、程序和参与方式展开有循证支持的理论解释，也要对各种不利于青少年群体发展的社会消极因素进行深刻反思，从而引导和确保决策的理性和科学性。[1] 权利与利益相互融合，不可分割。前文已述，体育对于儿童和青少年具有多维度的价值促进作用，不论是身心健康、高质量教育、社会拓展，还是长期的人力资本能力提升，都需要强有力的资源和条件保障。也就是说，青少年体育取决于经济社会的发展水平。因此，青少年体育活动促进决策权首要的任务是对权利保障进行"秩序"层面的顶层设计，即战略布局，确立社会导向，使各类主体能够延循法治整合资源，协同管理实施。正如有学者提出的，体育活动促进是一个具有多种价值和社会功能的体系，依赖于持续、有规律、有组织的决策体系，因此需要充分借助国家力量，通过多层次的政策系统来引导和鼓励青少年进行科学锻炼。[2]

第三，青少年体育活动促进的管理权。"治理肯定了各个社会公共机构存在着权力依赖关系。进一步说，致力于集体行动的组织必须依靠其它组织，为达到目的，它们必须通过谈判来交换资源。当然，交换结果不仅取决于各参与者的资源，而且也取决于游戏规则，以及交换的环境。那么最终而言，治理意味着最终形成一个自主网络。这一网络在某个特定领域中拥有发号施令的权威，它与政府在特定领域合作，分担政府的行政管理责任。"[3] 从这里可以看到，青少年体育活动促进管理权主体享有相对独立的公共资源，彼此之间存续着一定的联系，为了实现既定的目标，需要不断进行资源交换（包括所具有的专业能力），而这就构成了青少年体育活动促进业务管理权的主要内容：一是管理制度建构权。从运行上看，公众沟通、民主决策、权力制衡和团结一致构成了青少年体育治理的4个维度，这就要求建立科学的管理制度，不断深化体育机构改革，以确保决策的稳健性和独立性，

---

[1] Spaaij R., "Personal and Social Change in and through Sport: Cross-cutting Themes", *Sport in Society*, Vol. 12, No. 9, 2009.

[2] Mathers C., Stevens G., Mascarenhas M., *Mortality and Burden of Disease Attributable to Selected Major Risks*, Geneva: World Health Organization, 2009.

[3] 转引自俞可平《权利政治与公益政治》，社会科学文献出版社2000年版，第110—111页。

以及实施的有效性。① 为了确保管理制度的高效，首要的任务就是制定专门的标准。过去的几十年，体育治理标准这一严肃问题已经引起了公众的高度关注，体育善治要求建立有效的问责程序，但也要注重组织的目标效率，以及信任、诚实和专业的组织文化建设，同时还需要保持组织的弹性和韧性。② 二是公共资源整合权。社会经济地位及其延伸因素（如收入、教育、职业等）是健康和幸福的决定因素，对儿童和青少年这一目标群体而言，需要从总体社会经济地位、教育水平、体育教育收费、人口干预等方面采取综合性的干预措施。也就是说，公共权力（资源）的整合与配置是青少年体育参与至关重要的因素。③ 在所面临的不同语境中，需要统筹环境、教育等资源，这是确保青少年享有均等体育参与机会的基本条件。资源整合权的目标指向非常明确，其实质就是专业机构和团队在多样的利益关系中发挥出影响力和支配力的过程。

第四，青少年体育活动促进的实施权。除了充分整合和利用公共资源外，家庭、学校和社区的有机衔接和融合也发挥着重要作用，这构成青少年体育活动促进实施权的基础。青少年体育参与是健康促进战略的重要组成部分，家庭，尤其是父母对孩子的体育参与发挥着关键作用，因此以促进青少年体育参与为目标的公共健康运动应努力将其纳入干预体系。④ 在许多家庭中，父母都将体育视为一项有益于健康的活动，可以塑造他们孩子良好的品德。但是也应该看到，父母养育孩子的自主权也不是绝对的，无论是在道德层面还是在法律层面，都必须考虑体育对孩子们未来发展的积极作用。我们已经看到了社会对"体育保护和促进儿童未来选择"价值取向的积极尊重——体育运动能够促进他们的健

---

① Geeraert A., *The Governance Agenda and Its Relevance for Sport: Introducing the Four Dimensions of the AGGIS Sports Governance Observer*, Play the Game/Danish Institute for Sports Studies, No. 1, 2013.

② Jens A., *Action for Good Governance in International Sports Organisations*, Play the Game/Danish Institute for Sports Studies, Copenhagen, Denmark, 2013, p. 22.

③ O'Donoghue G., Kennedy A., Puggina A., et al., "Socio-economic Determinants of Physical Activity Across the Life Course: A 'DEterminants of DIet and Physical Activity' (DEDIPAC) Umbrella Literature Review", *Plos One*, Vol. 13, No. 1, 2018.

④ Rachele J. N., Cuddihy T. F., Washington T. L., et al., "Adolescent's Perceptions of Parental Influences on Physical Activity", *International Journal of Adolescent Medicine & Health*, Vol. 29, No. 3, 2016.

康，使他们养成终身锻炼的习惯，并极大地促进孩子们构建一个开放的未来。[1] 家庭对青少年形成正确的体育认知，养成良好的行为习惯具有关键性的作用。学校教育与家庭教育相辅相成，协调并行。儿童和青少年每天大约有一半的时间是在学校度过的，学校是促进体育活动和减少久坐行为的重要场所；为了提升学生的体育参与程度，享有高质量的体育教育，需要建构多层次的学校体育环境，其中包括建构优质的场地设施，充分发挥社会和学校政策的作用等。[2] 包容、平等和公平是学生们享有课外体育教育的核心，但是当前课外体育教育的相关规定是高度性别化的，其特点是强调传统运动项目和竞技体育，并为少数学生提供参与的机会，我们所关注的是体育教育存在的不公平运作方式，必须从哲学价值层次厘清问题，同时要规避传统理念束缚，并加大专业培训，尤其是要培育高质量的体育师资团队，以满足学生多样的体育需求。[3] 当然，社区也是实施的重要主体，应给予高度关注。尽管个体内部干预是有效的，但社会（社区）文化和运动环境的作用更大，能够促进形成积极的体育生活方式。[4] 以社会生态模型为框架，社区对青少年体育活动多个横断面能够产生积极的影响，能够改变邻里特征感知、自我效能、身体状况、运动能力、家长支持、定期体育参与行为等。研究结果表明，提高社区促进体育的认识，建设多样的社区体育设施有助于保持和增加青少年在余暇时间的体育参与程度。[5]

第五，青少年体育活动促进治理权的监管和评价。在青少年体育活动促进治理体系中，需要建立针对决策权、管理权和实施权的监管和评

---

[1] Dixon N., "Sport, Parental Autonomy, and Children's Right to an Open Future", *Journal of the Philosophy of Sport*, Vol. 34, No. 2, 2007.

[2] Morton K. L., Atkin A. J., Corder K., et al., "The School Environment and Adolescent Physical Activity and Sedentary Behaviour: A Mixed-studies Systematic Review", *Obesity Reviews*, Vol. 17, No. 2, 2016.

[3] Penney D., Harris J., "Extra-curricular Physical Education: More of the Same for the More Able?", *Sport Education & Society*, Vol. 2, No. 1, 1997.

[4] Shen B., Centeio E., Garn A., et al., "Parental Social Support, Perceived Competence and Enjoyment in School Physical Activity", *Journal of Sport & Health Science*, No. 1, 2016.

[5] Wong Y. M., Ho S. Y., Lo W. S., et al., "Longitudinal Relations of Perceived Availability of Neighborhood Sport Facilities with Physical Activity in Adolescents: An Analysis of Potential Moderators", *Journal of Physical Activity and Health*, Vol. 11, No. 3, 2014.

价机制，这是确保各类权力统一运行，发挥最大功效的重要手段。治理理论要求进行权力和资源的优化配置，但更加强调对权力的监管，以及权力运行效果的评价。儿童和青少年体育活动是一项重要的公共健康事务，低水平的身体活动或不活动很容易导致肥胖，而这增加了致病风险和社会负担。为解决这一难题，需要全社会共同努力，形成共治共享的基本格局，因此监管和评价必不可少。从阶段治理效果看，主要的监管和评价内容包括：全面检验全国性体育活动政策的制定和进展情况；从社会流动、合作伙伴、配套立法、利益相关者、基层推广和实施等方面入手，进行综合性评价；跟踪不同人群体育参与情况和体质健康状况。[1] 对儿童和青少年而言，则需要重点考量家庭、学校和社区的有机融合，在设计和制定有效干预政策时，应设置综合评价指标，将个体、家庭、学校和社区的针对性策略纳入其中，并评估衔接机制的有效性。环境资源也需要系统跟踪评价，这是确保青少年体育活动促进有效开展的基础要素。体育治理的核心诉求是实现公共体育利益——通过全民参与实现健康福利、促进教育和社会发展，其运行的基础是"共同社会责任战略"。应该说，这是对不同社会、经济和环境压力的积极回应，各权力主体对公众负有责任，需要凝聚和整合优势资源给予社会积极的回报[2]。从西方国家看，已经建立了青少年体育环境和资源的评价量化指标体系，主要内容包括对公共体育资源、社区体育设施和学校体育资源的评估。

第六，青少年运动伤害的预防和司法救济。运动伤害预防和有效的司法救济机制是青少年体育活动促进治理的重要屏障，其决定着最终的影响力和规模效应。运动伤害预防的实质是科学规避体育运动中的消极或不利因素，最大限度地提升参与的广度和深度；司法救济的最终目的是对既成法律事实作出及时有效的反应，保护当事方权益。两者具有共

---

[1] Lyn R. S., Sheldon E. R., Eriksen M. P., "Adopting State-Level Policy to Support Physical Activity Among School-Aged Children and Adolescents: Georgia's Shape Act", *Public Health Reports*, Vol. 132, No. 2, 2017.

[2] Soares J. P., Antunes H. L., Bárbara A., et al., "The Public Interest of Sports at Non-profit Sports Organizations that are Supported by the Government", *Revista Brasileira de Educação Física e Esporte*, Vol. 30, No. 3, 2016.

通性，一起回应并指向青少年体育权利现实转译的基本要求。从现实看，青少年运动预防和司法救济已经成为治理体系中不可分割的重要组成部分，形成了各层级的制度体系，国家、政府（地方）、社会组织、学校、家庭等都担负着相应的职责。运动伤害预防的重要性是不言而喻的，国际组织和很多西方国家都已经建立了非常完善的青少年运动伤害预防体系，还有一些国家将其纳入国家法律体系，进行依法治理，取得了比较突出的成效。同时，立足运动伤害中的现实问题，学界也广泛融合脑科学、神经认知学、身体现象学、心理学等学科最新理论观点，进行了深入研究，不断拓展和提升了理论研究的层次。司法救济是权利保障的最后屏障，始终是各国关注的重点。虽然国情不同，但一些西方国家在青少年体育参与法律责任认定和归责方面形成了比较成熟的经验，值得借鉴和学习。在青少年体育活动促进治理中，伤害预防和司法救济日益发展成为一个相对独立的体系，我国在这方面的建设力度不足，存在的问题比较突出，需要进一步建立有序的衔接制度。

综上，以体育权利为导向，青少年体育活动促进形成了稳定的权力秩序，各类主体被纳入法治框架中，其中决策权、管理权、实施权构成了其治理权的主体内容，而运动伤害预防和司法救济则进一步回应了体育权益的诉求。各类权力运行遵循效率与品质的基本原则，因此监管必不可少。同时，为了充分掌控运行效果，就必须要对各类社会资源、环境、干预情况等进行跟踪评估。

本章小结

治理和治理权理论日趋成熟，这为系统研究青少年体育活动促进相关法律问题奠定了基础。治理理念、决策架构、管理制度、运行机制（包括多样措施）共同构成了青少年体育活动促进的元治理系统，它将公共体育、学校体育、社区体育、家庭体育、体育环境建设等多领域有机融合，突出了权力配置和运行的应用性、实践性。该系统的核心目的是通过有效的体育干预，最大限度地实现青少年的根本利益和社会公益。青少年体育活动促进治理依托于完善的法制，以权利为导向，不断拓展和整合社会资源，其中决策权、管理权、实施权的合理配置和有序衔接构成了主要内容；而建立长效的监管、评价和司法对接机制，则是优化各类权力运行，进一步深化治理模式改革的重要手段。在我国经济社会的深化改革中，青少年体质健康已经成为社会各界关注的焦点问题，迫切需要战略布局，统筹安排。立足依法治体，实现青少年体育治理权的依法配置和运行是关键，其关系着多方治理主体合法性身份的获得，以及整体权力秩序的建立，同时也决定着群体体育权利实体化转译的进程。

第四章 青少年体育活动促进的决策权及其运行

在青少年体育活动促进治理体系中，决策权发挥着关键作用。决策主体构成、权力范围和内容、运行和监管这些基本要素决定着青少年体育的变革与发展。面对复杂的矛盾，需要权威性的决策机构全面梳理利益关系，建立适合我国的青少年体育治理模式。当前，青少年体质健康已经成为社会各界关注的焦点，在系统治理进程中，需要创新性思维，在充分借鉴西方国家成熟经验的基础上，确立和优化决策权秩序。

第一节 青少年体育活动促进的决策权内涵

青少年体育活动促进治理需要纳入公共管理体系，建构起以公权力为中心的决策权机构，因此对权力主体的资质和身份确认至关重要。虽然各个国家情况不同，青少年体育决策机构大相径庭，但其构成的基本要素和内在价值却具有高度的共识性。从"善治"的视角看，青少年体育活动促进的决策有着清晰的原则和要求，以实现群体体育权利和民主化治理为导向和诉求。

一 青少年体育活动促进决策权的动因

决策权是青少年体育活动促进治理的核心权力，具有指向性。治理首先需要选择和确立决策权主体，这关系到整体性和系统性制度的建立。缺乏体育运动日益成为一个紧迫的公共健康问题，解决这一难题的关键步骤是充分发挥政府、非营利组织、慈善组织和私营组织的领导作用，建立高效的决策机构，持续整合与配置资源。① 需要是权力或自治权内在的价值来源，但是二者有所不同，权力是建立在个体对决策权认可的基础上，而自治权则是建立在下属机构对传统管理心生厌恶的基础上；决策权的优化配置对提高组织机构的治理效率，实现市场和社会的有机运行具有突出的作用。② 青少年体育活动促进治理决策主体的确立所遵循的也是对传统管理缺陷的摒弃，其实质反映出的是通过国家制度实现对各种资源的整合和利用，从而具备了共识的权威性。"法律制度只是法治的正式制度要素，而以主体自由追求和理性自律精神为内核的公民意识则是法治的非正式制度要素，正是二者的契合，才使具有理性主义精神的现代法治得以呈现内在自觉、动态整合的总体性进程。"③ 青少年体育活动促进决策权的构成契合现代社会的价值诉求，其中除了正式的法律制度外，体育领域传统的自治理念，以及全社会对群体发展的关注也发挥着重要作用。从外在因素看，将青少年体育活动促进纳入法治体系，其本身就是国家意志的具体体现。应该说，在我国经济社会走向法治的进程中，国家对青少年体育发展的总体布局反映出的是对其地位和重要性的高度重视，这是一次重大的战略升级。在这一顶层设计下，要求不同层级的决策主体要从思想、态度和行为方式上发生根本转变，需要他们摒弃传统的"管制理念"，切实遵循青少年身心发展规律进行科学决策。而从内在运行看，青少年体育治理依赖于专业力量的广泛支持。随着全球化进程深入，各个国家越来越重视体育的多元价值和功能，日益将其作为实施政府决策的有效手段。与以往相比，决策者逐步建立了相对独立的青少年体育决策系统，同时像许多其他公共服务领域一样，各类专业的体育组织机构也被纳入其中，它们越来越发挥出重要作用，甚至成为推动公共治理体系不断优化的积极力量。④

---

① Spence J. C., Faulkner G., Costas B. C., et al., "Active Canada 20/20: A Physical Activity Plan for Canada", *Can J Public Health*, Vol. 106, No. 8, 2016.

② Coakley J., Schinke R. J., Cole C. L., "Youth Sports: What Counts as 'Positive Development?'", *Journal of Sport & Social Issues*, Vol. 35, No. 3, 2011.

③ 马长山：《公民意识：中国法治进程的内驱力》，《法学研究》1996年第6期。

④ McDonald, I., "Theorising Partnerships: Governance, Communicative Action and Sport Policy", *Journal of Social Policy*, Vol. 34, No. 4, 2005.

体育领域的管理已经具有了多元化意义上的法律要素。成熟规范的体育管理系统需要有决策机构，具备比较完善的基本文件（如组织章程）、规则手册、运行机制、纪律制度，通常还要有一个由律师组成的、具有私法性质的争端解决体系。① 体育决策是复杂的，因为其会影响到各种利益群体，如果不能科学决策，就会引发方向性错误，造成不可挽回的损失。因此，随着体育迅速发展，对其专业化管理的诉求不断提高，需要在职业精神、道德行为以及伦理之间建立有机的联系。②

从西方国家情况看，青少年体育活动促进已经形成了以政府机构和专业体育组织（非政府组织）为主体的决策体系，其中政府机构总体规划、设计，专业体育组织则给予决策的循证和业务支持。青少年体育开展涉及的因素广泛，为了使各种利益相关者产生治理的合力，就需要进行科学决策，在私益、公益之间建立衔接的纽带，而这也是推动决策权不断优化的现实要求。其中典型的例子是美国国家体育活动计划联盟。2010年，美国第一个"国民体育活动计划"（NPAP，2010年颁布，2016年修订）颁布，该计划研制花费了两年时间，很多组织机构和数百人投入其中。"国民体育活动计划"是一项非常全面的战略计划，包含超过250项具体策略。③《美国国民体育活动计划》基于这样一个愿景：所有美国人都积极参加体育活动，鼓励和支持在规律性体育运动的环境中生活、工作和娱乐。该计划是一个包含全面政策、实施计划和方案的体系，核心目的是提升美国所有人口的体育参与水平，其中将不同年龄阶段的孩子作为重点，以缓解当前年轻人因体育参与不足而引发的各种问题。其致力于培养一种支持体育生活方式的民主文化，通过综合身体活动干预改善国民健康，预防疾病和残疾，提高国民生活质量。国民体育活动计划联盟是一个典型的非营利性组织，全面负责该计划的研制和实施对接。总体的决策过程主要呈

---

① Foster K., "The Juridification of Sport", *Social Science Electronic Publishing*, No. 11, 2011.
② DeSensi J., Rosenberg D., *Ethics and Morality in Sport Management*, Fitness Information Technology, Morgantown, 2003.
③ Pate R. R., "An Inside View of the U. S. National Physical Activity Plan", *Journal of Physical Activity & Health*, Vol. 11, No. 3, 2014.

现出以下几方面的特点①：

第一，计划研制建立在公共—私营伙伴关系基础上。世界上大多数国家制订的国民体育活动计划都是以政府机构为主体，而美国该项计划的制订则是基于政府之外所建立的公共—私营伙伴关系。在美国，很早就决定建立一个以私营部门（要求必须与政府实质性机构保持良好的沟通和联系）为基础的组织。这一变革要求在仍然充分利用政府主要机构专门知识的基础上，诉诸以灵活和迅速的方式向前迈进。

第二，以非营利组织联盟作为计划研制的主体。成立国家非营利组织联盟是支持和研制这一计划的第一步，需要邀请选定的各类非营利组织作为伙伴。这些组织需要提供资金支持，并且要指定一人专职服务于该计划研制的协调委员会。20 多个组织承诺给这个计划提供一个公信和稳定的平台。

第三，积极整合社会优质的人力资源。专业人士与学者间的有机合作有效地促进了国民体育活动计划的开展。2010 年以来，已有数百名各领域专业人士参与了与此项计划有关的活动。这一计划的关键决策都是建立在学者的充分论证，以及专业人士对社区机构和环境专业知识基础上的。专业力量的介入使该计划从确定研制思路开始就遵循严苛的循证，确保了其严谨性、规范性和翔实性。

第四，以计划为中心，全社会协同实施干预。国民体育活动计划研制联盟领导层作出的许多重要决策都遵循以下原则：联盟最为独特的宝贵资产是该计划本身，因此所有提案和举措都应以其为中心。这一原则的重点是，联盟只是权威的指导者和规划者，并没有试图成为一个全面的、全方位的实体运作。在实施阶段，联盟以国民体育活动计划为中心，广泛与学校以及其他社会组织建立富有成效的伙伴关系，致力于全面提升体育参与水平和体育人口数量。

二 青少年体育活动促进决策权的内在价值

第一，青少年体育活动促进决策权具有契合人权的本源价值。长

---

① National Physical Activity Plan Alliance. U. S., *Nationan Physical Activity Plan*（http：//www. physicalactivityplan. org/index. html）.

期以来，哲学家、心理学家和经济学家一致认为，某些决策权不仅具有工具价值，而且具有符合自身利益诉求的本源价值——那些从直觉上听起来具有吸引力的自治和自由理念。这就使得决策权的优化配置对于实现组织、市场和整个社会的善治具有至关重要的作用。[1] 在很多国家，青少年体育活动促进已经成为一项法律人权，这奠定了其治理决策权的内在价值基础，并为其运行提供了导向性依据。这种包含了价值理性和工具理性的权力秩序对实现青少年的均衡发展起着决定性作用，这也就确立了其核心价值在于实现个体体育权利的自主选择。社会心理学家认为，人类的需求（如权力或自主性）构成了事物或机制内在价值的来源。尽管对权力的需求意味着个人积极地重视决策权，但对自主性的需求潜在地反映出他们对自身从属地位的厌恶。[2] 或者说，决策权在本质上是有价值的，因为从特定领域中获得价值效用可能是取决于自主性行为的结果，也可能是他人行为作用的结果，或者根本是一个无法客观决定的结果。因此，对主体自主性的设定必然与所选择的结果相对应，而这就会进一步赋予决策权更多的价值。[3] 全面提升青少年体质健康水平已经成为当前人类社会最为关切的诉求之一，其中不论是积极性的，还是被动性的，都以提供可以选择的资源和机会为前提条件。青少年体育决策权正是在各种矛盾和冲突（包括资源不均衡矛盾）中确立了符合人类社会根本性的价值取向，这使其具有了契合人权的本源价值。

第二，青少年体育活动促进决策权遵循规则之治。现实中，决策权的内在价值与利益冲突呈现正相关关系，如果不同主体间的利益基本一致，那么决策权的内在价值就因为没有形成有效的权属关系而不那么明显。追求私利的决策（决定）必定与公共利益或其他主体的利益相抵

---

[1] Bartling B., Fehr E., Herz H., "The Intrinsic Value of Decision Rights", *Econometrica*, Vol. 82, No. 6, 2014.

[2] Deci E. L., Ryan R. M., "The 'What' and 'Why' of Goal Pursuits: Human Needs and the Self-Determination of Behavior", *Psychological Inquiry*, Vol. 11, No. 4, 2000.

[3] Mill J. S., "On Liberty", in Mary Warnock (ed.) *Utilitarianism and on Liberty: Including Mill's "Essay on Bentham" and selections from the writings of Jeremy Bentham and John Austin*, Second Edition, Hoboken, NJ: Wiley-Blackwell, 2003.

触,这会降低决策权的内在价值,这种影响可能会持续到其变为负值。也就是说,对不同主体进行公平(或不公平)的资源配置构成了决策权的强大动力,同时也使责任归属发生了转移。① 现代体育中的许多问题可以追溯到经济层面,但是也应该看到,正是由于体育与经济具备深入融合的机理,才会产生这么大的影响力。追求卓越,取得优异成绩(获得胜利)是体育发展的内在动力,它能够产生自尊、荣誉、声望和力量,这也是所有利益相关者参与体育活动最根本的动机。而这些动机则是蕴含在体育活动中的内在驱动力,它们构成了体育运动的基本特征。② 经济理性非常明确,在逐利过程中,青少年体育活动促进很容易被忽视,甚至被卷入各种私欲旋涡,这就要求决策者必须进行合法性的制度设计,确立以社会公益和群体根本利益为核心的治理框架。正如有研究者认为的,权力自我中心主义在体育领域中是被允许的,但它必须要被预先设定。体育中的自我中心主义并不是随心所欲的个人主义,它只有在一个严格的规则框架下才是合法的。③

第三,青少年体育活动促进决策权的内在价值处于动态拓展中。与企业不同,体育组织追求经济可持续性,目的并不是让投资者、所有权者获得最大化的利益回报或经营业绩,而是达到既定治理目标的一种手段;体育决策者的多重优先事项和目的,以及利益相关者的内在需求都处于动态发展中,并随着政治、经济环境的变化而变化④。青少年体育活动促进依赖于各种资源和环境的支持,因此其内在价值也处于不断的拓展变化中。一方面,环境资源能够不断拓展决策权的内涵。决策主体(政府机构或专门的组织)需要审时度势,厘清资源优劣势,制定科学有效的体育发展规划,尤其是要针对不同地域(经济发展水平)建立

---

① Bartling B., Fischbacher U., "Shifting the Blame: On Delegation and Responsibility", *Review of Economic Studies*, Vol. 79, No. 1, 2012.

② Auweele Y. V., "Challenging Modern Sports' Moral Deficit; towards Fair Trade Corporate Social Responsibility and Good Governance in Sport", *Journal of Community and Health Sciences*, Vol. 5, No. 2, 2010.

③ McNamee M., *Sports, Virtues and Vices*, London/New York: Routledge, 2008, p. 151.

④ Booth R., Gilligan G., Zwart F. D., et al., "Generic Models of Sports Governance and Their Potential for Sustainability", in Y. H. Lee, R. Fort (eds.), *The Sports Business in The Pacific Rim*, Springer International Publishing, 2015, pp. 234–235.

标准化的指标体系。决策主体只有对青少年体育活动促进发展的环境有清晰的认识，积极努力地整合社会资源优化环境，并不断创新体育干预的程序、方式和形式，才能够筑牢决策权的内涵基础。[①] 另一方面，主体认知能力的提升不断调整决策权的内在价值取向。决策主体要摒弃以往对青少年体育治理不加批判的一维观点（认为体育具有内在特性，能够先天不可避免地产生多种发展形式，并产生积极结果），这种决策往往忽略了（或不愿意）与非体育组织建立合作关系。同时，也可能质疑体育参与所带来的益处和价值，更为糟糕的是对个体与社会不断发展变化的关系缺乏深层次的认识和理解，这样就很容易错失汇集和整合资源的机会，也得不到地方或社区具有广泛影响力机构的支持。决策的最终价值取向是融合多方主体的影响力和支配力，共同形成治理的合力，因此青少年体育活动促进治理除了要不断拓展社会资源外，更为重要的是要不断提升治理机构的综合能力，尤其是战略调控能力，这关系着既定目标的实现。

三 青少年体育活动促进决策权的建构

青少年体育活动促进决策权的内在建构遵循善治的基本原则。善治包含着一系列政策、价值观和制度的确立，其不仅仅意味着对目标的经济评价，更重要的是对目标以及实现手段的规范性评价，也就是说，无论是否有助于经济增长，人权保护和民主化都是决策者必须要重点关注的内容。[②] 青少年体育活动促进决策所遵循的善治原则主要包括三方面：一是体育决策和管理机构要不断检查自身的结构和能力，以确保始终具有足够的代表性、民主性和权威性，各部门也要依法运行，不能以不合理、歧视性或武断的方式行使权力。二是所有利益相关者都能够进行适当的参与和咨询，从而使决策具有合法性，同时能够平衡他们之间的利益冲突和矛盾，以确保不偏袒某一利益集团。三是需要确立一个适

[①] Giulianotti R., "Sport, Transnational Peacemaking, and Global Civil Society: Exploring the Reflective Discourses of 'Sport, Development, and Peace' Project Officials", *Journal of Sport and Social Issues*, Vol. 35, No. 1, 2011.

[②] Andrews M., "The Good Governance Agenda: Beyond Indicators without Theory", *Oxford Development Studies*, Vol. 36, No. 4, 2008.

当的完整性法治框架，该框架不仅可以防止严重的违规行为，而且可以支持不同部门在复杂的情况下协同处理问题。[1] 从这里可以明确，自我评价、民主性参与、制度性设计共同构成了青少年体育活动促进决策权所遵循的善治原则。从共时性的角度看，善治主要由7个核心内容构成：民主、代表、人权、法治、有效的公共管理、透明度和问责制、开具处方实现发展目标、稳定的社会和经济政策。[2] 善治反过来也体现为实践执行方式的适当性和创新性，这对青少年体育活动促进决策提出了更高的要求。具体而言：

第一，青少年体育活动促进决策首要意义是实现治理的可持续性。通过各种有计划体育活动而实施的高质量体育教育能够有效促进青少年身体、心理、情感和社会适应性的发展，促进他们养成一生热爱体育运动的习惯。[3] 因此，青少年体育决策的核心目标是总体布局，优化资源配置，确定有效的行为干预方案。在体育活动领域中应用最为频繁的决策行为模型是多过程行为控制模型（M-PAC）。该模型类似于计划行为理论（TPB）和社会认知理论所提出的基本框架，其提出对工具态度（行为的表现效用）、情感态度（行为习惯获得感）、感知能力（执行行为的能力）和感知机会（执行行为的时间和途径）的反思过程被认为是决策的关键决定因素。反思过程代表深思熟虑地分析了预期的行为结果。M-PAC 模型包含三个层次的决定性因素：一是意图转化为行为是由情感态度和感知反思过程决定的，即决策与行为目标具有一致性。青少年体育决策的更高价值在于将集体意志成功转化为行为规范和准则。二是调节过程包括将决策转化为行为的认知水平和能力。青少年体育治理质量取决于决策机构的认知水平和行动力，其需要不断创新干预程序、方式和途径。三是决策系统持续的行

---

[1] Maesschalck J. & Auweele Y. V., "Integrity Management in Sport", *Journal of Community and Health Sciences*, Vol. 5, No. 1, 2010.

[2] Gisselquist R. M., *Good Governance as a Concept, and Why This Matters for Development Policy*, Working Paper, No. 30, 2012.

[3] Demissie Z., Brener N. D., McManus T., et al., *School Health Profiles 2012: Characteristics of Health Programs among Secondary Schools*, U. S. Department of Health and Human Services, Centers for Disease Control and Prevention, 2013, p. 2.

为控制依赖于反馈的有效性。青少年体育决策需要根据特定的环境触发认同和习惯，同时也需要及时获得资源、环境变化和干预效果的真实数据。① 治理的首要含义是将纯粹以政府为中心和层级的行动转移到更广泛的社会语境中，建构起共治共享的权力秩序；从本质上看，决策为制定规则、配置权力，以及更好地执行和行使权力提供导向，规范是其所要遵循的基本价值。② 青少年体育活动促进决策的关键是要厘清权力关系，形成高效的治理架构，同时将其权力实施纳入多样的社会关系中。决策导向的形成，需要在充分论证支持的基础上设计和明确各类主体的责权利，这为实现可持续治理奠定了制度基础。当然，如果缺失可以依据的法律规范，就难以建立具有严苛约束力的制度体系，那么青少年体育的治理网络就会出现漏洞，难以实现全面提升参与水平的目标。

第二，青少年体育活动促进决策要注重法治建构。众所周知，以法律、法规和指南为主要形式的公共卫生政策对国民健康状况和水平有着深远的影响。与其他重大决策一样，公共健康政策的制定是复杂的，依赖于科学、经济、社会和政治力量的广泛支持。青少年体育活动促进的决策需要国家法治的全面支持，这是整合各种力量，形成治理合力的关键。从一般意义看，善治需要遵循法治，要充分倾听社会不同人群的声音，将社会腐败降至最低，并能够对社会现在和未来的发展需求做出积极的回应，其具有八个主要的特点：参与性、协商一致性、问责性、透明性、积极响应性、有效性和高效性、公平性、包容性。③ 青少年体育活动促进需要围绕"法治"进行民主决策。西方国家的经验告诉我们，公众知情权是善治的基本要求，青少年体育活动促进的决策应围绕法治展开，并切实进行多维度建构。在全球化进程中，规则和政策的制定、实施和遵循都需要由公共部门和社会（私人）部门共同参与，即实现权力的合理配置，从而达到实践中最佳的资源

---

① Rhodes R. E., "The Evolving Understanding of Physical Activity Behavior: A Multi-process Action Control Approach", *Advances in Motivation Science*, No. 4, 2017.

② De Alcántara C. H., "Uses and Abuses of the Concept of Governance", *International Social Science Journal*, Vol. 50, No. 155, 1998.

③ United Nations (n. d.), *Governance* (http://www.un.org/en/globalissues/governance).

配置和共享。① 法治突出强调时效性，多方主体共治是基本手段，我国青少年体育决策必须要深入贯彻这一理念，立足社会核心价值观，不断融合社会资源，科学系统地开展各项工作。

第三，青少年体育活动促进决策要突出实效性。善治与政府绩效密切相关，善治是用来评估政府政策和执行效力的有效工具。治理本质上基于最终结果，虽然这些结果产生的地点和方式各不相同，但都指向目标（质量）。善治是一个评价性的概念，既要评价治理的结果，也要评价治理的手段。"善"指的不仅是从实践的角度来陈述行使或执行过程的质量，即是否合理地、有效率地践行了职责和责任，而且还包括陈述这些目标，以及实现这些目标时行使或执行权力所体现出的规范性和有效性。② 因此，决策者在制定政策时需要获取大量的信息、数据和实证资料，尤其是要对政策的三个关键领域进行系统的论证：（1）过程——充分梳理相关科学研究成果，掌握提高政策被采纳和被接收的各种方法；（2）内容——确定政策制定维度，细化有效构成政策内容的各种要素；（3）成果——总体设计，记录和识别政策的潜在影响，规避可能出现的漏洞，主要行动包括更有效地准备和传递数据，使用多样工具分析政策执行情况，以及使用不同类型手段跟踪实施结果。③ 因此，青少年体育活动促进的决策必须要突出应用性和实效性，注重循证支持。任何一项政策的制定都需要有充足的证据支持，这是确保科学性、可行性的基础。一方面，研制青少年体育政策或法案需要建立科学的成果筛选标准，通过各种搜索源系统审视和解读综合行为（体育活动、久坐行为、睡眠、综合行为）与健康指标之间的关系，这是提供最佳循证指导的基础。④ 另

---

① De Alcántara C. H., "Uses and Abuses of the Concept of Governance", *International Social Science Journal*, Vol. 50, No. 155, 1998.

② Hazenberg J., Wittek R., Woltjer J., Decentralization and Governance in Indonesia, Cham: Springer, 2016, pp. 31-53.

③ Brownson R. C., Chriqui J. F., Stamatakis K. A., "Understanding Evidence-Based Public Health Policy", *American Journal of Public Health*, Vol. 99, No. 9, 2009.

④ Poitras V. J., Gray C. E., et al., "Systematic Review of the Relationships between Objectively Measured Physical Activity and Health Indicators in School-aged Children and Youth", *Applied Physiology, Nutrition, and Metabolism = Physiologie Appliquée, Nutrition et Métabolisme*, Vol. 41, No. 6, 2016.

一方面，识别、干预饮食和生活方式，实现儿童和婴儿健康促进（IDEFICS）的研究成果与公共政策的决策和制定密切相关，既要考虑现有体育治理框架的适用性，也要给决策者提供一个可以实现的模型，同时也要根据多个阶段性目标针对性考量可操作性的干预措施。[①] 总体看，青少年体育活动促进应紧密围绕体育参与和体育教育设定决策维度，科学循证、绩效评价不可或缺，其中既包括对不同主体及其权力实施的评价，也包括对治理手段和目标实现的跟踪评价，同时也包括对践行社会责任的总体性评价。建立完善的评估体系是青少年体育活动促进决策权的核心内容，决定着法治的进程。

综上所述，在内外动因的相互作用下形成了青少年体育活动促进的决策权，专业化团队（机构）是进行科学决策的基本要求。决策的核心价值在于自主性，一方面是享有相对独立的话语权（如制定规则和标准），这是权力的本质体现，离开了决策权，权力（尤其是公共权力）就无法实现。另一方面，决策权要以保障青少年体育参与自由为中心配置资源，均衡利益相关者，这是实现公共利益的重要途径。在决策过程中，善治是青少年体育活动促进决策遵循的根本原则和目标，即在充分循证支持的前提下，需要建立循序渐进的权力秩序，优先配置资源，并以目标绩效管理为关键手段。

第二节　青少年体育活动促进决策权的构成及运行

体育公共政策的制定必须要依赖良好的科学方法和传统的公共卫生途径。青少年体育活动促进决策是一个复杂的过程，其集中体现在对国家、区域（地方）、地区等不同层级的公共政策制定上，因此需要依据孩子们的身心发展特点，确立决策程序。国际组织和一些西方国家综合多视角形成了体育决策权的运行模型，这为我国提供了可以借鉴的经验。

[①] Williams G., "The IDEFICS Intervention: What can We Learn for Public Policy?", *Obesity Reviews*, Vol. 16, No. S2, 2016.

一　青少年体育活动促进决策的框架模型

体育能够促进个人、社区和整个社会的发展，这种高度共识是建立在双重假设基础上的：体育不同于其他社会活动，它具有超越时间和空间的积极的、纯粹的内在本质，能够使从事（包括消费）体育的个人和团体产生积极的变化。这一假设的意义重大，它标志着各级权力中心的公共资源和私人资源必须交由决策主体统一配置，而这决定着地方和整个国家的体育发展水平。[①] 在不同的权力中心，青少年体育决策必须嵌入制度体系，这是确保各类资源优化配置，发挥显著作用的关键。从西方国家现实情况看，青少年体育活动促进的决策一般分为四个阶段[②]：第一个阶段是公众知情参与。要充分使公众和关键的利益相关者都参与到青少年体育的决策过程中，并要求他们重新或进一步思考政府在之前各种体育项目实施和活动开展中所发挥的监管和干预作用。公众知情权是民主决策的具体体现，其要求建立灵活有效的沟通交流机制，并定期公布决策进展。第二个阶段是制定针对性的法案（政策和标准）。公众参与和利益集团的影响有助于厘清青少年体育中的问题和矛盾，并使公众舆论转向支持相关法律法规，使人们确信制定这样的法律（决策）是一种以共识为导向的公共健康干预模式。第三个阶段是进行针对性的评估。要迅速对法案（政策和标准）实际和潜在的效力进行调查和评估，重点包括其实施的直接影响（效果）、关键利益相关者参与程度、执行力度等，并及时反馈，以便做出针对性调整。[③] 第四个阶段是法案（政策和标准）改革。立法机构需要监测青少年体育法案、法规和判例法变化与发展的情况，要及时向政策研究人员和评估人员提供关键信息，以确定哪些条款能够产生预期的影响；同时要在未来的决

[①] Coakley J., Schinke R. J., Cole C. L., "Youth Sports: What Counts as 'Positive Development?'", *Journal of Sport & Social Issues*, Vol. 35, No. 3, 2011.

[②] Harvey H. H., Koller D. L., Owrey K. M., "The Four Stages of Youth Sports TBI Policy Making: Engagement, Enactment, Research, and Reform", *Journal of Law Medicine & Ethics*, Vol. 43, No. S1, 2015.

[③] Lowrey K. M., Morain S. R., "State Experiences Implementing Youth Sports Concussion Laws: Challenges, Successes, and Lessons for Evaluating Impact", *Journal of Law Medicine & Ethics*, Vol. 42, No. 3, 2014.

策中进一步优化,并引导政府加强对青少年体育活动促进的监管[1]。从这里可以看到,体育活动促进决策模型强调实践性和精确性,其遵循公众知情权—确立目标人群—问题识别—循证决策(法案制定)—系统干预—定期评估的内在逻辑,核心目的是建立稳固的权力运行秩序。基于决策的基本程序,很多西方国家合理配置权力,制定了系统的儿童和青少年体育活动促进政策和标准,形成了开展各类体育活动的总体依据(详见表1)。

表1　西方国家儿童和青少年体育活动促进政策制定一览表

国家	主要政策	涵盖年龄范围	制定机构
美国	《健康公民计划》(1979年颁布,每隔10年修订一次)	儿童和青少年	美国公共与卫生服务部
	《体育运动与心血管健康计划》(1995)	儿童和青少年	美国国立卫生研究院
	《学校健康指南:促进健康饮食和体育活动》(1996)	各类型学生	美国疾控中心协同专业非营利组织
	《体育活动与健康》(1996)	2周岁以上	美国卫生总署
	《儿童和青少年体适能意见声明》(1998)	儿童和青少年	美国运动医学学院
	《预防癌症的营养与体育运动指南》(2002)	儿童和青少年	美国癌症协会
	《预防儿童肥胖:健康平衡》(2002)	儿童和青少年	美国国会和国家医学研究院
	《小学生适度体育运动指南》(2003)	5—12岁学生	美国国家运动与体育教育协会
	《学龄前儿童循证体育运动》(2005)	0—6岁儿童	美国疾病控制中心
	《美国人(儿童和青少年)体育活动指南》(2008年颁布,2018年第二版)	3—17岁	美国卫生与公共服务部
	《国民体育活动计划》(2010年颁布,2016年修订)	儿童和青少年	美国国家体育活动计划联盟
	《学校综合体育运动计划》(2013)	6—19岁	美国疾病控制中心、国家慢性疾病预防和健康促进中心、学校卫生部

---

[1] Lowrey K., "Keeping Our Heads up: Evolving Law and the Future of Policymaking to Address Traumatic Brain Injury in Youth Sports", *Injury Prevention*, Vol. 21, No. 11, 2015.

续表

国家	主要政策	涵盖年龄范围	制定机构
美国	《儿童和青少年体育活动报告卡》（2014年启动，2016年优化）	儿童和青少年	塑造美国协会、美国运动协会和美国儿科学会
	《TAKE10计划》（2015年颁布）	幼儿园至5年级	美国国际生命科学学会研究基金会
英国	《青少年与体育活动健康促进：证据与启示》（1998）	儿童和青少年	英国健康教育局
	《全民体育未来——学校体育统筹计划》（2000）	5—16岁学生	英国政府
	《保障和保护儿童体育运动标准》（2002）	儿童和青少年	英国体育儿童保护组织
	《体育、学校体育和俱乐部网格化战略》《青少年体育教育和运动战略》（2003—2010）	儿童和青少年	英国政府
	《养成终身体育习惯——一个全新的青少年体育战略》（2012）	儿童和青少年	英国文化、奥运、媒体和体育部
	《体育未来：一个充满活力国家》（2015）	儿童和青少年	英国政府
加拿大	《儿童和青少年体育活动指南》（2002）	6—14岁	加拿大卫生部和运动生理学会
	《加拿大人体育活动指南》（2006年颁布，2011年修订）	5—17岁	加拿大公共卫生署
	《"儿童运动、健康"计划》（2013）	0—17岁	加拿大儿科协会、健康生活和运动医学委员会
	《活跃加拿大20/20》	儿童和青少年	运动生理协会、加拿大强身健体公益组织、体育健康教育部等8部门
	《儿童和青少年24小时活动指南：体育运动、久坐行为和睡眠的有机结合》（2016）	0—17岁	加拿大运动生理学会
澳大利亚	《国民体育活动指南》（1999）	5—18岁	澳大利亚卫生与老龄部
	《儿童和青少年体育活动指南》（2004年颁布，2010年修订）	0—18岁	澳大利亚儿童和青少年体育活动指南研制委员会
	《澳大利亚：最健康国家2020——国家预防健康战略》（2009）	0—18岁	澳大利亚卫生与老龄部和国家预防健康工作委员会
	《幼儿早期教育与肥胖应对计划》（2009年颁布，2013年修订）	0—5岁	澳大利亚联邦政府

续表

国家	主要政策	涵盖年龄范围	制定机构
澳大利亚	《儿童和青少年24小时身体活动指南》(2014)	0—17岁	澳大利亚卫生署
	《国家青少年体育战略框架》(2014)	青少年	澳大利亚体育委员会
瑞典	《全民体育计划——握手项目》(2002)	儿童和青少年	瑞典政府和体育联合会
	《学校体育标准》(2004)	各类型学生	瑞典国家教育局
	《以学校为基础的体育活动干预计划》(2004)	各类型学生	瑞典政府和体育联合会
	《全民健身战略——青少年体育提升计划》(2007)	青少年	瑞典政府
	《儿童与青少年体育运动指南》(2009年颁布，2015年修订)	0—18岁	瑞典国会
日本	《学习指导要领——体育》(1969年颁布，多次修改，2016年新版)	各类型学生	日本文部省
	《体育振兴计划》(2000)	儿童和青少年	日本政府
	《体育活动促进基本计划》(2000)	儿童和青少年	日本文部省
	《体育基本计划》(2012—2022)	儿童和青少年	日本文部省
	《体育立国战略》(2010年颁布，2012年修订)	儿童和青少年	日本政府
	《青少年体育提升计划》(2016)	各类型学生	日本体育协会
新西兰	《学校体育战略：适宜运动》(2000)	6—17岁学生	新西兰政府
	《社区体育发展计划》(2000)	学龄儿童和青少年	新西兰体育和娱乐部
	《体育与休闲——Kiwi Sport计划》(2003)	7—12岁学生	新西兰政府和体育信托基金
	《体育与休闲战略计划》(2012—2015)	0—18岁	体育新西兰（Sport NA）
	《青少年社区体育计划》(2015—2020)	青少年	体育新西兰

注：以上资料来源于对各国相关官方网站的翻译整理。

从表1可以看到，西方国家青少年体育决策系统日益呈现出两个显著特点。第一个是强化了政府决策的力度。政府作为青少年体育的当然决策主体，其依赖性始终处于动态变化中。最初阶段，青少年体育未纳入社会公共事务体系，政府的关注程度并不高。但从近20年的情况看，这一局面正在发生改变，青少年体育已经成为公共事务体系中的优先事项，要求政府做出科学系统的决策，其中最为典型的是英国。进入 21 世纪以来，英国政府为了解决精英体育和青少年体育教育之间的紧张关系，加大了中央政府决策的力度，同时对传统的发展模式进行了重大调整——从以前的集中统一管理逐步分散为多个领域甄别治理[1]。英国关于儿童和青少年的国家法案众多，这为青少年体育活动促进决策提供了导向性的依据。英国立法提出坚持保护儿童是每一个人的责任，因为每个儿童都很重要。2004 年，《英国儿童法案》的颁布标志着体育改革的开始，该法案明确规定：包括体育在内的所有社会部门都有责任保障和保护儿童权益，体育组织、志愿者、私营组织等都必须采取针对性的措施。2001 年，由英国国家防止虐待儿童协会（NSPCC）和体育协会共同资助成立了体育儿童保护组织（CPSU），旨在与各体育机构和组织合作制定体育活动标准，以保障和保护儿童和青少年的体育权益。2002 年，体育儿童保护组织颁布了《保障和保护儿童体育运动标准》，其目的是为所有参与体育运动的人提供一个框架，帮助他们为儿童和青少年创造一个安全的体育环境，保护他们免受伤害。[2] 在该组织的支持下，所有接受英国政府资助的体育项目都必须遵循保障和保护儿童和青少年体育的九项标准，并以此作为继续资助的条件。这一阶段的英国立法已经进行了较大程度的调整，政府从战略和政策层面都加强了对提升运动能力的关注，旨在加强年轻人的切身体验，使他们获得更大的收益。国家体育管理机构（NGBs）也做出了庄严承诺，将进一步统筹设计，优化体育组织管理，为保证和保护青少年体育教育、培训等提供资金、政策方面的支持，尤其是对滥用职权进行重点监管。[3] 学校体育始终是英国政府优先保障的对象。2000 年以来，英国的青少年体育和学校体育发生了显著的变化，为实现广泛的社会目标，中央政府将体育政策确立

---

[1] Houlihan B., "Sporting Excellence, Schools and Sports Development: The Politics of Crowded Policy Spaces", *European Physical Education Review*, Vol. 6, No. 2, 2000.

[2] Child Protection in Sport Unit, *Standards for Safeguarding and Protecting Children in Sport*, 2nd ed. (https://thecpsu.org.uk/resource-library/2013/standards-for-safeguarding-and-protecting-children-in-sport).

[3] Lang M., Hartill M., (eds.), Safeguarding, Child Protection and Abuse in Sport: International Perspectives in Research, Policy and Practice, London: Routledge, 2014.

为中心体系(其中包括教育和健康)。2003—2010年,政府制定了"体育、学校体育和俱乐部网格化战略"(PESSCL)和"青少年体育教育和运动战略"(PESSYP),并投入相当多的公共资金。以这两大战略为核心,英国学校体育政策涵盖体育教育、健康、公民基本权、终身体育参与、奥林匹克遗产等多个方面。① 2010年以后,由于联合政府取消了资助,该战略被取消,进而依据相关法律全面优化学校体育政策。② 尤其是随着伦敦奥运会的举办,英国政府从学校建立体育竞赛遗产、提高学校和社区体育俱乐部之间联系、政府和社会力量共同致力于青少年体育发展、增加体育基础设施投入、重视社区体育和志愿者管理等5个方面全面重构了新的学校体育政策体系。③

第二个特点是加大了专业体育组织的支持。政策制定和实施过程中纳入专业体育组织是西方国家的普遍做法。青少年体育活动促进决策主体明确,从专业角度制定了专门的指南和标准。由于各个国家情况不同,因此其制定政策所依据或参考的标准也大相径庭,其中比较有代表性的是美国非营利组织以功能领域为抓手进行青少年体育决策。例如,美国"国家研究委员会和医学所"(NRCIM)总体上提出体育运动对儿童和青少年发展的4个主要领域(身体、智力、心理/情感和社会适应性)都有积极的促进作用④,其决策也主要围绕这四个领域进行。第一个领域,体育运动对儿童和青少年身体的全面发展是至关重要的,它能够控制体重,发展技能,提高肌肉力量、耐力、柔韧性、骨骼结构,改善心血管功能,抑制吸烟(成瘾)和慢性疾病等,从而促进身体的整体发育和发展。⑤

---

① Jung H., Pope S., Kirk D., "Policy for Physical Education and School Sport in England 2003 - 2010: Vested Interests and Dominant Discourses", *Physical Education and Sport Pedagogy*, Vol. 21, No. 5, 2016.

② Phillpots L., Grix J., "New Governance and Physical Education and School Sport Policy: A Case Study of School to Club Links", *Physical Education and Sport Pedagogy*, Vol. 19, No. 1, 2014.

③ 党挺:《伦敦奥运会后英国青少年体育新政策及启示》,《西安体育学院学报》2017年第2期。

④ Eccles J. S., Gootman J. A., "Community Programs to Promote Youth Development", *Journal of Developmental & Behavioral Pediatrics*, Vol. 26, No. 5, 2002.

⑤ Rhodes R., "Do Government Brochures Affect Physical Activity Cognition? A Pilot Study of Canada's Physical Activity Guide to Healthy Active Living", *Psychology Health & Medicine*, Vol. 13, No. 4, 2008.

以提高生物性机能和运动能力为核心,其政策联合体育协会、社区体育联盟等非营利组织,对不同年龄阶段孩子的运动量、强度、类型等进行了细化规定,尤其是对于6岁以下儿童,提出了家庭体育的重要性。第二个领域,有组织的体育活动能够促进青少年心理和情感积极发展。[1]体育为青少年提供了体验挑战、乐趣和愉悦的机会,同时也减少了各种压力,增加了他们的自尊心和好胜心。[2] 有研究表明,有组织的课外体育活动与青少年的生活满意度和主观幸福感呈正相关。[3] 为了提供多样的课外体育服务,相关政策对业余体育俱乐部、专业体育组织、体育科研机构等协同开展多样体育活动提出具体要求。第三个领域,体育运动能够促进青少年积极融入社会。运动经历有助于培养公民意识、社会成功、积极的伙伴关系,以及良好的领导能力。[4] 有研究表明,青少年体育参与水平和程度与成年后的职业成就呈正相关,与辍学和犯罪呈负相关。[5] 为此,相关政策围绕社区体育全面展开:一是给青少年多样参与体育和体验的机会,通过体育运动形成积极的群体关系,同时促进社区融合、提升社会地位,以及稳固社会流动性。[6] 二是通过社区体育为培养青少年的合作、主张、责任、执着和自我控制等技能提供了一系列重要机会和平台。[7] 三是进一步整合社区场地设施、专业人力资源,拓展资金渠道,不断挖掘社区多元功能,积极促进青少年形成良好的纪律性

---

[1] Gilman R., "The Relationship between Life Satisfaction, Social Interest, and Frequency of Extracurricular Activities among Adolescent Students", *Journal of Youth and Adolescence*, Vol. 30, No. 6, 2001.

[2] Spence J. C., Plotnikoff R. C., Mummery W. K., "The Awareness and Use of Canada's Physical Activity Guide to Healthy Active Living", *Canadian Journal of Public Health*, Vol. 93, No. 5, 2002.

[3] Park N., "The Role of Subjective Well-Being in Positive Youth Development", *The Annals of the American Academy of Political and Social Science*, Vol. 591, No. 1, 2004.

[4] Eley D., Kirk D., "Developing Citizenship through Sport: The Impact of a Sport-Based Volunteer Programme on Young Sport Leaders", *Sport, Education and Society*, Vol. 7, No. 2, 2002.

[5] Larson R. W., Verma S., "How Children and Adolescents Spend Time across the World: Work, Play, and Developmental Opportunities", *Psychological Bulletin*, Vol. 125, No. 6, 1999.

[6] Wankel L. M., Berger B. G., "The Psychological and Social Benefits of Sport and Physical Activity", *Journal of Leisure Research*, Vol. 22, No. 2, 1990.

[7] Cote J., "Coach and Peer Influence on Children's Development through Sport", in J. M. Silva & D. E. Stevens (eds.), *Psychological Foundations of Sport*, Boston, MA: Allyn & Bacon), 2002.

和贡献精神。[1] 第四个领域，体育运动能够有效促进青少年智力（认知）的发展。[2] 有研究表明，青少年参与体育活动与学业成绩呈现正相关关系；高中学生体育参与水平与学业成绩、出勤率、高要求的课程选择、家庭作业时间、抱负等有着积极的关系。[3] 作为青少年体育活动促进重要的载体，学校体育是美国关注的重点领域，其建构起了独立完善的学校体育政策系统，每年对基础设施、体育师资、参与群体、学生体质等进行密切的跟踪评估。

二 青少年体育活动促进决策权的配置和运行

依据青少年体育活动促进决策模型，不同主体决策的侧重点不同。青少年体育教育和体育活动决策应与国家、地方、社区，以及学校环境有机联系起来，并将每个层次政策的实现程度作为评价标准。这个模型展现了典型的政策多层次性，虽然地方政策可能直接影响体育环境，但国家政策对儿童和青少年体育参与起着决定性的作用。[4] 一些西方国家在青少年体育活动促进决策权配置方面形成了比较成熟的建设经验，值得借鉴。

第一，青少年体育立法权的配置和运行。美国的《儿童营养和WIC授权法案》是第一部要求各州和学校官员确立体育活动目标的联邦立法，核心是青少年儿童享有均等体育教育，其由联邦政府授权制定了主要的政策目标。[5] 为了确保各州学校营养和体育政策的系统性和有效性，该法案要求政府要对相关法规和政策进行筛查，尤其是针对肥胖有关的项目和干预措施，以及行业合作的协议。首先，广泛筛选确立重点

---

[1] Drewe S. B., "The Making of High-Performance Athletes: Discipline, Diversity, and Ethics", *Journal of the Philosophy of Sport*, Vol. 27, No. 1, 2000.

[2] Mize M., "Cognitive Development: The Physical Education Connection", *Teaching Elementary Physical Education*, Vol. 2, No. 1, 1991.

[3] Dwyer T., Sallis J. F., Blizzard L., et al., "Relation of Academic Performance to Physical Activity and Fitness in Children", *Pediatric Exercise Science*, Vol. 13, No. 3, 2001.

[4] Lounsbery M. A., Mckenzie T. L., Morrow J. R. Jr, et al., "District and School Physical Education Policies: Implications for Physical Education and Recess Time", *Annals of Behavioral Medicine*, Vol. 45, No. 1, 2013.

[5] Buns M. T., Thomas K. T., "Impact of Physical Educators on Local School Wellness Policies", *Physical Educator*, Vol. 72, No. 2, 2015.

领域指标体系，着重评估各州有关学校营养和运动环境政策的适用性和有效性。长期以来，美国已经建立了定期的学校环境评估制度，能够及时发现存在的问题。其次，决策是第一步，但这并不一定意味着得到了执行和落实，因此需要对实施策略进行循证，即提出理论和实证方面的佐证依据。再次，各州的学校政策系统需要不断吸纳经验数据或建议，以确保其准确性和创新性。这一点尤为重要，作为相对独立的系统，学校相关政策应不断根据资源、条件、学生情况等做出针对性的调整。最后，心理计量分析是十分必要的，它可以进一步评估各州学校政策系统的性能。[1] 美国联邦政府和各州都享有立法权，其中一类是国家成文法，一类是地方立法和行政法规。虽然美国所有50个州都制定了体育教育标准，而且其中26个州要求学生进行评估，但只有14个州强制要求进行健康评估。其中加利福尼亚州和得克萨斯州不仅要求对健康进行评估，而且还提供了分析报告及数据利用途径，以进一步制定学校体育活动和健身政策。在加州，健康调查报告帮助教育行政部门不断优化青少年体育政策的依从性和指导性，其中的一项政策改变是资助加州小学培养具有健康指导执照的体育教师。在得州，教育部门也制订了身体健康评估计划（PFAI），并建立了完善的学生体育参与和体质健康数据库，定期进行筛查。[2] 2009年美国华盛顿州通过了第一部有关学校体育运动脑震荡的法律（Zackery Lystedt Law），至2014年，所有的州和哥伦比亚特区都颁布了有关青少年体育运动脑震荡的法律。这些法律都明确赋予学区、州教育部门、地方学区、州体育协会一定的决策权，并要求他们系统制定青少年体育运动指南和规程，并建立可能引发脑震荡的详细目录。[3]

第二，青少年体育决策权的协同配置和运行。以加拿大运动生理学

---

[1] Mâsse L. C., Chriqui J. F., Igoe J. F., et al., "Development of a Physical Education-related State Policy Classification System (PERSPCS)", *American Journal of Preventive Medicine*, Vol. 33, No. 4, 2007.

[2] Pate R. R., Welk G. J., Mciver K. L., "Large-scale Youth Physical Fitness Testing in the United States: A 25-year Retrospective Review", *Pediatric Exercise Science*, Vol. 25, No. 4, 2013.

[3] Underwood J., "Under the Law: Schools should Heed Concerns over Sports Brain Injuries", *Phi Delta Kappan*, Vol. 97, No. 6, 2016.

会和社会公益组织为主体的国家法案研制机构，系统制定了不同人群的体育活动指南。指南实现了对日常活动思维模式的根本性转变，它将注意力集中在运动行为本身，从孤立行为到整体行为都得到了有力的循证支持。① 在缺乏强有力领导的情况下，加拿大的体育部门集体呼吁采取行动，并切实采取协调一致的办法来解决青少年缺乏运动和久坐不动的问题。2017 年调查结果显示，加拿大 5—17 岁的儿童和青少年中仅有不到 20% 达到了《儿童和青少年 24 小时活动指南》中提出的运动行为准则；根据《加拿大儿童和青少年体育活动参与报告卡》2018 年公布的数据，67%—73% 的儿童和青少年参加了组织的体育项目②，因此健康行为控制日益成为众多学者关注的焦点问题。③ 加拿大强身健体公益组织、阿尔伯塔积极生活中心、运动生理协会、新斯科舍省健康与卫生部、体育与健康教育部等 8 个部门于 2012 年共同研制颁布了《活跃加拿大 20/20》，一项国家体育活动变革议程的重大战略，其核心目的是让所有的政策制定者都参与其中，团结各利益相关者，采取协调一致的合作，共同改变体育参与不足的情况。④ 为此，该战略要求联邦政府、省和地区管理体育事务的部长重点围绕 4 个领域提出了治理框架，其中包括：政策制定、变化和执行；目标信息和公共教育；高质量、便捷的程序和服务；专门的社区体育设计。这种集体的决策是一种典型模式，它以解决当前现实矛盾和问题为导向，将不同层级的政策制定者、管理者、利益相关者、实施者都纳入战略框架内。这一模式以非政府组织、专业体育组织、学校、医院等为共同决策主体，不受政府或行政力量的干预，其明确了所有关键利益相关者在其特定管辖范围的责权利，同时

---

① Tremblay M. S., Carson V., Chaput J. P., "Introduction to the Canadian 24 – Hour Movement Guidelines for Children and Youth: An Integration of Physical Activity Sedentary Behaviour and Sleep", *Applied Physiology Nutrition and Metabolism = Physiologie Appliquée Nutrition et Métabolisme*, Vol. 41, No. 6, 2016.

② ParticipACTION, *Canadian Kids Need Active Bodies to Build their Best Brains: The 2018 ParticipACTION Report Card on Physical Activity for Children and Youth* (https://www.participaction.com/en-ca/thought-leadership/report-card) .

③ Roberts K. C., Yao X., Carson V., et al., "Meeting the Canadian 24-Hour Movement Guidelines for Children and Youth", *Health Reports/Statistics Canada*, Vol. 28, No. 10, 2017.

④ Spence J. C., Faulkner G., Costas B. C., et al., "Active Canada 20/20: A Physical Activity Plan for Canada", *Can J Public Health*, Vol. 106, No. 8, 2016.

也为国家和地方促进体育协调发展奠定了战略方法基础。① 与加拿大类似，英国主导的青少年体育决策机构是文化、媒体和体育部，其下属的英国体育理事会（UK Sport）、英国体育局（Sport England）等负责相关领域的政策制定、资源配置等；国家防止虐待儿童协会、青少年体育基金会等一些半官方的体育组织和非政府组织则主要发挥着业务决策的作用。在过去几十年中，由于预期体育干预措施实现了一系列广泛的社会目标，英国政府不断加大了对体育政策的关注程度。② 在此期间，各部门要求利用各种体育活动方案来实现包括教育、健康、社会包容/排斥、药物滥用和社区安全、家庭在内的政策目标。发展儿童和青少年体育是英国政府的优先事项，其主要通过实施社会投资促进战略。体育是社会文化发展的有机组成部分，与广泛的社会福利服务相关，其中包括教育、保健、社会服务、土地规划使用、艺术等，因此需要通过国家话语体系赋权给这些主体，即实施"全民体育运动"。③ 英国体育理事会总体负责全民体育和社会福利目标相关政策的制定，英国儿童协会，苏格兰、威尔士和北爱尔兰体育委员会，社会组织，教育部门，公共部门等都被纳入社会投资促进战略体系中，各自在所辖领域享有一定权限的资源配置权和决策权。

第三，青少年体育决策权的分类配置和运行。青少年体育活动促进治理涉及的因素复杂多样，因此需要分层分类进行细化规定。孩子们每天大部分的时间都在学校，体育教育被认为是改善公共健康的重要措施。鉴于此，学校应充分发挥自主性，制定健康指南，将引入高质量体育项目作为主要目标；美国国家运动和体育教育协会也应统筹设计，从时间分配、场地、师资等方面进一步优化体育课程设置，同时积极研制和执行课外体育活动参与标准。④ 虽然有一些循证的建议旨在改善学校

---

① Murumets K., Costas-Bradstreet C., Down J., et al., "Active Canada 20/20—Past, Present and Future", *Journal of Science and Medicine in Sport*, No. 15, 2012.

② Department for Culture, Media & Sport/Strategy Unit, *Game Plan: A Strategy for Delivering Government's Sport and Physical Activity Objectives*, London: DCMS/Strategy Unit, 2002.

③ Green M., "From 'Sport for All' to Not About 'Sport' at All?: Interrogating Sport Policy Interventions in the United Kingdom", *European Sport Management Quarterly*, Vol. 6, No. 3, 2006.

④ Kahn E. B., Ramsey L. T., Brownson R. C., et al., "The Effectiveness of Interventions to Increase Physical activity. A Systematic Review", *Am J Prev Med*, Vol. 22, No. 4, 2002.

营养和体育活动标准，但这些意见在美国并没有得到统一采纳。学校对社区和家庭体育衔接的关注程度仍然不够，仍然需要在州一级层面进行统筹安排，鼓励学校与家庭、社区进行积极合作，以确保所有学生享有最高健康标准。从现实情况看，为了充分整合利用社会资源和专业资源，学校在制定政策和健康计划时，应纳入地方教育董事会、家长教师协会、咨询委员会、当地卫生部门、健康和娱乐组织，以及家长和社区组织。邀请多方主体参与这一决策过程不仅会加强学校健康政策的针对性，还能够为青少年创造更健康的运动环境。[1] 家庭对青少年体育活动促进发挥着关键性作用，因此在政策制定中应赋予父母一定的自主权，并给予积极的引导。在青春期以前，父母对体育活动的建模在建立运动社会规范方面发挥着不可或缺的作用，虽然随着孩子的成长，这种建模的影响逐渐减弱，但在儿童成长阶段，以家庭为基础的引导、支持和代际干预仍然是至关重要的。[2] 需要在循证基础上建立具有预测性的家庭体育干预模型，其中包括父母和孩子的中介变量，以及能够影响这些变量的程序，以便形成以家庭为中心的体育干预模式。父母已经形成的权威体育锻炼和体育教育理念对孩子可以产生深远的影响，尤其是父母的陪伴参与能够使孩子养成良好的行为习惯，并能够对他们的心智发育起到促进作用。因此，在家庭的系统体育干预中，应给予家庭（父母）积极的引导，主要途径包括：进行以父母为中心的面对面的教育项目或专门培训；开展家庭性的体育锻炼项目；定期电话沟通和组织开展体育活动；完成体育家庭作业（任务）。[3]

通过上述分析可以明确，完善的体育法制、明确的国家政府机构、专业的业务组织是青少年体育活动促进决策的基本要素。相关法律规范为国家政府部门的顶层设计提供了权威依据，也为优化配置资源，深化

---

[1] Kehm R., Davey C. S., Nanney M. S., "The Role of Family and Community Involvement in the Development and Implementation of School Nutrition and Physical Activity Policy", *Journal of School Health*, Vol. 85, No. 2, 2015.

[2] Yao C. A., Rhodes R. E., "Parental Correlates in Child and Adolescent Physical Activity: A Meta-Analysis", *International Journal of Behavioral Nutrition and Physical Activity*, Vol. 12, No. 10, 2015.

[3] O'Connor T. M., Jago R., Baranowski T., "Engaging Parents to Increase Youth Physical Activity: A Systematic Review", *American Journal of Preventive Medicine*, Vol. 37, No. 2, 2009.

青少年体育改革提供了重要支持。而从具体运行看，青少年体育活动促进治理涵盖多层次和多类型的决策主体，地方、社会组织、学校、家庭等都享有一定的决策权，能够相对独立地进行资源配置。这种"伞"型的决策权运行机制调动了各方的积极性，为全面提升青少年体育参与水平奠定了基础。

三　青少年体育活动促进决策权的监管

在公益和私益的冲突中，决策权具有鲜明的指向性，其深刻影响着制度优化和措施选择。从现实发展看，青少年体育活动促进决策涉及多层次、多类型的主体，尤其是在地方政府（行政）、权威体育组织一级更加要求具备突出的专业水平和能力，因此监管与评价是必不可少的环节。

第一，青少年体育活动促进决策权需要建立完善的监管机制。治理一般被理解为广泛的协调、指导和控制机制，其中包括结构性和程序性的基本元素。[1] 决策权监管是关键的程序性要素，既包括正式的硬法制裁，也包括软法的监管。元治理中的决策概念涉及条件、结构、规则、政策和指导方针等一系列要素，也就是说，其需要建立有效的制度框架，因此监管和评估不可或缺。[2] 从这个意义上讲，青少年体育活动促进决策权的监管和评价应从三个方面进行考虑：一是决策权的运行需要独立的监管主体，这是确保决策科学性和有效性的关键；二是决策要及时向社会和公众公布，并使利益相关者参与其中，这是民主性、透明性的重要体现；三是决策需要与现实效果互为因果支持，即提升青少年体育参与和体质健康水平应该成为评价决策的重要指标之一。权力监管一直是各国公共事务治理的核心环节，很多国家在青少年体育决策权方面形成了比较成熟的经验和做法。例如，2000年以来英国中央政府着重重构了对地方政府治理的监管模式，从直接监管转向了间接监管。与以前采用的正式监管模式不同，中央政府通过合法性和廉洁审计，将监管

---

[1] Koch C., Buser M., "Emerging Metagovernance as an Institutional Framework for Public Private Partnership Networks in Denmark", *International Journal of Project Management*, Vol. 24, No. 7, 2006.

[2] Borrá., Susana S., Jacobsson K., "The Open Method of Co-ordination and New Governance Patterns in the EU", *Journal of European Public Policy*, Vol. 11, No. 2, 2004.

赋权于一个独立的机构——审计委员会（AC），该机构已经采取更有说服力的举措使地方政府接受中央政府的政策目标。[1] 这一模式的根基是广泛建立的网络和伙伴关系，其日益成为元治理的载体。基于国家监管体系的重大改革，英国青少年体育政策系统也被纳入其中。20世纪90年代中后期以来，随着社会投资理念的兴起，英国体育政策逐渐变得积极主动，要求政府采取更有效的措施提升管理能力，并使社区组织采取有力行动，在谋取居民福利过程中承担更大的责任。[2] 为了有效监管，英国2004年颁布的《儿童法》进一步明确规定了地方政府和其他服务者在提供儿童服务方面的职责和责任，并要求通过选举成立相对独立管理委员会，建立分层的监督机制。[3] 完善的监管体系极大提升了英国青少年体育治理能力，形成了覆盖各个领域的体育参与网络。

第二，青少年体育活动促进决策需要建立完善的评价机制。体育活动促进计划设计和发展理念的确立可以通过形成性评价措施进行评估，如采取目标群体对体育活动促进信息或方案的反馈，利益相关者对方案可能成功的看法等；而计划的执行和实施情况可以采用过程性评价，比如去充分调研了解该方案或使用该方案的人；形成性评价是在计划启动时就要完成的，而过程性评价则是在此之后进行了一系列监控措施。[4] 一项决策（决议）在启动时所采取的评价起着基础性作用，即能够预判可能出现的问题或阻碍因素，进而采取导向性的调整措施；过程性评价则是能够及时发现决议在执行过程中所出现的具体问题而采取针对性措施。形成性评价（决策启动时的评价）适用于重大体育治理决策的评估。儿童和青少年体育政策应及时向社会公布，尤其是应该让家长、学校（包括幼儿园）、社区等密切的利益相关者充分了解干预方案，以

---

[1] Kelly J., "Central Regulation of English Local Authorities: An Esample of Meta-governance?", *Public Administration*, Vol. 84, No. 3, 2010.

[2] Vigor A., Mean M., Tims C., *After the Gold Rush: A Sustainable Olympics for London*, London: Institute for Public Policy Research/Demos, 2004, p. 34.

[3] Department for Education & Skills, *Every Child Matters: Change for Children*, London: The Stationery Office, 2004.

[4] Sallis J. F., Pinski R. B., Grossman R. M., et al., "The Development of Self-efficacy Scales for Health-related Diet and Exercise Behaviors", *Health Education Research*, Vol. 3, No. 3, 1988.

便使他们决定是否采取行动,并积极参与其中。[1] 青少年体育政策评价是关键环节,一方面,需要对其制定的框架做出考量,即要有充分的理论依据和实证数据。政策的制定总是基于现实发展的突出问题,以引导、整合资源解决这些问题为根本目的。如果没有进行深入调查研究,就难以把握问题关键,制定有效的政策方案。另一方面,政策启动时的评估也决定着进一步的实施。任何一样政策都需要向公众进行充分的解释,并设置一定的缓冲期,这是进一步建立各方共识运行机制的基础。如果一项政策没有得到公众认可,就很难运行,良法善治就不可能实现,因此青少年体育政策启动时的评估也不可忽视。当然,任何决策都需要确立实施阶段的循证和评价议程,突出的环境和条件都能够导致健康促进法案的成功或失败。[2] 青少年体育参与水平和体质健康水平是对政策实施评价的核心指标,西方国家围绕这一指标细化了各类主体的职责要求,这一点值得系统借鉴。例如,20世纪80年代美国儿童与青少年健康研究(NCYFS)调查结果显示,有三分之一的孩子缺乏足够的体育锻炼,尤其是有氧运动的比例很低,各年龄段的肥胖和超重情况严重,相关数据让整个国家感到十分惊讶和尴尬。根据这一情况,政策制定者、教育工作者和青少年发展倡导者呼吁建立以大样本为基础的决策评价体系,其中主要指标包括:6—9岁学龄儿童健康状况、学生体质健康情况、体育课质量、数据支持的体育活动模式、跟踪短期和长期运动的健康益处(包括运动能力和社会适应)等。[3] 以这些基本指标为基础,同时根据疾控中心的建议,美国着重从学校课堂教学、环境政策、经费支持、食品服务、社区和家庭参与等多个方面全面审查和重构学校政策体系。2000年,卫生公共服务部和教育部向总统提交了新的学校

---

[1] De Bourdeaudhuij I., Verbestel V., De Henauw S., et al., "Implementation of the IDEFICS Intervention across European Countries: Perceptions of Parents and Relationship with BMI", *Obesity Reviews: An Official Journal of the International Association for the Study of Obesity*, Vol. 16, No. S2, 2016.

[2] Nethe A., Dorgelo A., Kugelberg S., et al., "Existing Policies, Regulation, Legislation and Ongoing Health Promotion Activities Related to Physical Activity and Nutrition in Pre-primary Education Settings: an Overview", *Obesity Reviews*, Vol. 13, No. s1, 2012.

[3] Ross J. G., Gilbert G. G., "The National Children and Youth Fitness Study: A Summary of Findings", *Parks & Recreation*, No. 51, 1987.

体育政策框架，主要内容包括：制定体育活动促进政策；提供良好的环境，鼓励安全、有效的体育活动；实施高质量的体育教育，注重日常体育活动指导和课程设置；实施健康教育，为学生提供必要的知识和行为技能；对体育活动指导和推广者提供充分的培训；提供包容性的课外体育学习，满足所有学生的兴趣和需求。[1]

综上所述，主体、规范程序、政策循证共同构成了青少年体育活动促进决策权的基本运行体系。在治理过程中，传统的单一主体决策的现状被打破，非政府体育组织以其专业性和独立性而被纳入决策体系。从资源配置的视角看，应在社区体育、学校体育、家庭体育、公共卫生、运动伤害防范等领域建立针对性的青少年体育标准，并赋予不同主体一定的决策权限。综合多种因素看，当前青少年体育决策也面临两个共性问题：一是要不断提升决策能力；二是进行有效的权力监管。决策能力决定着青少年体育活动促进发展的规模和层次，需要依托国家法制逐步提升。权力监管则要求在各层次主体决策权运行过程中，建立动态的监管和评价机制，尤其是应纳入提升青少年体质健康水平的关键指标。

第三节　西方国家青少年体育活动促进的主要政策

决策权的核心是顶层设计，全面进行战略规划和布局，依托专业机构，制定专门的政策是青少年体育活动促进决策的集中体现。从法制建设情况看，美国、加拿大、澳大利亚等西方国家针对青少年体育制定了比较完善的法案，针对不同年龄阶段的孩子形成了指导性建议，并在设置阶段性目标的基础上，细化了儿童和青少年体育干预的基本标准，其中很多经验和做法能够为我们所借鉴。

---

[1] Young D. R., Felton G. M., Grieser M., et al., "Policies and Opportunities for Physical Activity in Middle School Environments", *J Sch Health*, Vol. 77, No. 1, 2010.

一 美国青少年体育活动促进政策

超重和肥胖受到多种因素的影响,这一现象在美国青少年群体中普遍存在。仅2003—2004年,就有17.1%的儿童和青少年超重,32.2%的成年人肥胖。女性儿童和青少年的超重率从1999—2000年的13.8%上升到2003—2004年的16.0%;男性儿童和青少年的超重率从14.0%增加到18.2%。① 影响超重和肥胖,以及许多慢性疾病的一个主要因素就是人们普遍身体运动不足。青少年时期的体育运动不足会对其进入成年期的健康产生很大的影响。由美国国家健康机构(NIH)分支的国家心肺和血液研究所(NHLBI)开展了为期10年的"发育和健康研究"(NGHS),研究发现青少年向成年的过渡期间,身体活动的整体水平呈现显著下降趋势,进而提出明确体育运动与日常活动、习惯活动不同的下降率,将有助于深入了解青少年体育活动产生这种不良趋势的深层次原因,以便为制定有效的公共卫生政策提供重要的依据。② 在过去的30年里,美国青少年体重超重的比例急剧上升。自1970年以来,6—11岁儿童的超重比例几乎翻了两番,12—19岁青少年的超重增加了一倍多。③ 1999—2002年期间,6—19岁青少年中有16%超重,这一比例是"2010全民健康计划"所提出的控制在5%的三倍。青少年超重、肥胖日益成为一个重要的公共健康问题,不仅对他们的身体和心理产生了不良影响,同时也增加了高额的社会成本和医疗费用。④ 2003—2012年美国青少年整体肥胖率为16.9%,成人肥胖率为34.9%,没有发生显著性变化;但是2—5岁儿童肥胖患病率从2004年的14%下降到2012年

---

① Ogden C. L., Carroll M. D., Curtin L. R., et al., "Prevalence of Overweight and Obesity in the United States, 1999 – 2004", *JAMA*, Vol. 295, No. 13, 2006.

② Kimm S. Y., Glynn N. W., Kriska A. M., et al., "Longitudinal Changes in Physical Activity in a Biracial Cohort during Adolescence", *Medicine & Science in Sports & Exercise*, Vol. 32, No. 8, 2000.

③ Ogden C. L., Flegal K. M., Carroll M. D., et al., "Prevalence and Trends in Overweight among US Children and Adolescents, 1999 – 2000", *JAMA*, Vol. 288, No. 14, 2002.

④ Cawley J., Meyerhoefer C., Newhouse D., et al., "The Correlation of Youth Physical Activity with State Policies", *Contemporary Economic Policy*, Vol. 25, No. 4, 2010.

的 8%。① 针对这些突出的问题，美国制定了一系列国家政策和促进计划进行干预。

（一）健康公民计划（Healthy People，1979 年颁布，每隔 10 年修订一次）

"健康公民计划"是由美国公共与卫生服务部（HHS）制定的一项全国性健康促进计划。与其说是一项计划，不如说是在美国建立长效的国民健康促进制度，它将政府、社会力量、企业、国际组织等均纳入这一体系中，分层分阶段实施目标任务。该计划的设计和制定是建立在科学基础上的，其确立了国家总体目标和 10 年阶段性目标，核心目的是指导全国健康促进和疾病预防工作，全面改善美国人的健康水平。40 年来，"健康公民计划"已经建立了基准，并随时监测进展情况。其主要目标任务包括以下几方面：（1）确定改善全国性健康的优先事项。（2）提高公众对影响健康、疾病、残疾等决定性因素，以及取得最新进展情况的认识和理解程度。（3）提出适用于国家、州和地区水平的可以衡量的目的和目标。（4）推动多个部门采取行动，以加强政策的针对性，并改进由最佳证据和专业知识推动的实施进程。（5）需要不断进行关键性的研究、评估和各类数据收集。②

1979 年，美国卫生部发布了《关于健康促进和疾病预防的报告》（The Surgeon General's Report on Health Promotion and Disease Prevention），这一报告通过大量的调研，对美国不同人种、族群、性别等的健康状况进行评估，发现整体情况不容乐观。针对问题，报告系统提出了进行健康干预和疾病预防的措施，因此被认为是正式启动了健康公民计划。1990 年"健康公民计划"的国家目标是促进健康/预防疾病。2000 年"健康公民计划"提出了国民健康促进和疾病预防目标。2010 年"公民健康计划"提出了一项覆盖全国范围的健康促进和疾病预防日程。它描绘出了 21 世纪第一个 10 年改善美国所有人健康状况的蓝图。该计划致力于实现一个首要的目标：促进健康，预防疾病、残疾

---

① Ogden C. L., Carroll M. D., Kit B. K., Flegal K. M., "Prevalence of Childhood and Adult Obesity in the United States, 2011 - 2012", *JAMA*, Vol. 311, No. 8, 2014.

② Centers for Disease Control and Prevention, *Healthy People* (https://www.cdc.gov/nchs/healthy_people/index.htm).

和过早死亡。① 目前正在实施的是《健康公民计划 2020》，在 42 个主题领域中提出了将近 1200 个目标。其中确立了 10 个主要的健康指标（LHIs）：身体运动、心理健康、超重和肥胖、伤害和暴力、烟草使用、环境质量、药物滥用、免疫、负责任的性行为、享有医疗保健。该计划的整体目标任务包括：（1）从高级优先目标中挑选出 26 个主要健康指标——其中大多数指标正朝着既定目标积极进展。（2）收集和展示最有效的证据和数据，改善公共健康习惯，加强现有的公共健康政策。（3）为健康专业人员提供以使用者为中心的工具，全面改善社区居民的健康状况。（4）为公众提供一个发布意见，提出其他目标的有效平台，以确保其作为现时公共健康的优先事项。②《健康公民计划 2020》专门增加了"青少年健康促进项目"，制定了 24 个具体目标，系统从学校教育、预防疾病、监控药物滥用、健康教育、体育运动等方面入手进行全面干预。③

（二）学校体育活动与健康指南

规律性的体育运动能够提升健康水平，有效降低死亡风险，以及减少许多慢性疾病。但是，许多美国人久坐不动，很少有人能够达到推荐的身体运动量。儿童和青少年的体育运动情况要好于成年人，但整体情况也不容乐观。为了帮助儿童和青少年建立终身的、健康的运动方式和习惯，美国疾病预防控制中心（CDC，以下简称美国疾控中心）与来自各类机构和组织的专业人士协同制定了《学校健康指南：促进健康饮食和体育活动》和《学校和社区促进青少年终身体育活动指南》。④ 为解决美国儿童和青少年体育参与不足的严重问题，美国疾控中心于 1996

---

① Office of Disease Prevention and Health Promotion, *History of Healthy People* (https://www.healthypeople.gov/2020/About-Healthy-People/History-Development-Healthy-People).

② Office of Disease Prevention and Health Promotion, *Healthy People* (https://health.gov/our-work/healthy-people).

③ Koh H. K., Blakey C. R., "Healthy People 2020: A Report Card on the Health of the Nation", *Journal of American Medical Association*, Vol. 31, No. 24, 2014.

④ Centers for Disease Control and Prevention, *Promoting Better Health for Young People Through Physical Activity and Health: A Report to the President from the Secretary of Health and Human Services and the Secretary of Education* (http://www.cdc.gov/healthyyouth/physicalactivity/promoting_health).

年颁布《学校健康指南:促进健康饮食和体育活动》,系统提出要整合学校、就近社区和体育俱乐部的资源,通过多元化的体育教育来培养学生享受体育运动的生活方式。尤其是提出学校要针对校内、校外制定针对性的政策,并提供良好的活动环境,使学生们能够广泛参与。[1] 儿童和青少年养成良好的健康饮食和体育锻炼习惯能够促进他们智力发展,实现均衡发展,预防诸如缺铁性贫血、肥胖、饮食失调、龋齿等短期内极易出现的健康问题,同时也能够预防诸如冠心病、癌症、中风等长期出现的健康问题。该计划可以通过向儿童和青少年提供他们所需的技能、社会支持和环境来强化和实现全面教育的潜力,使他们养成长期健康的饮食习惯,从而不断提升健康水平。该指南包括 7 个方面的建议:学校营养政策;循序渐进的、协调的课程体系;对学生进行系统适当的指导;学校食品服务和营养教育一体化;员工培训;家庭和社区参与;指南实施评估。[2]

1997 年美国疾控中心又颁布了《学校和社区促进青少年终身体育活动指南》,这一指南是基于对体育教育、运动科学、健康教育和公共健康等理论和实践的最新研究成果。[3] 学校和社区促进青少年终身体育指南充分认识到将健康生活概念融入到学校各项工作的重要性,其中包括课堂教学、学校环境和政策、社会资源支持、食品安全、社区和家庭参与等。其中提出了 10 条学校和社区协同促进青少年体育活动的建议:(1) 制定促进愉悦参与体育,以及终身体育的政策;(2) 优化场地条件和社会环境,鼓励和支持各类体育活动;(3) 深化体育课程和教学改革;(4) 优化健康教育课程和教学;(5) 拓展课外体育活动项目,满足学生的需要和兴趣;(6) 父母和监护人协同参与体育活动指导及各种项目;(7) 定期进行人员培训;(8) 积极开展儿童和青少年健康

---

[1] Centers for Disease Control and Prevention (CDC), "School Health Guidelines to Promote Healthy Eating and Physical Activity", *Morbidity and Mortality Weekly Report*, Vol. 60, No. 5, 2011.

[2] Beall D. L., "Guidelines for School Health Programs to Promote Lifelong Healthy Eating", *Journal of School Health*, Vol. 67, No. 1, 1997.

[3] USA, Department of Health and Human Services, Epidemiology Program Office, "Guidelines for School and Community Programs to Promote Lifelong Physical Activity Among Young People", *Journal of School Health*, Vol. 67, No. 6, 2010.

咨询服务；（9）发展适合青少年的社区体育和娱乐项目；（10）定期评估体育活动的指导、计划实施、场地设施等情况。[1]

（三）美国人体育活动指南（PAGA，2008年颁布，2018年第二版）[2]

2008年，美国公共与卫生服务部颁布了《美国人体育活动指南》，这是联邦政府有史以来第一个关于体育运动的全面指导方针。该指南旨在成为政策制定者、体育教育工作者、健康服务者及公众有关体育运动次数、类型和强度的主要信息来源，而这些信息与美国人一生的健康状况息息相关。《美国人体育活动指南》中系统提出了儿童和青少年（6—17岁）体育活动促进指导意见。儿童和青少年进行规律性的体育运动能够有效促进健康和体适能。与那些不爱运动的人相比，积极参加体育运动的年轻人的身体脂肪低，心肺功能更好，肌肉、骨骼也更强壮，同时也能够有效减少患焦虑、抑郁等疾病的风险。经常参加体育运动的青少年有更好的条件和机会成为健康的成年人，他们很少会患一些慢性疾病，如心脏病、高血压、Ⅱ型糖尿病或骨质疏松症。虽然这些疾病的危险因素可能在生命早期就已经发展了，但有规律的体育运动能够有效降低这些因素，而且能够使儿童和青少年在成年后仍然保持健康。与成人一样，儿童和青少年体育活动总量对健康的作用要比任何单一的要素（如频率、强度、持续时间）或专门的运动组合（如有氧、增强肌肉、强健骨骼）的作用更大。即使如此，骨骼强化运动对儿童和青少年而言仍然是十分重要的，因为骨骼质量的最大增长就是在青春期之前和期间这关键的几年。儿童和青少年体育锻炼的主要指导方针包括：（1）每天进行60分钟或更多时间的体育锻炼；（2）有氧运动：每天60分钟或以上的大部分时间是中等强度或高强度的有氧运动，而且每周至少3天要达到高强度；（3）增强肌肉：每天60分钟或更长时间的运动中要进行增强肌肉练习，每周至少保持3天。（4）强健骨骼：每天60分钟或更长时间的运动中要进行强健骨骼的练习，每周至少保持3天；

---

[1] CDC, "Guidelines for School and Community Programs to Promote Lifelong Physical Activity among Young People", Morbidity and Mortality Weekly Report, Vol. 46, No. 6, 1997.

[2] Centers for Disease Control and Prevention, Promoting Youth Physical Activity: User Guide for the Youth Physical Activity Guidelines Toolkit (https://www.cdc.gov/healthyschools/physicalactivity/guidelines.htm).

（5）更为重要的是，要鼓励年轻人积极参加适合他们年龄的、令人愉悦的、多种多样的体育活动。①

2018 年，为了进一步发挥决策者和专业人士的指导作用，美国公共与卫生服务部疾病预防和健康促进办公室（ODPHP）牵头，与美国疾病预防控制中心、国家卫生研究院、总统体育理事会、健身与营养委员会等联合成立研制工作组，对指南进行了重新修订。首先，该研制工作组任命了 17 名全国公认的、非联邦政府机构的体育运动和健康领域的专家组成咨询委员会，他们在 12 个月的时间里进行了广泛的调研，并对 2008 年以来最新的科研成果全面审查。其次，以《2018 年身体活动指南咨询委员会科学报告》为证据基础，同时充分采集公众、联邦政府机构和同行意见，确立了 38 类大问题，104 项子问题。其中依据行为生态模型，确立与儿童和青少年有关的 24 类指标：种群、人口、个人、社区环境、通信技术、建筑环境、年龄阶段、久坐行为、运动强度、干预策略、体育健康益处、孩子生长发育、安全保障等。② 再次，研制组提出该指南的宗旨是通过数月乃至数年规律性的身体活动塑造儿童和青少年良好的健康行为习惯。③ 主要内容包括：（1）学龄前儿童应全天保持积极活动，每天累计至少 3 小时（轻度、中度或剧烈）；学龄儿童每天应累计至少 60 分钟中度至高强度的身体活动，并定期进行高强度的负重和增强肌肉练习。（2）确立基准线，确立了生态方法，从卫生保健、工商业、社区娱乐和健身公园、教育、基础设置、大众媒体、公共健康、行业体育等方面提出了细化的干预措施。（3）从运动伤害预防、项目选择、环境优化、运动强度和负荷控制、精良装备和器材配备、专业人士咨询等方面提出了多维度的安全保障措施。最后，将新修订的指南纳入了联邦政府的计划和倡议中，整合资源，协同实施。④

---

① Centers for Disease Control and Prevention, *2008 Physical Activity Guidelines for Americans* (https://www.cdc.gov/healthyschools/physicalactivity/guidelines.htm).

② HHS, *Physical Activity Guidelines for Americans*, 2nd edition (https://health.gov/our-work/physical-activity/current-guidelines).

③ *Executive Summary of Physical Activity Guidelines for Americans*, 2nd edition (https://health.gov/sites/default/files/2019-10/PAG_ExecutiveSummary.pdf).

④ *Introducing the Physical Activity Guidelines for Americans*, 2nd edition (https://health.gov/our-work/physical-activity/current-guidelines).

(四) 学校综合体育运动计划 (CSPAP, 2013 年颁布)[①]

尽管美国已经制定了国民体育活动指南,但仍然有很多儿童和青少年经常不运动。据统计,2009—2010 年,美国 6—11 岁的儿童中有 18% 肥胖,12—19 岁的青少年中有 18.4% 肥胖。[②] 在 2011 年,仅有 29% 的高中学生在调查前一周每天进行 60 分钟的体育运动,仅有 31% 的学生每天上体育课。在全国范围内,仅有 58% 的高中学生每年至少参加一次由学校或社区组织的体育竞赛。[③] 青少年的运动行为习惯受到许多部门的影响,包括家庭、社区组织、卫生保健提供者、信仰机构、政府、媒体和学校。但是学校的地位无可代替,其发挥着十分重要的作用。2013 年 "体育活动指南" 实施中期报告提出学校是促进青少年体育活动的关键。[④] 针对这一现状,美国疾控中心、国家慢性疾病预防和健康促进中心、学校卫生部等于 2013 年颁布了学校综合体育运动计划。这一计划的目标是提供各类学校体育活动项目,让所有的学生每天进行 60 分钟中等强度的体育运动。建立学校综合体育活动项目计划的协调运行机制,最大限度地理解、应用、实践体育知识和技能,从而使所有学生能够充分地接受体育教育,为其形成终身体育锻炼习惯奠定基础。学校综合活动计划强调多因素的有机融合,要求高质量体育教育(基础)、课外体育活动、校外体育活动之间的有机结合,并将所有人员、家庭和社区纳入其中,充分发挥他们的作用。同时,美国疾病预防控制中心与美国塑造及学校体育领域的专家共同研发了针对学校和学区循序渐进开展青少年体育运动的指南——《学校综合体育运动计划:学校指南》。该指南的主要目的是

[①] Centers for Disease Control and Prevention, *Comprehensive School Physical Activity Program* (*CSPAP*) (https://www.cdc.gov/healthyschools/physicalactivity/cspap.htm).

[②] Ogden C. L., Carroll M. D., Kit B. K., Flegal K. M., "Prevalence of Obesity in the United States, 2009-2010", *National Center for Health Statistics Data Brief*, No. 82, 2012.

[③] Centers for Disease Control and Prevention, "Youth Risk Behavior Surveillance—United State, 2011", *Morbidity and Mortality Weekly Report*, Vol. 61, No. 4, 2012.

[④] Physical Activity Guidelines for Americans Midcourse Report Subcommittee of the President's Council on Fitness, Sports & Nutrition, *Physical Activity Guidelines for Americans Midcourse Report: Strategies to Increase Physical Activity Among Youth* (Washington, DC: U.S. Department of Health and Human Services, 2012).

推进、实施和评估学校的综合体育运动项目,帮助学校建立积极的体育运动环境,并为学校健康委员会、体育教育协调员、教师、学校行政人员、课间主管、家长和社区成员等提供执行的依据。

(五) TAKE10 计划(2015 年颁布)①

TAKE10 计划是在国际生命科学学会研究基金会,以及专业健康人员和教育专家的帮助下开发的一个基于课堂的体育活动项目,该计划将学术指导与 10 分钟体育锻炼相结合,让孩子们在不牺牲学业时间的情况下进行体育运动,目的是通过美国 50000 间课室使用这一计划,使一百万的孩子受益。这一计划是由教师团队设计,以确保其符合教育目的,即这种干预必须符合学校制度,并且必须要对教师的优先事项作出及时的反应和调整,如学习时间和学业成绩。TAKE10 计划在引导学生体育运动的同时,在数学、阅读、语言艺术、科学、社会研究、营养和健康方面制定强化的特定学术目标。该项目采用了特定年级的学习目标,教师可以将与日常课程相一致的各类活动纳入其中。TAKE10 教师手册提供了在课堂上整合体育活动的框架。当老师们对这些概念越来越熟悉的时候,他们就可以自主地安排课堂活动,甚至允许学生领导课堂。TAKE10 计划主要包括:(1)在每一个活动中整合运动与核心课程概念;(2)其中包括营养教育和体育活动课程;(3)包括幼儿园至五年级学生的详细资料;(4)由教师为教师开发的项目;(5)提供 10 分钟的活动休息时间;(6)建立在友善的师生关系,以及孩子们认可的基础上。②

实施 TAKE10 计划的主要目的是改善孩子们的专注行为、加强身体运动、改善 BMI 指数、养成健康习惯、培养学术素养、增加营养知识。实施媒介是老师鼓励学生参加体育运动,将体育活动带入课堂。TAKE10 计划的一个显著作用是采用课堂体育活动来改善 3—5 年级学生的专注能力。研究表明,每天接受 TAKE10 计划干预的学生接受课堂专注任务要比没有接受该计划的学生好,该计划对增强学生在课堂上专注

---

① Liu A., Hu X., Ma G., et al., "Evaluation of a Classroom-based Physical Activity Promoting Programme", *Obesity Reviews*, Vol. 9, No. 1, 2010.

② ILSI Research Foundation, *About Take10* (http://take10.net/impact-of-take10/).

能力的表现是有效的①；在小学课堂上进行体育和学术指导的整合是可行的，可以帮助学生专注于学习，并且在帮助实现学校健康政策的同时，提高他们的体育教育水平②；该项目提供了一项有益的策略，促进了1—5年级孩子们的身体活动，并在女孩的身体成长和发展方面发挥了积极作用。

（六）美国儿童和青少年体育活动报告卡（United States Report Card on Physical Activity for Children and Youth，2014年启动，2016年进一步优化）③

"美国儿童和青少年体育活动报告卡项目"是由国民体育活动计划联盟与合作伙伴美国健康和体育教育协会、美国运动协会和美国儿科学会联合支持发展的。该项目2014年正式启动，其主要目的是对儿童和青少年体育活动水平和影响因素进行综合评价，培养他们终身体育锻炼的习惯。④ 随着时间的推移，对体育活动各种指标进行跟踪是一项重要的监测工作，它能够准确评价不同层次群体的行为变化，这一项目是美国儿童和青少年健康统计的一项重要举措。更为重要的是，报告卡也是一项制度，能够发挥宣传、警示和反馈的作用，它能够推动问责制的建立，同时能够向决策者（如父母、教师、健康专业人员、社区领袖、政策制定者等）进行反馈，及时调整策略，采取针对性措施。报告卡研究咨询委员会总体负责该项目的开发和运行，它是国民体育活动计划联盟的一个小组委员会。该委员会有来自全国各类学术组织、合作机构的体育专家和健康行为专家。委员会需要建立报告卡的指标体系，确定每个指标最佳的数据来源，并配置相应的字母等级。委员会在2014

---

① Goh T. L., Hannon J., Webster C., et al., "Effects of a take 10! © Classroom-Based Physical Activity Intervention on 3rd to 5th Grades Children's On-task Behavior", *Journal of Physical Activity & Health*, Vol. 13, No. 7, 2016.

② Kibbe D. L., Hackett J., Hurley M., et al., "Ten Years of TAKE 10! Integrating Physical Activity with Academic Concepts in Elementary School Classrooms", *Preventive Medicine*, Vol. 52, No. 11, 2011.

③ National Physical Activity Plan Alliance, *United States Report Card on Physical Activity for Children and Youth* (http://www.physicalactivityplan.org/projects/reportcard.html).

④ Dentro K. N., Beals K., Crouter S. E., et al., "Results from the United States' 2014 Report Card on Physical Activity for Children and Youth", *J Phys Act Health*, Vol. 11, No. 1.

年的报告卡中确立了基准线，从 10 个维度提供了一个综合评价的清单，重点是缓解久坐行为，明确体育活动促进和阻碍因素，进行体育健康结果评估。这 10 个指标包括：（1）儿童和青少年整体体育活动水平；（2）久坐行为；（3）有组织的体育参与；（4）主动玩耍；（5）便利的交通；（6）健康体适能；（7）家庭和同伴；（8）学校；（9）社区和建筑环境；（10）政府策略和资金投入。对儿童和青少年体育活动情况进行综合评价是建立在多项全国代表性调查数据基础上的。根据上述指标，委员会确定哪些数据源最能够反映美国儿童和青少年的情况，同时选择最有效的数据源作为主要指标并配置等级。其中 A 等级——大多数（81%—100%）儿童和青少年经常参加体育运动；B 等级——超过一半（61%—80%）的儿童和青少年经常参加体育运动；C 等级——大约一半（41%—60%）的儿童和青少年经常参加体育运动；D 等级——不到一半（21%—40%）的儿童和青少年经常参加体育运动；F 等级——很少（0—20%）的儿童和青少年经常参加体育运动；ING——不完整，目前没有充分的信息来建立等级。[①] 为了掌握第一手的数据，国民体育活动计划联盟每年进行一次全国性的综合调查。2016 年的调查结果表明，美国儿童体育参与在社区和建筑环境、便利的交通、健康体适能等 7 个指标上持续低分，需要各部门联合行动，为他们提供更多体育锻炼的机会。而通过观察到的差异性表明，在进一步实施体育活动干预战略时，应特别关注女孩子、少数民族和社会经济地位比较低的群体。[②] 针对所发现的突出问题，国民体育活动计划联盟进一步细化了评估指标体系，着重对身体活动水平、久坐行为、体育活动促进者和障碍，以及体育运动带来的健康效果进行评估。同时，确立了生态方法，系统提出从个人、环境、行为和政策方面协同提升儿童和青少年身体活动水平。

[①] Katzmarzyk P. T., Denstel K. D., Beals K., "Results from the United States of America's 2016 Report Card on Physical Activity for Children and Youth", *Journal of Physical Activity & Health*, Vol. 13, No. 12, 2013.

[②] Dentro K. N., Beals K., Crouter S. E. et al., "Results from the United States' 2014 Report Card on Physical Activity for Children and Youth", *J Phys Act Health*, Vol. 11, No. 1.

二 加拿大青少年体育活动促进政策

在过去的几十年里，加拿大人的体育运动和健康水平都有所下降，超重、肥胖以及患与之有关疾病的比例不断增加[①]；儿童和青少年的健康状况也不断恶化，其中缺乏体育锻炼是一个主要的因素。[②] 2009年，有52.5%的加拿大成年人在闲暇时间进行适量的体育锻炼，然而在过去的25年里，加拿大人肥胖率显著上升，有1/4的成年人超重或肥胖。[③] 针对儿童和青少年体育运动和健康方面存在的突出问题，加拿大陆续颁布了一系列政策法规进行系统干预。

（一）儿童和青少年体育活动指南（2002年颁布）[④]

加拿大卫生部和运动生理学会（CSEP）于2002年颁布了第一个《儿童和青少年体育活动指南》，其中包括两套标准，一套适用于6—9岁的儿童，另一套适用于10—14岁的青少年，明确推荐和强调了两个年龄段应达到的身体活动水平。除此之外，也制定了很多宣传和教育方案，主要有家庭指导手册、教师指导手册、儿童和青少年运动杂志等。指南提出：（1）儿童和青少年当前的体育活动水平是不足的，运动时间应增加至30分钟/天，并且在持续5个月后，增加至90分钟/天；（2）一天内的体育运动量可以累积，每次要5—10分钟；（3）增加至90分钟的体育运动应包括60分钟的中等强度运动（如快走、溜冰、骑自行车）和30分钟的剧烈运动（如跑步、篮球、足球）；（4）积极参加不同类型的运动，如耐力、柔韧、力量，以达到最佳锻炼效果；（5）减少不运动的时间，如看电视和视频、玩电脑游戏、上网等，最开始时每

[①] Colley R. C., Garriguet D., Janssen I., et al., "Physical Activity of Canadian Adults: Accelerometer Results from the 2007 to 2009 Canadian Health Measures Survey", *Health Reports*, Vol. 22, No. 1, 2011.

[②] Colley R. C., Brownrigg M., Tremblay M. S., "A Model of Knowledge Translation in Health: The Active Healthy Kids Canada Report Card on Physical Activity for Children and Youth", *Health Promotion Practice*, Vol. 13, No. 3, 2012.

[③] Tjepkema M., "Adult Obesity", *Health Reports* (*Statistics Canada, Catalogue 82 - 003*), Vol. 17, No. 3, 2006.

[④] Janssen I., "Physical Activity Guidelines for Children and Youth", *Appl Physiol Nutr Metab*, Vol. 32, No. 2, 2007.

天减少 30 分钟，至 5 个月左右时每天则应减少至 90 分钟。[①] 加拿大儿童和青少年体育活动指南有 3 个独特之处。一是指南并不是直接限定儿童和青少年每天绝对数量的体育运动（如 90 分钟/天），而是建议应逐步增加每天体育运动的时间，在接下来的几个月内，从 30 分钟/天增加至 90 分钟/天。二是此次指南中推荐的最低身体活动量至少要比其他指南高 50%，这在运动量上提出了明确的建议。三是指南细化提出了适用的年龄跨度，具体针对 6—14 岁儿童和青少年（其他年龄段的孩子各自有针对性的体育活动促进方案）。

但是也应该看到，此次颁布的指南也存在一些问题。一是每天最低体育活动所设置的标准不合理。有强有力的证据表明，为学龄前儿童和青少年积极开展适度的、令人愉悦的、多样化的体育活动，并每天进行 60 分钟或以上中等强度至高强度的体育运动对他们的身心发展具有显著的益处。[②] 除加拿大以外，自 1998 年以来，其他所有国家颁布的儿童和青少年体育活动指南都推荐最低体育活动标准为 60 分钟/天（或大多数时间）。目前加拿大儿童和青少年指南所推荐的 90 分钟/天可能相当令人生畏，特别是对于那些经常不运动的儿童和青少年而言，可能难以达到。从行为习惯的角度看，一个看似遥不可及的目标设定实际上可能会阻碍体育运动参与。当前的各种证据表明，设置最低 60 分钟/天的标准可能是最适当的。二是指南的涵盖范围需要进一步完善。此次指南并没有提及学龄前儿童，以及 15—19 岁青少年体育活动促进的建议。有研究表明，15—19 岁的年龄跨度是一个重要的过渡时期，年轻人变得越来越独立，不再需要在学校接受体育教育，对各种交通方式的依赖也正在减少，大多数已经搬出了父母的家。在这一时期，他们的身体活动水平急剧降低。因此，向这一年龄段的青少年强调体育运动的重要性，并推荐高水平的身体活动量具有重要的意义。

[①] Health Canada and the Canadian Society for Exercise Physiology. *Canada's Physical Activity Guide for Youth*, *Children* (Cat. No. H39 - 611/2002 - IE. Minister of Public Works and Government Services Canada, Ottawa, Ont.).

[②] Strong W. B., Malina R. M., Blimkie C. J., et al., "Evidence Based Physical Activity for School-age Youth", *Journal of Pediatrics*, Vol. 146, No. 6, 2005.

（二）加拿大体育活动指南（CPAG，2006年颁布，2011年修订）[①]

2006年加拿大公共卫生署（PHAC）颁布了第一个《加拿大人体育活动指南》。经过几年的实施后，卫生署针对指南过于笼统的问题提出了重新修订建议。2011年，在公共卫生署的大力支持下，加拿大运动生理学会与社会公益组织（倡导健身强体）及其他利益相关者一起研制了新的体育活动指南，其中包括《加拿大儿童体育活动指南（5—11岁）》《青少年体育活动指南（12—17岁）》《成年人体育活动指南（18—64岁）》《老年人体育活动指南（65岁及以上）》，为每个年龄阶段提供体育运动的指导建议。整个指南的研制过程是在国际有关标准的实践指引下，以及全面评估相关科研成果基础上进行的。[②] 加拿大儿童（5—11岁）、青少年（12—17岁）体育活动指南提出：（1）不分性别、种族、民族和家庭社会经济地位，鼓励和支持所有儿童和青少年积极参与体育运动，以促进他们在令人愉悦和安全的环境中自然发展。（2）儿童和青少年应每天都进行身体运动、玩耍、游戏、娱乐和上体育课；同时参加学校、家庭和社区有组织的体育活动。（3）积极遵循体育运动指南进行系统的体育锻炼，可以有效改善身体状态、运动能力，获得综合性的收益。（4）这一指南也适用于残疾或正在康复的儿童和青少年，但需要咨询健康专家的意见，以确定适合他们的运动类型、次数和强度。（5）儿童和青少年体育活动促进应遵循循序渐进的原则，从轻微的身体活动开始，逐渐增加持续的时间、频率和强度。（6）为了促进健康，儿童和青少年应每天进行60分钟中等强度至高强度的体育运动，其中包括：①每周保持至少3天高强度的体育运动；②每周至少保持3天进行肌肉力量和强健骨骼的运动。

（三）"儿童运动、健康"计划（2013年颁布）[③]

全球性的儿童肥胖率不断提升。虽然致胖因素多种多样，但大部分都与生活方式有关，因此需要采取必要的措施进行有效干预。这些因素

[①] Canadian Society for Exercise Physiology, *New Canadian Physical Activity Guidelines* (http://www.csep.ca/english/view.asp?x=804).

[②] Tremblay M. S., Warburton D. E., Janssen I., et al., "New Canadian Physical Activity Guidelines", *Physiologie Appliquée Nutrition Et Métabolisme*, Vol. 36, No. 1, 2011.

[③] Canadian Paediatric Society, Active Kids, *Healthy Kids* (www.cps.ca).

包括久坐时间、非运动性活动产热,以及体育运动的频率、强度、次数和类型。一线健康卫生人员最适合监测儿童、青少年及其家庭的身体活动水平,帮助他们评估生活方式选择,并提供科学的咨询。① 为了引导儿童和青少年形成正确的生活方式,加拿大儿科协会、健康生活和运动医学委员会研制了《健康积极生活:儿童和青少年体育活动指南》,着重为减少儿童和青少年(主要包括婴儿、幼儿、学龄前儿童、青少年)久坐时间,提升体育参与程度和水平提出了指导性建议。同时,指南也是地方、市、省、区及联邦实施健康生活促进的重要宣传策略。加拿大儿科学会对儿童和青少年的健康积极生活(HAL)和体育运动(PA)提出以下针对性的建议。

医师和医护人员促进健康积极生活方式的主要方式包括:(1)记录家庭成员每天久坐的时间。(2)不提倡两岁及以下的儿童参与以屏幕为主的各类活动,2—4岁的儿童每天限制屏幕娱乐时间小于1小时,大一点的孩子限制在2小时以内,卫生保健专业人员应向父母提出专门建议。(3)通过寻找能够替代久坐不动的交通工具,以及限制一天中待在(坐着)室内的时间来使家庭成员更加有活力(活跃)。(4)鼓励家庭成员把电视机、视频游戏、手机和电脑搬出孩子们的卧室。(5)明确家庭日常不进行体育运动的主要障碍和原因。(6)定期检查家庭成员体育运动情况,并促进每个孩子积极参与。(7)建议家长和护理人员,学龄前儿童每天应进行累计180分钟不同强度的体育运动(或每天进行60分钟及以上的体育运动,坚持5年);年龄较大的儿童和青少年每天应进行至少60分钟中等强度至高强度的体育运动;其中每周至少进行3天高强度的运动,以及3天增强肌肉力量和强健骨骼的运动。(8)帮助父母确立积极参加体育运动的榜样,让所有年龄和不同能力的家庭成员一起进行运动。(9)使用预期指引,确保儿童安全外出,并配备适当的防护设备(如自行车头盔、个人漂浮设备等)。(10)只要是安全的,适合孩子的年龄,有利于发育,父母都应该支持他们在体育和娱乐方面的爱好。(11)鼓励年龄较大的学生成为健康积极生活的榜样。(12)努力使

---

① Lipnowski S., Leblanc C. M., "Healthy Active Living: Physical Activity Guidelines for Children and Adolescents", *Paediatrics & Child Health*, Vol. 17, No. 4, 2012.

自己成为健康积极生活的榜样。(13)计算和绘制 BMI 变化曲线,并在对每一个儿童或青少年的访问中发现与肥胖有关的共性因子。

临床医生及其专业组织促进健康积极生活方式的主要方式包括:(1)定期修订加拿大儿童和青少年体育活动指南,以反映当前循证的建议。(2)制定针对原住民儿童和青少年,以及有特殊保健需求的年轻人的体育活动指南。(3)社会力量和企业应纳入儿童和青少年体育活动指南。(4)在儿童节目中消除宣传快餐、不健康食物和久坐不动行为的广告。(5)成立学校健康委员会,鼓励本地医生参加。(6)学校每一门课程应讲授规律性体育运动的健康益处。(7)学校(从幼儿园到12年级),必须开设由合格的、经过培训的体育教师讲授的强制性的、高质量的、常规的体育课程。此外,除了体育课以外,学校还必须开设各类体育活动,包括学生课间休息时间活动、课外体育活动,以及上课前、期间和之后的非结构性的体育活动。(8)所有儿童和青少年都可以享受免费或低价位的无障碍社区体育/娱乐项目,以及学校健身房或当地体育设施(正常开放时间之前、之后均可)。(9)安全的娱乐设施、公园、游乐场、自行车道、人行道和人行横道。(10)为促进健康积极的生活进行高质量的科学研究。

(四)加拿大儿童和青少年(5—17岁)24小时活动指南:体育运动、久坐行为和睡眠的有机结合(2016年颁布)[1]

越来越多的证据显示,与单一行为相比,沿着连续性活动行为(即体育运动、久坐行为和睡眠)的相互作用,能够对健康产生有利的影响。例如,如果儿童睡眠习惯不好或有过度久坐行为(如屏幕时间),强度达到中等强度体育运动所带来的益处就会减少。相反,增加体育运动会减弱睡眠不足或长时间久坐所带来的负面影响。因此,身体活动行为的有机组合对健康具有重要的作用。[2] 但是直到最近,加拿大和世界

---

[1] Tremblay M. S., Carson V., Chaput J. P., "Introduction to the Canadian 24-Hour Movement Guidelines for Children and Youth: An Integration of Physical Activity, Sedentary Behaviour, and Sleep", *Applied Physiology, Nutrition, and Metabolism = Physiologie Appliquée, Nutrition et Métabolisme*, Vol. 41, No. 6, 2016.

[2] Chaput J. P., Carson V., Gray C. E., et al., "Importance of all Movement Behaviors in a 24 hour Period for Overall Health", *Int J Environ Res Public Health*, Vol. 11, No. 12, 2014.

其他国家的体育运动指南中都没有对这些行为的组合提出建议，也就是说，每个行为被认为是独立于其他行为的。这种分离不仅会误导公众，而且也有潜在的危害，即认为各行为之间没有相互关系，从而引发伤害。例如，对每个人而言，只要是进行了60分钟的体育运动，就不管今天是怎么久坐，还是前一天晚上睡得怎样，这些都不重要。为了解决这一问题，并提供最佳循证的指导，加拿大运动生理学会（CSEP，2014）邀请了国际专家，召集了全国性组织代表、教育专家、方法学专家、利益相关者和最终用户代表，遵循严格透明程序，研制了世界首个《加拿大儿童和青少年24小时活动指南：体育运动、久坐行为和睡眠的有机结合》。[①] 这一针对5—17岁儿童和青少年的全新指南注重运动行为在一整天（24小时）中自然的、直观的有机结合。专家团队着重从四个方面（体育运动、久坐行为、睡眠、综合行为）入手，系统审视了多样运动行为和健康指标之间的关系，并对其进行了详细的解读。

首先，针对影响体育运动各种变量的显著性差异，专家团队系统回顾审查了客观测量的体育活动（量和所有强度）与儿童和青少年各项健康指标之间的关系。人群主要包括身心健康的5—17岁儿童和青少年（即一般性的群体样本，其中包括超重/肥胖者，但没有被诊断出疾病）；运动干预/展现/对照指标包括体重、持续时间、频率、强度，以及客观监测体育运动的方式；健康结果/健康指标包括体成分、心血管代谢生物标志物、体适能、行为模式/亲社会行为、认知/学业成绩、生活质量/幸福指数、伤害、骨骼健康、运动技能发展、心理困扰和自尊。通过各种搜索源收集了6227项与身体运动有关的研究，在进行题目和摘要筛选后保留了499项研究，而最终确定了（来自70个独立的样本）162项研究符合系统评价的标准。这些研究代表了来自31个国家的204171名参与者。评价结果显示，体育运动与身体、心理/社会、认知等健康指标有着密切的关系。与轻微强度的体育运动相比，高强度的效果更好。但是，轻微强度的身体运动与心血管代谢的关系更为密切。所

[①] Tremblay M. S., Poitras V. J., "Integrating Physical Activity, Sleep and Sedentary Behaviour—A World First the Canadian 24-Hour Movement Guidelines for Children and Youth", *Wellspring*, Vol. 27, No. 9, 2016.

有体育运动的形式（零星、不定期、持续）都对健康有益，尚没有研究发现评估的伤害与客观监测的体育活动有关。①

其次，专家团队系统回顾审查了已有久坐行为准则的更新情况，揭示了客观和主观测量儿童和青少年久坐行为与健康指标之间的关系。样本群体一致，干预/展现/对照因素包括久坐行为的持续时间、方式和类型。健康结果/指标包括体成分、代谢综合征/心血管疾病危险因素、行为模式/亲社会行为、学业成就、健康和自尊。在审查的8338项研究成果中，有923项通过了标题和摘要筛选，最终确定了235项（包括194个独立的样本）入选。这些研究代表了来自71个国家的1657046名参与者，其中35项研究使用了久坐时间客观测量方法，其余200项则是对父母、儿科医生访谈或使用自陈量表、日记来测量。总体而言，更长或更高频率的屏幕时间与不良的身体成分构成相关；更长或更高频率的电视观看时间与较高的聚集性心脏代谢疾病风险评分相关；更长的电视观看时间与电子游戏时间与不利的行为模式/亲社会行为指标相关；更长的阅读时间和做家庭作业的时间与更高的学业成绩相关；更长的屏幕时间与较低水平的体适能相关；更长的屏幕时间和电脑使用时间与较低水平的自尊相关。相关证据显示，与总体久坐时间相比，屏幕时间与健康指标的关系更为密切，不同类型的久坐行为对健康的影响也有所不同。从健康指标观察梯度看，减少久坐行为与更好的健康指标相关。②

再次，专家团队系统回顾审查了睡眠持续时间（通过客观和主观测量）与儿童和青少年各健康指标之间的关系。样本群体一致，干预/展现/对照因素包括不同的睡眠时间；健康结果/指标包括肥胖、情绪调节、认知/学业成绩、生活质量/健康状况、伤害/损伤和心血管代谢生物标志物。在审查的4493项研究中，有318项通过了标题和摘要筛选，

---

① Poitras V. J., Gray C. E., et al., "Systematic Review of the Relationships Between Objectively Measured Physical Activity and Health Indicators in School-aged Children and Youth", *Applied Physiology, Nutrition, and Metabolism = Physiologie Appliquée, Nutrition et Métabolisme*, Vol. 41, No. 6, 2016.

② Carson V., Hunter S., et al., "Systematic Review of Sedentary Behaviour and Health Indicators in School-aged Children and Youth: An Update", Applied Physiology Nutrition and Metabolism, Vol. 41, No. 6, 2016.

最终确定了141项（包含110个独立样本）入选，包含了来自40个国家的592215名参与者。其中29项研究客观地监测了睡眠时间，其余的通过自陈量表或父母报告或问卷、日记的方式进行了统计。从总体结果看，较长的睡眠时间与肥胖、情绪调节、学业成绩及生活质量的有利指标有关；睡眠时间与认知、伤害/损伤和心血管代谢生物标志物之间呈现有限性相关；较短的睡眠时间与不良的身体和心理状况有关，但更高质量的研究设计需要更强有力的措施，以明确二者的剂量反应关系，并建立最佳的睡眠阈值。[1]

最后，专家团队系统回顾审查了体育活动、久坐行为和睡眠组合与儿童和青少年各项健康指标之间的相关性。样本群体一致，干预/展现/对照因素包括不同类型的体育活动、久坐行为和睡眠的组合；健康结果/指标包括肥胖、心血管代谢生物标志物、身体健康、情绪调节/心理压力、行为模式/亲社会行为、认知、生活质量/幸福感、伤害、骨密度、运动技能发展、自尊。专家团队在审查的489项研究中，有71项通过了标题和摘要筛选，其中包含了来自20个国家的36560名参与者。从总体结果看，学龄儿童和青少年拥有高频率体育运动+高质量睡眠+低久坐行为要远比低频率体育运动+睡眠质量不高+高久坐行为的各项健康指标都要好。[2]在两年的时间内，专家团队系统审查了近2万项研究成果，确立了指南研制的维度和具体内容。2016年6月，加拿大颁布了《儿童和青少年24小时活动指南（5—17岁）：体育运动、久坐行为和睡眠的有机结合》。新指南提出为了实现最佳的健康效益，儿童和青少年应达到高水平的身体运动、低水平的久坐行为及每天充足的睡眠。健康的24小时应包括：（1）出汗。每天至少进行60分钟中等强度至高强度的体育运动，其中包括各种有氧运动。每周至少3天进行高强度、增强肌肉力量和强健骨骼的运动。（2）徒步。进行数小时各种结

---

[1] Chaput J. P., Gray C. E., et al., "Systematic Review of the Relationships Between Sleep Duration and Health Indicators in School-aged Children and Youth", *Appl Physiol Nutr Metab*, Vol. 41, No. 6, 2016.

[2] Saunders T. J., Gray C. E., Poitras V. J., et al., "Combinations of Physical Activity, Sedentary Behaviour and Sleep: Relationships with Health Indicators in School-aged Children and Youth", *Appl Physiol Nutr Metab*, Vol. 41, No. 6, 2016.

构性和非结构性的轻微体育活动。(3) 睡眠。对于5—13岁的孩子来说，每晚要保证9—11个小时的睡眠时间，而对于14—17岁的青少年而言，每晚要保证8—10个小时的时间，他们上床和起床的时间一致。(4) 久坐不动行为。每天不超过两个小时的屏幕娱乐时间，限制长时间坐着。

（五）加拿大婴幼儿（0—4岁）24小时活动指南：体育运动、久坐行为和睡眠的有机结合（2016年颁布）[①]

2016年，加拿大运动生理学会正式发布了《加拿大婴幼儿24小时活动指南：体育运动、久坐行为和睡眠的有机结合》。指南提出不论性别、文化背景、家庭经济地位，24小时活动建议适合所有的婴幼儿。残疾和正在医治的婴幼儿也适用本指南，但需要咨询健康专家的意见进行专业指导。为了鼓励健康成长和发展，婴幼儿应得到父母和看护人的引导和支持，使他们每天能够保持均衡的体育运动、久坐行为和睡眠，从而形成积极的生活方式。婴幼儿应在各种不同的环境中（如家庭、托儿所、学校、社区、室内/室外、陆地/水上、夏季/冬季等）参加适宜的、令人愉快的、安全的、有组织的活动，可以独立也可以由成人陪同或和其他孩子一起玩耍。对婴幼儿来说，能够监测的活动包括俯卧时间、伸手抓握、推拉、爬行等。其次，需要调整孩子的久坐行为，这非常重要。可以鼓励或与孩子互动进行非屏幕行为，如阅读、讲故事、唱歌、猜谜语等。最后，婴幼儿形成健康的睡眠习惯是至关重要的，其中包括保持固定的就寝时间和起床时间，避免睡觉前的屏幕时间，把各种电子产品搬出孩子寝室，等等。遵循这些指导建议，形成健康的生活方式，能够促进婴幼儿更好地成长，增进心肺、肌肉和骨骼发育，提升认知能力、心理健康/情绪调节、运动能力等，同时也能够降低各种伤害的风险。

不到1岁婴儿健康的24小时应包括：(1) 身体运动。采用多种方式进行多次的身体运动，尤其是可以互动进行各种地板游戏，活动越多越好。对于那些还不能移动的孩子，可以帮助他们在白天清醒的时候进

---

① Canadian 24 - Hour Movement Guidelines for the Early Years (0 - 4 Years), *An Integration of Physical Activity, Sedentary Behaviou and Sleep* (www.BuildYourBestDay.com/EarlyYears).

行俯卧，累计至少 30 分钟。（2）充足的睡眠。0—3 个月的孩子要保证 14—17 小时，4—11 个月的孩子要保证 12—16 小时的高质量睡眠，其中包括午睡。（3）减少久坐。要限制超过 1 小时坐着（如婴儿车、餐椅）；不推荐进行屏幕时间；当孩子久坐不动时，鼓励他进行其他活动，如阅读、讲故事等。1—2 岁幼儿健康的 24 小时应包括：（1）身体运动。每天至少 180 分钟任何强度的各种身体运动，包括穿插在一整天中精力充沛的玩耍，此类活动越多越好。（2）充足的睡眠。保证 11—14 小时的高质量睡眠，其中包括午睡，有固定的作息时间和起床时间。（3）减少久坐。在一段时间内要限制超过 1 小时（如婴儿车、餐椅）坐着或久坐；对于 2 岁以下的孩子来说，不推荐久坐的屏幕时间；对于 2 岁的孩子来说，久坐不动的时间不超过 1 小时；当孩子久坐不动时，鼓励他进行其他活动，如阅读、讲故事等。3—4 岁学龄前儿童健康的 24 小时应包括：（1）身体运动。一天穿插进行至少 180 分钟各种各样的身体运动，其中至少进行 60 分钟精力充沛的玩耍。（2）充足的睡眠。保证 10—13 小时的高质量睡眠，其中包括午睡；有固定的就寝时间和起床时间。（3）减少久坐。要限制超过 1 小时坐着（如婴儿车、餐椅）或久坐；屏幕时间不超过 1 小时，越少越好；当孩子久坐不动时，鼓励他进行其他活动，如阅读、讲故事等。

三　澳大利亚青少年体育活动促进政策

（一）国民体育活动指南（NPAG，1999 年颁布）[①]

现代技术的快速发展已经大大减少了人类对运动的需求。如今，汽车减少了人们对行走的需要，各种机器已经替代了人们繁重的工作。家庭娱乐（如电视、视频、电脑等）使我们长时间不运动。所有这些变化都是随着技术不断革新而逐步地出现，但是几乎没有人会注意到。人类身体的构造是用来运动的。经过几十万年的进化，人类一直从事着生存狩猎、采集和耕种食物、收集燃料、制造和商业活动等。由于身体活动的减少，社会的肥胖和其他健康问题迅速增加。在没有意识到这些问

---

① Commonwealth Department of Health and Aged Care，*National Physical Acitivity Guidelines*（http：//www.health.gov.au/internet/healthyactive/publishing.nsf/Content/home）.

题的情况下，人们已经开始热情地接受各种机器所带来的好处，同时认为不必要的运动带来了各种不方便，这与当前的社会价值取向基本一致，即机器替代我们的越多，取得的成功就越大。为了改变这一现状，1999年澳大利亚联邦卫生与老龄部颁布了《国民体育活动指南》，提出人们应彻底改变对体育运动的态度和观念。

针对儿童和青少年的主要建议包括以下几方面：（1）无论在哪里，进行多种形式的身体运动都是改善健康的机会，而不是在浪费时间。（2）养成步行或骑自行车的习惯，减少使用汽车，或者自己动手，而不是依赖省力的机械。（3）中等强度的身体运动包括快步走、骑自行车等。每天将短时间（10—15分钟）的运动结合起来，累积30分钟或更长的时间（不需要连续）。（4）剧烈的运动会使你气喘吁吁，为了达到最好的效果，每周要有3—4天，每次30分钟或更长时间按照指南的建议进行运动。18岁以下的儿童和青少年应额外增加运动负荷和强度。剧烈运动是指最大心率为70%—85%（MHR）的运动，其中MHR的计算方法为220减去年龄。剧烈运动包括足球、壁球、网球、篮球、健美操、循环训练、快走、有氧跑、轻快划船等。为了达到最佳效果，每周3—4天内进行此类运动，每次的时间为30分钟。（5）为了获得健康收益，应该每天进行30分钟令人愉快的、持续的体育运动或组合运动，同时这也是工作、家庭、社区或社会生活的重要组成部分。每天坚持进行30分钟中等强度的体育锻炼会收获更积极健康的益处。

（二）儿童和青少年体育活动指南（2004年颁布，2010年修订）[1]

至2004年，澳大利亚儿童和青少年的超重和肥胖比率大大增加，将近占该群体的四分之一。倡议者提出，这一比率的增长在很大程度上是因为儿童和青少年体育活动水平的不足，以及长时间的久坐行为。因此，一项提升儿童和青少年体育活动参与水平和程度的公共健康议案提上了议程。经过多方的酝酿，澳大利亚卫生与老龄部协同专业机构进行了广泛调研，确立儿童和青少年身体活动干预的框架，并于2004年颁

---

[1] Australian Government Department of Health and Ageing, National, *Physical Activity Recommendation for Children 5 – 12 Years*（http：//www.health.gov.au/internet/main/publishing.nsf/content/9D831D9E6713F92ACA257BF0001F5218/$File/PA% 20Rec% 200 – 5% 20yo% 20 –% 20Web% 20printable% 20version.pdf）.

布了《儿童和青少年体育活动指南》，建议 5—12 岁的儿童和青少年每天至少进行 60 分钟的体育运动，限制使用电子媒体娱乐的时间不超过 2 小时。① 2007 年，澳大利亚成立了"儿童和青少年体育活动指南研制委员会"（GDC），启动新指南的研制工作。该委员会的成员主要包括：运动生理学、方法学、行为科学、社会营销学等领域的专家；澳大利亚心脏基金会，卫生与老龄部，运动医学学会，健康、体育和娱乐委员会等主要国家组织机构。为了最大程度限制各种变量对指南质量的影响，研制委员会采用了指南研究（评价）的国际审核评估系统（AGREE），从范围和目的、利益相关者、研制严谨性、建议清晰度和资源条件支持程度、适用性、编制机构独立性 6 个方面对各类变量指标进行了定量和定性分析。② 2010 年，澳大利亚颁布了新的《儿童和青少年体育活动指南》（0—5 岁，5—12 岁，13—18 岁）。新指南提出：（1）持续身体锻炼可以帮助儿童和青少年达到并保持健康的体重，同时还能够促进肌肉力量和骨骼强健，以及发展运动模式和技能。（2）体育运动能够为儿童和青少年提供与他人互动、交朋友，以及发展社交技能的良好的机会。（3）鼓励孩子们在早期积极参加体育运动能够帮助他们建立一种贯穿终身的生活方式。③

《澳大利亚婴幼儿（0—5 岁）身体活动指南》从体育运动、久坐行为（坐）和观看电视 3 个方面提出了总体性建议。（1）对于婴幼儿的健康发展（出生至 1 岁），体育运动——特别是在安全环境下（有人监护）的地板游戏（活动）应该从一出生就开始鼓励。（2）幼儿（1—3 岁）和学龄前儿童（3—5 岁）每天应至少运动 3 小时，并穿插一整天。（3）长时间观看电视与孩子语言、认知、注意力发展延迟有关。尽管目前尚不能证明电视对于 2 岁以下儿童具有教育意义，但保持孩子与父

---

① Spinks A. B., *The Benefits And Injury Related Harms of Physical Activity Children Aged 5 – 12 Years*, University of Queensland Theses（RHD） – UQ Staff and Students Only, 2007.

② The Agree Collaboration, "Development and Validation of an International Appraisal Instrument for Assessing the Quality of Clinical Practice Guidelines: The Agree Project", *Quality & Safety in Health Care*, No. 12, 2003.

③ Australian Government Department of Health and Ageing, *National Physical Activity Recommendations for Children 0 – 5 years olds—Brochure, Tips & Ideas and Questions & Answers*（http://www.health.gov.au/internet/main/publishing.nsf/content/phd-physical-activity-0-5-pdf-cnt.htm）.

母积极互动的益处是不可否认的。不论孩子在其他时间是多么的积极好动，限制屏幕时间仍然是十分重要的。2岁以下的孩子不建议看电视或使用其他电子媒体（如DVD、电脑、其他电子游戏等）。2—5岁的孩子，他们坐、看电视和其他电子媒体（如DVD、电脑、其他电子游戏等）的时间应限制在每天不超过1小时。（4）婴幼儿和学龄前儿童除了睡觉外，每天久坐、限制或保持不动的时间应控制在1小时内。同时，针对不同年龄段的婴幼儿，新指南也细化提出了具体的体育活动建议。（1）婴幼儿的体育活动主要是通过非结构性的、积极的玩耍进行。同时，也包括步行和更多有组织的活动，如嬉水、舞蹈和体操项目。（2）婴儿（出生到12个月）的体育活动。前6个月的主要活动包括伸手够、抓东西，头部反应性（声音）转向，躺在腹部（俯卧）的胳膊、腿部运动等。后6个月主要是学习一些基本的动作技能，如爬行、缓慢站立、使用支撑物爬行、行走。（3）幼儿体育活动（1—3岁）。幼儿体育活动主要以主动玩耍和学习运动技能为主，包括跑、跳、单脚跳、灵敏和滑行，还包括平衡、攀爬等稳定性技巧。蹒跚学步的孩子还应积极尝试控制物体的技巧，如踢、抓、扔、打、滚等。（4）学龄前儿童的体育活动（3—5岁）。在此期间，运动、稳定性和物体控制技能需要进一步发展。更为重要的是要为他们提供多样的练习机会，并给予积极的反馈和鼓励。[1]《澳大利亚儿童（5—12岁）体育活动指南》提出：儿童每天应至少进行60分钟中等强度至高强度的体育锻炼。主要内容包括：积极参加趣味性活动，如鼓励孩子们参加障碍训练课程、捉人游戏、跳绳、飞盘等；家里活动，如安置监督的设备（碰床、秋千、攀爬架等），与孩子们一起玩耍；增加肌肉力量和强健骨骼，如跑、跳绳、单脚跳、跳跃，有组织地参加舞蹈、体操、武术等活动；旅行中的运动，如步行或安全骑行进行短途旅行；长途旅行时，与孩子们一起散步等。（5）协商制定一个晚餐、卧室没有屏幕时间的规则，步行或安全骑行上学，享受公园旅行的美好时光，而不是看电视或玩电脑。《澳大

---

[1] Australian Government Department of Health and Ageing, *National*, *Physical Activity Recommendations for Children 0 - 5 Years* (http：//www. health. gov. au/internet/main/publishing. nsf/Content/phd-physical-activity-0-5-pdf-cnt. htm).

利亚青少年（13—17岁）体育活动指南》提出：（1）每天推荐至少累计进行60分钟各种各样的身体锻炼。（2）通过多种方法进行各种剧烈的体育运动，如足球、无板篮球、英式足球、长距离游泳、运动训练等。（3）为了获得更大的健康收益，每周要有3—4天应进行20分钟或更长时间的有氧运动。（4）应逐渐加大体育运动的强度（中等强度至高强度）。

（三）澳大利亚：最健康国家2020——国家预防健康战略（2009年颁布）①

澳大利亚是肥胖率最高的发达国家之一，超过60%的成年人和25%的儿童超重或肥胖。澳大利亚在过去的30年（至2007年）中，超重和肥胖率逐步上升，而在过去的10—15年里呈现急剧上升的趋势。1995—2004年，超重和肥胖人口增加了200万，达到了740万。②如果以目前的趋势持续下去，预计未来10年将会有三分之二的人口超重或肥胖，到2025年将会有690万澳大利亚人肥胖。据估计，仅在2008年澳大利亚政府和社会预防肥胖的总成本就高达582亿美元。③为了全面提升澳大利亚人的健康水平，澳大利亚卫生与老龄部于2008年4月成立了国家预防健康工作组并正式启动了"2020澳大利亚最健康国家——国家预防健康战略"的研制工作。经过一年多的广泛调研和反复审议，2009年6月正式颁布了这一国家计划。政府已经充分认识到在联邦、州、郡县采取积极行动干预肥胖的重要性和紧迫性。澳大利亚政府预防健康国家委员会（COAG）已经拨款8.72亿美元（2009年开始实施，期限为6年）进行社会推广，实现各年龄阶段孩子的全面覆盖，针对性采取增强儿童健康水平的干预措施，尤其是要加强体育运动，改善营养和饮食习惯。利用基础建设基金建立国家预

---

① Prepared by the National Preventative Health Taskforce for the Minister for Health and Ageing, Australia: *The Healthiest Country by 2020* (http://www.health.gov.au/internet/preventativehealth/publishing.nsf/Content/AEC223A781D64FF0CA2575FD00075DD0/$File/nphs-overview.pdf).

② Australian Bureau of Statistics, *Overweight and Obesity in Adults 2004 - 2005* (http://www.abs.gov.au/ausstats/abs@.nsf/mf/4719.0/).

③ Access Economics, *The Growing Cost of Obesity in 2008: Three Years on 2008* (http://www.accesseconomics.com.au/publicationsreports/showreport.php?id=172).

防健康机构（NPA），进行全国预防健康工作人员调查，制订长期工作计划，成立预防健康研究基金，全面提升国民的营养和体育运动参与水平。该战略就体育和营养干预方面提出了3个中长期的目标：(1) 在10年内将儿童、青少年和成年人的健康比例提高3%。(2) 6年内15%的儿童、青少年和成年人达到《国民健康饮食和体育活动指南》所提出的要求。(3) 帮助儿童健康成长，包括促进积极养育和社区支持。同时，要求在10个领域协同采取干预措施，并将建立运行行为和健康数据库，以及监测评价机制作为重点工作。

（四）婴幼儿健康饮食与体育活动指南（2009年颁布，2013年修订）[1]

随着国民运动不足引发了各种社会问题，澳大利亚联邦政府认识到只有从婴幼儿时期进行综合系统的干预才能够从根本上解决。为此，澳大利亚联邦政府于2009年实施了"幼儿早期教育与肥胖应对计划"（Plan for Early Childhood and Plan for Tackling Obesity）。其中具有代表性的是《婴幼儿（托儿机构）健康饮食和体育活动指南》（Healthy Eating and Physical Activity Guidelines for Early Childhood Settings）。这是澳大利亚最为详细的一份资源整合指南，其中提供了关于婴幼儿健康饮食和体育活动的实用信息和建议，同时制定了系统的政策，提出了具体的实施方法来鼓励和引导管理者、护育人员和家庭协同推进孩子们健康成长。[2] 该指南于2013年进行了重新修订，主要是以《澳大利亚婴幼儿喂养指南》（2012）、《澳大利亚人饮食指南》（2013）、《儿童（0—5岁）体育活动指南》（2010）为依据和基础。新修订的指南进一步强调要从健康饮食和科学体育运动（玩耍）两个方面对婴幼儿的健康进行干预，分别调整和细化了《主管及协调员手册》《护育人员手册》《家庭手册》《儿童食物烹饪手册》，要求多方共同关注，协同实施。指南提出童年是人生中最重要的时期，应该从儿童一出生就开始培养他们良

---

[1] Australian Government Department of Health and Ageing, *The Get Up & Grow: Healthy Eating and Physical Activity for Early Childhood* （http://www.health.gov.au）.

[2] Australian Government Department of Health and Ageing, *Get Up and Grow Healthy Eating and Physical Activity for Early Childhood—Resource and Ordering Guide* （http://www.health.gov.au/internet/main/publishing.nsf/content/get-up-grow-resource-order-guide）.

好的习惯,从而为终身健康和幸福打下基础。均衡的营养供给和经常有规律的体育活动有助于儿童正常的发育成长,降低今后患上与生活方式有关的各种慢性疾病的危险。其中营养方面着重从母乳喂养、配方奶喂养、固体食物、营养均衡和食物多样性(符合《澳大利亚人饮食指南》的标准)、进餐环境、食物安全等10个方面提出了具体的建议。在均衡膳食和营养的基础上,指南细化对婴幼儿(0—1岁)、学步儿童(1—3岁)、学龄前儿童(3—5岁)提出了针对体育活动和久坐行为的建议。

指南提出:(1)澳大利亚目前正面临着日益严重的儿童超重和肥胖问题。颁布这些指南的主要意图不仅是针对儿童的超重和肥胖问题,而且更为重要的是使儿童养成健康的生活习惯。(2)预防儿童在发育过程中的体重问题,同时一并解决儿童牙齿保健等健康问题,促进儿童社交能力、体力、运动能力和智力的发展。(3)提倡为孩子提供各种可供选择的健康食品(无论是托儿机构提供还是从家里带来的),同时也鼓励儿童依照自己的胃口进食,帮助孩子养成选择食物和喜欢进食的正确态度。(4)帮助护育人员和家长重视孩子的玩耍和体育活动,鼓励他们为孩子提供在良好环境中经常玩耍和体育活动的机会。

(五)婴幼儿(0—5岁)24小时身体活动指南(2014年颁布)[①]

体育运动被认为是保持整体健康水平的重要因素。提升体育参与时间和水平一直是研究者和政策制定者关注的焦点。体育参与程度低被认为是影响健康的危险因素,能够引发心血管疾病、糖尿病、骨质疏松症、肥胖等。最近,越来越多的人认识到了久坐不动不利于整体健康,尤其是对正处于身体发育期的儿童而言,体育活动不足会引发肥胖及一系列慢性疾病。根据澳大利亚统计局(ABS)公布的调查数据,2011—2012年,初学走路的幼儿和学龄前的儿童(2—4岁)平均每天进行各种体育活动的时间是6个小时,看电视、DVD或玩电子游戏的时间大约为一个半小时(83分钟)。有44%的儿童和青少年(2—17岁)在他

---

① Australian Government Department of Health and Ageing, *Australian 24-Hour Movement Guidelines for the Early Years（Birth to 5 years）*（http://www.health.gov.au/internet/main/publishing.nsf/content/health-pubhlth-strateg-phys-act-guidelines#npa05）.

们的卧室里至少有一种屏幕物品（如电视、电脑或游戏机等）。① 为了全面关注婴幼儿的健康水平，澳大利亚卫生署（AGDH）专门研制并颁布了《婴幼儿（0—5岁）24小时活动指南》（2014），着重从体育运动、高质量久坐行为和充足睡眠三方面提出了针对性的建议。指南在大量调研的基础上明确提出在每天的24小时中，孩子们的睡眠时间、高质量久坐行为和体育运动之间有着重要的关系，它们是影响健康的基础性要素。指南所提出的建议与孩子们更好地成长密切相关，能够使他们肌肉和骨骼更加强壮，同时也能够使他们更好地学习和思考，有更好的精神、情感和社会适应性，获得更好的运动技能、更健康的体重，以及减少伤害风险。随着孩子的健康成长和发展，他们每天需要更多的时间积极玩耍（运动），同时要减少静坐的时间，并保证充足的睡眠。每一天都不一样，父母（或其他相关利益者）可以利用这些专业建议来指导孩子们的日常活动，塑造良好的运动习惯，以更好地促进他们健康成长。

　　指南提出的推荐意见包括：（1）体育运动。①婴儿（出生至1岁）。鼓励从孩子一出生就进行体育活动，尤其是应该在安全环境下进行监控互动式的各种地板游戏；对于那些还不能移动的孩子，鼓励在每天醒着的时候进行30分钟的俯卧运动，包括够、抓握、推拉、爬行等。②初学走路的孩子（1—2岁）。每天至少要进行180分钟（穿插一整天）各种各样的体育运动，包括跑步、跳跃、旋转等，活动越多越好。③学龄前儿童（3—5岁）。每天至少参加180分钟（穿插一整天）的各种体育活动，其中60分钟应进行跑步、跳跃、灵敏、投掷等运动，此类活动越多越好。（2）久坐行为。①婴儿（出生至1岁）。一次要限制超过1小时（如婴儿车、汽车座椅或餐椅）的坐着时间。不推荐屏幕时间，当孩子久坐时，应引导转移注意力，鼓励进行阅读、唱歌、猜谜、讲故事等。②初学走路的孩子（1—2岁）。要限制超过1小时坐着或久坐。2岁以下的孩子，不建议久坐屏幕时间；2岁以上的孩子，久坐时

---

① Australian Bureau of Statistics（ABS）, *Australian Health Survey：Physical Activity*（2011 - 2012）（http：//www.health.gov.au/internet/main/publishing.nsf/Content/health-pubhlth-strateg-active-evi dfence.htm）.

间不应超过 1 小时，越少越好。当孩子久坐时，应引导转移注意力，鼓励进行阅读、唱歌、猜谜、讲故事等。③学龄前儿童（3—5 岁）。要限制超过 1 小时的坐着或久坐。屏幕时间不应超过 1 小时，越少越好。当孩子久坐时，应引导转移注意力，鼓励进行阅读、唱歌、猜谜、讲故事等。(3) 充足的睡眠。①婴儿（出生至 1 岁）。0—3 个月的孩子每天要保证 14—17 小时，4—11 个月的孩子每天要保证 12—16 小时的高质量睡眠，包括午睡。②初学走路的孩子（1—2 岁）。每天保证 11—14 小时高质量的睡眠，包括午睡；保持有规律的睡觉和起床时间。③学龄前儿童（3—5 岁）。每天保证 10—13 小时高质量睡眠，包括午睡；保持有规律的睡觉和起床时间。同时，鼓励孩子们不要被环境限制，只要能够保证安全，可以在任何季节、天气，以及室内、室外进行各种活动。应陪伴孩子们积极参加各种活动，包括各类障碍、翻转、捉迷藏、跳舞、跳绳、踢球、投掷等。当孩子久坐不动时，不加限制的屏幕使用会导致他们语言发育延迟、注意力不集中、入学准备水平低和决策能力下降，这是因为减少了孩子与父母之间积极的交往和互动。像阅读、讲故事和拼图这样高质量的久坐行为有助于促进孩子们健康地成长和发展。

（六）儿童和青少年 24 小时身体活动指南（2014 年颁布）[①]

科学的体育锻炼对儿童有很大的健康益处，同时也是交朋友、发展身体和社交能力的重要途径。儿童（5—12 岁）和青少年（13—17 岁）24 小时活动指南所确立的理念是"每一天多运动，少坐！积极生活"，针对所有儿童和青少年，不论他们的文化背景、性别和运动能力如何，都详细提出了关于体育运动、玩耍、久坐行为和屏幕时间的准则。指南提出，体育活动是指能够使孩子们动起来，使他们的呼吸变快、心跳加速的各种活动。孩子们应在任何时候进行不同方式的体育活动。久坐行为的典型特点是坐着或躺着（睡觉时除外）；使用电子媒体对儿童久坐时间有很大的影响。指南提出每天多运动，少坐给儿童和青少年带来的主要社会益处包括：(1) 与朋友一起创造娱乐的机会。(2) 减少反社

---

① Australian Government Department of Health and Ageing, *Australian 24-Hour Movement Guidelines for the Early Years（5 - 12 years）*（http：//www. health. gov. au/internet/main/publishing. nsf/content/F01F92328EDADA5BCA257BF0001E720D/＄File/brochure％20PA％20Guidelines_ A5_ 5 - 12yrs. pdf）.

会行为，包括侵略性和破坏性的行为。（3）发展合作和团队合作等技能。情感和智力方面的益处主要包括：（1）加强自尊和自信。（2）提高注意力，缓解（管理）焦虑和压力。健康方面所带来的益处包括：（1）降低患Ⅱ型糖尿病和心血管疾病的风险。（2）提高身体素质，包括协调和运动技能。（3）减少不健康体重所带来的致病风险。（4）强健肌肉和骨骼。（5）促进健康成长和发展。

5—12岁儿童每天要进行更多的运动，主要建议包括：（1）每天至少60分钟——用不同的运动方式，可累积完成。（2）各种各样的活动能够使他们获得很多益处。（3）60分钟的体育活动时间应该进行如下安排：上学前10分钟，走路或骑车上下学20分钟，放学后30分钟。（4）即使你的孩子每天做不到60分钟的体育锻炼，他们也会从逐渐增加的运动量中获益。虽然所有强度的体育运动都是有益的，但本指南建议中等强度到高强度。中等强度体育运动需要孩子们一定的努力，但他们在运动的时候仍然可以很轻松地说话。高强度体育运动需要孩子们更多的努力，使他们呼吸越来越快。（5）孩子们每周至少3天进行增强肌肉力量和强健骨骼的运动。（6）为了获得额外健康益处，孩子们应该每天多做几个小时补贴形式的体育运动。13—17岁青少年每天要进行更多的运动，主要建议包括：（1）你不一定通过参与有组织的或竞争性的体育活动来获益，与家人和朋友进行各种身体活动，或者独自活动，也会非常有趣，也能从中获得健康益处。（2）所有体育活动都是有益的，建议每天进行60分钟中等强度到高强度的体育运动。如果每天进行3小时或以上的体育运动，会让你受益更多。（3）记住，你可以做到！每天你不必一次性完成60分钟，可以累积完成。（4）每天60分钟的体育运动可以进行如下安排：20分钟骑车去学校，30分钟体育课，10分钟在家锻炼；或者步行30分钟到公交车站、火车站，30分钟舞蹈课、与朋友一起踢足球等。（5）每周至少3天进行增强肌肉力量和强健骨骼的练习。像仰卧起坐、俯卧撑、弓步和深蹲这样的负重练习有助于增强力量，在家里就很容易做到。（6）选择你喜欢做的运动，你会更有可能坚持下去。

四 西方国家青少年体育活动促进政策系统的特点

第一，政策制定主体多元化。上述西方国家青少年体育干预政策的制定主体呈现出多元化的趋势，其中最为典型的特色是广泛依赖专业的社会体育组织，建立了严谨的审查制度。政府机构的作用逐步强化，主要职责是主导进行统筹设计、安排、提供保障，而具体的政策研制则交由专业的非政府体育组织。这些社会组织身份独立，不受行政力量干预，主要类型包括体育协会、体育政策联盟、专业体育学会、体育基金会（理事会）、运动医学院、教育委员会、国家体育基金理事会等。为了形成科学有效的政策体系，政府和体育社会组织均依托专家团队，大量进行科研成果审查，以确保每一类规定都有充分的证据支持。各层级体育政策的制定都能够充分考量专业组织的建议，综合考量学校、社区体育活动开展的现实情况。更为重要的是，所有的决策和体育政策制定都基于数据库的支持（其中包括社区体育指南和其他权威的证据），其中综合清单制度具有典型特色，即详细列出参与群体、年龄结构，体育活动时间、体育活动类型和内容，体育教师认证（学校体育有关政策），体育环境因素（包括设施和设备）等指标。[1]

第二，政策研制注重循证支持。上述国家的青少年体育活动促进政策研制具有共识性。一是政策制定基于翔实的数据支持。青少年体育活动促进政策系统均基于大样本的调研，同时依据所确立的主题，广泛回顾审查相关研究成果，从客观和主观两个方面揭示问题背后的深层次原因，这一做法体现出了政策研制的严谨性传统。二是总体遵循新公共管理政策范式。从狭义的视角看，政策范式是指决策者或其他利益集团明确因果关系，通过多种途径更好地实现既定目标，其重要性在于将手段和目的（效率目标）有机联系起来。[2] 政策范式既包括描述性因素，也包括规范性因素。每一项重大政策都涵盖效率目标，这就要求决策者必

---

[1] Eyler A. A., Brownson R. C., Aytur S. A., et al., "Examination of Trends and Evidence-Based Elements in State Physical Education Legislation: A Content Analysis", *Journal of School Health*, Vol. 80, No. 7, 2010.

[2] Aucoin P., "Comment: Assessing Managerial Reforms", *Governance*, Vol. 3, No. 2, 1990.

须解决问题或难题,并切实选择有效的实施工具。① 政策范式在连接不同层级话语体系中起着关键性作用。通常而言,政策范式运用一个中间立场,将国家/社会的意识理论形态(如新自由主义)与决策者及其相关利益集团的主导思想联系起来。因此,范式和意识形态之间的相互作用被认为是一个双向的或循环的过程。从一般到特殊,更广泛的意识形态(如福利主义)显著地影响了整个20世纪后期体育政策的制定。② 这些国家的青少年体育政策系统总体遵循这一范式。在资源不均衡的现实情况下,政策制定时突出了管理的效率和效力,并以此为中心纳入多方主体,共同研制,协同推进。三是组建专业团队细化政策制定的维度和指标。政策维度和指标来源于对数据和资料的量化分析,需要采用科学的方法进行筛选,以确定多维度的政策框架。从上文不难看出,各国虽然相关政策的切入点不同,但都依托专业团队分类确立了政策关注的重点领域和主要指标体系。从整体情况看,青少年体育活动促进政策的研制过程是在全面评估相关研究评价基础上进行的,采用了分级评估、发展评估,以及对支持性实证资料进行系统综述和评价(等级)的方法。这反映出当前西方国家的青少年体育政策已经实现了对日常运动思维模式的根本性转变,它将注意力集中到了运动行为本身上,从孤立行为到整体行为都有了循证支持。③

第三,细化干预措施,以培养孩子们的体育行为习惯为宗旨。从全面发展的角度看,儿童和青少年身体能力的提升与心理健康素质(感知、动机、享受、目标定向等)呈现正比关系,因此需要采取系统的干预措施,使他们最大限度地养成良好的行为习惯,并努

---

① Hall P. A., "Policy Paradigms, Social Learning, and the State: The Case of Economic Policymaking in Britain", *Comparative Politics*, Vol. 25, No. 3, 1993.

② Harvey J., Beamish R., Defrance J., "Physical Exercise Policy and the Welfare State: A Framework for Comparative Analysis", *International Review for the Sociology of Sport*, Vol. 28, No. 1, 1993.

③ Tremblay M. S., Carson V., Chaput J. P., "Introduction to the Canadian 24 – Hour Movement Guidelines for Children and Youth: An Integration of Physical Activity, Sedentary Behaviour, and Sleep", *Applied Physiology Nutrition and Metabolism = Physiologie Appliquée Nutrition et Métabolisme*, Vol. 41, No. 6, 2016.

力地在运动中享受和表现自我。① 上述西方国家青少年体育活动促进政策注重采取综合性的干预措施，使孩子们能够养成良好的行为习惯。主要内容包括：一是从营养、睡眠、运动、久坐（屏幕时间）、社会适应等多个方面提出了总体的设计，尤其突出强调了体育运动（增加青少年肌肉力量，促进骨骼发育）和良好环境的重要性。养成良好行为习惯是青少年均衡发展，积极融入社会的基础，这也是西方国家进行系统干预的重点。二是量化儿童和青少年每天的运动量和强度，建立跟踪数据库，日常监测行为变化。各类政策提出的干预措施主要遵循3个基本原则：（1）身体活动多样性原则，即要求尽量多地参与不同类型和强度的活动；（2）量化原则，即对每天身体活动的量、时间、频率等明确设置了具体的标准；（3）过程性原则，即注重科学的运动方式和方法，将身体活动贯穿于每一天之中。三是青少年体育活动促进政策围绕总体目标（增加体力活动总量，提高体育参与水平，减少超重和肥胖），针对不同年龄阶段的孩子，从运动频率、持续时间、运动强度、运动类型等方面制定了细化的干预内容，而且都达到或超过了世界卫生组织的推荐水平。四是各层级与青少年体育相关的法律法规也建立了目录索引系统，以确保输入关键字就能够获得完整的文本和信息。② 政策执行监测是塑造青少年行为习惯不可忽视的环节。通过上文可以看到，建立跟踪数据库，检测儿童和青少年的行为变化已经成为这些国家政策的基本内容。这些机制的建立不仅能够及时有效地掌握孩子们的身体行为数据，而且也为调整和优化政策，采取进一步的干预措施奠定了基础。

第四，政策系统强化了协同实施。上述国家的相关政策不断优化协同运行架构，建立了交互式的公共管理制度。西方国家正在兴起的"新公共管理"改良运动是对传统网格化、多部门公共管理中的缺陷，以及公共利益泛化的积极回应，其更加强调效率和效力以外的价值，

---

① Wiersma L. D., Sherman C. P., "The Responsible Use of Youth Fitness Testing to Enhance Student Motivation, Enjoyment, and Performance", *Measurement in Physical Education & Exercise Science*, Vol. 12, No. 3, 2008.

② Carlson J. A., Sallis J. F., Chriqui J. F., et al., "State Policies About Physical Activity Minutes in Physical Education or During School", *Journal of School Health*, Vol. 83, No. 3, 2013.

尤其是进一步突出了民主的核心价值地位。政府在保障公共价值方面扮演着特殊的角色，但公民、企业、非营利组织作为公共问题的积极解决者也非常重要。因此，迫切需要立足公共价值提出一个有效的行动议程。[①] 在青少年体育治理中，尤为注重跨领域和跨部门的协同合作，重点围绕资源分配、体育课程设置、社区体育开展、体育环境建设等展开多样的管理和评估工作，其中加拿大和英国在这方面具有代表性。

综上所述，以公共体育政策为中心的决策充分反映出优质社会资源的总体布局和配置情况。一方面，西方国家的青少年体育活动促进政策类型比较完善，专业机构相对独立，所制定的指南和标准涵盖了各年龄阶段的孩子。另一方面，政策重点突出，对综合运动、营养、睡眠、久坐实践等提出了非常细化的协同干预措施。同时，为了保证取得良好的执行效果，相关政策还非常明确地要求建立定期的、动态的评估机制，全面跟踪孩子们的行为习惯情况。这些典型的经验和做法能够为进一步优化我国的青少年体育政策系统提供参考。

第四节 我国青少年体育活动促进决策权及西方国家的启示

长期发展中，我国形成了以政府（行政）为主导，社会力量广泛参与的青少年体育活动促进决策权制度。尤其是近10年来，党中央、国务院、教育部高度关注青少年体育发展，顶层设计，总体布局，连续颁布了一系列重要文件，扎实地奠定了进一步发展的政策基础。本章节着重对我国青少年体育活动促进的决策主体、总体内容，以及形成的特点和现存问题进行探讨，进而充分借鉴西方国家的优势经验，提炼出针对性的建议。

[①] Bryson J. M., Crosby B. C., Bloomberg L., "Public Value Governance: Moving Beyond Traditional Public Administration and the New Public Management", *Public Administration Review*, Vol. 74, No. 4, 2014.

一 我国青少年体育活动促进的决策权配置

(一) 我国青少年体育活动促进的决策主体

决策权的关键是主体建构,主要表现形式是进行总体战略布局,科学制定细化的政策(含行业标准)体系。我国青少年体育政策涉及体育、教育、健康、卫生等多方面的内容,其政策的制定机构也呈现多元化趋势。主要表现为中央政府从全局的角度制定宏观的青少年体育政策,为促进青少年体育活动开展进行顶层设计,明确青少年体育政策的目标导向,引导不同层级部门制定相应的青少年体育政策;同时充分调动社会组织、体育社会组织等多方力量共同参与青少年体育相关的政策,以促进青少年体育活动的开展。

第一,多层级的政府(行政)决策结构。青少年政策制定的主体多元化且层级分明,主要表现在:国家层面的顶层设计和战略布局,其中主要包括党中央、国务院做出的重大决策;国家各部委系统决策,颁布重要政策文件,其中包括教育部、中央文明办、国家发展改革委、民政部、财政部、共青团中央、国家体育总局等;地方政府为主导决策机构,根据相关文件精神,细化各类具有地方特色的政策法规,其中主要包括各地政府教育部门、体育(厅)局等。例如,2007年国务院颁布了《中共中央 国务院关于加强青少年体育增强青少年体质的意见》(中发〔2007〕7号),系统提出要推动学校体育科学发展,全面提升学生体育参与水平,促进他们健康成长。基于这一战略布局,2012年国务院又颁布了《关于进一步加强学校体育工作的若干意见》,其中明确提出要"保证中小学生每天一小时校园体育活动,制定并落实配齐专职体育教师计划,加大对青少年体育设施建设及运动场地的投入,健全学校体育风险管理体系;要进一步推进学校体育工作的开展,就必须要健全学校体育的监测评价机制"[1]。同时指出,学校监测评价机制包括完善学生体质健康测试和评价制度、实施学校体育工作评估制度、实行学校体育报告公示制度3个内容。依据该文件精神,2014年教育部印发了

---

[1] 国务院办公厅:《关于进一步加强学校体育工作的若干意见》(http://www.gov.cn/)。

《学生体质健康监测评价办法》《中小学校体育工作评估办法》《学校体育工作年度报告办法》3个重要实施办法,进一步完善了学校体育的制度体系与运行机制,为落实青少年体育政策提供了更为详细和精准的依据。在国家层面政策的指导下,各地方政府也积极响应,各省市教育部门也相继发布关于贯彻落实《学生体质健康监测评价办法》等3个办法的工作通知,积极完善各地学校体育的监测评价机制,以实现推动学校体育科学发展、促进学生健康成长的总体目标。总体来看,我国的层级决策机构体现出了快速集中资源,统筹布局方面的优势。

第二,非政府体育组织积极参与的决策结构。体育社会组织层面,包括体育社会团体、体育类民办非企业类单位、体育基金会以及未登记的体育社会组织等。作为公共体育关系的主体,体育社会组织旨在传达群众的体育利益和诉求,或是向政府提出各种政策建议和方案,协助公权力部门完善公共体育政策,维护公共体育利益。在我国青少年体育决策体系中,非政府体育组织(尤其是专项体育协会)日益发挥出了重要作用。例如,中国足球协会依托《关于加强全国青少年校园足球工作的意见》(国家体育总局、教育部等,2013),《关于加快发展青少年校园足球的实施意见》(教育部等,2015)等文件,积极参与到国家战略布局中,联合全国青少年足球工作领导小组办公室制定了《全国青少年足球体教融合发展政策清单》,对校园足球青训、足球场馆开放等具体内容进行了比较系统的规范,旨在发展青少年足球,构建体教融合的青少年足球发展新体系,深化青少年校园足球的改革,加快青少年校园足球的发展。[①] 同时,为了进一步推动青少年足球发展,中国足协赋予青少年体育协会(联合会)相应的业务决策权——各省市青少年体育协会(联合会)根据自身实际情况制订适合本地区发展的计划,并通过积极组织开展青少年体育赛事等措施,缓解青少年体育供给不足。在现实发展中,具有公益性质的青少年体育俱乐部也逐步被纳入专业决策体系之中。《青少年体育俱乐部命名资助办法》《青少年体育俱乐部管理办法》《青少年体育俱乐部服务标准》《青少年体育"十二五"规划》《青少年

---

① 中国足球协会、全国青少年足球工作领导小组办公室:《全国青少年足球体教融合发展政策清单》(http://www.thecfa.cn/qxwjxz/20180613/23733.html)。

体育"十三五"规划》等一系列政策文件都布局了青少年体育俱乐部的发展,并赋予其相对独立的业务决策权。社会力量的积极参与进一步拓展了我国青少年体育的发展结构,提升了整合社会资源的能力。

(二) 优化资源配置,多部门协同,优先发展青少年体育

第一,不断优化青少年体育活动资源配置。体育资源是青少年体育开展的物质基础,资源的多寡和优劣程度直接决定着青少年体育的发展水平。① 我国青少年体育发展的现实状况是青少年参与人群数量大,但体育资源供给存在很大的不足。② 资源相对稀缺情况下,在一定范围内应把有限的资源合理分配到各个领域中去,以实现资源的最优利用。③ 要实现青少年体育资源供给均等化,离不开政府切实有效的政策调控。④ 故要求作为青少年体育资源配置主导机构的政府,通过建立完善的政策系统对现有公共资源进行科学统一配置,以满足青少年体育发展的需求,实现效益最优化。青少年体育活动开展所需的资源主要包括物力资源、人力资源和财力资源等,主要途径包括:政府加大青少年体育投入;鼓励和引导社会资金进入;政府购买体育公共服务,拓宽国家体育基金支付力度;发挥市场主体作用,调控场地设施建设;等等。例如,《关于加快发展青少年校园足球的实施意见》(2015)、《关于强化学校体育促进学生身心健康全面发展的意见》(2016)、《青少年体育活动促进计划》(2017) 等多项青少年体育政策均提出要提升政府保障和支持力度,广泛吸引社会力量投资,拓宽资金来源渠道,等等。这些政策确立了青少年体育发展保障的基本格局。近年来,我国也不断加大了体育彩票公益金对青少年体育的支持,同时提升了政府购买体育公共服务的力度。国家体育总局发布的数据显示,2018 年国家体育总局本级体育彩票公益金用于资助或组织开展青少年体育活动达 38460 万元。在体育彩票公益金的

---

① 万炳军、曾肖肖等:《"健康中国"视域下青少年体育使命及其研究维度的诠释》,《体育科学》2017 年第 10 期。

② 刘扶民、杨桦等:《中国青少年体育发展报告(2016)》,社会科学文献出版社 2016 年版,第 2 页。

③ 吴燕丹、王聪颖:《资源配置视角下残疾人群众体育的现状、问题与对策》,《体育科学》2015 年第 3 期。

④ 刘宏亮、牛建军:《我国青少年体质健康促进政策困境及解决路径》,《体育文化导刊》2019 年第 11 期。

资助下，各地积极开展了冬季和夏季青少年"未来之星"阳光体育大会、奥运项目训练营、青少年 U 系列赛事、冬令营和夏令营、青少年体育俱乐部联赛、体育传统项目学校联赛、户外营地大会、青少年足球等系列活动，极大丰富了青少年体育活动内容，拓宽了开展青少年体育的渠道。① 在国家战略布局下，我国体育决策机构的重要任务就是统筹布局，确立重点领域，并进行资源整合，对青少年体育活动所需的经费、场地、人力资源等进行合理配置，不断筑牢青少年体育发展的基础。

第二，多部门协同决策，注重政策制定的联动性。青少年体育作为一个庞大的系统工程，其内涵越来越丰富，单纯靠一个部门难以完成，需要跨领域、多部门的协同决策管理。② 在我国青少年体育治理过程中，教育部、体育总局、卫生部、民政部、财政部等多部门联合，针对青少年体育治理中体育组织创建、体育经费筹措、体质健康、学校体育等方面形成联动机制，合理整合行政资源，构建完备的青少年体育公共服务工作保障体系。③ 近年来，我国青少年体育决策的整体趋势是政策制定机构不再受限于教育部门或体育部门，而是由单一部门向多部门转化，逐步形成青少年体育政策由多部门联合发布的局面。例如，青少年校园足球不仅涉及教育、运动、竞赛、财务资金支持等内容，还要求通过影视作品等大力宣传，故 2016 年教育部、国家发展改革委、财政部、新闻出版广电总局、体育总局、共青团中央 6 个部门联合发布了《关于加快发展青少年校园足球的实施意见》，从多个维度确立了青少年足球发展的方向。2017 年，体育总局、教育部、中央文明办、发展改革委、民政部、财政部、共青团中央 7 个部门联合发布了《青少年体育活动促进计划》，标志着开启了综合治理，其中对广泛开展青少年体育活动、加强青少年体育组织建设、统筹和完善体育活动场地设施、强化青少年运动技能培训、推进青少年体育指导人员队伍建设、加强对青少年体育

---

① 丰佳佳：《体育彩票公益金助力青少年体育蓬勃发展》，《中国体育报》2019 年第 8 期。
② 郭立涛、贾文彤：《我国青少年体育发展政策研究》，《成都体育学院学报》2013 年第 9 期。
③ 姜韩、柳鸣毅：《基于路线图方法的中国青少年体育公共服务体系构建》，《成都体育学院学报》2015 年第 5 期。

文化教育等方面进行了长远的规划。① 从这些政策文件可以看出，由于青少年体育促进活动涉及范围较广，不同部门间日益注重协同决策，针对各领域的突出问题提出了政策方案，实现了决策主体之间的有效联动。单一的决策部门向多部门协同参与的转变，在发挥不同决策机构的相对优势的同时，又提升了政策制定主体间的有效沟通，这不仅提升了青少年体育政策的科学性和针对性，也使其决策过程更加灵活和顺畅。

二 我国青少年体育活动促进政策的主要内容

第一，确立了青少年体育多维度发展的理念。近10年来，党中央、国务院、教育部高度重视青少年体育发展，从多个方面出台了一系列重要文件，确立"全面发展，培养社会主义建设者和接班人"的理念。② 习近平总书记在多次讲话中为青少年体育工作做出重要指示。2018年全国教育大会上习主席提出要"开齐开足体育课，帮助学生在体育锻炼中享受乐趣、增强体质、健全人格、锤炼意志"，对学校体育的发展提出了更高的要求。近年来国家相继出台的多项青少年体育相关政策，均是为了深入贯彻落实习总书记的讲话精神，加快推进健康中国及体育强国建设决策部署的表现。不论是从国家层面制定的为青少年体育治理活动提供活动导向的政策，还是部委、各级地方政府制定的实施政策，其始终是在党和国家高度重视青少年体质健康发展的基础之上制定的。

第二，重点布局，优先发展青少年体育。青少年体质健康水平下滑一直是社会关切的问题，近年来从中央到地方，从教育部门、体育行政部门到全社会，都在高度关注青少年学生的体质健康发展状况。③ 国家将青少年体育视为优先发展事项，在各个层面上制定了一系列政策，对其发展领域进行重点布局。2016年国家体育总局发布了《体育发展"十三五"规划》，提出整合资源，加快发展青少年体育。在此基础上，2016年9月国家体育总局发布了《青少年体育"十三五"规划》，进一

---

① 国家体育总局、教育部等：《青少年体育活动促进计划》（http://www.moe.gov.cn）。
② 刘扶民、杨桦等：《中国青少年体育发展报告（2016）》，社会科学文献出版社2016年版，第5页。
③ 王登峰：《强健体魄 健全人格——学校体育改革总体思路与路径》，《中国德育》2014年第4期。

步明确了青少年体育发展的主要任务。2016年国务院印发的《全民健身计划（2016—2020年）》强调要将青少年作为实施全民健身计划的重点人群，大力普及青少年体育活动，不断提高体质健康水平。① 2016年10月国务院发布的《"健康中国2030"规划纲要》也进一步强调将青少年作为健康促进的重点人群，并在体育活动时间、体育场地设施器材、体育参与频率等多个方面提出了要求。② 在全民健身和健康中国国家战略中，体育部门、教育部门着重对青少年体育发展进行了针对性的布局。2017年国家体育总局等7个部门联合发布的《青少年体育活动促进计划》，从体育活动、身体素质、体育组织、场地设施、专业人员培训、科学研究等方面提出了总体目标，并从完善学校体育，开展全国性专项体育活动，优化体育竞赛，深化开展校园足球、冰雪运动、民族传统体育，加大国际体育交流合作等方面确立了重点建设任务。通过这些政策法规可以看到，我国青少年体育活动促进已经形成了比较完善的政策体系，初步建立了涵盖面广泛的发展领域，这为全面提升青少年体育参与水平奠定了制度基础。

第三，以学校为主体，形成了各年龄阶段的全面覆盖。我国青少年体育政策在整合社会资源的前提下，针对不同青少年需求制定政策，内容广泛。主要表现在以下3个方面：一是依据不同年龄阶段的青少年体育存在的问题及现实需求制定政策。从学校层次和类型上看，我国已经针对幼儿、小学、初中、高中、高校等分别制定了相应的发展规划和工作标准。其中《高等学校体育工作基本标准》（教育部，2014）、《中小学校体育工作督导评估办法》（国务院，2017）、《关于开展足球特色幼儿园试点工作的通知》（教育部，2019）等的出台，确立了各类学校体育发展的总体依据。二是根据不同领域，分类制定了学校体育、竞技体育相关政策。其中与学校体育相关的《关于强化学校体育促进学生身心健康全面发展的意见》，与竞技体育相关的《关于加强竞技体育后备人才培养工作的指导意见》《奥运项目竞技体育后备人才培养中长期规划（2014—2024）》等政策法规分别对学校体育教育和青少年竞技人才培养方面进行

---

① 国务院办公厅：《全民健身计划（2016—2020年）》（http：//www.gov.cn/）。
② 国务院办公厅：《"健康中国2030"规划纲要》（http：//www.gov.cn/）。

了细化规定。三是针对不同运动项目发展，制定了比较完善的政策法规。近年来，《关于加快发展青少年校园足球的实施意见》《关于开展全国青少年校园网球试点工作的通知》《体育传统项目学校中长期发展规划（2015—2020）》《关于校园篮球推进试点工作的通知》等政策法规都分别对不同体育项目的发展进行指导规划。从现实发展看，青少年体育问题是综合复杂的，故相关政策的涵盖领域和内容也是多方面的。经过40多年的建设，我国已经形成了以学校体育为中心的政策体系，同时辐射各运动项目发展，其中校园足球、高尔夫等系统性工程具有特色。

第四，全面细化了不同主体的责权利。青少年体育治理涉及范围较广，需要多个部门协调合作来完成，而依靠多个部门共同治理则易发生责任不明、互相推卸责任或效率低下等状况；如何权衡政府各部门间的职权划分、协调各部门间的工作内容并联合工作成果成为青少年体育决策过程中需要解决的主要问题。[1] 决策者行为一般由责任约束、权力保证、利益推动，为保证决策行为合理化，青少年体育决策应建立起与权力结构相适应的利益结构。[2] 在我国青少年体育治理中，决策时根据不同主体的优势，对其权责进行划分：教育部门、体育部门主要负责青少年体育活动的开展，公安、医疗部门负责青少年体育安全保障，新闻出版广电总局负责青少年体育活动宣传推广，卫生部门则主要负责青少年营养卫生相关问题。我国青少年体育政策突出强调了政府、社会、家庭、社区等在促进青少年体质健康全面发展中的主体责任。[3] 2016年国务院办公厅发布的《关于强化学校体育促进学生身心健康全面发展的意见》明确规定，要强化国务院有关部门在加强青少年体育工作中的责任，按照职责分工，落实好深化学校体育改革的各项任务。[4] 2017年教育部、国家体育总局颁布的《关于推进学校体育场馆向社会开放的实施

---

[1] 王志学、刘连发等：《我国青少年体育发展的时代特征与治理体系探究》，《体育与科学》2017年第5期。

[2] 周丛改：《体育强国目标下青少年体质健康促进机制探讨》，《成都体育学院学报》2011年第6期。

[3] 张磊：《我国青少年体质健康促进"主体责任"落实困境及其消解》，《体育学刊》2019年第3期。

[4] 国务院办公厅：《关于强化学校体育促进学生身心健康全面发展的意见》。

意见》明确规定，推进风险防控和安保机制建设，要求各地教育、体育部门要协调当地公安、医疗等部门建立健全有关加强学校体育场馆开放安全保卫方面的工作机制；学校则负责协调周边社区和街道制定具体场馆开放的安保实施方案和突发事故紧急处置预案。[1] 2017年国家七部委联合发布的《青少年体育活动促进计划》也规定，明确主要权责主体，优化青少年体育组织体系，要求体育部门协调相关部门完善相关标准体系，民政部门负责培育社区青少年体育社会组织，教育部门则应支持校内青少年体育俱乐部、学生体育社团、体育兴趣小组等组织建设。[2] 这些文件都体现了我国青少年体育政策制定时强调细化青少年体育治理活动中各类主体的责权利，奠定了管理和实施的依据。

第五，政策注重提供多层次的保障。青少年体质健康服务体系的保障机制是保障决策者的决策意志实现的机制[3]，根据青少年体育活动的开展所主要依托的场地建设、经费支持、组织培育等多方面的保障内容[4]，我国青少年体育政策对青少年体育保障内容进行了重点部署。为保障我国青少年体育活动的顺利开展，国家在具体的政策内容中对政策实施的保障措施都有明确规定。《关于加快发展青少年校园足球的实施意见》（教育部，2015）、《关于强化学校体育促进学生身心健康全面发展的意见》（国务院，2016）、《青少年体育活动促进计划》（国家体育总局，2017）等文件都在保障措施中对经费资源、场地设施资源、人力资源、安全保障资源、督查评估等多方面做出明确的要求。此外，针对保障青少年体育开展的不同方面，国家还发布了多项专门性政策，为保障青少年体育政策的实施提供具体的措施与规范。一是不断加大经费支持力度。2017年国家体育总局印发了《中央集中彩票公益金资助青少年体育活动管理办法（试行）》，提出要不断加大资金支持力度，建立专款

---

[1] 教育部、国家体育总局：《关于推进学校体育场馆向社会开放的实施意见》。
[2] 国家体育总局、教育部等：《青少年体育活动促进计划》（http://www.sport.gov.cn/）。
[3] 肖林鹏、孙荣会等：《我国青少年体质健康服务体系构建的理论分析》，《天津体育学院学报》2009年第4期。
[4] 刘扶民、杨桦等：《中国青少年体育发展报告（2016）》，社会科学文献出版社2016年版，第73页。

专用制度，推动青少年体育活动广泛、深入、持久开展。近10年来，我国在青少年体育方面的投入不断增加，2018年仅对青少年体育赛事方面的投入就达到了11.7亿元人民币。[①] 二是实行学校体育场地设施标准化。2000年以来，国家相关部门颁布了一系列法规对各层次各类型学校的体育场地配置进行了标准化的规定。例如，2004年教育部颁布了《普通高等学校体育场地基本要求及体育器材配备目录》；2007年教育部颁布了《中小学体育器材和场地》国家标准；2012年住房和城乡建设部颁布了《中小学校体育设施技术规程》，2014年教育部颁布了《高等学校体育工作基本标准》，等等，这些都为青少年在课余时间及节假日的体育活动的开展提供了标准化的条件保障。三是不断突出安全保障。2015年，教育部印发了《学校体育运动风险防控暂行办法》，从管理者的职责、风险防范常规要求、事故处理等方面对学校体育运动风险防控进行规范指导，以保障学校体育工作健康安全地开展。[②] 四是强化青少年体育工作的督查评估。2014年，教育部发布的《学生体质健康监测评价办法》《中小学校体育工作评估办法》《学校体育工作年度报告办法》等，以及2017年国务院教育督导委员会办公室印发的《中小学校体育工作督导评估办法》等，都明确规定了学生体质监测的程序和措施，提出了学校体育工作的评估标准。尤其是提出要建立长效的动态评估制度，细化对各类管理主体的监管和绩效考核。

三　我国青少年体育活动促进决策的优势与不足

（一）我国青少年体育活动促进决策的显著优势

第一，国家高度重视，顶层设计布局逐渐完善。我国将青少年体育纳入国家战略，通过一系列专项活动全面拓展。目前，以阳光体育、青少年体质检测、体育联赛、校园足球等为主体的布局逐步深入。顶层设计突出了对不同主体的权力配置，细化了责权利，尤其是教育系统、体育系统、公共卫生系统等国家多部委建立了决策联动机制，进一步促进了青少年体育的纵深发展。

---

① 《体育总局将加大青少年体育投入》，《人民日报》2018年第5期。
② 教育部：《学校体育运动风险防控暂行办法》（http://www.moe.gov.cn）。

第二，决策制度优势突出，能够集中资源优先发展青少年体育。制度建设一直是我国发展青少年体育的重要举措，青少年体育制度主要包括两个方面，一是纲领性文件，二是核心工作的制度[①]，其发挥出了统筹全局，重点支持，优先发展的重要作用。尤其是在"健康中国"和"体育强国"两大战略背景下，通过青少年体育政策的发布，更有利于集中整合资源发展青少年体育。

第三，青少年体育政策目标明确。各层级政策制定主体始终围绕着"立德树人"、"健康第一"的指导思想进行决策。青少年体育政策的目标，则可以理解为政府机构以及其他组织为了解决青少年体育领域的问题，通过政策工具的设计所要实现的预期和效果。[②] 从现实发展看，各级政府、国家部委等制定政策的目标十分明确，均确立了鲜明的青少年体育发展理念，细化提出了各阶段的工作任务目标和组织保障。

（二）我国青少年体育活动促进决策的不足

近年来，针对青少年体质健康状况不容乐观的现实情况，国家战略布局，系统决策，出台了一系列重要政策法规，为青少年体育发展奠定了基础。但是也应该看到，我国青少年体育发展存在着复杂多样的影响因素，相关决策，尤其是政策制定方面还存在着一定的问题。主要体现在以下几个方面：

第一，多元主体参与决策的力度不够。体育治理体系现代化强调在体育事业发展中，政府、社会、市场之间构建一种规范化理性的权力分享、责任分担、资源共享、合作共治的稳定关系模式和体育治理格局。[③] 在推进治理体系与治理能力现代化的新时代，公共治理不再局限于各级政府部门，其主体呈现多层化、多中心化趋势，多层化是指权力纵向分为中央、省市、地方各级政府，多中心化是指权力横向

[①] 万炳军、曾肖肖等：《"健康中国"视域下青少年体育使命及其研究维度的诠释》，《体育科学》2017年第10期。

[②] 张文鹏：《英国青少年体育政策的治理体系研究》，《北京体育大学学报》2017年第1期。

[③] 杨桦：《中国体育治理体系和治理能力现代化的概念体系》，《北京体育大学学报》2015年第8期。

分化对应的多元主体参与公共事务管理。① 故在推进青少年体育治理体系与治理能力现代化的过程中，政府与社会、市场等多部门、多机构合作共治是形成稳定青少年体育治理格局的关键。体育社会组织作为青少年体育政策的制定机构与政策最终受益主体之间的重要联结，能够及时发现青少年体育促进活动中存在的现实问题，对青少年体育决策具有重要作用。而由于我国体育社会组织存在政策参与意识的积极性不足、政策参与内容的政治化程度不高以及政策参与路径的程序化不强等现象，同时存在政策参与空间受到传统管理体制的限制、政策参与活动受到现有法律框架的制约等问题，因此使得我国社会组织参与度不高，其对决策产生的影响力较弱。② 除体育社会组织政策参与程度较低外，我国体育智库对青少年体育决策过程的参与力度也明显不足。体育智库虽不直接决策，但其能够通过对专业学科的研究，生成针对各个细分领域的分析报告，为决策者提供决策咨询，进而影响体育政策。③ 体育智库对青少年体育决策参与不足主要表现为：主要是对现行政策进行解读，并未真正地参与到政府决策咨询中，且还存在着研究成果质量不高等问题，从而导致体育智库在青少年体育决策中未能充分发挥作用。④ 我国青少年体育治理活动的决策过程，虽已形成了权力纵向分布多层化的治理体系，但在实现多中心化，即横向分化对应的多元主体参与力度方面仍需加强，多元主体对青少年体育政策参与存在明显不足的现象。随着依法治体进程的逐步深入，以往将政府作为单一决策主体的观念已经不合时宜，迫切需要优化决策权体系，纳入专业力量。

第二，青少年体育的政策灵活性不足。我国幅员辽阔，地域、城乡经济水平差异大，不同地区政府对于青少年体育的重视程度不尽相同，

---

① 鲁长芬、丁婷婷、罗小兵：《美国青少年身体活动的治理历史、特征与启示》，《北京体育大学学报》2019年第8期。
② 高跃、刘艳：《新时代我国体育社会组织政策参与研究》，《体育文化导刊》2019年第3期。
③ 易剑东、任慧涛：《中国体育智库建设研究》，《武汉体育学院学报》2015年第7期。
④ 杨国庆：《体育治理视野下我国高端体育智库的建设研究》，《体育科学》2017年第12期。

相关政策和措施大相径庭。①《2018年国家义务教育质量监测——体育与健康监测结果报告》显示，我国学生的体质健康状况、体育兴趣态度与健康习惯、学校体育实施情况等都存在明显的地区差异。体质健康方面，从区域差异看，东、中、西部地区学生肺活量水平依次下降；从城乡差异看，城市学校学生的肺活量高于农村学校学生。②可见，青少年体育在现实发展中会受到地区经济发展水平的影响，呈现较为明显的区域差异。地方政府享有自主决策权，应当充分发挥青少年体育治理的主体作用，根据所辖地域的现实情况一体化制定发展规划。但是从我国近10年青少年体育政策的梳理情况看，很多地方还未能充分考虑差异性和本地域的特色，针对性地出台适合当地的政策，"一刀切"的现象比较严重。甚至很多地方省市没有形成有效的制度网络，学校体育和青少年体育工作滞后，不能提供基本的资源和条件保障。同时，决策系统的失灵也在很大程度上造成青少年体育管理和实施制度僵化，国家政策的执行力和落实程度不尽如人意。

第三，决策较为缺乏长期的跟踪循证支持。青少年体育活动促进决策权的监管主要包括两大方面：一是决策需要获得循证支持，确保决策的科学可行；二是决策要及时向社会和公众公布，并使利益相关者参与其中，确保决策的民主性与透明性。③科学的循证支持需要通过数据指标、专业化研究等对青少年体育治理的现实发展状况进行分析，为决策者提供科学有效的信息支持。在我国青少年体育决策过程中，体育智库对决策的参与和支持力度仍然存在很大的提升空间，专业社会资源介入不足，这在很大程度上影响了政策制定的系统性和长效性。自上而下的政府垂直管理中存在着传统体制下垂直化条块分割的管理体制壁垒，使得上下级部门间的信息沟通受到阻碍，当新的问题产生后，需要通过各

---

① 李艳：《我国青少年体育政策发展研究》，《安徽工业大学学报》（社会科学版）2018年第6期。
② 教育部：《2018年国家义务教育质量监测——体育与健康监测结果报告》（http://www.moe.gov.cn/jyb_xwfb/gzdt_gzdt/s5987/201911/t20191120_409046.html）。
③ 宋亨国：《西方国家青少年体育活动促进治理的研究述评——基于权力配置视角》，《体育科学》2019年第2期。

部门逐级上报，最后由上级进行决策解决问题。① 政府单一条线管理的限制，使其在治理过程中无法覆盖全部系统，进而导致了青少年体质健康促进治理的主动性及反应能力低下。② 近年来，我国经济社会快速发展，青少年体育环境不断发生改变，但政策的制定与调整过程缓慢，难以应对不断变化着的青少年体育发展环境。③ 这在很大程度上影响了政策制定机构对青少年体育活动中新问题的反应能力，无法在新问题出现的第一时间获悉，因而也不能针对新问题及时做出反应并制定相关的政策进行回应。从根本上讲，循证是一项制度，它要求打破各层级管理之间的壁垒，建立大数据、跨学科理论相互融合的政策研制平台。在经济社会深化改革进程中，更加需要精准化的顶层设计，从权力分配、资源配置、现实问题、生态环境、条件保障等各个方面优化我国青少年体育活动促进政策系统。

四 西方国家青少年体育活动促进决策权运行的启示

第一，进一步吸纳社会力量参与决策。通过上文分析可以看出，我国与典型西方国家的青少年体育活动促进决策权主体存在很大的差异。西方国家一般有两种类型：一是以美国为代表的完全以"非政府组织"为决策机构；二是以英国、澳大利亚等为代表的政府与社会组织协同的决策机构。英、美等国家的青少年体育政策制定呈现出多部门、多机构、多组织协作的特点。我国主要是以政府（含行政机构）为主要决策权主体，一方面是以政府为主导的层级决策机构，如中央政府、地方政府、区县政府等；另一方面是以职权行政机构为主导的决策权机构，如教育系统形成的政策制定机构。近年来，党中央、国务院、教育部高度重视青少年体育活动开展，不断优化顶层设计，总体进行了战略布局，尤其是在各层级的决策中，确立了新的治理理念，充分发挥"智

---

① 李冲、史曙生、刘路：《青少年体质健康促进治理现代化：内涵、阻碍与发展路径》，《武汉体育学院学报》2018年第11期。
② 李冲、史曙生：《精准治理：青少年体质健康促进治理范式的转换》，《上海体育学院学报》2019年第4期。
③ 秦婕：《基于政策视角下的青少年体质健康促进研究》，《西安体育学院学报》2015年第1期。

库"的作用，这是一种不同于西方国家决策的制度体系，日益发挥出显著的作用。在深化改革进程中，青少年体育活动促进决策广泛需要专业力量支持，尤其是需要依法赋权，针对不同领域建立协同决策框架，这是当前的重要任务之一。

第二，加大循证支持力度，注重制度建设。西方国家制定的政策注重循证支持，针对各年龄阶段的孩子提出了细化的要求，尤其是注重明确各方主体的责权利，并设置量化指标进行定期评估。相对而言，我国相关政策制定进行大规模循证论证的力度不足，量化的指标不够清晰，在整体决策中，对相关主体责权利和实施效果的评估和评价机制不健全。检视近5年我国出台的有关青少年体育政策，其中有关量化评估的内容较为缺失，同时对拓展社区体育、家庭体育的相关规定严重不足。针对这些多发问题，我国应进一步将青少年体育活动促进作为一个相对独立的领域，提升决策的循证支持力度，分层分类完善协同政策实施的制度体系。从现实情况看，学校体育仍然是当前我国制度建设的重点，需要进一步给予其自主权，加大指导、保障和监管力度。只有实现了高质量的学校体育，才有可能逐步实现与社区体育、家庭体育的融合发展。

第三，要突出青少年体育活动促进工作监管与评估制度设计。西方国家青少年体育决策注重对主体权力、资源环境、参与情况等的监管和评估，建立了比较有效的运行机制。我国青少年体育政策比较缺乏监管和评估方面的规定，尤其是对责任和追责方面的规定不足。通过上文分析可以看到，监管和评估机制的不健全，已经引起了执行力度不够、政策落实不到位等突出问题。依据"依法治体"的总体要求，权力监管和绩效评估是提升治理水平和能力不可或缺的基本手段。当前我国青少年体育活动促进已经形成了宽覆盖的基本局面，但是工作开展深度、细致程度、条件保障、参与水平等方面还存在着十分突出的问题，甚至很多学校连基本的体育课都无法保障。基于这些现实问题，需要建立长效的监管和评价机制，并加大问责的力度。

本章小结

决策权在治理权体系中占据着关键位置，其通过顶层设计进行总体战略布局，并通过专业管理机构实现资源优化配置，核心是建立科学的权力配置和运行制度。决策权需要依据经济社会发展不断实现动态的建构，尤其是在复杂的利益关系中，依法确立"导向性"的价值理念。从现实发展看，青少年体育活动促进已经成为世界各个国家公共事务中的优先事项，形成了各具典型特色的决策模型，其中以美国的"非政府组织主导型"、英国的"政府和非政府组织协同型"为代表。很多西方国家的青少年体育活动促进决策依赖完善的国家立法和专业机构，建立了全面覆盖的政策系统，其中突出强调权力运行的监管和评价。我国青少年体育活动促进主要采取的是以行政力量为主导的决策权体系，建立了权力集中的层级决策制度。这一制度能够集中整合社会优质资源，自上而下进行青少年体育发展布局。随着依法治体的逐步深入，党中央、国务院、教育部，以及地方政府日益高度重视青少年体育开展，尤其是近10年来，颁布了一系列重要的政策法规，这为建立健全青少年体育参与网络奠定了基础。但是也应该看到，我国青少年体育治理也存在不少问题，在下一阶段的发展中，应立足现实中的突出问题，进一步提升政策的循证支持力度，建立细化的评价指标，同时支持和鼓励有资质的专业社会力量积极参与到决策过程中。

第五章　青少年体育活动促进的管理权及其运行

管理权是青少年体育活动促进治理的载体，承接着决策权和实施权。依据元治理理念，管理权主要呈现出"网格化"形态，每一类管理主体在相对独立的领域中有着清晰的权力界限。从权力类型上看，青少年体育活动促进管理权进行条块分割，构建起了以社会体育活动促进、学校体育活动促进、家庭体育活动促进为中心的权力配置模型。我国在青少年体育深化改革进程中，还面临管办不分、职责不清等突出问题，当前主要的任务是全面优化管理秩序，提高治理效率。

第一节　青少年体育活动促进管理权的内涵

青少年体育活动促进管理权的核心是进行社会资源的合理配置，规避不同主体间利益冲突，其运行遵循公共治理框架，以实现体育权益为根本目的。在广泛的社会关系（利益关系）中，青少年体育活动促进管理权必须建立一体化发展模型，实现多方主体协同治理的效力。

一　青少年体育活动促进管理权的生成

从权力生成机理看，青少年体育活动促进管理权的核心是将各类主体纳入公共权力运行框架，依法配置相应领域的权力，采取多种手段规避利益冲突，实现既定目标。管理权是治理进程中进行指导、组织和控制的重要内容和有效方式，在体育领域中，它还包括道德自律，以及各种绩效目标评定。① 青少年体育活动促进管理权的生成主要包括以下几个方面的内容。

第一，青少年体育活动促进管理权生成的利益冲突动因。"领域发展本身虽然没有改变，但它日益与所设置的权利标准和提供的资源发生着密切联系。"② 这反映出了公共领域发展的基本规律——负责任的公共机构享有设置标准的自治权，其权力主体地位和身份的确立必然推动资源的倾斜和利益的实体化。③ 青少年体育管理已经成为利益相关者长期关注的话题，不同层级的管理者已经认识到了本土休闲文化向高度资本化、覆盖全球的产业转型中所面临的艰巨挑战，其中权力和所有权结构、决策和责任制是关键。④ 体育虽然是一种世界通用的语言，但是在不同的文化、经济、政治、宗教等环境中，人们对其规则之治的认知和价值取向存在很大差异，这就会造成一定的冲突。其中一方面表现为自身内在需求和体育供给不足的冲突；另一方面则表现为不同文化认知间的冲突。利益冲突必须要经过利益调和或融合，这是权利形成和拓展的必经之路。人权的融合需要各种条件和资源的积极支持，其最终目的是实现一体化发展。青少年体育活动促进所面临的利益冲突需要通过整合资源，不断满足根本性的需求为先决条件。在新的历史时期，"体育健康促进"日益成为社会主流价值观，这为青少年体育发展奠定了共时性的基调。深层次的观念变革自然引发了对权力秩序的重新认知，传统的行政层级管理体系难以适应当前发展，迫切需要新的、多样化的、高效的管理权配置。解决青少年运动不足的问题是非常重要的，特别是要对他们的闲暇时间进行有效管理，同时也应以家庭、学校和社区为主体，实施一个强有力的、覆盖面广的、以需求为基础的体育干预计划，以促进儿童和青少年形成积极健康的

---

① Healey D., "Governance in Sport: Outside the Box?", *The Economic and Labour Relations Review*, Vol. 23, No. 39, 2012.
② Uvin P., *Human Rights and Development*, Bloomfield, CT: Kumarian Press, 2004, p. 173.
③ Agergaard S., La Cour A., "Governing Integration through Sports", *Nordic Journal of Migration Research*, Vol. 2, No. 6, 2012.
④ Grix J., "The Impact of UK Sport Policy on the Governance of Athletics", *International Journal of Sport Policy*, Vol. 1, No. 31, 2009.

生活方式。① 在公共利益的总体框架下，青少年体育活动促进不同领域的冲突也形成了针对性的权力类型，它们各自享有自主权，彼此协同作用，不断拓展丰富了管理权体系。而从国家层面看，政策决策者（制定者）和供资机构似乎做出了一系列（隐含的、未经检验的）设想，因此坚持治理原则能够有效提升体育组织管理的效果，也就是说，绩效责任管理产生了效能，它已经成为国家体育管理机构的基本要求。② 青少年体育发展被纳入国家战略，这提升了管理权的定位和层次，需要厘清复杂的利益关系，总体设计各种矛盾和冲突的调解机制，同时提出了绩效评估的针对性意见，这些都对权力主体提出了更高要求。

第二，青少年体育活动促进管理权生成的资源配置要素。与条件支持不同，积极的资源支持是关于合作与建设方面的。积极的资源支持旨在实现更为广泛的发展目标，加强立法机构、社会（公益）权威组织、权利组织、企业、俱乐部等的有机组合，建立资源融合机制，系统开展促进青少年体育参与的各种活动和项目。从某种程度上看，这也是采取民主措施，实现"善治"的具体体现。但是也应该看到，确保人权的成果并不容易，不论社会的经济水平发展好坏，促进人权，实现民主化进程都是非线性的、难以预测的，甚至会产生混乱。因此，政策的制定需要进行不断的调整和完善，并要远见卓识地保持持久性。在有效的制度体系中，应清晰明确地确定青少年体育活动促进的决策权和管理权，而不应该将重心放在旁枝末节上。决策权的确立可能会削弱一些主体权力，并附加问责机制，这就可能会造成组织内部一致对抗外部压力的情况。大多数积极的资源支持体系，无论表面上看起来多么有希望，多么华丽，但都存在内部利益矛盾，严重时会影响整个系统运行，这就要求在决策时，要对各类管理和实施主体的工作环境、工作流程、工作方式、实施工具等进行全面细致的考量，并提出针对性解决方案；而在层级治理架构

---

① Roy P., "A Cross-Sectional Study on Leisure Time Management and Physical Activity Index among Female Adolescent Medical Students in Delhi", *Indian Journal of Youth and Adolescent Health*, Vol. 1, No. 1, 2014.

② Grix J., "The Impact of UK Sport Policy on the Governance of Athletics", *International Journal of Sport Policy*, Vol. 1, No. 31, 2009.

中，也需要强制性地明确各类主体的责权利，设置不同阶段目标。[①] 无论是外部资源还是内部资源，都需要进行统筹设计，甚至在很多时候要进行有针对性的整合，离开了切实资源配置，权力也就失去支撑的载体和运行的基础。青少年体育活动促进管理权是以公共资源优先配置为现实要求，不论存在怎样的利益关系，这都是必须要遵循的基本原则。青少年体育活动促进系统的良性运行依赖科学决策，以及管理和实施的细化，每一类权力都应清晰地标明实效、考核（评价和激励）和问责。资源性质决定权力属性，青少年体育活动促进管理权具有典型的公共权力属性，这为全面拓展和系统化其内涵确立了依据。

第三，青少年体育活动促进日益呈现出专业化管理的诉求。20世纪初以业余组织和志愿者组织为主体的体育管理模式逐渐发展演变为今天日益专业化和行政化的管理体系，各种组织也根据需要而不断调整和改变管理架构和结构；社会对组织角色和责任的期望值不断提高，这在很大程度上导致它们日益重视专业化程度，以此作为确保和保护其声誉的一种途径。[②] 青少年运动不足已成为社会各界关注的焦点问题。近年来，党中央、国务院、教育部连续颁布了一系列重要文件，明确将其纳入"依法治理"体系，旨在全面提升青少年的体育参与水平。在国家战略布局中，青少年体育活动促进的专业化管理诉求日益显现，这是全面落实各项决策的重要载体。体育管理者是在众多精英中选出的，他们有责任管理赛事，最大限度提高利润，并与支持者建立广泛有效的联系。在民主与法治的语境中，体育管理机构要确立合法性身份，并采取自律措施，不断提升行业权威性。[③] 道德实践是需要确立的核心管理理念之一，其深刻反映出管理透明和廉洁的必要属性，权威组织、媒体、体育参与者等也不能例外，组织的自律管理可以视为其取得成功的决定性因素，因为它与所有关键利益相关者的声誉有关；任何不必要的紧张关系、不利的宣传，以及对个人声誉的损害都缘于对组织自律理念的违

[①] Uvin P., *Human Rights and Development*, Bloomfield, CT: Kumarian Press, 2004, p. 173.

[②] Sherry E., Shilbury D., Wood G., "Wrestling with 'Conflict of Interest' in Sport Management", *Governance: The International Journal of Business in Society*, Vol. 7, No. 267, 2007.

[③] Hassan D., Naha S., "Introduction: Ethical Concerns in Sport Governance", *Sport in Society*, Vol. 21, No. 721, 2017.

背,这些都会影响治理的效果。① 青少年体育专业化管理诉求一方面体现在需要全面建构专业化的管理体系,其不仅要求传统单一的行政主体进行角色转型,而且突出强调广泛纳入有资质或授权的社会组织,这种合法性身份的确立将是当前过渡时期的关键任务。另一方面,法治作为外部力量具有应然的法律效力,但从专业化视角看,行业自律是青少年体育活动促进管理不可或缺的要素,如果失去了践行社会责任的内在要求,既定的目标任务就失去了承载的根基。

第四,赋权是青少年体育活动促进精准管理的重要推动力。20世纪70年代,源自社会活动家意识形态(思想体系)的赋权理论逐步被引入公共卫生领域。赋权是指从人格、认知和动机方面形成的对自己生活的掌控感,主要表现在情感层面、自我价值观念层面和改变周围环境能力层面。② 在健康促进方面,赋权被认为是一个过程,人们能够获得对影响他们健康决策和行动更大的控制权,其常常与社会系统和社区改革紧密联系。③ 赋权作为一个目标是控制生活质量的决定因素,而赋予权力是一个创建专业关系的过程。在这种关系中,客户端或社区需要确定既定目标,采取针对性措施(手段)来监控改变的进程。提升青少年体育参与水平的根本还是要让孩子们积极进行身体体验,这种自主性的赋权需要外部因素的推动。专业化的管理能够提供多样的、均等的机会,这一过程的实质就是激发青少年潜在的体育需求,改变他们的行为习惯。赋权是一个包含多层次的结构,既包括个人对生活的影响,也包括群体活动和社会活动的参与,其主要强调控制、自主性、能力、自我效能、贡献和参与。④ 赋权应尽量减少专业人员的直接干预,而应由需要支持的个人或组织负责整个变革过程。也就是说,这些个人或组织应积极参与解决问题方案的制定和执行过程,专业人士主要是扮演推动者

---

① Wieland J., "The Ethics of Governance", *Business Ethics Quarterly*, Vol. 11, No. 73, 2001.
② Koelen M. A., Lindström B., "Making Healthy Choices Easy Choices: The Role of Empowerment", *European Journal of Clinical Nutrition*, Vol. 59, No. 10, 2005.
③ Koelen M. A. & Van Den Ban A. W., *Health Education and Health Promotion*, Wageningen Wageningen Academic Publishers, 2004, p. 66.
④ Tengland P. A., "Empowerment: A Conceptual Discussion", *Health Care Analysis*, Vol. 16, No. 77, 2008.

或促进者的角色。当专业人士就如何加强个人控制提供指导时，可能会出现矛盾——专业人士需要远离权力、控制和决策，而需要提升被支持者的影响力。专业人士在这种变革过程中成为了合作者（但他们也享有重要的发言权，也是授权项目的一部分），但也必须看到，这一转变的实质是由强迫做出改变转向为自愿做出改变。因此，专业人士如果能够让被支持者做出决策，其赋权程度就越大，同时增加被支持的个人或群体的影响力也就越强。专业人士在改变的过程中成为合作者，但必须意识到，影响的程度和范围从强迫人们做出改变，到让人们自己做出改变。[1] 这里提出了一个新的命题，即如何以个体为中心进行精细化的引导和干预，让青少年自觉发生行为的改变。青少年体育参与并不是法律意义上的应当行为，因此不具有强制性和义务性，这对系统治理提出了更高的要求。如果仍然是按照传统的平面化设计和管理，恐怕很难再取得突破，这就需要做出积极的转变，不断创新管理思维，积极进行介入式、合作式、镶嵌式等模式的管理。

二 青少年体育活动促进管理的理论模型

（一）青少年体育活动促进管理观念的转型

前文已述，治理是一个组织或组织网络（社会系统）进行自我引导、资源分配，进行协调和控制的过程。[2] 青少年体育涉及因素广泛，需要系统治理。系统治理关注各体育领域内管理主体之间的利益关系，其中包括在复杂商业和政策环境中各利益相关者之间的竞争、合作和协调，尤其是包含着管理机构、体育俱乐部、政府、企业、媒体等在内的各方进行谈判的必要性。[3] 从现实情况看，青少年体育开展不能仅依赖某一类管理主体。长期以来，西方国家以体育非营利组织和志愿者为主体广泛开展青少年体育工作，但是随着全球经济的衰退，此类组织的管

---

[1] Tengland P. A., "Behavior Change or Empowerment: On the Ethics of Health-promotion Strategies", *Public Health Ethics*, Vol. 5, No. 140, 2012.

[2] Rosenau J., "Governance in the Twenty-first Century", *Global Governance*, Vol. 1, No. 13, 1995.

[3] Winand M., Anagnostopoulos C., *Research Handbook on Sport Governance*, Edward Elgar Publishing.

理能力受到了很大的限制,尤其是投资和经费支持能力;[1] 同时一些重要人力资源也日益缺失,多个能力维度内的关键要素(人力资源、财务、基础设施、规划和发展、外部关系)运行不畅,这些都使得其无法进一步深入开展各类活动。[2] 面对这一困境,"组织伙伴关系"理念逐渐被引入,并以此为中心构建形成了新的管理模型。组织伙伴关系已经被突出地视为非营利体育组织应对这些挑战,提升管理能力的有效策略,特别是与政府、企业、其他社会服务机构的跨部门合作被作为重点。[3] 在很多学者看来,跨部门伙伴关系涉及不同领域资源的整合,以及相关参与者的执行能力,其有望为解决经济、社会和环境问题提供新的思路和方案。跨部门伙伴关系为稳定资源环境,提高组织管理能力提供了机会,有助于满足公众对公共事务管理有效性的期望。[4] 全面提升青少年体育参与水平依赖于多领域多部门之间的有机协调运作,这在一些西方国家已经形成了比较成熟的做法。罗德里克·罗德斯认为,治理具有两个主要的维度。一是,治理是一种网络化结构,其间有大量的利益相关者,他们需要民主协商,以不断交换资源,因此跨部门互动不可避免。欧盟委员会强调新利益相关者在欧洲体育发展中的重要性,这与网络化的治理概念有关,其中权力和权威都在整个网络和资源中进行了配置,而不是集中由一方掌握。二是,善治必须遵循有效、透明和民主管理原则,欧盟所倡导的青少年体育治理不同于其他国家,其突出强调教育机构、体育组织、职业体育联盟之间的合作,将以确立和输出文化价值,实现均衡发展为核心。[5] 欧洲委员会已经注意到民主、代表、对话等在欧洲青少年体育发展中的重要

---

[1] Lee C. & Nowell B., "A Framework for Assessing the Performance of Nonprofit Organizations", *American Journal of Evaluation*, Vol. 36, No. 299, 2015.

[2] Doherty A., Misener K., Cuskelly G., "Toward a Multidimensional Framework of Capacity in Community Sport Clubs", *Nonprofit and Voluntary Sector Quarterly*, Vol. 43, No. 124, 2014.

[3] Head B. W., Alford J., "Wicked Problems: Implications for Public Policy and Management", *Administration & Society*, Vol. 47, No. 711, 2015.

[4] Van Tulder R., Seitanidi M. M., Crane A., "Enhancing the Impact of Cross-Sector Partnerships", *Journal of Business Ethics*, Vol. 135, No. 1, 2016.

[5] Rhodes R., *Understanding Governance: Policy Networks, Governance, Reflexivity and Accountability*, Buckingham: Open University Press, 2007, p. 47.

性，这对每一个利益相关者和治理机构都至关重要。需要注意的是，善治和网络化治理是相辅相成的，因为人们希望参与网络化治理的人遵守善治原则，而善治有效原则的必要性则缘于遵守法律规范，同时平衡各领域不同利益相关者的需求。①

（二）青少年体育高效管理模型的密切关联因素

青春期是人生的一个关键时期，在此期间，心理社会行为会发生重要的转变，许多未来的健康行为得以确立。为此，家长、学校官员和社区主要负责人应在实践调研的基础上不断设计新的项目，以帮助青少年在学校内外都能够进行体育锻炼；政策制定者应将体育作为教育的关键部分加以优先考虑，并根据针对性的研究成果进一步细化策略结构。②体育活动参与提供了一个理想的机会来实施干预措施，鼓励青少年养成积极的健康行为。③青少年体育活动促进模型（YPAPM）已经被作为了解和辨识青少年体育活动影响因素（预测因素）的主要框架，该模型主要包括心理属性（倾向性因素）、社会影响（强化因素）和环境影响（促成因素）。④从个体情况看，自我效能感是决定体育活动参与水平的一个重要因素，因此如果一个人在面对明显的外部约束时，认为自己有能力和资源参与既定的行为，那么就会产生显著的动机，并付诸实践。感知障碍与体育活动有间接和直接的负相关，女性青少年感知体育活动的障碍较少，因此通常比那些感知障碍较多的男孩子更具有积极性。从外部环境看，社会支持是影响体育行为习惯的重要因素之一，人际关系则是促进健康行为习惯养成的决定性因素，尤其是同龄人和家庭的支持能够对青少年体育活动水平产生关键

---

① Gardiner S. *Sports Law*, 3rd ed, London: Cavendish, 2006, p. 153.
② Mohamadian H., Arani M. G., "Factors Predicting the Physical Activity Behavior of Female Adolescents: A Test of the Health Promotion Model", *J Prev Med Public Health*, Vol. 47, No. 64, 2014.
③ Knowles Z. R., Mackintosh K. A., Ridgers N. D., et al., "Using Formative Research to Develop CHANGE!: A Curriculum-based Physical Activity Promoting Intervention", *BMC Public Health*, Vol. 11, No. 1, 2011.
④ Chen S., Welk G. J., Joens-Matre R. R., "Testing the Youth Physical Activity Promotion Model: Fatness and Fitness as Enabling Factors", *Measurement in Physical Education and Exercise Science*, Vol. 18, No. 227, 2014.

性的影响。① 环境对体育活动水平有很大的影响，步行道、自行车道、娱乐设施、公共交通等的可用性、不安全感和空气污染等因素可能会影响我们变得更积极锻炼的计划。我们可以通过那些支持公共体育活动的机构来改变青少年体育参与环境；学校也是促进学生体育活动，养成良好锻炼习惯的良好环境。②

通过对青少年体育参与影响因素的梳理，可以清晰地看到，需要对个体、社会、环境等采取针对性的管理措施。在这一模型中，个体参与是中心，社会支持和体育环境为两翼，离开了任何一极都会影响最终的效果，其也从总体上成为了青少年体育管理权配置的主要依据。

（三）青少年体育活动促进管理模型的确立

观念转型促使青少年体育管理模式不断优化。从细化关系看，对企业践行社会责任的要求是鼓励它们进行长期积极的合作，对非营利性社会组织的要求是提高责任管理效率，对政府的要求则是提供更多的公共资源和服务，减少行政干预，增加透明度，这种管理架构形成了覆盖广泛的伙伴关系网络，尤其是随着行业部门之间的界限逐渐消失，分析和监控这些不断发展的网络就变得越来越重要。③ 组织能力的概念模型应用到青少年体育管理中，需要根据具体情况做出适应性调整。一般而言，体育组织的管理能力主要包括5个方面的内容：人力资源能力；财务能力；战略规划和发展能力；基础设施和执行能力；关系和网络容量（拓展能力）。④ 组织间的跨部门伙伴关系可以促进社会资本发展，充实和拓展青少年体育管理主体的社会联系，这能够产生潜在的优势。当前仅有这一点是不够的，需要对整个关系网络进行更为全面的认识，其中

---

① Okun M. A., Ruehlman L., Karoly P., et al., "Social Support and Social Norms: Do Both Contribute to Predicting Leisure-time Exercise", *American Journal of Health Behavior*, Vol. 27, No. 493, 2003.

② Cozett C., Bassett S. H., Lloyd L., "Factors Influencing Participation in Physical Activity among 11 – 13 Year-old School Children in the Western Cape, South Africa", *African Journal for Physical Activity and Health Sciences* (AJPHES), Vol. 22, No. 1100, 2016.

③ Rhodes R. A. W., "Understanding Governance: Ten Years On", *Organization Studies*, Vol. 28, No. 1243, 2007.

④ Hall M., Andrukow A., Barr C., et al. *The Capacity to Serve: A Qualitative Study of the Challenges Facing Canada's Non-profit and Voluntary Organizations*, Toronto: Canadian Centre for Philanthropy, 2003.

需要采取更具有战略性的合作方式，同时也需要提升各类组织的综合能力，进行目标管理。管理网络的有效性形成了两个关键维度：一个是结构性维度，主要包括内部合法性和外部合法性、外部控制水平（效率和包容）、网络内部稳定性和灵活性；另一个是情境维度，主要包括资源丰富程度和整合能力。① 在这一基本模型下，目标管理有效性（监管）被理解为涵盖不同分析单元的多层次概念，也就是说，在宏观、中观、微观都形成了相对应的网络。② 欧盟和美国、澳大利亚、新西兰等一些西方国家强调了政府、区域和/或地方管理机构与社区体育组织之间的相互作用，各个层面都形成了典型特色的青少年体育管理架构。③ 本书着重以欧盟为例，分析其所倡导建构的青少年体育活动促进管理模式。

长期以来，欧洲委员会一直是体育领域最为活跃的机构之一。欧洲联盟虽然在体育领域没有直接的权限，但其所属机构有义务进行干预，这主要是因为它们有义务执行欧盟条约自由行动和竞争政策方面的规定。体育商业化引起了利益相关者的诉讼，他们利用条约中的自由行动和竞争条款来挑战管理机构所做出的监管选择。1995年欧洲法院对博斯曼案做出了裁决后，欧洲委员会有关体育方面的竞争政策逐步增加，欧洲执委会感到有必要在体育领域采取全面的改革措施。欧洲委员会认为将欧盟法律适用于体育领域是一项紧迫的任务。④ 鉴于此，1997年欧洲理事会通过了《阿姆斯特丹宣言》，2000年通过了关于体育的《尼斯宣言》，为体育发展提供指导。⑤ 随着改革的深入，欧盟对待体育发展

---

① Provan K. G., Kenis P., "Modes of Network Governance: Structure, Management, and Effectiveness", *Journal of Public Administration Research & Theory*, Vol. 18, No. 229, 2008.

② Raab J., Mannak R. S., Cambré R., "Combining Structure, Governance, and Context: A Configurational Approach to Network Effectiveness", *Journal of Public Administration Research and Theory*, Vol. 25, No. 479, 2015.

③ Jones G. J., Edwards M. B., Bocarro J. N., et al., "A Structural Perspective of Cross-sector Partnerships involving Youth Sport Nonprofit Organizations", *European Sport Management Quarterly*, No. 1, 2017.

④ European Commission, *Commission Debates Application of Its Competition Rules to Sports* (IP/99/133).

⑤ European Council, *Declaration on the Specific Characteristics of Sport and Its Social Function in Europe, of which Account Should Be Taken in Implementing Common Policies* (http://www.consilium.europa.eu/ueDocs/cms_Data/docs/pressData/en/ec/00400 - r1.%20ann.en0.htm).

逐渐形成了两种不同且对立的观点：一种是将体育作为监管的竞技活动；另一种是将其视为需要法律保护的社会文化现象。[1] 欧洲委员会于2007年颁布了《体育白皮书》，其目标是明确体育在欧盟中的战略定位，鼓励就具体问题进行辩论，提高体育在欧盟制定政策中的识别度，提升对体育部门需求和特殊性的认识程度，并确定在欧盟采取针对性的行动。[2] 在这一背景下，欧洲体育模式逐步形成。欧洲体育管理的第一个特征是形成金字塔的组织机构。这种结构类似于一个具有层级的金字塔，自下而上由俱乐部、地区联盟、国家联盟和欧洲联盟组成。欧盟委员会不仅承认这一结构的垂直维度，而且承认其层次性，因此建立起了从最高层（国际和欧洲联盟）到较低层次（俱乐部）的权威渠道，其中将发展青少年体育，保障青少年体育权益作为重点。欧洲体育管理的第二个显著特征是建立了晋升和降级制度。金字塔结构的管理机构意味着各级之间相互依存，不仅在组织方面，而且在竞争方面。也就是说，欧洲体育是一个开放的竞争系统，低水平的俱乐部能够通过努力进入欧洲顶级赛事。这一制度被认为是欧洲体育模式的关键特征之一，它与美国模式形成了对比，后者是一种封闭式锦标赛和多个体育联合会管理的模式。欧盟体育管理所体现出的跨领域协同模式为系统开展青少年体育工作奠定了基础。首先，欧洲体育最为重要的是以基层体育发展为根基。欧洲委员会提出，与美国不同，体育运动的发展最终源于俱乐部的水平，传统上其与商业并没有多大的联系。如果基层体育运动得到发展，加之实行升降级制度，就会在业余水平和职业水平之间建立强有力的联系。因此，欧洲体育模式突出"团结"这一核心要素，根据这一要素，职业体育的目标不仅是利润最大化，而且必须要践行社会责任，支持业余体育和青少年体育发展。为了有效监控，针对各类职业体育赛事建立了年度跟踪评价机制，其中关键性的指标之一就是青少年体育活动推广和后备人才培养。其次，欧洲

---

[1] Smith P., "The Politics of Sports Rights: The Regulation of Television Sports Rights in the UK", *Convergence: The International Journal of Research into New Media Technologies*, Vol. 16, No. 316, 2010.

[2] European Commission, *The White Paper on Sport: Frequently Asked Questions* (MEMO/07/290).

体育管理模式突出强调国家身份，或区域身份，从而给人们一种归属感。每个国家、区域都被赋予了相对独立的发展权，将青少年体育纳入体育整体发展规划中，突出跨领域协同管理。最后，欧洲体育在复杂多样的竞争关系中（不同国家之间的竞争），展示和输出各自的文化传统，从而保护欧洲的文化多样性。[1] 教育和文化是青少年体育管理的有效载体，为整合各类资源提供了强有力的支持。欧盟始终强调宣示国家、民族文化和价值的多样性，这为各国开展青少年体育交流提供了重要的平台。

三 青少年体育活动促进管理权是一项重要的公共权力

从元治理理论看，管理权是一个非常重要的概念，其主要包括两方面的内容：治理网络和政治权威。[2] 青少年体育活动促进管理权不同于一般的公共权力，其围绕"权利实体化转译"这一原则形成了具有多维度的内涵体系。

第一，青少年体育活动促进管理权的基本诉求。"人权不仅是一项不可剥夺的财产，而且是一种权利要求、利害关系，有时也被视为人们在局部和全局、国家和跨国活动中压倒一切的东西。这些权利的产生，不是来自于宣言，而是来自于人类尊严和自我保护的文化冲突之中。"[3] 人权具有绝对性，同时也具有融合性和冲突性。青少年体育活动促进是一项人权，其绝对性主要表现为要提供均等的权利选择机会。但是在现实世界中，青少年体育资源可能是十分缺乏的，这就涉及一个优先供给的问题。如果没有纳入公共事务或国家法治的优先事项，青少年体育权利的基础性和绝对性就无法保障，就会引发权利的失衡和冲突，这种涉及全局性的利益决定了管理权的基本属性。当然，人权冲突不是静态的，其主要产生于不同利益背景中主体价值取向和文化意识的差异，归根结底反映出的是对"人的尊严"基本价值认识的不同。基于对各种

---

[1] European Commission, *The European Model of Sport: Consultation Document of DG X*, Brussels: European Commission, 1998.
[2] Jessop B., Territory, "Politics, Governance and Multispatial Metagovernance", *Territory, Politics, Governance*, Vol. 4, No. 8, 2016.
[3] Uvin P., *Human Rights and Development*, Bloomfield, CT: Kumarian Press, 2006, p.167.

利益矛盾和冲突的思考和调整，全社会日益关注儿童和青少年的"尊严"，这种立足人权哲学高度的思辨和抉择展现出了有别于以往的全新的价值内涵，这也从根本上规定了其管理权的诉求。也就是说，随着经济社会发展，青少年体育已经被纳入公共事务框架，具有了公共权力的基本属性，并日益建立了特殊的运行机制——在体育作为一种商业活动与作为一种道德教育和社会活动之间保持必要的权力张力。[1] 然而，体育活动对健康的促进作用已经得到了证实，但很多国家的儿童和青少年体育参与水平低，没有达到《国家体育活动指南》中所规定的运动量和强度，如美国、瑞典、英国、沙特阿拉伯、南非等。[2] 在过去的10年中，学龄儿童缺乏体育锻炼在全球范围内普遍存在，而且有证据表明，这一状况将持续到成年；缺乏体育锻炼的后果包括肥胖、冠心病、糖尿病、高血压和其他慢性疾病。因此，提升儿童和青少年的体育活动参与水平已经成为很多国家公共卫生体系中的优先事项。[3] 青少年体育活动促进是一项基础工程，具有突出的公共领域属性，因此其管理权所形成的权力张力就自然而然地被纳入公共治理或公共权力运行体系，其深刻反映出的是国家对体育公益和群体利益的优先考虑和设置。

第二，青少年体育活动促进管理权的内涵维度。"公共管理中的公共权力，可以称之为公共治理权力，是公共治理主体治理公共事务所享有的合法资格和相应的强制力和约束力。由此可知，公共治理权力是从传统公共行政的政府单一权力中心，走向由政府和非政府组织构成的多中心权力架构。"[4] 从基本定义上看，青少年体育活动促进管理所形成的多权力中心既是社会民主治理理念的具体体现，也是其本身所具有的公共特殊性使然。传统的行政管理逐渐发展演变为政府指导管理（掌

---

[1] Hassan D., Naha S., "Introduction: Ethical Concerns in Sport Governance", *Sport in Society*, Vol. 21, No. 721, 2017.

[2] Bauer K. W., Nelson M. C., Boutelle K. N., Neumark-Sztainer D., "Parental Influences on Adolescents' Physical Activity and Sedentary Behavior: Longitudical Findings from Project EAT-II", *Iinternational Journal of Behavioral Nutrition and Physical Activtiy*, No. 1, 2008.

[3] Figaji T., Phillips J., "Factors Influencing Physical Activity Participation among School Going Children", *JCHS Volume*, Vol. 5, No. 34, 2010.

[4] 高信奇：《公共管理视阈下公共治理权力效益的考察》，《长白学刊》2012年第163期。

舵），非政府体育组织、体育事业单位协同管理的基本格局，其中不同主体通过"法律赋予"、"行政委托"、"契约约定"而获得了不同程度的管理权。这种不同来源的管理权都具有显著的公共性和权威性，都能够在既定的青少年体育治理网络中产生权力影响和效益。治理网络是指各管理机构（主体）所形成的既相互依赖又相对独立的水平的制度化体系，多方主体共同努力，通过自律监管来不断定义和创造公共价值。[1] 传统的行政管理权不断被剥离，逐渐放权给一些有资质的机构和组织，这一个过程可以被视为创造公共价值的过程，在地方政府机构、理事会、私营机构、第三部门等之间重新建构起了权力配置制度（互动化制度）。权威是指所具备的制定规则、议程，以及资源配置的能力，它能够使一个或一组管理者去塑造和影响治理网络中其他管理主体的偏好和做法；[2] 权威是权力的合法化，即对权力的正当性的认同。[3] 据上文分析，治理网络和权威是青少年体育活动促进管理权不可分割的两个维度。网络根据不同领域进行水平化或横向的制度进行联系，如对学校体育、社会体育、家庭体育等的管理，必须借助公共权力才能够实现它们之间的有机衔接和融合，也才能实现既定的管理目标。权威亦是如此，每个主体都必须享有合法性的权力，这是管理的基础，但同时也需要从内部、外部入手，从公共效益和效率两个方面建构自身的权威性。提升效率和品质已经成为当前体育管理机构面临的突出问题，在不同的文化背景中，各种治理理论提出了多层次的思考。[4] 管理权的运行主要遵循以下几个原则：程序透明、问责制、专业决策、细化的职责（可持续发展）、公平管理（人事任命和资源配置）、执行效率。[5] 马克斯·韦伯认为，具有公共性的社会行动（活动）可以划分为目的理性式、价

---

[1] Sorensen E., Torfing J., "Metagoverning Collaborative Innovation in Governance Networks", *The American Review of Public Administration*, Vol. 47, No. 826, 2016.

[2] Bailey D., Wood M., "The Metagovernance of English Devolution", *Local Government Studies*, Vol. 43, No. 966, 2017.

[3] 孙关宏、胡雨春、任军锋：《政治学概论》，复旦大学出版社2006年版，第48页。

[4] Chappelet J. L., Mrkonjic M., *Basic Indicators for Better Governance in International Sport (BIBGIS): An Assessment Tool for International Sport Governing Bodies*, IDHEAP.

[5] Henry I. & Lee P. C., "Governance and Ethics in Sport", in J. Beech & S. Chadwick (eds.), *The Business of Sport Management*, 2004, pp. 25–42.

值理性式、情感式和传统式四种基本类型。① 公共目的和价值理性就构成了青少年体育治理的核心效益指标。效益与效率和品质密切相关，青少年体育管理在守护"公平"价值理念的同时，需要不断提升管理能力和效率。当前，我国青少年体育管理面临的问题比较突出，如何创新思维，深化改革现有的管理模式是需要解决的关键问题。

综上所述，青少年体育活动促进管理权的本质是一项制度化的权力，其中赋权是精准管理的重要推动力。随着现代社会发展，出现了跨领域部门间合作管理的新趋势，它将各种优质资源统一纳入公共治理框架体系内，因此对各主体的管理能力提出了新的更高要求。从属性上看，青少年体育活动促进管理权是一项公共权力，它从治理网络和权威两个维度建构起了典型的内涵，同时其合目的性和价值理性共同作用，逐步形成了不同的权力形态和类型。

第二节 青少年体育活动促进管理权的主要类型

青少年体育活动促进管理权具有突出的公共权力属性，其涉及学校、家庭、社会（社区）等多个领域。在系统治理中需要对每个领域进行针对性的资源配置，同时也需要各自依据自身发展特点不断提升治理能力和效果。由于存在显著的任务和目标差异性，因而在具体的实践进程中形成了不同的管理权类型，主要包括学校体育管理权、青少年社会体育管理权、家庭体育管理权。

一 学校体育管理权

学校体育是青少年体育活动促进治理体系不可或缺的重要组成部分。从理论建构和现实发展的视角看，学校体育管理权立足"教育"这一本质，将体育、健康、环境、学业等有关资源有机进行融合与配置，它从独立性、专业性、制度性三个维度建立了稳定的秩序，主要表现在以下几个方面：

---

① ［德］马克斯·韦伯：《社会学的基本概念》，顾忠华译，广西师范大学出版社2005年版，第32页。

第一,学校体育是儿童和青少年成长的载体,已经成为一个独立的系统。社会学习理论认为,在没有成人监督的情况下,儿童参与体育运动的可能性很小,而学校被认为是关键的环境之一,精心设计的学校体育活动计划可以对学生的体育活动水平产生重大的影响。[1] 学校设置的体育项目能够使孩子们掌握体育技能,学校体育的目标不仅是为学生提供体育活动和娱乐的机会,而且要鼓励他们参与到系统监管的教育环境中,使他们养成终身体育学习和锻炼的习惯。[2] 儿童和青少年正处于身心发展的关键时期,需要给予强制性的科学引导,这是促进其均衡成长的基本要求。教育与健康方面的差距在很大程度上是由一系列共同的环境因素造成的,有令人信服的证据表明,环境、教育和健康之间存在因果关系,而且彼此之间都能够产生影响。社会经济地位低,教育环境差往往会对儿童和青少年的健康产生不利的影响。因此,青少年健康差距的影响是由社会环境中相互关联因素造成的,学校不可能独自解决这些问题。然而,在学校投入优质资源是塑造青少年良好生活方式最为有力的方式之一,在过去的几十年里,学校进行了各种改革,并逐渐成为一个独立的系统;如果学校的改革不能提高学生体育学习和参与的动机、能力,那么其最终的收益将是有限的。[3] 学校是儿童和青少年成长过程中最为重要的场所,需要公共资源给予标准化的支持和保障,如果学校体育缺失或缺位,就难以将"体育"、"健康"、"教育"融为一体,也难以发挥"立德树人"的根本作用。学校体育是教育的有机组成部分,其具有一般教育所不具备的特殊价值和功能,因此需要将其适度剥离出来,采取跟踪式管理,即实现校内与校外,体育课程与体育竞赛的多维度发展。培养良好的行为习惯是学校体育的根本任务之一,无论学校建立了何种治理结构,无论教师如何做好了教学准备,无论采取何种问责

---

[1] Sallis J. F., Conway T. L., Prochaska J. J., et al., "The Association of School Environments with Youth Physical Activity", *American Journal of Public Health*, Vol. 91, No. 618, 2001.

[2] Steinbeck K. S., "The Importance of Physical Activity in the Prevention of Overweight and Obesity in Childhood: A Review and an Opinion", *Obesity Reviews*, Vol. 2, No. 117, 2001.

[3] Basch C. E., "Healthier Students Are Better Learners: High-quality, Strategically Planned, and Effectively Coordinated School Health Programs Must Be a Fundamental Mission of Schools to Help Close the Achievement Gap", *Journal of School Health*, Vol. 81, No. 650, 2011.

措施，如果学生没有了学习的动力和能力，那么教育的进步就会受到极大的限制，因此学校应优先考虑利用稀缺资源来解决影响青少年健康的关键问题。[1] 自20世纪90年代以来，很多国家的公共卫生和健康机构、医疗机构等不断呼吁制定专门的学校体育政策来推广体育活动，为学生们提供更多的参与机会。例如，美国2004年颁布的《儿童营养和再授权法案》要求各学区制定学校健康政策，制定总目标，给予优先财政支持，引导、帮助创造更健康的学校环境，减少儿童肥胖，预防与饮食有关的慢性疾病。其中规定，2006/2007学年开始时，当地教育主管部门必须要制定一项包含营养、体育活动和其他促进学生健康校本活动的学校健康政策，同时给予优先的条件支持。[2]

第二，学校体育的发展面临突出的问题，迫切需要进一步的公共权力介入。青少年体育活动促进是一项重要的指标，应该看到目前学校里的很多学生没有达到国家建议的日常体育活动水平，如果不能有效解决学生体育参与的问题，其他教育创新的价值就会受到损害。减少对学习动机和学习能力多重障碍所产生的功能效果不仅具有相加性，而且具有协同性，因此学校应高度关注与教育相关的健康差异，最大限度地提高教育投资及其收益。尽管学校为孩子们提供了有组织参与体育活动的机会，但体育课减少、被占用的情况仍然经常发生，提高学习成绩的压力越来越大，往往导致其他科目的教学时间大幅度增加，牺牲了锻炼身体的时间。[3] 从现实看，世界上许多国家的学校体育教育呈现下降趋势，甚至是被边缘化，在课时、学科地位、场地设施条件、专业师资、财政支持、性别和残疾学生、课程质量等方面存在突出的问题。[4] 2000年以来，学校体育教育在课程体系中日益被边缘化的趋势引起了国际社会极大的关注，世卫组织提出要建立和加强国家、地域和区域管理网络，将

---

[1] Kearney C. A., "An Interdisciplinary Model of School Absenteeism in Youth to Inform Professional Practice and Public Policy", *Educational Psychology Review*, Vol. 20, No. 2573, 2008.

[2] Belansky E., Chriqui J. F., Schwartz M. B., "Local School Wellness Policies: How Are Schools Implementing the Congressional Mandate?", *Robert Wood Johnson Foundation*, No. 1, 2009.

[3] Singh A., Uijtdewilligen L., Twisk J. W. R., et al., "Physical Activity and Performance at School", *JAMA Pediatrics*, Vol. 166, No. 49, 2012.

[4] Hardman K., Marshall J., *World-wide Survey of the State and Status of School Physical Education: The Final Report to the International Olympic Committee*, University of Manchester, 2000.

体育教育进一步深入融合到教育、竞技、健康等政策系统之中。当然，法律导向具有普适的权威性，国家立法对解决学校体育发展中的问题具有突出的作用。从法治的视角看，学校体育的利益相关者出现了失衡，管理主体未能有效履行职责是产生这些问题的重要原因。学校体育是一项优先的公共事业，在多样的利益关系中，恐怕很难要求各方自觉履行职责，因此在遵循相关法律的基础上，需要公共权力进一步介入，切实优化管理秩序，这是当前世界上大多数国家需要解决的重要问题。例如，美国政府认识到孩子们每天大部分时间在学校度过，体育教育为他们获得技能，养成良好的行为习惯提供了平台，因此学校体育已经被确定为改善公共健康的关键。然而，并不是所有学校都能够达到国家学校健康指南和国家体育教育和运动协会（NASPE）所提出的体育质量标准。[1] 为了强化学校体育功能，美国各州政府进一步发挥公共政策杠杆的作用。一是通过"成文法"（由州立法机关制定的法律）形成学校体育优先发展法律依据；二是通过行政法规（由国家行政分支机构，如教育部制定的规章和条例）形成学校体育管理和实施的运行依据。同时，美国政府也明确提出建立州政策分类系统（PERSPCS），严格评估50个州和哥伦比亚特区的配套法规是否达到了国家体育教育与体育运动协会制定的学校体育质量标准的有关要求。[2]

第三，深化改革进程中学校体育管理权优化配置，形成了稳定的运行秩序。从现实发展看，来自100多个国家的监测数据表明，很多儿童和青少年达不到公共健康指南所要求的每天60分钟中等强度到高强度的体育活动（MVPA）水平，这在很大程度上增加了患慢性疾病的风险，同时增加了社会负担。[3] 学校和家庭应共同努力，确保学生形成良好的健康行为习惯，并获得更好的学业成绩。基于学校体育干预的

---

[1] Perna F. M., Oh A., Chriqui J. F., et al., "The Association of State Law to Physical Education Time Allocation in US Public Schools", *American Journal of Public Health*, Vol. 102, No. 1594, 2012.

[2] Masse L. C., Chriqui J. F., Igoe J. F., et al., "Development of a Physical Education-Related State Policy Classification System (PERSPCS)", *Am J Prev Med*, Vol. 33, No. S264, 2007.

[3] Hallal P. C., Andersen L. B., Bull F. C., et al., "Global Physical Activity Levels: Surveillance Progress, Pitfalls, and Prospects", *The Lancet*, Vol. 380, No. 247, 2012.

措施多种多样，其中包括增加免费场地、教师培训、课程改革、行为改变援助、健康教育、家长参与等。2007年，世界卫生组织和联合国宣布将进一步应对影响学校发展所出现的新的全球性因素，帮助它们有效地应对健康、教育和发展的机会。为此，确定了5项关键性挑战：（1）继续循证支持学校健康教育，并获得有效的实践经验；（2）改进执行程序，优化实施过程，确保干预措施充分应用到实践中；（3）减轻接受和顺利完成学校教育中不利的社会、经济因素和条件；（4）充分利用媒体影响力获得积极的效益；（5）改善不同部门和组织之间的伙伴关系。[1] 学校是一个非常重要的场所，它能够为学生提供各种类型的中等强度到高强度的体育活动，在很多国家它已经成为了一个独立的系统，优先配置公共资源。[2] 在学校教育（体育）系统中，越来越体现出专业化的管理需求。也就是说，需要围绕"健康"、"教育"等核心目标确立专业的管理体系，西方国家各学区民主选举成立的"教育委员会"、"教育联盟"等就是这一理念的集中体现。从权力配置和运行的角度看，学校体育管理秩序始终处于不断优化中，它逐渐从传统的政府决策和行政管制模式中脱离出来，形成了多方共治框架，各类有资质的关键利益相关者成为合法的"权力中心"，建立了镶嵌式的合作关系。政府主要发挥的是总体的导向作用，学校教育的具体业务管理、人事管理、资金管理等都应交由专业机构，这本身也是对公共资源和权力优化配置的过程。在以政府和专业组织为主体的学校体育管理体系中，重点围绕3个层次构建学校健康促进框架：体育课和学校体育竞赛（包括竞技体育）；学校环境；社区密切联系。这三个部分有机衔接，旨在采取一系列目标明确，形式多样的方式对学生生活产生多层次的积极影响。[3] 考虑到学校在目标、规模、地理位置、专业教

---

[1] Tang K. C., Nutbeam D., Aldinger C., et al., "Schools for Health, Education and Development: A Call for Action", *Health Promotion International*, Vol. 24, No. 68, 2009.

[2] Button B., Trites S., Janssen I., "Relations between the School Physical Environment and School Social Capital with Student Physical Activity Levels", *BMC Public Health*, Vol. 13, No. 1191, 2013.

[3] Webber L. S., Catellier D. J., Lytle L. A., et al., "Promoting Physical Activity in Middle School Girls: Trial of Activity for Adolescent Girls", *American Journal of Preventive Medicine*, Vol. 34, No. 173, 2008.

师、社会经济地位、文化等方面的异质性，需要采取不同的策略来实现既定目标。这一过程包括利用学校社会环境和校园环境形成数据，制订行动计划，优先考虑在哪里进行改变。通常而言，政府和专业管理机构的职责是给予保障和支持，不同类型的学校需要组建学区工作小组或委员会，全面负责学校政策制定和实施的监管评估，其享有很大的自主权力。[①] 例如，澳大利亚新南威尔士州于2008年提出了"总理体育挑战赛"（PSC）战略，旨在鼓励从幼儿园到12岁的学生更多地参与体育和体育活动，从而形成健康、积极的生活方式。为了全面实施该战略，学校体育联盟制订了一系列计划，其中比较典型的是"大使支持计划"（AV）、"女孩体育参与行动研究计划"（GIS）等，其目标是创建学校和社区环境（支持学校参加竞技挑战赛），鼓励和支持学生充分参与体育活动，为此各州教育培训部负责对所有公立学校进行竞争性招标程序资助，同时给予学校干预自主权，最大限度地将计划融入学校文化中，并保持持续性。实施10年来，"总理体育挑战赛"累计有400所学校和78000名学生参加了为期10周的体育活动挑战赛。2017年，该项目迎来了第十个年头，来自1600多所学校的40多万名学生和9000多名教师参加了庆祝活动。[②]

二 青少年社会体育管理权

青少年体育活动促进需要广泛的社会支持，其通过资源融合已形成了具有典型特征的权力内涵。社会健康促进、社会资本与赋权密切联系，因此应从宏观、中观和微观建立起管理规则和秩序；健康行为理论则将青少年体育的社会管理作为一个包含多因素的系统，突出强调分类管理。

（一）健康促进视角下的青少年体育管理

第一，青少年体育是健康促进的重要组成部分，需要全社会共同治

[①] Okely A. D., Cotton W. G., Lubans D. R., et al., "A School-based Intervention to Promote Physical Activity among Adolescent Girls: Tationale, Design, and Baseline Data from the Girls in Sport Group Randomised Controlled Trial", *BMC Public Health*, Vol. 11, No. 658, 2011.

[②] *Premier's Sporting Challenge* (https://freshforkids.com.au/for-teachers/premiers-sporting-challenge.html).

理。健康促进是20世纪末公共卫生领域开启的一项创新性运动，其核心是使人们能够控制影响其健康的决定性因素，从而改善健康，过积极且富有成效的生活。世界卫生组织（1986）将健康促进定义为使人们能够提升对自身健康的控制，并改善自身健康的过程。要达到身体、心理和社会全面健康的状态，个人或组织必须要确立能够确定和实现预期目标，满足需要，应对或改变环境。[1] 健康促进主要包含3个构成要素：（1）识别影响健康的决定性因素，即生物性因素（内生因素）、物质和实施环境及生活方式（外生因素）、医疗保健系统。（2）健康促进明确设定了积极生产和生活的目标。（3）健康促进是指在人与人之间的辩证关系中，系统控制健康决定因素来达到既定目标的过程。[2] 随着健康促进观念的树立，青少年体育活动促进需要社会性的战略支持，即运用行政的或组织的手段，广泛协调社会相关部门，以及社区、家庭和个人，使他们履行各自对促进青少年身心健康的责任。这一过程的核心是尊重运动者的主体地位，健康促进不仅在于提高他们的能力，而且还在于积极倡导和实施能够改善其生活的社会、经济和物质环境，即所谓的创建支持性的环境。社会青少年体育管理权是对全社会健康促进需求的积极回应，它以塑造体育价值观，改变群体行为习惯为核心目标，将多种力量纳入治理体系中，形成了共治共享的管理秩序。

第二，赋权是社会青少年体育管理的主要途径。健康促进与赋权存在密切的关系，这也是动员社会力量参与管理的重要途径。《世界发展报告》明确了赋权和社会资本之间的关系，该报告认为赋权既包括国家政策的顶层设计，也包括宏观的权力结构优化，同时也包括微观社会力量参与的治理网络，主要体现出反应迅速、消除社会障碍、有效运行和社会支持的显著特点。[3] 从这里可以看到，社会资本支持是实现赋权的

---

[1] World Health Organization, *Ottawa Charter for Health Promotion*, *Health Promotion International*.

[2] Nutbeam D., "Health Promotion Glossary", *Health Promotion International*, Vol. 13, No. 349, 1998.

[3] Grootaert C., *On the Relationship between Empowerment, Social Capital and Community Driven Development*, World Bank Working Paper.

重要支柱。权力配置和依法赋权是共治共享的关键，行政权和治理权的下放以协调的方式进行。行政权力下放的目的是使公民、社会组织有效地参与地方决策。当协会、组织、团体等社会力量能够依法享有并行使控制权时，社会资本的累积量不断增加，积极成效逐步显现。治理的核心仍然是权力的配置和运行，这也是公民社会发展的关键。原本存续于社会资本领域的制度、网络和规范也不断提升影响力，这有助于推动地方政府或行政部门进一步依法授权。社会力量的赋权包括宏观、中观和微观3个层面的内容：一是国家顶层设计，涉及重大决策、确立发展方向、权力体系深化改革、资源保障等；二是消除社会障碍，这既是一项宏观活动，也是一项中观活动，其中很多障碍来自地方的权力结构，以及执行力度不足；三是需要建立广泛社会力量参与的地方组织和网络，以社区为基础，开展各种活动。[1] 当然，目前赋权理论模型也体现出一定的局限性，它在全局或局部干预时，需要依托高质量的专业平台，与相关的机构和组织开展深度合作，因此所支出的时间成本、经济成本会比较高。综合考量，青少年体育活动促进的管理与实施应当立足现实资源条件，合理地采用赋权所支持的权力配置方法，将地方公共卫生组织、高校、医院、社区俱乐部等纳入传统的政务系统中，依法依规赋予其业务决策权和实施权。

（二）健康行为视角下的青少年体育管理

第一，促进儿童和青少年养成良好的体育行为习惯。儿童时期是改变久坐行为，以及养成积极行为习惯的关键时期，如果这一时期能够养成良好的体育锻炼习惯，就会对他们的健康产生益处。研究表明，9—18岁年龄段的孩子如果一直维持良好的体育参与水平，尤其是从事连续性的、有组织的体育活动，则当其成年时也能够保持良好的锻炼习惯和行为习惯，同时也能够对其他群体的公共健康水平产生积极影响。[2] 为了使儿童和青少年养成良好的行为习惯，需要尽早制订社会健康促进计划，进行介入式干预。最有可能成功的健康促进计划一定是

---

[1] Eriksson M., Lindström B., "A Salutogenic Interpretation of the Ottawa Charter", *Health Promotion International*, Vol. 23, No. 190, 2008.

[2] Telama R., Yang X., Viikari J., et al., "Physical Activity from Childhood to Adulthood: A 21-year Tracking Study", *American Journal of Preventive Medicine*, Vol. 28, No. 267, 2005.

基于对目标行为、环境、背景的清晰理解。健康行为理论可以在健康促进计划的规划和实施过程中发挥重要作用。社会认知理论是一种最常用的健康行为理论，它是从社会学习理论发展而来，基础是强调不仅自身积极参与，从经验中进行学习，而且通过观察他人的行为进行学习。[1] 该理论描述的是一个动态过程，其中包含个人、环境和行为3个主要因素，这3个因素处于统一体中，有机融合，任何一个发生变化都会导致其他因素改变。[2] 个人因素包括在改变个体过程中发挥核心作用的自我效能信念；行为因素包括近期目标和远期目标；环境因素包括阻碍和社会支持。自我效能信念是人类产生动机并去行动的基础，因此需要采取多种措施有效地改变人们的体育价值观。提高对自我效能的干预能够提升体育参与水平，尤其是儿童和青少年的自我效能信念、预期结果、父母支持、家庭影响、朋友支持等都与体育活动行为之间存在积极的关系。[3] 当然，预期结果也会影响体育行为，并与个体对行为付出的成本和收益信念密切相关，当预期结果越积极，参与行为发生的机会就越大。青少年体育行为习惯的养成并非一蹴而就，其需要多种因素共同作用，社会支持和环境共同作用于群体行为，这一模型为进行多样化的社会管理提供了理论依据。

第二，体育行为习惯需要社会结构性要素的推动。社会认知理论设置了专门的结构性要素，并将这些结构要素转化为有效促进健康实践的最佳管理路径。结构性要素与3个核心要素密切联系——自我认知与效能、预期结果与目标、促进者与变革障碍。这些要素分别指向不同领域，统一融合在青少年社会体育管理之中。其主要构成如下：一是确立有效的理论模型——明确健康促进管理的指导性原则，从个体、群体的维度设

---

[1] Ramirez E., Kulinna P. H., Cothran D., "Constructs of Physical Activity Behaviour in Children: The Usefulness of Social Cognitive Theory", *Psychology of Sport and Exercise*, Vol. 13, No. 303, 2012.

[2] McAlister A. L., Perry C. L. & Parcel G. S., (eds.) *How Individuals, Environments, and Health Behaviors Interact. Health Behavior and Health Education: Theory, Research, and Practice*, Jossey-Bass, C. A. 2008, pp. 169–188.

[3] Klazine V. D. H., Paw M. J. C. A., Twisk J. W. R., et al., "A Brief Review on Correlates of Physical Activity and Sedentariness in Youth", *Medicine & Science in Sports & Exercise*, Vol. 39, No. 1241, 2007.

定了社会心理变化的决定性因素，并建立内在运行机制，为分层管理提供依据。二是建立转换和实施的模型——通过具体说明变革的内容、策略、实施模式等，将理论原则转化为创新的、可操作的分层管理。三是不同文化环境中社会健康促进项目所采用的社会传播模型——通过使项目适应不同社会结构环境，提供有效指导，并争取必要的资源来实现。[①] 在不同社会系统或领域中，各种力量相互交织在一起，如果不能理顺关系，就会造成管理阻滞，机制僵化，运行不畅。基于社会认知理论形成的青少年体育管理权就是立足现实问题和矛盾，不断调和利益矛盾，建立协同实施的管理机制。对青少年体育活动促进行为，以及与相关变量进行清晰的辨识，是促进他们均衡发展的基本要求。因此，在制定改变人们行为的政策方面，需要厘定主要影响的维度和因素，设定有效的短期和长期目标。环境因素则需要甄别健康行为的阻碍和社会支持要素，其对体育行为具有十分重要的影响。其中家庭和同伴的鼓励和共同参与能够提升孩子们的体育活动水平，其他社会生态因素，如人际关系、社区组织和政策等，也有利于儿童和青少年健康行为习惯的养成。[②] 青少年体育活动促进具有广泛的社会辐射意义，在不同文化和教育语境中，要求采取针对性的措施进行系统干预，这构成了其社会管理权的现实依据。

三 青少年家庭体育管理权

家庭教育是培养儿童和青少年体育价值观、养成良好行为习惯最为重要的环节，需要给予高度的关注和政策引导。儿童和青少年体育活动干预的总体设计中需要纳入并加大与家庭的合作，建立有效的引导和支持机制。[③]

第一，青少年家庭体育教育的框架模型。家庭在孩子发展中的关键

[①] Bandura A., "Health Promotion by Social Cognitive Means", *Health Education & Behavior*, Vol. 31, No. 143, 2004.

[②] Hagger M. S., Chatzisarantis N. L. D., "Integrating the Theory of Planned Behaviour and Self-determination Theory in Health Behaviour: A Meta-Analysis", *British Journal of Health Psychology*, Vol. 14, No. 275, 2009.

[③] Brockman R., Jago R., Fox K. R., et al., "Get off the Sofa and Go and Play: Family and Socioeconomic Influences on the Physical Activity of 10–11 Year Old Children", *BMC Public Health*, Vol. 9, No. 253, 2009.

作用是不可否认的,日常家庭生活规范能够给孩子们潜移默化的影响,形成行为模式,塑造典型的生活方式。[1] 家庭体育教育往往被忽视,因为它与经济来源、社会身份、价值取向和陪伴等密切相关,这会在很大程度上制约父母对孩子们的体育教育选择。但是近20年来,西方国家越来越注重家庭体育教育,研究者从多个维度建构理论模型。期望价值模型旨在解释个体在动机和选择行为上的差异,性别是主要关切指标。根据该模型,选择行为的两个最重要的预测因素是个人对成功的期望和主观任务价值。[2] 任务价值包括4个组成部分:内在价值(活动的享受);效用价值(任务对当前和未来目标的有效性);实现价值(做好任务对个人的重要性);投入成本(完成任务时可能带来的消极方面)。[3] 这一模型对深入研究家庭(父母)以多种方式影响孩子的信念和参与具有积极的意义,其关注的主要内容包括:一是确立自身参加体育运动的榜样作用;二是通过与孩子的积极沟通,向他们传达有关运动能力和参与价值方面的具体信息;三是为孩子们参与体育活动提供情感支持和良性的运动体验。[4] 根据社会学习理论,父母表现出的行为能够对孩子产生潜移默化的影响。很多研究已经证明,父母与孩子的身体活动水平之间呈现出强关联性,同时也可以通过调节其他变量来改变这种关联性;家庭福利、同伴示范、社会经济地位等变量能够对青少年体育活动产生影响,但需要对其内在的联系进行深入的理论和实证研究,只有得到了充分的循证支持和严格评估,才能够进一步改进干预措施。[5] 孩子行为习惯与体育活动密切相关,针对社会功能和体育活动之间的有机关联需要采取有效的介入机制,单纯的社会接受感并不能产生有效的

---

[1] Association for Supervision and Curriculum Development, *Families and Schools get Engaged: A Long Road to a Great Marriage?* (http://www.wholechildeducation.org/resources/newsletter.jhtml? Id=48892).

[2] Eccles J. S., "School and Family Effects on the Ontogeny of Children's Interests, Self-perceptions, and Activity Choices", *Nebr Symp Motiv*, Vol. 40, No. 145, 1993.

[3] Wigfield A., Eccles J. S., "The Development of Achievement Task Values: A Theoretical Analysis", *Developmental Review*, Vol. 12, No. 265, 1992.

[4] Fredricks J. A., Eccles J. S., "Family Socialization, Gender, and Sport Motivation and Involvement", *Journal of Sport and Exercise Psychology*, Vol. 27, No. 3, 2005.

[5] Sallis J. F., Prochaska J. J., Taylor W. C., "A Review of Correlates of Physical Activity of Children and Adolescents", *Medicine and Science in Sports and Exercise*, Vol. 32, No. 963, 2000.

调节作用。当前公共政策领域的重点应进一步从提高家长鼓励和同伴支持两个方面入手，以提高儿童和青少年的体育参与率。[①] 例如，美国康特拉科斯塔儿童保育委员会（COCOKIDS）提出家庭教育是基石，应给予充分的支持，为其提供专业的多元化服务。该委员会是知名的非营利组织，自1976年成立以来，一直推广优质护理和高质量的早期教育，其宗旨是为成千上万的儿童、家庭和早期教育工作者提供专业的早期教育服务。主要包括：（1）为所有家庭提供免费的儿童保育服务；（2）家长培训，整合资源，包括与其他社区服务有序衔接；（3）向处境困难和低收入的家庭提供经济援助，使处境困难的儿童能够获得优质的早期保育和学前教育；（4）实施儿童安全、健康和营养教育；（5）提供培训和支持，帮助幼儿护理专业人员建立可持续的业务，并提供优质、健康和适龄的专业服务；（6）强化公共教育的重要性，关注孩子早期的成长和发展，投资儿童的未来。[②] 近10年来，该委员会与美国大型儿童保育中心、康特拉科斯塔健康服务中心等组织合作制定有关儿童影响和体育活动的政策，其中着重开发家庭与户外体育课程，在为期2年的干预中，已经建立了9个面对面的覆盖网络。[③]

第二，家庭体育教育是一项权利，需要法律的保障。家庭在培养和提供青少年体育参与自主性方面发挥着关键作用。从心理学上看，在家庭关系框架内，自主性至少涉及3个维度：一是孩子独立行动的能力；二是能力感和责任感；三是不断增加的自信心和个人意识。[④] 父母的引导和陪伴在孩子体育行为习惯养成中是不可或缺的，他们应该清楚自己的角色定位。这种定位具有"应然"的义务属性，如给孩子提供适合成长的环境，与孩子们共同成长。家庭作为社会基本单位，存在多样的

[①] Sebire S. J., Jago R., Fox K. R., et al., "Associations between Children's Social Functioning and Physical Activity Participation Are Not Mediated by Social Acceptance: A Cross-sectional Study", *International Journal of Behavioral Nutrition and Physical Activity*, Vol. 8, No. 106, 2011.

[②] *About COCOKIDS*（https://www.cocokids.org/about-cocokids/）.

[③] Kao J., Woodward-Lopez G., Kuo E. S., et al., "Improvements in Physical Activity Opportunities: Results from a Community-Based Family Child Care Intervention", *American Journal of Preventive Medicine*, Vol. 54, No. 178, 2018.

[④] Côté J. E., "The Dangerous Myth of Emerging Adulthood: An Evidence-based Critique of a Flawed Developmental Theory", *Applied Developmental Science*, Vol. 18, No. 177, 2014.

法律关系，其中孩子也享有一定的自主权：一是违背父母的意愿做出决定的权利；二是基于自我认识做出决定的能力。总体而言，孩子们普遍希望能够得到父母的支持和引导，但同时也需要一定自由空间，这两者不可割裂。[①] 有研究表明，孩子们在看待父母共同进行体育参与的理想形式和不理想形式时，会根据不同的体育活动类型进行区分。当体育作为促进身心和社会发展的一项健康活动时，孩子们会非常赞成父母的鼓励和支持，但是如果是和同龄人进行交往时，他们则往往不愿意父母参与其中。此外，孩子们比较在意父母对其体育参与程度和活动类型的关注界限。综合家庭教育来看，孩子们不应被看作是被动的参与对象，而应该与父母一起被看作是体育活动（赛场内外）中积极有效的共同建设者。[②] 儿童的社会功能建构包括积极参与家庭生活、与家庭成员和同龄人互动，发展认知能力、身体能力、社交能力，以及遵守家庭和学校规则、追求业余爱好等。[③] 据上文分析可以看到，家庭体育权利是一个内在的共同体，父母、孩子、其他成员相互作用，统一指向子女的均衡教育和社会功能建构。当然，从权利保障的视角看，家庭体育权利需要法律给予明确的支持，同时也需要公共机构的积极引导。《世界人权宣言》第16条规定，家庭是社会的基本单元，应受社会及国家保护；《欧洲人权宣言》第8条规定，公共机构不得妨碍家庭生活的权利；《欧洲社会宪章》第16条规定，家庭作为社会的基本单位，有权受到适当的社会、法律和经济保护，以确保其充分发展。[④] 在现实发展中，"以家庭为中心"干预的主要目的是最大限度地引导家庭，并促进家庭成员共同体育参与。更具体地说，就是增强父母的权能，解决影响家庭体育不

[①] Smette I., *The Final Year: An Anthropological Study of Community in Two Secondary Schools in Oslo, Norway* (no. 505), Oslo: Department of Social Anthropology, Faculty of Social Sciences, University of Oslo, 2015.

[②] Strandbu Å., Stefansen K., Smette I., et al., "Young People's Experiences of Parental Involvement in Youth Sport", *Sport, Education and Society*, Vol. 24, No. 66, 2019.

[③] John K., "Measuring Children's Social Functioning", *Child Psychology & Psychiatry Review*, Vol. 6, No. 181, 2001.

[④] 张燕玲：《家庭权及其宪法保障——以多元社会为视角》，《南京大学学报》（哲学·人文科学·社会科学）2011年第4期。

足的环境因素,努力提升所有家庭成员的健康水平。[1] 家庭教育作为一项基本权利,需要确立明确的法律导向,要求社会资源给予一定的侧重和倾斜。以家庭为中心的干预本身就是实现社会最基本单位的权益,因此所采取的各种措施必须适应和符合家庭的需要和文化价值。为了提升项目的可行性和可持续性,应将家庭体育和服务全面纳入与家庭密切联系的各种环境和项目实施中,其中包括健康中心,学校,妇女、儿童和婴儿补充营养计划(WIC),儿童启蒙计划(HS)等。[2]

第三,逐步实现家庭赋权。为充分发挥家庭的作用,西方国家的学者基于微观社会生态提出了"干预布局与实施行动模型"(FAMILI),明确提出要赋予家庭权力。FAMILI是一个以行动为导向的过程模型,主要包括3个阶段:第一个阶段是运用家庭发展理论,构建以家庭为中心的理论与实践框架,其主要目的是充分认识家庭内部相互作用的复杂性,以及能够影响成员生活方式行为更为宏观的因素。这一阶段所依据的是家庭生态理论模型(FEM),即突出强调要充分识别影响家庭的各种因素(例如,人口统计数据、家庭成员基本情况、社区特点、组织特征、媒体和政策等),同时运用发展理论将这些因素融合到干预实践中。[3] 第二个阶段是采用混合方法深入探析干预家庭和父母相关的因素(首先是对日常家庭生活的定性评价,然后对所确定的模式进行定量评价),主要目的是促进基础研究和应用(政策)之间的有机联系。这一阶段就是从广泛公共政策和各类资源入手,进行针对性审查,确立干预的整体政策框架。第三个阶段是运用社区参与式的方法(CBPR,即了解家庭日常情况—促进家庭接受方案—赋权家庭决策—弥合文化差距—考虑家庭、社区和组织现实情况—研发和实施可持续方案),研发、实施和评估各类干预手段,赋权给父母和看护人,以培养健康的生活方

---

[1] Briar-Lawson K., Lawson H. & Hennon C., *Family Supportive Policy Practice*: *International Perspectives*, NY: Columbia University Press, 2001, p. 112.

[2] Hoagwood K., Koretz D., "Embedding Prevention Services within Systems of Care: Strengthening the Nexus for Children", *Applied & Preventive Psychology*, Vol. 5, No. 225, 1996.

[3] Davison K. & Campbell K., "Opportunities to Prevent Obesity in Children within Families: An Ecological Approach", in D. Crawford & R. Jeffery (eds.), *Obesity Prevention and Public Health*, Oxford, UK: Oxford University Press, 2005, pp. 207-230.

式，使家庭和成员发生改变。① 该模型为家庭体育管理提供了具体的路径：一是识别影响家庭体育的阻碍和支持因素；二是制订与实施具有文化敏感性和可持续性的干预计划；三是将家庭体育融入社区发展中，动态评估长期的家庭行为改变情况，以促进健康体育行为习惯的养成。

第四，采取有机联系的家庭体育干预措施。虽然青少年体育参与受到许多因素的影响，但家庭、学校和社区发挥着重要作用，当三者协同积极推动时，就会形成一种健康的生活文化，因此需要采取措施在它们之间建立联系，创造和支持体育活动的开展。② 20 世纪 90 年代以来，"致胖环境"越来越受到高度关注，众多研究者利用知识图谱映射技术来深入分析环境对个体体育行为和饮食习惯的影响，很多国家也开始系统实施专门的儿童能量平衡与防止超重和肥胖计划。③ 其中家庭和学校环境被认为是重点，需要给予高度关注，家庭环境包括父母与能量平衡相关行为（EBRB）、父母规则、喂养方式、父母辅导、共同参与、母亲的饮食限制、父母的体重指数、儿童体重情况、父母的社会经济地位（SEP）、家庭构成；学校环境包括健康和不健康食品的可获得性（学校环境监控）、学校食品政策、课间饮食习惯、体育课（教学实践）、体育活动机会、财政激励。④ 在这一系列计划中，家庭和学校是中心，需要在充分了解双向干预过程的基础上，根据社会经济地位、种族等因素，分类制定策略。⑤ 从现实情况看，青少年可能会接触到很多社会支持来源（如家庭、父母、兄弟姐妹、朋友和亲戚），但父母被认为是贯穿儿童和

---

① Davison K. K., Lawson H. A., Coatsworth J. D., "The Family-Centered Action Model of Intervention Layout and Implementation: The Example of Childhood Obesity", *Health Promotion Practice*, Vol. 13, No. 454, 2012.

② Karp G. G., Scruggs P. W., Brown H., et al., "Chapter 10 Implications for Comprehensive School Physical Activity Program Implementation", *Journal of Teaching in Physical Education*, Vol. 33, No. 611, 2014.

③ Booth S. L., Sallis J. F., Ritenbaugh C., et al., "Environmental and Societal Factors Affect Food Choice and Physical Activity: Rationale, Influences, and Leverage Points", *Nutrition Reviews*, Vol. 59, No. 57, 2001.

④ Kremers S. P., Bruijn G. J. D., Visscher T. L., et al., "Environmental Influences on Energy Balance-related Behaviors: A Dual-process View", *International Journal of Behavioral Nutrition and Physical Activity*, Vol. 3, No. 9, 2006.

⑤ Ventura A. K., Birch L. L., "Does Parenting Affect Children's Eating and Weight Status?", *International Journal of Behavioral Nutrition & Physical Activit*, Vol. 5, No. 15, 2008.

青少年时期最为重要的老师和社会引导者。父母传授技能和信仰，有助于帮助孩子形成良好的体育认知、态度和行为；父母为孩子树立起积极的行为榜样，与孩子们一起参与活动，鼓励孩子，并在各个方面提供支持。[①] 父母社会化已经成为西方学界关注的热点问题，尤其是从父母与孩子关系、行为，以及教育方法等方面入手进行了广泛的探讨。[②] 近10年来，西方国家一般都制定了非常详细的"家庭手册"，着重对0—5岁孩子的喂养、营养、体育活动、陪伴、教育等提出了建议，同时积极与儿童和青少年有关的公共机构合作，依托社区成立了志愿组织，定期实地解决家庭所面临的问题。[③] 欧洲的一些国家开始关注制定一些专门针对父母的体育政策，取得一定的效果。但是也应该看到，体育政策干预对父母行为和青少年体育参与虽然产生了一些有利的影响，但仅仅局限在某些方面，对于其他领域和环境的影响还是非常有限的。[④] 未来一段时期，强化父母对孩子体育教育方面的政策，并建立细化的引导、鼓励和支持机制仍将是青少年体育治理中需要解决的重要问题。

综上所述，青少年体育活动促进在不同的领域形成了稳定的管理权秩序，为进一步的协同实施奠定了基础。从每一个领域的特点看，学校体育管理权日益分化，交由专业的教育联盟和委员会负责业务管理，政府主要负责政策导向和监管；青少年社会体育则进一步与社会资本衔接，以授权为主要形式，赋权为最终诉求；家庭体育则贯穿于青少年的整个成长过程，突出强调期望价值与个体行为的有机融合，呈现出政府引导，日益加强全社会联动的发展趋势。

[①] Beets M. W., Cardinal B. J., Alderman B. L., "Parental Social Support and the Physical Activity-Related Behaviors of Youth: A Review", *Health Education & Behavior*, Vol. 37, No. 621, 2010.

[②] Pugliese J., Tinsley B., "Parental Socialization of Child and Adolescent Physical Activity: A Meta-analysis", *Journal of Family Psychology*, Vol. 21, No. 331, 2007.

[③] Pettman T., Magarey A., Dollman J., et al., "Improving Weight Status in Childhood: Results from Eat Well Be Active Community Programs", *Obesity Research and Clinical Practice*, Vol. 4, No. 36, 2010.

[④] Brackenridge C., Pitchford A., Wilson M., "Respect: Results of a Pilot Project Designed to Improve Behaviour in English Football", *Managing Leisure*, Vol. 16, No. 175, 2011.

第三节　西方国家青少年体育活动
促进管理权的运行

很多西方国家在学校体育管理、青少年社会体育管理和家庭体育管理方面建立了比较成熟,且各具特色的运行机制,形成了很多有效的做法。其中学校体育管理突出了独立性和专业性管理,社会体育管理突出与社会资本的有序融合,家庭体育管理突出政府引导,以及与社区的积极对接。

一　学校体育管理权的运行

近几十年来,英国、德国、瑞典、日本等西方国家不断对传统的行政管制制度进行改革,形成了州(市)自主决策、社会组织(包括基金会)广泛参与的学校体育管理模式,取得了良好的效果,其中很多经验值得借鉴。

(一)英国的学校体育管理权运行

20世纪90年代以来,儿童和青少年越来越成为英国体育政策的焦点。2000年,英国政府颁布了《全民体育的未来》,其中将发展体育教育确立为核心工作,提出了统筹发展学校体育的思路。"学校体育统筹计划"旨在发展和加强学校与更广泛的社会组织和社区的合作,增加青少年体育参与的机会。该方案的中心是以各年龄段孩子享受高质量的体育教育为中心,全面发展战略伙伴关系,建构覆盖网络,最大限度地为他们提供连续性的资源和条件保障。英国政府为了实现强有力的政策承诺,系统提出了"各部门联合管理"的战略思维——体育部门(文化、媒体和体育部)和教育部门(教育和技能部),以及其他国家机构之间建立跨部门联合管理机制,同时纳入体育学院、社区、俱乐部、保健院等相关主体,全面开展工作。[1] 与此同时,英国政府又制定了"体育、学校体育和俱乐部网格化战略"(PESSCL),该战略投入4.59亿英镑用

---

[1] Flintoff A., "The School Sport Co-ordinator Programme: Changing the Role of the Physical Education Teacher?", *Sport, Education and Society*, Vol. 8, No. 231, 2003.

于管理和实施网络的建立,其承诺:提高英国 5—16 岁儿童和青少年体育参与机会和接受体育教育的程度,将每周至少参加 2 小时高质量体育课和其他体育活动的孩子比例从 2002 年的 25% 增至 2008 年的 85%;至 2010 年,向所有的孩子保障每周至少有 4 小时的体育活动时间,其中包括至少 2 小时高质量的学校体育学习,以及 2—3 个小时的课外体育学习。依托该战略,苏格兰也明确规定,至 2007 年,幼儿园到中学的所有孩子每周接受至少 2 小时优质的体育教育,长期的目标是每周接受 3 小时。[1] 这一战略的实施基本形成了能够覆盖各年龄阶段孩子的体育教育网络,为进一步改革奠定了基础。在学校体育深化改革中,英国政府不断调整治理模式,系统提出将致力于国家机构、地方政府和志愿部门密切合作,通过体育推动不同种族和宗教背景的年轻人实现社会大融合。[2]

基于国家学校体育战略要求,英国重新建立了政策执行和管理体系,其中交由教育部(DfES)、文化、媒体和体育部(DCMS)联合执行公共服务协议(PSA)的相关政策目标,总理监理机构(PMDU)负责总体监管。为了实现既定目标,英国政府进一步配置权力,细化了管理架构,由专业体育教育协会、校长、教育标准局组成的委员会(OFSTED),任职资格和课程管理局(QCA),体育理事会,文化、媒体和体育部,教育和技能部,青少年体育信托基金(YST)等负责相关领域的业务和资金管理。[3] 其中文化、媒体和体育部主要负责学校体育顶层管理,体育理事会、教育和技能部,协同青年体育基金会、学校和家庭部等负责体育课程设置、体育教学、校内外体育赛事等的管理。[4] 在国家学校体育战略中,都清晰地列出了具体的管理机构,其中主要包括 9 个相互关联的管理部门:体育学院、学校体育伙伴(SSPs)、学校与俱

---

[1] Hardman K., Marshall J., *Update on the State and Status of Physical Education World-wide*, 2nd World Summit on Physical Education, Magglingen, Switzerland, 2005.

[2] Government, *Sporting Future First Annual Report* (www.gov.uk).

[3] HM Phillpots L., Grix J., "New Governance and Physical Education and School Sport Policy: A Case Study of School to Club Links", *Physical Education and Sport Pedagogy*, Vol. 19, No. 76, 2014.

[4] 王英峰:《英国体育管理》,人民体育出版社 2013 年版,第 128 页。

乐部链接部、天才项目运营部、体育课程设置与监管部、体育兴趣引入部、游泳部、体育场管理部、专业发展部。这些部门分别承担着专业师资培养、运动项目推广普及、竞技体育训练、精英运动员培养、体育课程优化、市场运营管理等各领域的管理工作。从这里可以清晰地看到，英国的学校体育管理主要延循的主线是：以国家战略为依托—政府优化管理体系（着重制定政策和监管）—授权非政府组织战略管理—全面交由专业机构实施针对性管理。

（二）德国的学校体育管理权运行

德国的体育教育主要由学校体育和校外体育两部分构成，前者主要由政府（教育部）负责，后者主要由体育局负责。在整体管理体系中，体育俱乐部发挥着非常重要的衔接作用。在德国，有9万多个体育俱乐部，它们一般都和各类学校建立了广泛的联系，青少年学生可以随时参与到喜爱的体育活动中。[1] 因此，对俱乐部和体育环境的管理是德国政府关注的首要问题，这些工作由各体育协会或工会负责。德国的学校体育是教育系统的重要组成部分，主要由联邦政府和州政府负责。《德国基本法》规定，教育是公民的一项基本权利，每个人都享有全面发展的权利，都享有自由选择学校、自由选择职业培训、自由选择就业的权利。[2] 同时，也明确规定了联邦政府在教育领域的职责范围。各州政府都享有立法权，除非《基本法》赋予联邦政府立法权，其立法适用于学校管理部门、高等教育部门，以及成人教育和继续教育等。在德国，学校体育是指学校所有与体育运动相关的各种活动，其中除了必修体育课程以外，还包括志愿者、体育竞赛、全国性体育活动或以体育为主题的短途旅行。[3]

近20年来，德国学校体育管理进行了重大转型，其确立了让每个

---

[1] "Physical Activity in Sports Clubs of Children and Adolescents in Germany: Results from a Nationwide Representative Survey", *Journal of Public Health*, Vol. 21, No. 505, 2013.

[2] 《德意志联邦共和国基本法》（https://baike.baidu.com/item/%E5%BE%B7%E6%84%8F%E5%BF%97%E8%81%94%E9%82%A6%E5%85%B1%E5%92%8C%E5%9B%BD%E5%9F%BA%E6%9C%AC%E6%B3%95/8676436?fr=aladdin）。

[3] Eurypedia-European Encyclopedia on National Education Systems（https://webgate.ec.europa.eu/fpfis/mwikis/eurydice/index.php/）。

孩子享有高质量体育教育的理念，教育模式也已经从单纯的体育教学发展为综合性的运动行为和能力教育，致力于孩子们的身心健康，以及社会融合和情感发展。各州的教育和文化部门具体负责学校体育活动开展，它们会依据不同类型的学校设置和调整体育课和课外体育。体育课程是体育科学的一个领域，主要是以教育科学和体育科学的知识为基础。德国教育和文化事务部委员会体育常务会议负责管理协调涉及大多数州学校体育的跨境事务。[①] 有研究表明，最近几年德国儿童放弃有组织体育活动的人数不断增加，其中有五分之一的孩子没有参加过，为此需要采取行动系统提高儿童和青少年的参与水平。针对这些问题，德国政府主要从两个方面入手：一是将工作重点放在儿童和青少年有组织体育活动的促进和保障上，以防止孩子们在青春期停止参与。二是调整公共卫生部门、社会组织、学校的职责，确立深入合作的跨部门管理机制，为所有儿童和青少年提供更多的体育参与机会，特别是减少弱势群体孩子的参与障碍。[②]

（三）瑞典的学校体育管理权运行

长期以来，瑞典体育联合会（RF）代表政府，全面负责管理体育，旨在实现公共健康，促进公民教育、发展和娱乐休闲等目标。自1913年以来，该组织每年都会获得政府的资金支持，尤其是1970年以后，其代表政府向各体育组织分配资金。在现实发展中，体育联合会已经被赋予了双重管理职能：志愿体育组织的最高权威和体育政策的公共权威。传统管理格局中，政府的主要职责是决定筹资的规模和首要资助目标，而体育联合会则有权决定如何配置和实施。瑞典体育联合会是一个由69个成员构成的伞形组织，它是政府的定期协商伙伴，并与政府部门进行合作，其首要任务之一是在财政、组织和通信方面为各体育领域

[①] Weichselbaum E., Hooper B., Ballam R., et al., "Physical Activity in Schools Across Europe", *Nutrition Bulletin*, Vol. 37, No. 262, 2012.

[②] Manz K., Krug S., Schienkiewitz A., et al., "Determinants of Organised Sports Participation Patterns during the Transition from Childhood to Adolescence in Germany: Results of a Nationwide Cohort Study", *BMC public health*, Vol. 16, No. 939, 2016.

发展提供战略领导。① 但在最近几十年，这种格局逐渐被打破，政府干预的力度逐渐加大。体育在政府议程中的地位日益突出，增加资源支持实现既定目标已经成为共识。国家有关体育政策的目标不断拓展，过去国家支持的首要工作是为体育志愿者提供帮助，但是当前的重点是支持体育运动有关的公共职能，例如，体育公共服务、均等化体育参与、社会融合，以及为儿童和青少年创造有价值的休闲。政府关注度的转变有助于体育组织通过自我调整实现现代化转型。② 总体看，瑞典政府体育政策系统改革也受到了一些批评。虽然大幅度增加资金投入得到了各方的欢迎，但是强化国家对体育的控制挑战了体育联合会传统的权威地位，侵犯了体育自治的权利。这些批评意见并没有动摇国家的体育政策目标。从深层次看，国家与体育领域之间的关系已经从先前的"隐性契约"变成了一个新的、结果导向的、更为正式的合作协议。在这种情况下，瑞典政府也面临着两种战略选择：一是改造体育俱乐部和体育联合会，使其变为半公共机构，优先发展年轻人体育；二是坚持自身独立性和权威性，更多地关注体育内在价值和那些已经养成体育锻炼习惯的人群。后者将会在长期内减少体育成本投入，同时能够促进全社会把体育视为一种自主、自愿参加的价值观认同。③

与其他许多资本主义福利国家一样，瑞典在20世纪90年代末进行了"新自由主义为思想基础"的教育体制改革，④ 其核心是从强调集体协商和均等的教育体系转变为地方准市场、学校竞争和学生自由选择为中心，重新确立以市场资源配置和竞争为主体的管理秩序。⑤ 有影响力的教育政策制定者都享有话语权，他们延循着组织性的、经济导向性的

---

① *Sports in Sweden* (https://idrottonline.se/Riksidrottsforbundet/Undermeny/RFochsvenskidrott/SportsinSweden/).

② Norberg J. R., "A Contract Reconsidered? Changes in the Swedish State's Relation to the Sports Movement", *International Journal of Sport Policy and Politics*, Vol. 3, No. 311, 2011.

③ Ottesen L., Skirstad B., Pfister G., et al., "Gender Relations in Scandinavian Sport Organizations—A Comparison of the Situation and the Policies in Denmark, Norway and Sweden", *Sport in Society*, Vol. 13, No. 657, 2010.

④ Beach D., "Socialisation and Commercialisation in the Restructuring of Education and Health Professions in Europe: Questions of Global Class and Gender", *Current Sociology*, No. 551, 2010.

⑤ Antikainen A., "The Capitalist State and Education: The Case of Restructuring The Nordic Model", *Current Sociology*, No. 530, 2010.

制度逻辑来指导学校体育的开展。① 2002 年，瑞典政府颁布了"全民体育计划——握手项目（Handshake）"，每年增加 1 亿美元，核心目标是全面发展儿童和青少年体育，尤其是提升女孩子体育参与的水平，防止吸毒和加强与学校的合作，继该计划后，2006 年又增加了 2 亿美元的资助。② 2007 年又颁布了"全民健身战略——体育提升计划"。该计划系统提出至 2011 年，累计投入 2 亿美元，鼓励和扶持国家体育组织（NSOs）和体育俱乐部发展，全面落实体育联合会制定的政策框架。其中重点对分级管理制度进行了改革，加大了赋予体育组织、学校和个人自主决定如何发展的权利。③ 除了常规投资外，瑞典政府每年额外投入5500 万美元用于以下方面的发展：55% 用于当地体育俱乐部，24% 用于国家体育组织和地方体育组织，18% 用于特殊投资，3% 用于专项评估。④ 2009 年，瑞典体育联合会在其《运动需求》相关政策中系统地提出了保护儿童体育权利的要求和措施。同年，瑞典国会通过了《儿童和青少年体育活动指南》，提出了保护体育权利的多种措施。该修正案是根据 2008 年国家体育援助报告中所提出的"国家政策法规应加强儿童体育管理"这一建议所制定的。在国家法律的支持下，瑞典学校体育管理也从政府管制转变为多方共同参与，国家教育局负责总体设计与规划。与英国和其他盎格鲁—撒克逊国家不同的是，瑞典形成了一套新的学校体育系统，强调通过学校和体育俱乐部的深入合作开展自愿性的体育活动，其中俱乐部享有很大自主权，目的是教育学生学会如何自主选

---

① Ball S. J., "New Class Inequalities in Education: Why Education Policy May Be Looking in the Wrong Place! Education Policy, Civil Society and Social Class", *International Journal of Sociology and Social Policy*, Vol. 30, No. 155, 2010.

② *The Lift for Sport-guidelines* (https://www.rf.se/lastasidor/sok?q=The+Lift+for+Sport-guidelines).

③ Fahlén J., Eliasson I., et al., "Resisting Self-regulation: An Analysis of Sport Policy Programme Making and Implementation in Sweden", *International Journal of Sport Policy and Politics*, No. 1, 2014.

④ Eliasson I., Karp S., Wickman K., "Developing Sports with a Children's Rights Perspective? Intentions, Methods, and Priorities of Development Projects in Local Swedish Sports Clubs", *European Journal for Sport and Society*, Vol. 14, No. 44, 2017.

择体育运动。① 过去 10 年，瑞典 290 个自治市中，有 75% 提供了多样的学校体育项目，学生可以在上学期间，每周 3 天进行专门的体育训练。在新的改革中，政府坚持认为市场化的学校竞争将提高教育的效率、反应能力，也能够促进地方教育的发展。与此同时，相关法案也指出，学校运动项目和体育课程的种类众多且各不相同，这使得国家很难同等地对待，但必须优先保障高中体育运动开展要达到国家的教育标准。改革集中统一规划，确保学校体育每一门课程的开设质量，此项工作由国家课程联合会负责实施。为了有效监管学校体育工作的运行，还选举成立了专门的体育运动委员会进行质量检查和评估，以确保只有那些具备良好体育技能和雄心壮志的优秀学生才会被高校录取。② 瑞典政府的学校体育改革更加强调合法均等化，其中优化权属关系，明确职责是重点——通过理顺政府、国家体育联合会、特殊体育联合会、学校、体育俱乐部和学生之间的关系，着力为所有的学生提供体育参与的条件，并提供行动指引。此外，针对学校体育中存在的突出问题（如：大多数学校体育课程和项目设置质量不高，学生不能享有均等化的体育教育；很多高中体育过度商业化运营，造成体育场馆资源开放紧张；学生参加体育运动无法达到普通高中要求的学术和职业目标；等等），瑞典政府进一步采取了"社会分化"的方式，分层分类提升均等化体育教育的质量，使学生们能够自主选择参加适合的运动项目。从这个意义上讲，瑞典政府进行的学校教育改革正在试图强化新自由主义的政策议程，同时消除传统社会自由主义教育观念的局限，其突出强调新自由主义效率观，要求学生必须转向自主理性选择路径，以实现教育在个人和社会发展中的最大效果。

（四）日本的学校体育管理权运行

日本形成了非常完善的国家法律，为学校体育的深入开展奠定了基础。2000 年以来，日本政府出台了以《体育振兴法》为依据的《体育振兴计划》，将发展全民体育作为重要任务，为此建立了以各级政府和

---

① Olofsson E., "The Swedish Sports Movement and the PE Teacher 1940 – 2003: From Supporter to Challenger", *Scandinavian Journal of Educational Research*, Vol. 51, No. 163, 2007.

② Lund S., "Regulation and Deregulation in Education Policy: New Reforms and School Sports in Swedish Upper Secondary Education", *Sport, Education and Society*, Vol. 19, No. 241, 2014.

体育行政部门为主体的管理体系。这一时期日本社会体育得到了充分发展，儿童和青少年体育成为各界关注的重点。2005 年日本政府将全面提升学生体质健康水平纳入该计划中，明确提出采取更有力的措施遏制青少年身体素质下降的趋势。2011 年日本颁布了《体育基本法》，进一步确立了发展青少年体育的战略要求和目标。为此，建立综合性地区青少年俱乐部的规划提上议事日程，该项工作主要由教育委员会和各学校联合开展。2012 年日本又颁布了《体育基本计划》，全面布局实施《体育立国战略》中提出的各项战略任务——培养青少年沟通能力和领导能力，塑造完整的性格，促进群体全面发展。2016 年日本文部科学省发布了《体育未来开拓会议中间报告》，审视了学校体育发展的得失，建议加大对体育场地设施和社团的支持与管理力度。① 日本的文部科学省顶层设计，其下属的日本体育协会全面负责学校体育管理。协会根据不同年龄段制定以"健康体育"或"保健体育"为目的的学校体育课程标准，而完成所有体育课程则是"中小学生要达到的最低要求"。日本体育协会下属的初中体育联盟和高中体育联盟，覆盖了所有初高中学校，每个联盟又设置了 20 个左右的体育项目联盟。这些小联盟在学校的组成单位就是学生体育社团，所有学生都可以根据兴趣自愿加入。除了日常的体育社团指导和培训外，"两大联盟"还承担着组织各级各类青少年体育赛事的任务，众多日本动漫中常常提到的"全国体育大赛"就是来源于此。②

除了校内体育外，日本政府高度重视校外体育的开展，尤其是注重日常的身体锻炼行为习惯。积极地徒步或骑自行车上学，已经被确定为儿童体育活动的一个重要来源，许多西方国家正在大力推广这一形式，以增加身体活动，应对目前肥胖的流行。③ 日本《国家责任义务教育法》第四条规定，中小学的选址必须保证所有学生的居住距离

---

① 郭伟、[日] 滝濑定文：《日本青少年体育振兴政策对我国青少年体质健康促进的启示》，《西安体育学院学报》2016 年第 6 期。
② 卢苇：《日本青少年体育：以学校体育为基础》，《中国体育报》2013 年第 7 期。
③ Cradock A. L., Fields B., Barrett J. L., et al., "Program Practices and Demographic Factors Associated with Federal Funding for the Safe Routes to School Program in the United States", *Health & Place*, Vol. 18, No. 16, 2012.

不超过4—6千米（具体范围和上学方式由教育委员会根据城市特点具体确定，一般小学2—4千米，初中3—6千米）。与其他收入水平相当的国家相比，日本学生步行上学的比例很高，公立学校有98.3%的学生步行上学，孩子们成群结队，甚至一年级的孩子都没有父母陪伴。[①] 日本自1953年开始实行步行上学，目前已经形成了良好的传统。政府顶层设计，以学校网络为基础进行系统干预，并不断优化管理制度，动员当地的相关组织参与其中。市政公共教育主管部门、教育委员会主要负责学校体育活动的管理，每个教育委员会都将步行上学作为一项义务，普遍开展推广活动。通勤管理（如自行车、校车等）也由教育委员会负责，它们会根据地理条件、气候和交通情况采取针对性的措施（如分配停车位）。[②] 同时，市政府、教育委员会、学校等相关主体也都依据文部省颁布的《儿童上下学步行安全指南》进行安全管理。例如，划定危险区域、成立教师和家长志愿者协会、交通路口疏通、佩戴黄色警示标志等。良好负责任的管理、综合性的干预措施，使得日本成为世界上儿童肥胖率最低的国家之一。[③] 总体看，日本学校体育形成了精细化的管理制度，对不论是学校体育课（包括幼儿园），还是俱乐部建设、体育竞赛、课外体育活动开展，以及步行上下学等都进行了明确规定，并形成了一套行之有效的做法，值得学习和借鉴。

二 青少年社会体育管理权的运行

青少年参与的每一种社会实践活动都可能产生教育方面的影响。有组织的社会体育活动对12—18岁的青少年能够产生积极作用，甚至超过了学校和家庭环境。青少年社会体育的核心目的是提供一种相互尊

[①] Safe Routes Partnership, *SRTS Lessons and Inspirations from Japan* (http://www.saferoutespartnership.org/mediacenter/japan).

[②] Mori N., Armada F., Willcox D. C., "Walking to School in Japan and Childhood Obesity Prevention: New Lessons from an Old Policy", *American Journal of Public Health*, Vol. 102, No. 2068, 2012.

[③] Wang Y., Lobstein T., "Worldwide Trends in Childhood Overweight and Obesity", *Int J Pediatr Obes.*, Vol. 1, No. 11, 2006.

重、关心、信任、责任和亲社会的氛围，塑造行为习惯，在运动障碍和困境中提升道德水平。[1] 社会经济地位（SES）已经被证明与健康状况和超重有关，能够从位置特异性维度对儿童和青少年的空间活动行为产生影响。因此，在评估二者关系时，不仅要纳入总的身体活动和久坐行为结果作为衡量标准，而且要更多地关注这些行为发生的特定环境，尤其是要关注政策支持和管理安全的社区体育环境。[2] 作为一种理论范式，社会资本日益在政策中占据主导地位，决策者想方设法将社会、经济、人口和政治变化对社区的各种影响概念化。[3] 一些典型的西方国家注重社会资本与青少年体育环境、社区参与等方面的有机联系，建立了针对性的管理制度。

（一）澳大利亚的青少年社会体育管理权运行

社会福祉的概念是建立在对集体特征充分认识之上的，它是最重要的健康决定因素。换句话说，社会通过社交网络和人际关系将人们联系在一起，这本身就是最为重要的福祉。其中体现出的内在逻辑是，个人在社会中建立的联系越多，他们在情感上、社交上、身体上和经济上就会越好，因此社会包容性、社会连通性与社会资本的概念密切相关。[4] 这往往会出现一种结果，一个组织参与者或成员数据的增加与其占有的社会资本水平和质量直接相关。志愿者组织和非营利组织作为有效的社会网络，它们能够产生、发展和维持社会资本，因此成为公共政策关注的重点。[5] 澳大利亚人口最多5个州的政府都将社会资本作为体育政策的重要内容。一是政策重点是保持精英体育和社区体育财政投资的正当

---

[1] Rutten E. A., Stams G. J. J. M., Biesta G. J. J., et al., "The Contribution of Organized Youth Sport to Antisocial and Prosocial Behavior in Adolescent Athletes", *Journal of Youth and Adolescence*, Vol. 36, No. 255, 2007.

[2] Bürgi R., Tomatis L., Murer K., et al., "Spatial Physical Activity Patterns among Primary School Children Living in Neighbourhoods of Varying Socioeconomic Status: A Cross-sectional Study Using Accelerometry and Global Positioning System", *BMC Public Health*, Vol. 16, No. 295, 2016.

[3] Portes A., "Social Capital: Its Origins and Applications in Modern Sociology", *Annual Review of Sociology*, Vol. 24, No. 1, 1998.

[4] Kawachi I., Berkman L., *Social Cohesion, Social Capital, and Health*, New York: Oxford University Press, 2000, p. 174.

[5] Putnam R. D., *Bowling Alone: The Collapse and Revival of American Community*, New York: Simon and Schuster, 2001.

性和均衡性，强调通过体育精英的榜样作用促进社区体育参与，进而提升社会的凝聚力。二是加大社会体育组织扶持力度，它们拥有广泛的人力资源和设施基础，有助于实现政府的政策目标。广泛吸纳青少年和一些经济社会地位低的人加入体育组织，这对他们而言是相当重要的，可以使他们变得更健康，或者在体育方面取得成功。三是通过授权，进一步提升综合性社区体育俱乐部的自我拓展能力，减少对政府的依赖，从而使社区变得更安全和更具有凝聚力。① 四是加大社区志愿组织建设力度。依托大量的志愿组织已经成为澳大利亚青少年社会体育管理中的一个显著特色。体育运动被认为对社区产生积极潜在影响的重要原因就是其具有广泛的吸引力，能够向高水平的职业体育市场渗透。澳大利亚统计局（ABS，2007）报告显示，全国大约有30000家社区体育俱乐部，其中体育志愿者的规模非常庞大，每年有110万—140万人志愿服务各种体育组织，占比达到10%，这在很大程度上夯实了澳大利亚青少年体育管理的基础。②

除此之外，澳大利亚各州也成立了专门的体育与娱乐部负责青少年社会体育管理，以及经费筹集和分配。例如，新南威尔士州体育与娱乐发展部的愿景是通过积极的体育和娱乐活动，改善社会网络，增强社区凝聚力，提高社区自豪感和身份认同，为此制定了系统的体育与娱乐发展战略，首要目标是通过广泛的体育和娱乐活动加强社区建设，并充分发挥社区的积极作用。2006年，新南威尔士州政府决定投资1.05亿澳元发展社会体育，提出要吸引更多的人群参与到体育中来，尤其是提出要全面提升社区建设能力，促进青少年群体发展。③ 维多利亚州体育与娱乐部（SRV）提出体育和娱乐在维多利亚人生活中扮演着重要的角色，能够积极帮助塑造社区身份。有组织的体育活动为社会互动、分享共同利益和强化社区意识提供

---

① Hoye R., Nicholson M., "Social Capital and Sport Policies in Australia", *Public Management Review*, Vol. 11, No. 441, 2009.

② Auld C., *Voluntary Sport Clubs: The Potential for the Development of Social Capital*, in Nicholson M., Hoye R. (eds.), Oxford: Elsevier, 2008, p. 143.

③ Sydney, New South Wales Government, *New South Wales Sport and Recreation Annual Report 2005 – 2006*.

了平台。① 2007 年，维多利亚州确立了动员积极力量推进社会变革的战略，系统提出了政府为主导（政策指导和监管），动员多种社会力量发展青少年体育，促进社区体育参与，主要目标包括：一是建设一个减少不利因素、尊重多样性的公平社会；二是建设友好、自信和安全的社区；三是健全社区体育俱乐部财务管理；四是为子孙后代保护好环境。② 南澳大利亚政府更加注重社会资本与体育之间的有机联系，其体育和娱乐办公室（ORS）提出通过体育和娱乐建设更加美好的社区——通过终身积极参与体育和娱乐活动，提升不同人群的凝聚力，使每个人身心健康，为其所取得的成就感到骄傲。为此，南澳大利亚政府于 2004 年提出支持每一个社区发展的计划，并筹建了"社区联盟"和"青少年体育联盟"，给予针对性支持和拓展。③

（二）新西兰的青少年社会体育管理权运行

在新西兰，身体活动不足是第七大致死因素，由此造成了高额的社会成本负担，总支出约占国民生产总值的 1%。④ 新西兰是经合组织中第三肥胖比率高的国家，体育传统正受到现代久坐方式的侵蚀，当前有 11% 的年轻人肥胖，还有 22% 的超重，迫切需要实施国家干预战略。⑤ 为了缓解这一情况，新西兰政府深化改革，动员各种力量参与到全面体育建设中，形成了比较成熟的经验和做法。自 2000 年以来，新西兰国家体育机构——体育与娱乐委员会（SPARC）不断加大了资金投入力度，继续执行目标投资（基于业绩）政策，并建立了一套绩效评估体

---

① Sport and Recreation Victoria (SRV), *Sport and Recreation Victoria, Melbourne, Victoria*: *Victorian Government* (http://www.sport.vic.gov.au/web9/dvcsrv.nsf/headingpagesdisplay/about + us).

② Victorian Government, *Budget Paper No. 3 (2007 - 2008)*.

③ Adelaide, South Australian Government, Office of Recreation and Sport (ORS), *Strategic Plan 2004 - 2007*.

④ Auckland Council, Waikato Regional Council, and Wellington Regional Strategy Committee, *The Costs of Physical Inactivity*: *Toward a Regional Full-cost Accounting Perspective*, Auckland: Waikato and Wellingtom.

⑤ Sport NZ, *Young People Plan (2015 - 2020)* (https://sportnz.org.nz/assets/Uploads/2015 - 20 - SportNZ-YoungPeoplePlan-v01.pdf).

系。① 其中重点投资的领域包括3个：竞技体育；社区体育；提升组织能力。体育和娱乐部制订了系统的社区体育发展计划，并建立了社区体育日程制度。社区体育发展计划是对基层社区体育设施及其相关活动进行投资，主要目的是提供支持和保障，为参与者、社区成员、志愿者提供高质量的体育和娱乐体验。该计划主要包括：（1）提高小学适龄儿童基本运动技能水平；（2）使更多的青少年参加体育俱乐部和有组织的体育活动；（3）使越来越多的青少年参加中小学组织的体育活动；（4）使更多的成年人参加体育俱乐部和有组织体育活动；（5）增加志愿者人数，尤其是要提升教练员的人数和质量；（6）提高国家和地区体育组织在社区开展体育活动的能力；（7）提高财务运转的可持续性。国家体育机构在社区体育投资的第一年就建立了关键绩效指标体系，如果投资超过一年，则在接下来的几年中，需要依据所拓展的措施来增加投资额度。例如，国家体育管理机构确定了社区体育第一年青少年参加体育活动的基准，第二年依据评估结果增加10%，第三年则增加20%。②

2009年，新西兰政府及体育与娱乐委员会取消了促进一般性体育活动的发展规划，取而代之的是将学校体育和青少年社会体育全部纳入体育与娱乐战略的"Kiwisport"计划，旨在让更多的儿童和青少年参加有组织的体育活动。③ 新西兰政府承诺，将抑制官僚作风，最大限度地将区域自治与整个体育联盟协调一致；有效保持青少年体育经费增长，采取的政策管理工具主要有两个：一是向所有的中小学直接分配政府拨款（4年4500万美元）；二是由地区体育信托基金（RST）管理的区域合作基金（RPF）对社区进行资金分配（3年3700万美元），整个过程由体育与娱乐委员会负责监控。这一管理体系的调整非常重要，因为它对改革责任的定位截然不同。在政府专项计划的大力支持下，学校、社区和体育信托基金被纳入新的管理体系中，这与过去十年标准化的政府集中

---

① Sam M. P., "Targeted Investments in Elite Sport Funding: Wiser, More Innovative and Strategic?", *Managing Leisure*, Vol. 17, No. 206, 2012.
② Sam M. P., Macris L. I., "Performance Regimes in Sport Policy: Exploring Consequences, Vulnerabilities and Politics", *International Journal of Sport Policy & Politics*, Vol. 6, No. 513, 2014.
③ SPARC, *Kiwisport Overview* (http://www.sparc.org.nz/education/kiwisport).

控制不同，其标志着一个重大的变化，即将政府的权力、权威和责任下放给了各个领域，细化了不同主体的责权利。① 从整体情况看，新西兰社区体育的发展基础很牢固。在国家体育组织、地方体育信托机构、地方当局等强有力的支持下，全国人口有很大的比例定期参加体育运动。这一全面覆盖的体育参与网络得到了许多资助者和赞助者，以及大量充满激情的志愿者、官员、管理人员等的大力支持。"体育新西兰"提出："我们很幸运生活在一个有利于运动和娱乐的良好环境中。正因为如此，我们拥有丰富的体育遗产，迄今为止，每一代人都有幸能够继承。新西兰的孩子们在玩耍中成长，体育受到了广泛尊重和喜爱。孩提时代的积极参与，不仅使我们养成了终身参与体育运动的习惯，而且也确保了大量的人才进入高水平竞技体育领域。因此，对我们这样一个幅员辽阔的国家来说，体育是我们国家身体的一部分，它改善了国民的健康和幸福，发展了国民的身体和思想，使每个人和社区更加有韧性。"但是也应该看到，随着世界的快速变化，几代新西兰人有幸继承和发展的体育遗产正受到威胁，体育系统必须做出回应。从人口统计特征上看，城市化、人口老龄化和日益增加的种族多样性正在改变新西兰人对社区体育的需求及参与方式；从体育消费上看，人们正将体育运动融入日益繁忙的、时间碎片化的生活方式中，其中对个性化体育活动的需求正在上升，而对团队和有组织体育活动的需求正在下降；从青少年体育发展看，越来越多的孩子形成了久坐不动的行为习惯，他们乐于选择屏幕娱乐，此时体育教学质量的提高比以往任何时候都要显得重要；从信息技术角度看，数字信息技术正在深刻改变着我们交流的方式和速度；从体育运动供给看，人们对各种体育运动参与的需求越来越大，需要加大保障以满足个人多样化的需要；从体育结构看，当前迫切需要建立新的组织形式和伙伴关系，并不断提升治理能力，创造创新的方法来开展体育运动。②

2012 年，为了进一步发展全民体育，新西兰体育与娱乐委员会更

---

① Keat R. A., Sam M. P., "Regional Implementation of New Zealand Sport Policy: New Instrument, New Challenges", *International Journal of Sport Policy and Politics*, Vol. 5, No. 39, 2013.

② Sport NZ, *Community Cport Strategy*(https：//sportnz.org.nz/about-us/our-publications).

名为"体育新西兰"。该公司是国家级体育管理机构,其和全资子公司的新西兰高质量体育共同组成了新西兰体育集团。自成立以来,体育新西兰全面梳理了伙伴关系,重新确立了发展理念:参与者为中心——基于专门领域知识明确人们想要什么以及为什么想要;系统导向——关注成功系统的关键属性,使更多的新西兰人参与体育运动;高效推动——鼓励体育系统中的所有人努力改进,提升能力,建立品质和效率为中心的运营体系,围绕绩效、边际效益最大化、回报为新西兰人提供最大可能的价值。近5年来,连续颁布实施了《新西兰体育与娱乐2012—2015战略》《新西兰体育集团2015—2020战略》《新西兰社区体育战略2015—2020》《新西兰高质量体育战略2017—2020》《青少年社区体育计划(2015—2020)》《让我们一起运动》《儿童体育游戏准则》等一系列重要战略计划。[①] 其中"社区战略"提出:(1)确立重点建设领域,包括学龄孩子(5—18岁)、体育参与率低的地域、竞技体育(赛事)。(2)实施五大策略:提升决策洞察力;优化人力资源;完善体育系统,保障空间和场地资源供给;拓展合作伙伴关系;落实国家战略,多样化实施。(3)投资布局策略:在有明确价值主张的地域投资,提高投资系统的可持续性,以投资获得最大的影响为目标,通过合作与杠杆来实现投资增长。"体育新西兰"提出,要建立一个世界领先的儿童和青少年体育体系;从社区开始,立足基层,鼓励和支持更多的孩子积极动起来,充分体验参加社区体育活动的乐趣;参与和竞争能够塑造孩子的自尊、韧性和自信心。社区体育的范围非常广泛,既包括运动、体育教育、积极性休闲,也包括竞技体育和人才培养。一旦孩子们开始了系统的运动,他们就会踏上一条积极成长的道路,通过努力保持良好的状态,最终能够在世界的舞台上赢得胜利。为了系统落实推进,新西兰投入巨资从家庭、学校、社区、体育俱乐部等方面采取了综合性治理措施。[②] 在多方共同干预下,新西兰日益形成了全民参与体育的良好氛围,儿童和青少年社会体育组织(典型的非营利性组织,其基本目标是

---

① *Our Plans and Strategies for Managing and Growing Sport and Recreation*(https://sportnz.org.nz).

② Sport NZ, *Young People Plan*(*2015 - 2020*)(https://sportnz.org.nz/assets/Uploads/2015 - 20 - SportNZ-YoungPeoplePlan-v01.pdf).

为不同年龄阶段的人提供一系列体育活动的计划）和体育俱乐部得到了快速发展。根据体育新西兰2016年和2018年公布的调查结果，儿童和青少年社会体育治理取得了良好的成效。其中2016年的调研报告显示，政府有效治理水平达到了 B-（60%—66%），社区体育环境达到了 B（67%—73%），儿童和青少年体育参与水平达到了 B+（67%—73%），有组织的体育活动参与水平达到了 C+（54%—59%）；[1] 2018年的调研结果显示，政府有效治理水平达到了 B+（74%—79%），社区和环境水平达到了 B-（60%—66%），有组织体育活动水平达到了 B（67%—73%），积极体育活动水平维持 C+（54%—59%）等，大部分指标都有不同程度的提高。[2] 从总体情况看，新西兰有38%的8—13岁儿童，以及39%的13—18岁青少年每天累计至少60分钟的中等强度到高强度的体育活动。[3]

（三）西班牙的青少年社会体育管理权运行

在过去的十几年里，体育已经成为西班牙重点治理的领域。政府已经认识到体育产业占西班牙GDP的2.7%，而且每年还呈现迅速增长的趋势，国民每年每人在体育运动上的花费为600欧元，其中75%用于各种体育锻炼，25%用于与观看球赛、新闻以及与体育有关的活动。最近，政府将体育治理直接划归到了首相办公室，体现出了对优先发展体育的高度重视。西班牙中央政府体育立法和政策的重点主要包括：（1）体育是重要的社会活动，需要给予充分的支持；（2）体育是教育体系的基本组成部分，儿童和青少年享有均等的、高质量的体育教育；（3）积极的体育运动是纠正社会不和谐的有效手段；（4）体育能够促进社会的平等、团结和进步；（5）大力发展代表西班牙最高水平的竞

---

[1] Maddison R., Marsh S., Hinckson E., et al., "Results from New Zealand's 2016 Report Card on Physical Activity for Children and Youth", *Journal of Physical Activity and Health*, Vol. 13, No. 225, 2016.

[2] Aguilar-Farias N., Miranda-Marquez S., Sadarangani K. P., et al., "Results from Chile's 2018 Report Card on Physical Activity for Children and Youth", *Journal of Physical Activity and Health*, Vol. 15, No. 331, 2018.

[3] Oliver M., Mcphee J., et al., "Neighbourhoods for Active Kids: Study Protocol for a Cross-sectional Examination of Neighbourhood Features and Children's Physical Activity, Active Travel, Independent Mobility and Body Size", *BMJ Open*, Vol. 6, No. 133, 2016.

技体育运动；（6）完善配套体育法律法规体系；（7）中央和地区政府协同合作，培育积极的体育文化。① 基于总体的法治框架，西班牙推行全民体育战略，建立了政府指导、扶持和保障，专业体育组织全面管理的体育体制。2001年，西班牙进行了国民健康调查，结果显示6—15岁的儿童和青少年有71.7%在业余时间不进行任何体育锻炼，而且这一比例呈现上升的趋势。针对日益严峻的情况，西班牙卫生和消费者事务部于2005年启动了《国家营养、体育活动和肥胖预防战略》（NAOS），提出授权8个自治地区，加大资源支持力度，扩大安全场所使用范围，旨在鼓励和引导儿童和青少年积极参加体育运动。为了有效实施该战略，西班牙卫生部与相关体育公司和社会机构签署了一系列协议，动员知名运动员、职业体育联盟和俱乐部都参与其中，广泛开展社会拓展活动。各地区自治政府也启动了综合干预计划，其中成立了健康饮食部和体育活动部，全面负责管理。同时，西班牙食品安全和营养局（AESAN）和教育创新发展中心联合制定了以学校和社区为中心的干预项目，设立了学校项目委员会，全面审查学校政策实施、体育课内外、学校体育环境、家庭支持和社区体育支持等。②

在西班牙政府中，没有设置类似体育部的行政机构，负责体育管理工作的是高等体育委员会（CSD）。各个地区市政部门负责建设体育场地设施，促进全民体育活动开展，同时下属的地方政府负责对体育技术专职人员的教育培训及体育科学研究的发展。地方委员会在体育领域中发挥着重要的作用。市政体育部门不仅是管理执行主体，而且与体育俱乐部建立了长期合作关系，组织开展社会体育活动、推广培训课程等。体育俱乐部构成了志愿部门的基础，每一家有资质的俱乐部可以分配自治联合会的一个或多个理事资格，该联合会又与国家/州一级的理事机构（联合会）密切联系。西班牙青少年社会体育管理制度的核心依据是国家《体育法》。20世纪90年代，随着体育事业的快速发展，西班牙《体育法》引入了新类型的体育协会，同时也授权特殊类型的私人

---

① Consejo Superior de Deportes, *Información Institucional* (http://www.csd.gob.es/Madrid.Presidencia del Gobierno).

② Roman B., Serra-Majem L., Pérez Rodrigo C., et al., "Physical Activity in Children and Youth in Spain: Future Actions forObesity Prevention", *Nutrition Reviews*, Vol. 67, No. 94, 2009.

有限公司（社会化组织），以开展多样化的青少年体育活动。《体育法》也在国家层面承认了《拉科鲁尼亚促进法》，建构起了以运动项目协会为主体的管理体系，其目的是确保所有人都能够参加体育运动。在西班牙，目前共有65个国家体育管理机构，其中包括5个残疾人体育组织，其绝大多数有促进儿童和青少年体育发展的义务要求。在地方一级，17个自治区都通过了《地方体育法》，规范辖区内所有体育组织运行的法律程序，尤其是明确了具有独立法人资格的体育联合会（每个地区有50—55个联合会）享有重要的管理权。① 当然，对于这么庞大的社会资本管理体系，西班牙政府也建立了相对独立的监管体系，各自治区依据地方体育法可以对失职行为、管理失范行为等提起问责。

（四）日本的青少年社会体育管理权运行

在日本，社会资本被认为是解决社会问题的有效途径，而体育被认为是建构社会资本，并实现这一目标的催化剂。自1985年至今，日本儿童和青少年的整体健康水平在持续下降。传统的体育管理体制面临很多困难，同时20世纪90年代以来日本经济增长乏力，这在一定程度上影响了体育活动的广泛开展。例如：社区体育俱乐部会员日趋老龄化，招募年轻会员变得越来越困难；由于财政资源短缺，政府已经难以满足国民多样化的体育需求。为了改变这种情况，日本文部省2000年颁布了《体育活动促进基本计划》，目标是提高不同人群体育参与水平，建设终身参与体育社会。基于精准改革的思路，市政府重新调整发展规划，将建设综合性的社区体育俱乐部作为培育社会资本的重要内容和手段，预期到2010年日本每个市政府至少要组织成立一种新型的体育俱乐部，即综合性社区体育俱乐部。② 为了汲取全世界的优势经验和做法，日本代表团在欧洲、美国寻求可以借鉴的榜样。2002年美国《萨班斯·奥克斯利法》（SOX）颁布，这为日本的体育治理改革提供了借鉴的原则和机制。该法案全称为《2002年公众公司会计改革和投资者保护法案》，其颁布彻底改革了美国公司财务问责制，加强了法律责任

---

① Puig N., Martinez J., and Garcia B., "Sport Policy in Spain", *International Journal of Sport Policy*, Vol. 2, No. 381, 2010.

② Basic Plan for the Promotion of Sports, *Policies for the Deployment of the Sports Promotion Measures* (http://www.mext.go.jp/english/news/2000/09/000949c.htm).

认定,以及审计的独立性,尤其是将持续的问责制作为重要的治理工具(根除不良行为)。① 为此,日本加强了体育治理的监管力度,体育协会、俱乐部、体育社团、社区体育组织等都被纳入评价体系中,同时针对不同的执行主体,建立了问责制。

2011年,依据《日本体育基本法》,文部科学省(MEXT)进一步对体育治理模式进行了优化。为了摆脱中央政府对地方的过度介入和控制,实现地区自治,日本依据完善的国家法律,鼓励并赋权给地方自治团体,统一拨付财政资金,由其进行公共事务的管理。② 随着这一改革进程的不断深入,政府和社会资本积极合作,确立了公私合作伙伴模式(PPP),即公私合作、提供公共产品和服务、政府和社会资本利益共享、风险共担的运营模式。③ 日本社会组织与政府在公共事务领域有着共同的诉求和愿景,两者相互促进相互协调,建立了互补型的合作关系。④ 这一模式在青少年社会体育管理中也有着突出的体现。以综合性社区体育俱乐部和传统社区体育俱乐部为中心,日本形成了以体育协会和体育联合会为主体的管理体系。国家体育联合会—地方体育联合会(包括市、区、镇、村体育联合会);国家体育项目协会—地方体育项目协会—社区传统运动队和俱乐部活动;体育俱乐部、商业公司、公共机构、私人机构—青少年体育俱乐部—综合性的社区体育俱乐部。⑤ 其中综合性的社区体育俱乐部不仅提供了各种运动项目,而且也为成员之间的交流提供了重要的平台。该俱乐部常年面向各个年龄阶段的孩子,以及各类型和各层次的运动员开放。社区体育俱乐部由当地居民独立管理运营,主要通过公共部门拨付专门的经费,各俱乐部达成了非常明确

---

① Lisgara P., "Recent Developments of Sports Governance in Japan", *The International Sports Law Journal*, Vol. 13, No. 329, 2013.

② 日本总务省:《民间委托(事务事业)の実施状况》(http://www.soumu.go.jp/main_content/000405002.pdf).

③ 陈志敏、张明:《中国的PPP实践:发展、模式、困境与出路》,《国际经济评论》2015年第4期。

④ 胡澎:《非营利组织在日本社会发展中的作用》,《南开日本书》2013年第1期。

⑤ Okayasu I., Kawahara Y., Nogawa H., "The Relationship between Community Sport Clubs and Social Capital in Japan: A Comparative Study between the Comprehensive Community Sport Clubs and the Traditional Community Sports Clubs", *International Review for the Sociology of Sport*, Vol. 45, No. 163, 2010.

的运行共识,确立了协同发展的理念。总体来看,日本社区体育比较完善,综合性社区体育俱乐部是关键主体,发挥着纽带、融合的重要作用,目前已经建立了对青少年群体的覆盖网络,形成了鲜明的特色。

三 青少年家庭体育管理权的运行

(一)欧盟的青少年家庭体育管理

20世纪90年代以来,"致胖环境"日益引起了人们的高度关注。来自不同领域的专家经过广泛研究得出结论,需要系统甄别环境对体育活动和饮食行为的影响程度,以及它们是如何影响每个个体的。[1] 为了做到这一点,需要设计一个更为精细的模型来深入探讨环境是直接影响还是通过中介变量来影响人们的行为。社会心理学中的环境—行为关系的双过程模型(如精细化可能性模型和固化模式模型),将信息处理视为一个连续的过程,而这些连续体中的关键指标反映了这些模型可以调用的"二元性"。[2] 一方面,人们在从事某一特定行为时不能深思熟虑,无法利用任何认知和能力,行为可能只是对环境因素"自动"的生物性反应结果。另一方面,人们可以花费大量的时间和精力,努力地确立信念,并进行决策。[3] 基于对行为决定因素的双过程模型,学者们从预防体重增加环境研究框架(ENRG)提出了能量平衡行为双过程模型(EBRBS)。国际预防儿童和青少年肥胖委员会已经研发了与肥胖相关的环境分析网络(ANGELO)以及身体活动和饮食行为决定因素框架(FDPAEB)。[4] 其中"致胖因素"(环境)分为四种类型:条件(可用因素)、经济(成本因素)、政策(规则因素)和社会文化(社会因素

---

[1] Booth S. L., Sallis J. F., Ritenbaugh C., et al., "Environmental and Societal Factors Affect Food Choice and Physical Activity: Rationale, Influences, and Leverage Points", *Nutrition Reviews*, Vol. 59, No. 57, 2001.

[2] Moskowitz G. B., Skurnik I., Galinski A. D., *The History of Dual-process Notions, and the Future of Preconscious Control*, New York: Guilford Press, 1999, p. 12.

[3] Bargh J. A., Chartrand T. L., "The Unbearable Automaticity of Being", *American Psychologist*, Vol. 54, No. 462, 1999.

[4] Kremers S. P., Bruijn G. J. D., Visscher T. L., et al., "Environmental Influences on Energy Balance-related Behaviors: A dual-process View", *International Journal of Behavioral Nutrition and Physical Activity*, Vol. 3, No. 9, 2006.

和文化背景因素)。此外,还包括两个层次:微观环境设置和宏观环境部门。个体受到包括学校、工作场所、家庭和社区在内的多个微观环境的相互作用,而这些环境又受到包括公众卫生系统、政府机构、食品行业、大众体育等在内的宏观环境的影响。当不同类型和层次的环境交叉时,就形成了一个普遍性的网络,它们分别分布在一个坐标的两个轴上。[1] 根据对行为决定性因素的分析,西方国家沿循预防体重增加环境研究框架分别从中介(环境对行为的直接影响)和非中介(间接影响)系统阐述了环境和行为之间潜在的特定调节变量。

针对日益严重的儿童和青少年肥胖问题,世界卫生组织欧洲办事处于2006年11月举行了来自欧洲48个国家的部长级会议,此次会议通过了《欧洲消除肥胖宪章》(ECCO)(以下简称《宪章》)。该宪章明确提出,欧洲各国应在未来4—5年内采取有效的措施减缓和抑制肥胖流行,尤其是针对儿童,到2015年要彻底扭转这一趋势。为了实现这一目标,《宪章》建议除了进一步完善健康教育外,要从环境(学校和家庭)、政治、社会和媒体联合采取行动,以促进儿童和青少年形成健康的能源平衡生活方式。[2] 超重和肥胖已经成为社会问题,政府、民间组织、私营部门应共同担负起责任。长期以来,欧洲各国政府一直忽视了专家们所提出的生态决定论模型,将肥胖认为是个人的事情。现在各国政府在各种国际会议上达成共识,表明已经认识到了个人、家庭和致胖环境之间的相互联系,并积极采取措施践行责任。[3] 同时,非政府组织联盟(欧洲公共卫生联盟、国际消费者组织、欧洲和国际肥胖研究会、欧洲儿童肥胖组织、欧洲心脏病协会、欧洲营养学会、国际体育和文化协会等)联合发布声明,督促政府各部门要在国际组织协调下采取

---

[1] Swinburn B., Egger G., Raza F., "Issecting Obesogenic Environments: The Development and Application of a Framework for Identifying and Prioritizing Environmental Interventions for Obesity", Preventive Mediline, Vol. 29, No. 6, 1999.

[2] Johannes B., "The European Charter for Counteracting Obesity: A Late but Important Step Towards Action. Observations on the WHO-Europe Ministerial Conference, Istanbul, November 15 – 17, 2006", International Journal of Behavioral Nutrition & Physical Activity, Vol. 4, No. 11, 2007.

[3] Brug J., Oenema A., "Theory, Evidence and Intervention Mapping to Improve Behavior Nutrition and Physical Activity Interventions", International Journal of Behavioral Nutrition and Physical Activity, Vol. 2, No. 2, 2005.

针对性措施，主要包括引导家庭均衡营养和膳食，建立并严格执行学校食品标准，增加课内外、校内外体育教育数量、时间和强度，增加城市体育基本设施，加强政府监管，鼓励父母和社区为儿童提供多样的体育活动机会等。① 为了进一步应对儿童和青少年肥胖问题，欧盟委员会研究理事会于 2009 年在第七个政策框架内研发了"欧洲能量平衡防止青少年过度增重计划"（ENERGY），并成立了专门的工作小组负责管理和运行。这项干预计划以理论和证据为基础，以学校和家庭为中心，采用多类型分组干预的思路，旨在促进接近青春期的学龄儿童（重点目标是10—12 岁的群体）均衡饮食，进行积极的身体活动，实现能力平衡，防止过度增重。具体目标包括：（1）对影响儿童能量平衡最为重要的行为和其他可改变的决定性因素（包括个体、社会文化、身体和经济环境因素）进行全面、多学科的深入分析，尤其是要关注家庭和学校环境；（2）根据年龄、性别和社会经济状况，确定有效的干预计划和策略，以及在不同的亚群体中细致地调解、缓和这些计划的执行因素，包括探索可在学校实施的财政干预战略；（3）利用上述分析所提供的循证支持，设计一项以学校为基础、家庭参与的多元干预计划；（4）对实施形成性、过程性和阶段性结果评价的多因素进行测试；（5）制订一系列大规模的实施和监测计划，其中包括涉及 11 个领域的具体工作任务。② 该计划模型分为 5 个基本步骤：一是生活质量和健康情况分析；二是重要的、可调整的风险行为分析；三是充分辨识产生这些风险行为的决定因素，提出干预映射（IM）；四是制定针对性的干预措施；五是通过形成性评价和 5 个国家试点（挪威、德国、比利时、希腊和匈牙利），为全面实施做好准备。③

---

① Brug J., Lenthe F. J. V., Kremers S. P. J., "Revisiting Kurt Lewin: How to Gain Insight into Environmental Correlates of Obesogenic Behaviors", *American Journal of Preventive Medicine*, Vol. 31, No. 520, 2006.

② Brug J., Velde S. J. T., Chinapaw M. J., et al., "Evidence-based Development of School-based and Family-involved Prevention of Overweight across Europe: The ENERGY-project's Design and Conceptual Framework", *BMC Public Health*, Vol. 10, No. 276, 2010.

③ Bartholomew L. K., "Planning Health Promotion Programs: An Intervention Mapping Approach", *Energy Policy*, Vol. 39, No. 5280, 2006.

(二) 澳大利亚和英国的青少年家庭体育管理权运行

20世纪90年代，澳大利亚体育委员会制定了国家青少年体育政策（NJSP），系统提出要促进安全和高质量的青少年体育参与，同时为所有相关利益者，尤其是为家长提供指引。此后，该系统政策进一步得到了修订，升级为国家青少年体育战略框架（JSF），提出所有体育组织为青少年提供一个安全、有趣、优质和包容的环境。该体育战略框架由三部分组成：一是由国家和国际青少年体育专家编写的以研究为基础的简报集；二是澳大利亚青少年体育最佳实践指南；三是一系列资源和模板文件，以帮助相关机构和人员更好地实施青少年体育政策。[1] 澳大利亚青少年足球管理正是基于该政策框架提出来的，该工作由澳大利亚足球联盟（AFL）负责。2010年，足球联盟出版了最新的《青少年足球比赛指南》和《澳大利亚儿童优先政策》，其中细化规定了关于父母的相关行为准则。具体包括：（1）请记住，孩子们参与体育运动是为了娱乐，而不是为了你；（2）鼓励孩子参与体育运动，但不要强迫他们；（3）关注孩子的努力和自尊，而不是输和赢；（4）鼓励孩子始终按照规则参与体育运动；（5）不要因为孩子犯了错误或球队输了比赛而嘲笑或大喊大叫；（6）记住，孩子们通过榜样学习效果最好，要为两队所有队员的努力喝彩；（7）支持一切，消除体育活动中语言和身体虐待的努力；（8）感谢志愿教练、官员和管理人员，没有他们，你的孩子就不能参加体育运动；（9）尊重裁判员的决定，并教导孩子也要尊重裁判的决定；（10）请记住，吸烟和饮酒在青少年体育运动中是不可接受的。[2] 基于在足球领域取得的成效，澳大利亚政策制定者希望能够全面考虑"行为准则"在其他领域中的运用，并加大公众体育人士对政策的宣传力度；同时积极尝试采用自上而下的方法，即从精英体育到基层体育，不断提升体育政策对儿童和青少年体育参与中父母行为引导

---

[1] Australian Sports Commission, *Junior Sport Framework* (http://www.ausport.gov.au/participating/schools_and_juniors/resources/junior_sport_framework/briefing_papers).

[2] Queensland: *Australian Sports Commission*, Australian Football Leagu AFL Kids First (http://www.wafootball.com.au/development/clubs/afl-kids-first).

和规范的重要性和有效性。① 为了解决儿童过早肥胖的问题，澳大利亚政府全面实施《儿童早期教育和应对肥胖计划》，2009 年组织社区儿童健康中心、墨尔本皇家儿童医院营养与食品服务部、幼儿组织，以及专家代表等合作研制了《早起与成长：幼儿健康饮食与体育活动指南》。该指南着重将家庭纳入其中，分别从健康饮食、体育活动和补充读物 3 个方面对 0—5 岁孩子提出了非常全面和详细的引导建议。②

英国和澳大利亚的情况类似。2015 年 12 月英国政府颁布了《体育未来：一个充满活力国家的新战略》，进一步扩大了战略合作伙伴，系统从公民身体健康、精神健康、个人发展，以及社会和社区发展、经济发展等方面进行了总体布局，其中突出强调儿童和青少年是此次新战略的核心。③ 为此，英国体育、旅游和文化遗产部提出实施家庭体育战略，主要内容包括：投入 4000 万英镑开展家庭和孩子积极体育活动的新项目；至 2020 年，为英国每一所中学至少两名体育教师提供专业培训，家校一体开展多样的体育活动，以满足孩子们的需要；改善学生学校体育活动体验，增加一倍的体育教育基金；支持卫星俱乐部，扩大新的政府投资渠道，确保孩子们在校内外和家庭都能够享有良好的体育活动。④ 北爱尔兰为了缓解儿童和青少年的超重和肥胖问题（2011 年调查结果显示有 27% 的儿童和青少年超重和肥胖），健康、社会服务和公共安全部（HSSPS）研制的《预防和解决超重和肥胖框架（2012—2022）》，指出：尽管个人对自己的选择和行为负有责任，但其生活的环境对其产生了很大的限制；致胖环境涉及因素多种多样，没有什么单一的灵丹妙药可以有效控制体重，因此需要将更多的利益相关者纳入长期的政策体系中；政府有责任引导家庭，尤其是年轻的父母在食物选择和体育活动方面做出健康的决定。为此，系统提出全社会参与、多部门

---

① Elliott S., Drummond M., "The (Limited) Impact of Sport Policy on Parental Behaviour in Youth Sport: A Qualitative Inquiry in Junior Australian Football", *International Journal of Sport Policy and Politics*, Vol. 7, No. 519, 2015.

② Australian Government Department of Health and Ageing, *Get Up & Grow: Healthy Eating and Physical Activity for Early Childhood* (www.ag.gov.au/cca).

③ H M government, *Sporting Future: A New Strategy for an Active Nation* (www.gov.uk).

④ Department of Sport, Tourism and Heritage, *Sport England: Towards an Active Nation Strategy 2016 - 2021* (https://www.sportengland.org/why-were-here).

联动的总体发展思路，着重从政策规划、促进精神健康、区域战略、健康投资、邻里关系等多个视角设计了综合干预的措施框架。①

（三）美国的青少年家庭体育管理权运行

美国有近90%的儿童和青少年参加有组织的体育活动，其中父母扮演着关键性角色，他们为孩子们的体育参与或专业（职业）生涯提供了情感、资金和其他方面重要的支持，因此始终是政策制定者、管理者重点关注的对象。②2008年，美国公共与卫生服务部颁布了《美国人体育活动指南》，其中系统提出了儿童和青少年每天进行体育活动的建议。为了全面落实该指南的建议要求，美国公共与卫生服务部、疾病预防控制中心、国家慢性疾病预防和健康促进中心、青少年与学校健康部等联合制定了《青少年体育活动指南工具包使用手册》。该工具包提供了必要的资源、材料和项目指导，以便向从事青少年相关工作和关心青少年的人告知体育活动的重要性，同时将家庭作为重点，引导父母如何依据国家体育活动指南鼓励孩子们积极参加体育运动。这一手册突出了学校、家庭和社区的重要地位，分类提出了支持青少年体育活动促进的具体策略。③2014年，美国又建立了"儿童和青少年体育活动报告卡制度"，由专门的咨询委员会负责管理和实施。该委员会纳入各领域专家分类研制了儿童和青少年体育活动有关的指标体系，其中一类是针对家庭和同伴，同时也设置了相应的等级。该制度每年进行一次全面的筛查，向父母、政府、政策制定者、学校、社区等进行反馈，以便及时调整政策，采取干预措施。④

在美国，越来越多的肥胖儿童和青少年引起了社会各界的高度关

---

① Department of Health, Social Services and Public Safety, *Framework for Preventing and Addressing Overweight and Obesity in Northern Ireland 2012 – 2022* (https://www.health-ni.gov.uk/sites/default/files/publications/dhssps/obesity-fitter-future-framework-ni-2012 – 22.pdf).

② King M., Rothlisberger K., "Family Financial Investment in Organized Youth Sport", *Research on Capitol Hill*, No.1, 2014.

③ Centers for Disease Control and Prevention, *Promoting Youth Physical Activity: User Guide for the Youth Physical Activity Guidelines Toolkit* (https://www.cdc.gov/healthyschools/physicalactivity/guidelines.htm).

④ National Physical Activity Plan Alliance, *United States Report Card on Physical Activity for Children and Youth* (http://www.physicalactivityplan.org/projects/reportcard.html).

注，政策制定者已经将其列为严重的公共健康威胁之一。20世纪70年代以来的20多年时间，美国2—5岁学龄前儿童（5%—10.4%）和12—19岁（6.1%—15.5%）青少年的肥胖率翻了一番，6—11岁儿童（4%—15.3%）的肥胖比例翻了3倍多，到2004年大约有900万6岁以上的儿童肥胖。针对日益严重的趋势，美国卫生部发出行动呼吁，提出针对这一公共健康问题制定具体的议程和行动。[①] 2002年，美国国会责成国家医学研究院（IOM）制订了一项名为《预防儿童肥胖：健康的平衡》的综合行动计划，其中重点是全面系统地审查与儿童肥胖有关的各种行为，以及家庭、社会、文化和其他的环境因素，并针对性提出预防措施。为了有效落实该计划，医学研究院成立了一个由19名专家（包括儿童健康、肥胖、营养、体育和公共健康等领域）组织的委员会负责管理和实施。委员会提出儿童和青少年肥胖需要多年甚至是几十年的长期干预，需要持续努力和资源投入才能够有效地改善。鉴于此，该计划对各层级和类型组织机构的职责进行了明确，其中针对家庭管理的包括：制定面向所有家庭，以及儿童和青年的广告和营销准则（尤其是食品）；针对各州的营养和体育活动经费（家庭和学校）建立严格的评估制度；通过媒体和行业向家庭提供营养信息；各州和地方政府通过修订条例、优化社会资本计划和其他规划措施，扩大促进社区内以家庭为单位的体育活动机会；卫生保健专业人员定期跟踪儿童和青少年的身体质量指数（BMI），并为他们及其家人提供咨询和指导；社区和非营利组织在现有和新的社区项目中加大家庭，以及高危人群健康饮食和体育活动的机会；地方教育部门和学校提升家校合作，开发、实施和评估有关健康饮食和体育活动的创新试点项目；父母和家庭遵循行为准则，参与并促进更健康的饮食摄入和积极的生活方式（如增加体育活动、减少屏幕时间、更健康的饮食习惯等）。[②]

[①] Kraak V. I., Catharyn C. T., Liverman J. P., Koplan, (eds.), *Preventing Childhood Obesity: Health in the Balance*, National Academies Press, 2005, p.18.

[②] Koplan J. P., Liverman C. T., Kraak V. I., "Preventing Childhood Obesity: Health in the Balance: Executive Summary", *Journal of the American Dietetic Association*, Vol.105, No.131, 2005.

四 西方国家青少年体育活动促进管理权运行的特点

通过上述西方国家青少年体育活动促进管理权运行情况的分析，可以归纳出一些共识性的特点，主要表现在以下几个方面。

第一，建立了责权利清晰的青少年体育活动促进管理制度。管理权具有明确的制度属性。经过系统建设，很多西方国家已经形成了多层次的青少年体育活动促进管理制度体系，多方共治主体的责权利比较清晰明确。一是这些西方国家不断调整优化管理架构，建立起了"伞型"的管理制度结构，政府（行政）和非政府组织发挥着重要作用。在这一制度体系中，政府（尤其是地方政府）一般发挥着"掌舵"和"保障"的作用，其主要职能是管理决策、设置发展目标，提供经费和资源保障等；非政府组织（包括学校联盟、社区联盟等）担负着实质性的管理和项目推广职能，对分配资源、体育课程设置、学校体育开展等展开多元的管理和评估。二是西方国家将权力全面下放给地方政府（州政府）。地方政府一般都享有非常重要的立法权和自治权，它们会根据现实发展情况制定针对性的发展规划，并依托教育、文化、公共服务、市政、交通等多部门成立专门的委员会或联合会实施学校体育、社区体育、家庭体育等的管理。应该说，这一制度架构体现出了比较突出的特色，发挥出了积极的作用。完善的立法为实现多方主体权力和资源的优化配置，也为进一步的细化放权提供了制度框架。三是采取多种途径不断加大青少年体育的经费投入。充足的经费是管理权高效运行的基础，上述国家无一例外，近10年来不断增加经费投入，除了财政拨款外，还通过国家体育基金、市场融资、社会支持等途径拓宽资金来源渠道。

第二，以学校体育为龙头，全面拓展社区体育和家庭体育，建构起了政府和社会资本为两翼的管理权体系。从上文分析可以看到，西方国家一般都将学校教育作为一个独立系统，并以学生享有高质量的体育教育为中心建立管理架构。学校体育是学校教育不可或缺的重要组成部分，在国家教育战略布局中占据首要地位。西方国家将学校体育纳入"完人教育"体系，确立了学生均衡发展的理念，并依法赋权或授权给专门的教育委员会负责指导和管理。其中比较典型的是要求各层次学校必须提供标准化的资源和条件，以便所有学生都能够享有高质量的体育教育。依据这一共识理念，学校体育功能逐步拓展，在年轻人培养过程中发挥着不可替代的作用。当然，从长期的实践经验看，青少年的均衡发展不能仅仅依靠学校体育，而是要通过动员各种社会资本，进行深层次的社会改革，共建信任、互惠、有组织的权力运行秩序。社区体育和家庭体育是重点进行管理的领域。社区对青少年体育参与具有非常突出的作用，西方国家一般都围绕社区体育俱乐部展开多维度、多视角的体育推广和普及工作，尤其是形成了以综合性俱乐部和大量体育志愿者为基础的运行网络，这一点值得系统学习和借鉴。家庭对孩子均衡成长也是至关重要的，但很多国家长期以来对其"致胖环境"的关注程度不够。随着社会发展，西方国家越来越认识到家庭在青少年体育运动中发挥着关键作用，因此将其作为政策重点，进行针对性的干预。家庭体育（代际体育）也日益成为青少年社会融合的重要载体和手段。

第三，注重权力运行监管，针对不同管理领域建立了跟踪评价机制。虽然欧盟和西方国家评价的指标体系不同，但都建立了权力监管制度，尤其是对公共资源配置不到位、政策执行无力等情况及时问责，使得青少年体育管理秩序进一步优化。日本在这方面具有典型性，其通过国家立法加强对学校体育、大型社区体育俱乐部的监管力度，相关协会、俱乐部、社会组织等都被纳入评价体系中，并建立了严格的问责制。同时，不论是欧盟，还是一些西方国家在相关政策和计划中，都注重对不同领域的跟踪评价，明确了评价主体、对象、指标等。例如，欧盟委员会研究理事会所构建的青少年体育活动促进干预模型中，明确提出由专门专家委员会对各会员国的体育环境、实施条件、身体机能、运动能力等展开大规模监测和评估。此外，成立由多领域专家构成的机构（委员会）进行长期跟踪也是西方国家青少年体育治理的一个显著特色。英国、美国、西班牙、澳大利亚等国家都成立了专门的监测机构，长期对儿童和青少年的环境、营养、生理、心理、睡眠、食品、生活习惯等进行跟踪。西方国家都建立了比较完善的监测和监管机制，能够为有关政策的调整提供重要的支持。

综上所述，近20年来，西方国家高度重视发展青少年体育，依托国家立法建立了较为完善的管理制度。一方面，政府逐渐转变职能，协同社会力量全面配置资源，优先发展青少年体育。其中将体育活动、饮食（营养）、生活方式等作为公共政策的重要内容，进行长期的管理干预。另一方面，西方国家以学校、社区和家庭为中心，政府组织、公共部门、非政府组织、社区等建构起了广泛覆盖的管理网络，青少年体育运行、反馈和评价机制健全。此外，围绕青少年享有高质量的体育教育、均等化的体育参与、校内外体育活动衔接、体育环境和营养一体化等，建立了有效的监管和跟踪评价制度，这为提升政策的精准性奠定了基础。但是也应该看到，当前西方国家所面临青少年运动不足的问题也仍然比较严重，需要进一步整合资源进行综合治理和建设。

第四节 我国青少年体育活动促进管理权及西方国家的启示

我国十分重视青少年体育发展，将其纳入国家体育战略布局积极发展。当前的青少年体育主要以行政管理为主、社会力量和市场为辅。从所辖领域来看，青少年体育可以分为学校体育管理、社会体育管理和家庭体育管理。本章在明确我国青少年体育管理制度层级结构、主要类型和内容的基础上，分析了形成的特点及存在的主要问题，并提出了进一步深化改革的建议。

一 我国青少年体育行政管理的层级结构

第一，青少年体育行政管理的垂直结构。我国青少年体育管理形成了具有显著行政特征的垂直结构制度。中央政府顶层设计、地方政府层级管理、行政部门协同实施的总体架构十分清晰。党中央、国务院始终重视青少年体质健康，总体布局，在教育、健康、卫生、营养、体育、公共安全等多个领域建立了系统的干预制度。尤其是近10年来，以学生享有均等化的体育教育为中心，出台了一系列专项政策，不断加大保障力度，全面提升青少年体育参与水平和参与程度。2019年8月国务院印发了《体育强国建设纲要》，确立了"建设体育强国"的战略目标，其中从以下方面提出了近期和中远期目标：全面创建体育发展新机制；提升体育治理能力，实现体育治理体系现代化；健全青少年体育公共服务；提升竞技体育综合实力；优化体育产业结构，使其成为国民经济支柱产业；等等。该纲要是新时期体育发展的纲领性文件，是国家现代化治理理念的具体体现。其中对青少年体育发展设置了3个层面的目标：一是提升治理水平，健全青少年体育公共服务供给体系；二是全面提升群体体育参与水平，提升体质健康水平；三是协同干预，注重身体素养塑造。各层级政府是青少年体育管理制度的主要主体，职责是全面负责所管辖领域的资源配置、网络覆盖、机制完善等。各地方政府均享有属地管辖权，能够因地制宜地开展各类活动，其中很多省市都打造出了具有民族和地方特色的青少年体育项目体系。2019年《中共中央关于坚持和完善中国特色社会主义制度推进国家治理体系和治理能力现代化若干重大问题的决定》中明确提出：加快推进市域社会治理现代化；要进一步发挥主要城市在国家治理的重要作用。青少年体育作为重要的公共事务，也迎来了新的发展契机。国家行政部门是我国青少年体育具体的管理主体，其中最为直接的是教育部和国家体育总局。国家体育总局设置了青少年体育司，其主要职责是拟定青少年体育有关政策法规，指导和推动青少年体育服务体系的建设，等等。同时国家体育总局也设置了教科司，其职能是在教育部的指导下，负责高、中等体育教育的规划，并管理总局直属院校的体育工作。[①] 各省市体育局在法律上具有对所属区域体育事务的行政管理权，下属的地方体育局、文体局是依法设立的行政机构。作为地方政府体育工作部门，地方体育局是在同级地方政府领导下的以自己名义对外实施具体体育行政管理职权并能独立承担相应责任的部门行政机关，具有行政主体法律地位。[②] 各省市体育局在国家体育总局和教育局的领导下对学校体育、青少年社会体育进行管理。

第二，我国青少年体育行政管理的横向结构。我国青少年体育行政系统中不仅具有垂直的管理制度结构，而且各体育行政部门也存在横向的平行管理制度结构。2017年，国家体育总局、教育部、中央文明办等七部门协同实施《青少年体育活动促进计划》。该计划是依据《中华人民共和国国民经济和社会发展第十三个五年规划纲要》《"健康中国

[①] 赵爱国：《中美体育管理体制比较研究》，《体育文化导刊》2010年第11期。
[②] 闫成栋：《试论地方体育主管部门的法律地位》，《体育文化导刊》2012年第6期。

2030"规划纲要》《全民健身计划（2016—2020年）》所制定，其中对各主要部门和机构的职责进行了总体安排。2019年，国务院办公厅颁布了《关于促进全民健身老样子和体育消费推动体育产业高质量发展的意见》，进一步全面细化了横向管理机构。其中将国家体育总局、公安部、财政部、自然资源部、税务总局、发展改革委、能源局住房城乡建设部、交通运输部、水利部、林草局、铁路局、民航局、空管办等数十个国家部委纳入治理体系之中，从体制、政策环境、体育消费、场地设施、支撑平台、市场主体、产品结构和供给、产业布局、实施机制和措施等10个领域一体化提出了改革思路。综合这些战略决策可以清晰地看到，青少年体育作为系统工程需要国家力量的充分支持，这是塑造群体健康素养，提升社会融合能力的基石。

二 我国青少年体育活动促进的协同管理与目标管理

第一，青少年体育活动促进的协同管理。青少年管理不仅仅是政府和学校的责任，而是整个社会共同的责任。青少年管理主体多样，不同管理主体对青少年体育的管理侧重点不一样，重叠的管理方式不仅造成体育资源的浪费而且会导致相互推诿、效率不高的问题，不利于事业整体健康的发展。青少年体育的协同管理是多个体育管理主体进行分工合作共同实现高效率运行的重要方式。如果只有单一的体育行政部门决策和管理机构，可以在很大程度上反映出存在的制度和效率方面的问题。一方面暴露出还未真正确立体育公共体育服务的发展地位；另一方面也暴露出体育行政部门在公共体育服务政策决策中的牵头作用不明确。[1] 体育的协同治理实际上包含了体育组织的自律，各方的有序参与和理性制衡，政府的公共服务与有力监督，其出发点是形成长效机制，维护体育给全社会带来的公共利益。体育协同治理是综合行政统治、行业协会自治、法治，涉及政府、行业协会、市场多个主体在内的一种体育治理方式。[2] 元治理所强调的"共治模式"就是一种基于优化现代公共服务

---

[1] 李屹松：《政策协同视角下公共体育服务政策优化路径研究》，《北京体育大学学报》2019年第7期。

[2] 高升：《体育协治：深化体育改革的一种理论解释与实践路径》，《天津体育学院学报》2017年第2期。

管理的理念。共治主体要依法享有自主权,这是发挥其主体作用的关键。而如果要获得最大化的公共利益,则必须要将各类权力纳入有效的制度体系,如果缺失了对权力运行的约束、监管和评价,就会陷入"权力自我中心"的盲区,会产生混乱。当前我国的体育行政管理模式还存在很多问题,面临政府与社会协同共治,政府行政职能转型与社会有序对接,政府体育行政职能转变适应民众需求等艰巨任务。① 因此,新的历史时期青少年体育公共服务供给需要突破传统体育行政管理模式,必须要建立适应社会发展和需求的治理机制。此外,我国青少年体育协同治理也是多个管理主体相互协调的动态过程,主要方式包括依法赋权、授权,放松管制、特许经营、合同外包,购买服务、公私协作,志愿服务,等等。公共体育服务参与治理所具有的复合动态性、网络性等特征,决定了参与治理的路径与方式不是点对点的对应关系或线性静态的发展关系,而是网状的、非线性、动态的,任一路径都可能有其他主体的参与,从而壮大表达的枝干,丰富诉求的内容和实现路径;任一方式可能通过多种机制实现,以达到公共体育利益与权益的最大化。②

第二,青少年体质健康目标管理。青少年体质健康一直以来都受到国家的高度重视,党中央、国务院、教育部等部门出台了一系列重要的政策和文件。《中共中央 国务院关于加强青少年体育增强青少年体质的意见》(中共中央 国务院,2008)明确提出:"增强青少年体质、促进青少年健康成长,是关系国家和民族未来的大事。"为此从20个方面入手,全面提出了体质健康管理目标。《国家学生体质健康标准》(教育部,2014)把学生健康素质作为评价学生全面健康发展的重要指标。其中将学生的体质健康标准进行了量化,根据不同年级设定了相应的评价指标、分值和等级。不同的分值代表着青少年体质不同的健康状况,青少年体质健康各分值上的变化情况,不仅可以反映出影响体质健康的因素,而且可以提供进一步目标管理的依据。近年来,为了加强青少年体质健康管理,国家出台了一系列重要的政策

---

① 雷红:《体育公共服务平台协同治理下的体育行政职能转型》,《体育科学》2018年第9期。

② 唐刚:《多元主体参与公共体育服务治理的协同机制研究》,《体育科学》2016年第3期。

文件，同时也建立了定期的体质监测制度，体质健康水平持续三年下降一票否决制度，体育成绩纳入学业水平考试制度等。教育部关于印发《学生体质健康监测评价办法》等3个文件的通知（教育部，2014）进一步提出要实现学生体质健康管理的现代化，并着力从制度、经费、师资、监测、评价、问责等方面进行建设。《国务院办公厅关于强化学校体育促进学生身心健康全面发展的意见》（国发办，2016）分别从5个方面进行了布局，提出了系统的管理和实施措施：深化教学改革，强化体育课和课外锻炼；注重教体结合，完善训练和竞赛体系；增强基础能力，提升学校体育保障水平；加强评价监测，促进学校体育健康发展；加强组织实施。

三　我国的学校体育管理制度和青少年社会体育管理制度

（一）学校体育管理制度

学校体育制度是我国青少年体育的一项基本制度。近10年来，党中央、国务院、教育部出台了一系列重要政策法规，不断优化学校体育管理制度，取得了比较突出的成效。主要包括以下几个方面：

第一，学校体育课程管理制度。我国学校体育课程包括体育与健康理论课程、体育实践课程，以及课外体育课等。高质量的体育教育是青少年学生均衡发展的载体，关系到学生德、智、体、美、劳的全面发展，而上好一节体育课是体育教学活动的关键。《国务院办公厅转发教育部等部门关于进一步加强学校体育工作若干意见》（国务院，2012）中指出各学校要实施好体育课程和课外体育活动，规范办学行为，减轻学生课业负担，切实保证中小学生每天一小时校园体育活动，严禁挤占体育课和学生校园体育活动时间。在学校体育课程管理上，我国实行的是国家、地方、学校三级课程管理体制。教育部从细化制定了体育课程相关政策，地方教育部门根据所管辖地区制定符合当地实际情况的体育课程，学校体育教师根据学校的特点完成和开发学校体育课程。从历史发展看，教育部颁布了一系列有关体育课程开设的标准，强调量与质并重，在多方协同管理下，取得了一定的成绩。但是也应该看到，当前存在的问题也十分突出，很多学校甚至连基本的体育课学时数都无法保障，体育师资队伍缺口巨大，且急需提升质量。以高校体育课开设为例，根据广东省 2018 年高校体育工作调研小组公布的结果：对照《高等学校体育工作标准》"必须为一、二年级本科学生开设体育必修课"的要求，体育课开设年级达标的高校共 79 所，达标率仅为 61.24%；对照"每节体育课学生人数原则上不超过 30 人"的要求，各类型院校每个班体育课的平均学生人数均未达到国家标准；在师生比方面，平均师生比为 1∶499（学校全日制在读学生人数和体育教师配备数量平均值计算），其中民办院校甚至高达 1∶644；在学生每周参加有组织课外体育活动方面，达到国家标准（每周至少 3 次）的高校共计 29 所，达标率仅为 22.48%。①

第二，学生体质健康监测管理制度。学生体质健康监测是我国青少年学校体育管理的一个重要制度，只有充分了解学生体质健康的状况，体育部门才能针对性地制定和开展管理工作。2014 年教育部体育卫生与艺术教育司颁布印发的《学生体质健康监测评价办法》要求将学生体质健康监测评价纳入教育现代化指标体系。作为考试制度建设和改革的重要内容，教育部要求逐步建立科学规范、导向明确、诚信可靠、保障有力的学生体质健康监测评价制度。学生体质健康测试是指测试人员依据《国家学生体质健康标准》对学生进行科学规范的测评，以发现问题，促进学生参加身体锻炼，其中重点是监测学生的身体形态、身体机能、身体素质和运动能力等方面情况及其变化趋势。同时，建立体质健康研判制度，各级教育行政部门要通过监测评价动态把握学生体质健康变化趋势，及时分析测试结果，深度查找影响因素，科学预测变动走向，开展体质健康预警，完善学生体质健康改善措施，提高学校体育工作的针对性、实效性和科学决策水平。各地教育行政部门和有条件的学校支持设立学生体质健康监测、研究或服务机构，建设专业化的测试、服务和研究队伍。教育部依托第三方设立全国学生体质健康监测评价研究机构，开展学生体质健康监测评价的政策咨询、技术研究、质量监测、结果公示和人员培训等工作。开展青少年体质监测管理评价是规范青少年体质监测管理的重要手段，其目的是通过创造满足需求的相关条

---

① 广东省高校体育工作调研小组：《"贯彻落实全国教育大会精神，努力构建德智体美劳发展教育体系"体育专项调研报告》。

件，规范青少年体质监测管理方法、步骤、过程、服务等。[1] 构建学校层面的青少年体质监测管理评价指标体系为学校规范青少年体质监测管理提供了依据，具体目标包括：建设相对完善统一的管理制度，在内容、形式、方式上广泛宣传教育，在人力、物力、财力上建立合理的投入机制；在机构设置、监测时间、监测环境、监管过程、数据采集、数据和档案管理等方面建立规范标准；做好查询与分析、评价与指导、报告公示、预测预警、信息反馈、协同干预等工作。构建学校层面的评价指标体系是避免青少年体质监测管理效果产生异化的需要，也是学校形成优质、高效、规范化体质监测管理的需要。[2]

第三，学校体育条件标准化管理制度。学校体育工作要进行标准化管理，就需要对人财物和基础设施等方面进行规范。学校体育卫生基本标准从体育教师、体育场地器材、教学卫生、生活设施、卫生保健室配备以及学生健康体检等方面明确了开展学校体育卫生工作所必不可少的条件，是国家对开展学校体育卫生工作的最基本要求，是中小学校办学应达到的最基本标准，是教育检查、督导和评估的重要内容。教育部、卫生部、财政部联合发布的《国家学校体育卫生条件试行基本标准》（2008）在量化学校体育卫生基本标准上，明确了不同年级体育教师的配备标准。《国家学校体育卫生条件试行基本标准》（2007）也根据不同年级，设置田径场、排球场、篮球场器械体操和游戏区的数量及面积标准。在体育器材的配置上，根据少于12个班和大于13个班的群体分别配置不同数量和种类的体育器材。在中小学生健康检查基本标准上，要求学校每年要对在校学生进行一次健康体检，并建立学生健康档案。在学生健康体检结果评价与反馈方面，学生健康体检单位在体检结束后，应进行个体与群体健康评价，并向学生、学校、教育行政部门反馈健康评价结果，分析学生主要存在的健康问题，提出改善健康状况的针对性建议。学校体育卫生政策是我国学校体育卫生工作管理的基础和依据，促进学校体育卫生工作科学发展的核心就是制定和实施科学、合理

---

[1] 汪玲：《从全国学生体质健康调研与监测谈提高学生体质健康水平策略》，《中国学校卫生》2011年第32期。
[2] 赖锦松：《我国大学生体质监测管理现状分析与对策》，《西南师范大学学报》2016年第41期。

和符合学校体育卫生工作实际的政策。近年来,我国青少年体质健康呈持续下降趋势,除了一部分学校的客观因素之外,与我国学校体育卫生工作政策调控不到位也有很大的关系。①

第四,学校体育工作评估制度和安全管理制度。国务院教育督导委员会制定了各类型学校体育工作的督导评估办法,其中对学校体育工作评估制度进行了非常细化的规定。学校体育工作检查和评估的内容主要包括体育组织管理、教育教学、条件保障、学生体质、监督检查等。各地教育行政部门的职责是加强学校体育工作评估管理,要做到全面、准确、客观、有序、公正、公平,并根据发现问题,及时改进。《教育部关于印发〈学生体质健康监测评价办法〉等三个文件的通知》规定:要将学校体育工作纳入国务院教育督导机构和县级以上地方人民政府负责教育督导的机构的工作计划;将学校体育工作评估作为综合教育督导的重要组成部分,并建立学校体育工作专项督导制度;及时反馈学校体育工作督导评估意见,被督导单位应当根据督导意见书进行整改;督导报告按规定程序向社会公布。从执行情况看,对学校体育工作的系统性评估较为薄弱,各相关主管部门也缺乏绩效评估机制,难以及时准确把握开展情况,不利于对进一步工作的规范化和专业化管理。这是当前我国学校体育治理急需解决的关键问题之一。除了学校体育工作评估制度不健全以外,我国学校体育运动伤害预防也没有形成有效的制度体系,存在的问题十分突出。2002年教育部印发了《学生伤害事故处理办法》,2015年又颁布了《学校体育运动风险防控暂行办法》,其中明确了学校体育运动各个环节的风险管理责任,旨在使学校和体育教师或体育工作者能够放开手脚,按要求开展各种体育活动。2017年国务院办公厅又颁布了《关于加强中小学幼儿园安全风险防控体系建设的意见》,明确了学校安全风险防控的总体要求,完善学校安全风险预防体系,健全学校安全风险管控机制,完善学校安全事故和风险化解机制,强化领导责任和保障机制。但是从现实执行情况看,我国很多学校并未严格执行,没有建立起有效的

---

① 梁立启、邓星华:《"扬州会议"回顾和对当前学校体育发展的启示》,《体育学刊》2014年第5期。

运动伤害预防制度。

（二）青少年社会体育管理制度

第一，政府部门对青少年社会体育的管理。青少年体育活动促进治理需要广泛社会力量的支持。从系统性治理的角度看，我国将其纳入了政府购买体育公共服务范畴，其中对各类有资质的专业组织或机构提出了不同的要求。青少年公共体育服务体系是指政府利用公共权力和公共资源，提供体育产品与服务，满足群体多样化体育需求所形成的组织框架及运行机制的总和。具体包括青少年公共体育服务生产供给体系、产品与服务体系、服务对象体系和管理运行体系。其中政府机构架设和政策制定是公共体育服务体系运行的逻辑起点，财政保障是基础支撑，社会力量培育与参与是重要载体，服务生产供给体系是中枢环节，监管评估是质量保证。政府购买公共体育服务的本质是以市场机制来弥补政府机制和社会机制的不足，以满足公众公共体育服务需求为导向不断增加政府提供公共体育服务的质与量，公共体育服务提供过程表现出多元化的供给主体、柔性化的服务方式和契约化的服务提供方式等特征，但不变的是公共体育服务内容和质量以及政府责任。地方体育行政部门及地方政府各有关部门职责显示，体育行政部门主要是制定社会体育发展的政策，指导、监督、组织有关部门的实施，地方政府各有关部门负责社会体育的具体实施，提供群众性体育活动所需要的各种条件。但是从现实情况看，体育行政部门侧重于指导、监督社会体育政策实施，地方政府各相关部门侧重于在各自的职权范围内具体实施政策，社会体育行政都是相对独立的利益主体，缺乏一定协调与沟通机制。[1]

第二，社区机构对青少年社会体育的管理。社区体育是青少年体育的重要组成部分。在我国，社区体育自治主要由居委会来管理实现。居委会与社区居民联系最直接，是最适合组织和开展社区体育活动的基层自治组织，应充分利用居委会熟悉情况、联系直接、易于组织的优势，组织实施社区体育自治。因此，提高居委会在社区体育自治中的管理服

---

[1] 冯火红：《"大部制"背景下我国地方政府社会体育行政改革研究》，《北京体育大学学报》2011年第8期。

务水平，是实行社区体育自治的关键。[①] 居委会在青少年体育治理过程中发挥着重要的牵头和协调作用，主要包括：一是依法依规统筹规划、协调、监督和全方位实施社区体育服务；二是在政府和有关部门的支持、指导下，明确社会体育发展的需要和目标，并制定和实施社区体育建设规划；三是直接充分动员社区各种力量和利用各种资源完成既定的社区体育自治目标；四是负责解决具体社区体育问题，组织专业化社会服务及社区体育志愿者队伍；等等。社区体育在我国虽然有了长足发展，但仍然存在很多问题，自主性的治理体系和网络尚未形成。

四 我国青少年体育管理的特点及存在的主要问题

（一）我国青少年体育管理的特点

第一，青少年体育突出了行政主导。行政力量主导是我国青少年体育管理的一个显著特点。长期发展中，青少年体育已经建立了非常完善的行政管理制度，其中涉及政策研制、资源保障、管理实施、监管评价等各个领域。不论是垂直型还是平行结构的管理制度都从宏观、中观和微观层面确立了非常清晰的管理制度。从权力统筹配置的视角看，我国所建构的青少年管理制度体系具有显著的优势，能够统一布局，统筹安排，重点发展。尤其是近10年，青少年体育已经成为国家战略的重要内容，各层级政府和行政部门全面优化了管理制度，加大了资源保障力度，这为进一步发展奠定了基础。

第二，形成了广泛覆盖的青少年体育管理网络。网络的形成与权威密切相关，二者不可分割。在党中央、国务院的总体布局下，我国青少年体育活动促进建立了庞大的制度网络。从领域上看，建立了以学校体育为中心，社会和市场为辅的总体架构；从类型上看，幼儿、儿童、青少年都建立了系统的干预机制；从内容上看，针对场地设施、资源供给、经费支持、专项计划、体育师资等，都进行了非常细化的规定。广泛管理网络的形成标志着我国青少年体育已经成为社会各界关注的重点领域。

---

① 梁俊雄：《关于我国社区体育自治组织结构与功能的探析》，《湛江师范学院学报》2008年第6期。

(二) 我国青少年体育管理存在的问题

虽然我国青少年体育建构起了比较完善的管理制度网络，但还存在着比较突出的问题。主要体现在以下几个方面：

第一，青少年体育政策执行力度不足。我国青少年体育的政策法规系统较为完善，但是在执行方面存在的问题突出。青少年体育执行主体责权不够明确，存在重复和叠加的情况，往往同一类事情却涉及多头管理，难以一以贯之。当然，执行主体的重视程度、能力和水平也是影响相关政策无法高效落实的重要原因，这是当前体育深化改革着力解决的核心问题之一。政策执行力的前提离不开良好的"环境和土壤"，其直接或间接影响政策执行效果以及运行机制。在现实发展中，各利益相关者的诉求复杂多样，尤其是应试教育大背景下，青少年体育受到了极大的压制。学校体育政策的顺利实施离不开良好的制度环境。一些学校在升学率以及升学利益压力的驱动下，学校的体育政策难以得到持续有效的执行，而且即使执行也是走过场或应付上级部门的检查。青少年体育政策执行力不足的原因是多方面的，除了上述原因外，行政部门、学校、家庭等也还未形成共识性的价值取向，并没有真正摆正体育的位置。

第二，青少年体育管理制度不健全，社会力量参与严重不足。当前，我国的青少年体育管理制度还存在不少突出的问题：一是过度依赖行政部门，没有形成利益相关者共治的基本局面；二是行政机构难以应对纷繁庞杂的管理工作，各省市主管体育和教育的职能部门一般配备了若干名专职人员，他们要应对辖区数万所学校，承担各类社会体育、竞技赛事等，工作量和强度可想而知；三是运行机制不畅，很难做到上传下达，快速执行，更没有建立长效的反馈和评价机制；四是保障力度亟须进一步提升，除了公办学校外，其他类型学校发展空间受到压制，很难保障基本体育课的开设；五是体育师资队伍建设滞后，总体上已经不能满足当前开展多样体育活动的需要，各类型学校体育教师的缺口日益加大，数量和质量亟待提升。青少年体育管理是一个复杂的工程，政府部门、社会组织等都是青少年体育管理的重要主体。我国当前社会力量全面纳入青少年体育管理的情况还十分不足，这与西方国家所建构的社区体育联盟（或综合性俱乐部）存在很大的差距。社会融合是青少年发展的一个核心目标，而社区体育能够为其提供一个有效的载体和平台。最近30年，我国经济社会高速发展，绝大多数城市已经建立了比较完善的成熟社区，各类物质条件得到了极大改善。但是相对应的赋权却严重滞后，主要职能仍然局限在日常的生活管理和物业管理，没有发挥出管理主体的作用。前文已述，社区共同体是青少年体育活动促进的当然治理主体之一，其通过俱乐部、联盟、专业委员会等深入居民的生活中，积极塑造和培养健康的生活方式。进一步发展中，更新社区治理理念，充分发挥其在青少年体育治理中的主体作用是需要解决的重点问题。

第三，青少年体育管理的监管和评价机制不完善。总体来看，我国青少年体育尚未形成严格的权力监管和评价机制。各类主体的权力运行没有和公众知情权有序对接，第三方权威机构也没有充分发挥作用。在整体的制度框架内，只能依靠媒体和行政部门进行监管，这一弊端造成了很多问题。每个省教育行政机构直接管辖数万所各类学校，先不论其是否进行有质量的管理，单纯进行普通的调研恐怕都难以完成。质量管理、权力监管形同虚设的现状已经严重制约了学校体育的发展，动摇了青少年体质健康全面提升的根基。绩效评估也是非常重要的一个方面。在庞大的管理网络中，体育行政部门对青少年体育管理效果的评价往往主观性较强，缺少客观的量化评估指标或参数。科学绩效评估决定着体育管理工作的效果。要正确地评价青少年体育管理效果，需要使用一系列客观评价指标对其取得的效果进行定量分析和评价。在对青少年体育管理进行量化评估时，需要设置配套政策、经费保障、参与人数情况、整体体质健康变化情况等核心指标。如果青少年体育工作效果缺乏量化的评估得不到有效反馈，就难以及时发现问题，制定调整策略，这会造成整个系统的阻滞。

五　西方国家青少年体育活动促进管理权运行的启示

第一，合理进行权力配置，进一步健全青少年体育活动促进管理制度。从欧盟和西方国家青少年体育活动促进治理进程看，优化权力配置始终是筑牢制度根基的重要举措。青少年体育发展需要多种力量协同管理，这是当前的基本趋势。在权力有序运行的框架下，促进和规制相辅相成，其深刻反映出权利导向下，利益相关者对优质公共资源进行分割的强烈诉求。我国经济社会发展不平衡，青少年体育活动促进管理制度不健全、不完善，当前需要总体布局，有重点地支持和开展有组织的体育活动。法治思维突出强调规则之治，要求通过秩序实现社会资源和市场资源的合理流动配置。为了全面应对青少年体质健康整体不佳的突出情况，需要采取"硬核"管理，细化主体责任、绩效监管和评价条件保障、体育环境、群体参与等关键指标，尤其是要落实国家相关文件精神，严格规范学校体育管理制度和问责制度。

第二，充分纳入社会力量，不断完善管理运行机制。西方国家不断调整青少年体育管理制度，社会组织广泛参与到具体的管理和评价过程中，这给我们提供了非常重要的经验。从制度运行的视角看，当前我国青少年体育发展面临的一个突出问题是政策运行不畅，国家颁布的一系列政策难以得到充分有效的实施。在新的发展时期，依托国家战略布局，应在青少年体育活动促进治理体系中广泛纳入具有资质的社会组织、高校、科研机构等，逐步建构和完善"政府负责，多方协同管理"的运行模式。权力的运行需要系统监管和评价，这给青少年体育活动促进治理提出了更高的要求，政府需要提升决策和管理能力，统筹布局，放权给相关主体的同时，建立向媒体和社会的公开透明机制。而作为第三方的高校、科研机构等则应该发挥智库，以及政策执行、青少年体质健康监测作用，建立动态跟踪评价机制。客观数据的有效反馈能够厘清存在的问题和矛盾，同时也有助于优化运行机制，提升治理水平。

第三，强化青少年体育活动促进管理责任落实，加大问责。西方国家在青少年体育管理体系中建立了比较完善的责任落实机制，一般采取"专业部门对口衔接"的方式推进各项工作。我国青少年体育管理面临关系复杂、资源压力大等突出问题，很难做到均等化的供给和支持，因此当前应紧紧围绕治理中的突出问题，科学调配，创造条件落实。当前需要重点解决两方面的工作：一是明确多方主体职责，实现权力运行顺畅，充分发挥青少年体育治理网络的积极作用；二是针对性地设置青少年体育管理的业务对接部门，以条块或领域为中心，全面系统地推进青少年体育管理工作。从总体布局上看，除了青少年体育公共服务外，应当积极开展高质量的体育课和课外活动,同时与社区体育俱乐部等有序对接,举办多层次、多类型的体育赛事。当然,在各项管理工作中,问责制必不可少,尤其是要对不作为、乱作为等行政管理行为采取及时问责。

本章小结

青少年体育活动促进管理权具有十分清晰的公共权力属性,其从权威和网络两个维度形成了不同的权力类型和形态。在西方国家,学校体育、社会体育、家庭体育都以儿童和青少年群体为中心建立了稳定的制度体系,3个领域相互衔接,在青少年的均衡发展中发挥出了重要作用。作为一项公共事务,青少年体育管理需要不断整合社会资源,优先发展,因此跨部门合作管理成为趋势。从现实发展看,单靠政府很难应对青少年体育发展中的各种突出问题,社会资本介入成为新的选择。从本质上看,社会资本介入体现出"赋权"理念的实体化,它将各类利益相关者紧密地团结起来,建构起共治共享的基本格局。西方国家有着比较深厚的体育发展基础,在协同管理、综合介入、权力监管、跟踪评价等方面形成了比较突出的经验和做法,能够为我国提供借鉴。我国经济社会正在经历深层次改革,权力配置是关键。立足现实,着眼长远是全面优化青少年体育活动促进管理制度的基本原则。依托国家体育战略布局,应当从管理秩序、权力监管、青少年体育参与评价等方面进行精细化改革。

第六章　青少年体育活动促进的实施权及其运行

公共权力与个体权利相辅相成、相互促进。在青少年体育活动促进治理秩序中，实施权发挥着决定性作用——协同各方力量将决策权的顶层设计以及管理权的制度落到实处，核心诉求是全面提升体育参与水平，实现群体体育利益。因此，实施权是青少年体育活动促进治理权合理配置的具体体现，具有突出的实践性，其要求在社会资源有机融合的基础上，建立公开透明的运行机制，采取有效的干预措施。

第一节　基于赋权的青少年体育活动促进实施权

青少年体育活动促进是一项基本权利，其从应然权利转化为实体权利需要资源、机制、措施和手段等的有机融合，这体现出了权利转译的固有属性和实践属性。在不同的社会环境中，青少年体育活动促进的实施系统虽然大相径庭，但都遵循"管办分离"和"品质和效率"的基本原则，这也从根本上决定了对其评价和监管的依据，即群体体育参与水平和质量。

一　青少年体育活动促进实施权的构成

第一，资源和条件保障是青少年体育活动促进实施权运行的前提条件。青少年体育活动促进治理仍然是一个相当年轻的领域，世卫组织明确了其发展和改革的总体思路和框架，支持世界各国制定全面有效的国家政策和计划，同时要求将其纳入政府公共事务框架，制订切实可行的实施计划，将所有利益相关者、管理者、实施者汇聚一堂，全面执行国家政策和相关项目基准。① 顶层设计确立了青少年体育活动促进治理的"管办分离"，其中合理分配社会资源是进行协同实施的关键环节，决定着整体目标和群体利益的实现，因此需要给予倾向性的政策支持。体育促进作为一种有计划的社会实践活动，始终将人的发展本质从权利途径转化为具体实践，但在竞技体育和休闲体育领域中（还存在着很多局限性因素），因此需要积极推行创新性项目，不断实现体育社会资源的有机融合。② 国民健康水平与社会资源的关系密切，其中涉及因素包括社会凝聚力、社会资本、社会规范、集体效能、市政建设、交通环境、社区犯罪与安全、经济发展情况等。③ 体育活动作为提升青少年健康的重要手段也涉及多种因素，需要统筹实施和保障。青少年体育有助于不同法律活动中人权的确立，因此应该纳入更加宽泛的健康促进治理体系，实现各种资源变量的有机融合，即通过签订联合治理或共治协议，建立一个核算成本效益的共享资源（尤其是社区资源）平台。④ 从本质上看，体育是一项根植于身心实践的社会活动，其需要适应、应对和融入不同的环境。资源环境干预是一种结构性的变化，其综合公共健康、社会学、行为科学、交通运输等多领域，要求建立与群体体育活动变化密切相关的监测机制。⑤ 从深层次看，人们内在动机和外在诉求都与其参加体育活动的频率呈正相关关系。其中内隐的、无意识的动机源于对体育本源的充分认知，这会促使他们养成体育生活方式；而外显的、有

---

① Kahlmeier S., Wijnhoven T. M. A., Alpiger P., et al., "National Physical Activity Recommendations: Systematic Overview and Analysis of the Situation in European Countries", *Bmc Public Health*, Vol. 15, No. 133, 2015.

② Tuñón I., Laiño F., Castro H., "Recreational Game and Social Sport as Law Policy: Its Relationship with Childhood in Socially and Economically Deprived Communities", *Educación Física Y Ciencia*, Vol. 16, No. 1, 2014.

③ Suglia S. F., Shelton R. C., Hsiao A., et al., "Why the Neighborhood Social Environment Is Critical in Obesity Prevention", *Journal of Urban Health*, Vol. 93, No. 206, 2016.

④ Halbert C. H., Bellamy S., et al., "Collective Efficacy and Obesity-related Health Behaviors in a Community Sample of African Americans", *Community Health*, Vol. 39, No. 124, 2014.

⑤ Guell C., Ogilvie D., Panter J., "Physical Activity and the Environment: Conceptual Review and Framework for Intervention Research", *International Journal of Behavioral Nutrition & Physical Activity*, Vol. 14, No. 1, 2017.

意识的外在诉求则外化为对场地、环境、参与条件的苛刻选择，因此需要分别针对内部和外部因素采取应对措施，吸引和刺激更多的人参与体育活动。① 也就是说，青少年体育活动促进实施依赖于社会多领域的共同干预，它能够产生叠加式的辐射效应。针对现实中的突出问题，应建立指导性的运行框架，因地制宜地开展联合行动，并将群体体育干预的阶段性和长期成果都纳入评价体系中。当然，对资源投入的经济成本和效益评估也是实施权秩序中的重要内容。越来越多的研究表明，哪怕是青少年体育参与平均值的小幅度增加也能够产生成本效益；通过环境干预来增加青少年体育活动是非常划算的，能够有效减少过高的管理成本投入。② 体育环境不仅是指相关的国家政策氛围，而且也包括良好的城市规划（建筑设计和更多的体育场所）、体育公园、社区体育设施、便捷的交通（有利于步行和骑自行车等），以及对自然环境的利用。③ 改善社区绿道，提高公园和运动场地质量，同时提供充足的基础交通设施能够对儿童、青少年以及成人的体育活动产生积极的影响；但是为了能够更为有效地验证环境与体育活动的促进关系，还需要提高测量工具的有效性，充分控制各种变量因素，同时对其成本和效益进行深入分析。④

第二，青少年体育活动促进实施依赖于专业机构和专业人士。青少年体育活动促进以群体均衡发展为中心，强化不同年龄段孩子的体育能力，最终帮助他们实现自我发展。可行能力方法控制是西方国家研究青少年体育重点问题遵循的基本理论框架。该框架突出强调以人为本位，建立地域性的运行程序和网络，不断提升弱势群体能力，同时提出对不同人群生活的评价始于构成幸福的主要因素，即价值功能

---

① GroPel P., Wegner M., Schüler J., "Achievement Motive and Sport Participation", *Psychology of Sport and Exercise*, No. 93, 2016.

② Love-Koh J., Taylor M., Owen L., "Modelling the Cost-effectiveness of Environmental Interventions to Encourage and Support Physical Activity", *The Lancet*, Vol. 90, No. 61, 2017.

③ Beale S. J., Bending M. W., Trueman P., "Should We Invest in Environmental Interventions to Encourage Physical Activity in England? An Economic Appraisal", *The European Journal of Public Health*, Vol. 22, No. 869, 2012.

④ Smith M., Hosking J., Woodward A., et al., "Systematic Literature Review of Built Environment Effects on Physical Activity and Active Transport—An Update and New Findings on Health Equity", *International Journal of Behavioral Nutrition and Physical Activity*, Vol. 14, No. 158, 2017.

或存在的行为。① 为了改变这些行为，使其价值功能最大化，就需要整合优质资源，由专业机构进行差异性的引导，这一点也充分体现在青少年体育的实施进程中。当然，每个人把资源转化为价值和行为的能力不同，这就产生了资源分配的不均衡，进而也就出现了利益获取的差异；而且即使是能力水平大体相当，他们完成的价值或功能也可能不相同，这主要是因为每个人在诸多机会中有选择的自由，这也会造成行为和结果的差异化。② 青少年体育活动促进也面临资源配置不均衡的突出问题，这给专业机构的实施提出了更高要求，需要它们依据不同年龄阶段孩子的身心发展规律和参与能力整合现有资源，切实地提升参与的机会。全面提升儿童和青少年体育参与能力是一种实质性的自由，只有帮助他们从各种切实可行的社会选择中确立一种生活方式的态度和习惯，才能实现群体的根本利益，也才能最终真正获得最大的社会价值。根据行为结构理论，一个人的行为是由组织机构及其所建设和提供的媒介共同决定的，当一个人享有足够多的机会时，其行为能力就能够轻易转化为功能性活动。③ 从这里可以看到，结构性的资源因素是引导和实现个体实施具体行为的关键。青少年需要良好的体育资源和条件，需要有足够开放的空间，只有在已经形成广泛参与的共识性氛围里，才能促使他们积极寻求行为改变，并切实转化为满足自身需求的功能性体育活动。专业组织机构行为和社会结构是双向互动的，成立专门的青少年体育组织是优化实施的基本要求。从现实情况看，由于权力、赋权、社会公正、领导力等已经成为独特的关注点，青少年专业组织在吸引不同年龄段、肤色的年轻人群体方面发挥出了显著效果。④

第三，青少年体育活动促进实施需要建立完善的权力运行机制。实施不仅是一项权力，而且也是重要的职责，其依赖于完善的社会网络和

---

① Svensson P. G., Levine J., "Rethinking Sport for Development and Peace: The Capability Approach", *Sport in Society*, No. 1, 2017.

② Sen A., *Social Exclusion: Concept, Application, and Scrutiny* (Social Development Papers No. 1), Philippines, Manila: Asian Development Bank, 2000, p. 2.

③ Giddens A., *The Constitution of Society*, Berkley and Los Angeles: University of California Press, 1984.

④ Yee S. M., "Developing the Field of Youth Organizing and Advocacy: What Foundations Can Do?", *Special Issue: Community Organizing and Youth Advocacy*, No. 109, 2008.

运行机制。解决青少年运动不足首要措施是对孩子们的闲暇时间和活动进行有效管理，因为这是进行决策和制定政策的依据。综合多种因素来看，当前应以家庭和学校为主体，实施一个强有力的、覆盖面广的、以需求为基础的闲暇时间管理计划，以促进青少年学生形成积极健康的生活方式。① 青少年体育活动促进实施权也必须具备公共行政的权威性，这是协同各方有序运行的基石。在长期的发展中，各国政府已经将《儿童权利宣言》的原则、《儿童权利公约》的相关条款纳入本国的公共政策，以保护年轻的运动员不被剥削和压榨，尤其明确了儿童和青少年体育的主要目标不是竞技成绩，也不是获得比赛的胜利。当教练、家长、学校和社区开始了解体育真正的价值时（对不同文化背景、种族和性别的儿童发展具有潜在的、深远的影响），它们就会努力地建立保障机制，并采取多种措施保障儿童和青少年的体育活动促进权利。② 从这里可以看到，在公共政策基础上确立的协同观念是青少年体育实施权的起点，它将各类权力主体纳入权利保障体系中，要求不同领域有序衔接，高效运行。当然，青少年体育活动促进的实施仍然以解决行为问题（包括培养行为习惯）为最终目的，而其中最为关键的是建设良好的环境和氛围。生态学方法已经确定了特定环境对行为改变的重要性，并从多维社会环境和物质环境维度设置了变量，因此各种有关环境的政策和策略就成为目标行为形成的指导原则、程序和依据。③ 青少年在自由时间和闲暇时间使用方面有着很多选择，他们可以选择参加课外活动（如竞技运动队），或选择一些无组织的活动（如与同龄人交往），或久坐不动。为了使青少年合理分配他们的休闲时间，就需要从社会、学校、家庭等不同的方面建立干预机制，

---

① Roy P., "A Cross-Sectional Study on Leisure Time Management and Physical Activity Index among Female Adolescent Medical Students in Delhi", *Indian Journal of Youth and Adolescent Health*, Vol. 1, No. 18, 2014.

② Stirbys P., *Child's Play: In the Best Interests of the Child*, The First International Conference on Sports and Human Rights, University of Technology, Sydney Faculty of Business Publications, 2000, p. 74.

③ Brownson R. C., Baker E. A., Housemann R. A., et al., "Environmental and Policy Determinants of Physical Activity in the United States", *American Journal of Public Health*, Vol. 91, No. 1995, 2001.

以解决与他们行为有关的各类问题。① 遗传、共享和非共享环境是影响个体在体育、社交、智力、家庭活动（如看电视等）等领域的重要因素，其中环境会导致不同休闲活动（体育活动）行为发生层次性的改变。② 从现实发展看，西方国家已经将体育环境建设和评价作为重点建设领域。例如，美国卫生与公共服务部（HHS）在《美国人健康2020》中系统提出要从市政、交通、学校、社区等方面入手进行有助于国民体育参与的环境建设，为此要求成立专家组与11个部门进行对接，建立长效的运行机制。③ 随着对综合环境的广泛介入，青少年体育公共政策和运行机制发生了巨大的变化，这也为进行深入综合治理提出了更高的要求。

综上所述，青少年体育活动促进实施权主要涵盖3个主要因素，即参与资源、专业主体和运行机制，其中资源的有效供给和配置是实施的前提条件，专业机构和人士是实施的核心，而运行机制则是落实权力的重要支撑。在青少年体育活动促进治理体系中，实施权具有突出的实践性，上述3个因素紧密联系，缺一不可，统一指向干预效果的最大化。

二 青少年体育活动促进实施权的表现形式和路径

赋权理论为青少年体育活动促进实施权的主要表现形式和路径提供了框架，它将学校、社区、家庭、个体纳入权力运行体系中，针对性地赋予相应的权力（权利），从而为实现既定目标提供了具有显著领域自治特征的措施保障。赋权是积极的，其定义应明确揭示本质，即什么内在因素使其具有了积极属性。赋权不应该成为与健康、幸福、生活质量、自治或自由等术语的同义词，从共识性的角度看，它包括3个基本目标：一是赋权应包括或导致加强对个人（群体或社区）自身健康的控制；二是赋权应包括或导致个体控制自身生活能力

---

① Larson R. W., Verma S., "How Children and Adolescents Spend Time across the World: Work, Play, and Developmental Opportunities", *Psychological Bulletin*, Vol. 125, No. 701, 1999.
② Haberstick B. C., Zeiger J. S., Corley R. P., "Genetic and Environmental Influences on the Allocation of Adolescent Leisure Time Activities", *BioMed Research International*, No. 1, 2014.
③ US Department of Health and Human Services, *Healthy People 2020* (http://www.healthypeople.gov/2020/topicsobjectives2020/pdfs/HP2020objectives.pdf).

的提升;①三是赋权应包括和导致改变世界（主要指环境）能力的提升，如建立伙伴关系、共同决策、做出选择和承担责任。②青少年体育互动促进赋权的目标也非常清晰，即实现身心均衡发展，使其积极融入社会。当然，在充分理解青少年体育赋权表现形式和实现路径时，需要多维度进行考量。

（一）青少年体育活动促进需要分类实施，给予充分的支持

从本质上看，赋权是指给予、增加，能够由被赋权对象（如青少年学生、社会团体、社区等）支配的资产，从而使他们具有更好的状态、性格和能力。③在赋权的过程中，很多行动者（赋权对象）获得了影响感、能力感、意义感、选择感。④众多学者从个体和群体层面，围绕批判性思考、反思性行动和社会变革，提出了青少年赋权理论。该理论突出强调6类关键性的干预要素：（1）提供适合、安全的环境；（2）建立有意义的参与和分享平台；（3）积极实现青少年和成人之间公平的分享和配置；（4）有效参与对人际关系和社会进程的批判性反思；（5）采取能够参与影响社会变革的措施；（6）建立以个体—社区为纽带的赋权机制。⑤基于这一理论，青少年体育活动促进需要建立分类实施体系，主要表现在以下几个方面。

第一，学校体育活动促进的实施。批判教育学理论代表人物保罗·弗雷尔认为，教育从来都不是中立的，总是具有政治性的，它是一个反映再生产力量和改造力量之间广泛冲突的场所。在他看来，教育要么作为一种工具，用来服务于占主导地位社会群体的利益，再现统治结构，要么与被压迫者的利益相悖，成为自由和社会变革的实践活动。⑥学校

---

① Wallerstein N., "Powerlessness, Empowerment, and Health: Implications for Health Promotion Programs", *American Journal of Health Promotion*, Vol. 6, No. 197, 1992.

② Rodwell C. M., "An Analysis of The Concept of Empowerment", *Journal of Advanced Nursing*, Vol. 23, No. 305, 1996.

③ Bnn C. H. G., "A Concept Analysis of Empowerment", *Journal of Advanced Nursing*, Vol. 16, No. 354, 2010.

④ Avelino F., Wittmayer J. M., Pel B., et al., "Transformative Social Innovation and (Dis)empowerment", *Technological Forecasting & Social Change*, No. 1, 2017.

⑤ Jennings L. B., Parra-Medina D. M., Hilfinger-Messias D. K., et al., "Toward a Critical Social Theory of Youth Empowerment", *Journal of Community Practice*, Vol. 14, No. 31, 2006.

⑥ Freire P., *Pedagogy of the Oppressed*, New York: Penguin, 1972, p. 45.

体育是学校教育的重要组成部分，其清晰地指向学生的均衡发展。学校能够为儿童和青少年提供适合、安全的体育环境，让他们在"强制性"的学习中养成行为习惯，同时也能够使他们在团队合作、竞争超越中学会分享。因此，发展学校体育始终是各个国家关注的重点，从体育课程、运动队、课外体育活动、校际联赛等多方面入手，建立了长效的体育教育和人才培养体系。学校享有自主的管理权和实施权，这是系统进行体育教育，开展各具特色体育活动的前提条件，西方国家在这方面已经形成了比较成熟的经验和做法，明确将学校教育（体育）作为一个政策独立系统，值得借鉴。综合实施是西方国家开展学校体育一个显著特点，该体系从结构性的角度采取分类干预措施，要求学校必须要提供高质量的体育课程，而社区和家庭则要给予充分的资源支持，也就是说，学校、社区、家庭要建立良好的伙伴关系，使学生能够进行参与性、实践性和服务性学习。[1] 学校体育活动促进措施日趋多样，并逐渐呈现出"整体学校"（WOS，主要是指使社会、学校和家庭都为培养学生做出贡献，提倡学校包容，能够建立针对问题的发声机制）的发展趋势，即协调管理部门、教师、家长共同实施全面体育活动方案，为学生在上学前、上学期间和放学后提供中等强度（MVPA）的体育活动机会。[2]

第二，青少年社区体育的实施。青少年社区体育则是西方国家关注的另一个重点。过去的几十年里，西方国家的社区社团组织已经建立了联盟以推动地方改革，其中心是以年轻人为中心，旨在提高他们的生活质量。这种年轻人联盟的模式将青少年发展、社区发展、社会变革紧密结合在一起，形成了一个统一系统，从而在多个层面上能够产生作用。这一创举旨在通过促进心理赋权、提升领导力和发展社会政治来鼓励更多的参与者。社区青少年联盟和一些重要的青少年赋权计划有一种传统，即以超越个人属性的方式来定义"体育+"或"+体育"的发展。

---

[1] Webster C. A., Beets M., Weaver R. G., et al., "Rethinking Recommendations for Implementing Comprehensive School Physical Activity Programs: A Partnership Model", *Quest*, Vol. 67, No. 185, 2015.

[2] Colabianchi N., Griffin J. L., Slater S. J., "The Whole-of-School Approach to Physical Activity", *American Journal of Preventive Medicine*, Vol. 49, No. 387, 2015.

青年人最重要的发展指标之一是他们有能力认识到自己为社会公共领域做出贡献的潜力。[①] 体育已经被纳入社区治理体系，公共规划、行政管理都围绕相关领域制定实施方案，其中不断加大了对青少年体育活动促进的政策和资源支持力度。从实践看，虽然体育管理机构必须发展一套健全的变革理论来指导青少年体育项目，但充分辨识实施环境也很关键，这能够提升准确性和有效性。如果没有必要的人力、财力和基础设施资源，青少年体育活动促进项目很难持续下去，因此需要充分与其他社区组织合作，以获得共享资源和专业支持，并不断提升执行能力。[②] 青少年体育组织与其他社区组织，尤其是与教育、公共健康、司法部门的积极合作，不仅可以帮助管理和实施机构提高解读和执行项目的能力和效力，而且可以满足社区发展更广泛的需求。[③] 此外，考虑到体育与其他活动的有机结合更有利于实现既定目标，青少年体育组织也可以利用社区伙伴关系，围绕"体育+"建立综合的课程体系。[④]

西方国家的青少年社区体育相对而言已经比较成熟，成立了专门的组织，尤其是注重各类体育俱乐部建设，吸纳各年龄阶段的孩子进行有组织的体育活动，同时积极和本地区的职业联赛（队）密切合作，为孩子们提供多层次的身心体验。20世纪80年代，有日本学者指出人口老龄化问题带来了许多社会问题，主要表现为呈现出人口结构的高龄化趋势（如老龄整体水平、增长率等）和人际关系淡漠；而其中当务之急要解决的是人际关系淡化，因为社会人口结构的变化意味着人们自身也在发生变化，这会引发年轻劳动力体系崩溃和其他严重的社会经济问题。[⑤] 还有一些学者认为，日本传统的体育体制面临许多困难。从1985

[①] Christens B. D., Dolan T., "Interweaving Youth Development, Community Development, and Social Change Through Youth Organizing", *Youth & Society*, Vol. 43, No. 528, 2011.

[②] Haudenhuyse R. P., Theeboom M., Skille E. A., "Towards Understanding the Potential of Sports-based Practices for Socially Yulnerable Youth", *Sport in Society*, Vol. 17, No. 139, 2014.

[③] Jones G. J., Edwards M. B., Bocarro J. N., et al., "An Integrative Review of Sport-based Youth Development Literature", *Sport in Society*, Vol. 20, No. 161, 2017.

[④] Marvul J. N., "If You Build It, They Will Come: A Successful Truancy Intervention Program in a Small High School", *Urban Education*, Vol. 47, No. 144, 2012.

[⑤] Fujiwara K., "Physical Movement in the Aging Society of Japan", *International Review for the Sociology of Sport*, Vol. 22, No. 111, 1987.

年至今，儿童和青少年的体育参与一直呈现下降趋势。由于财政资源短缺，政府已经难以满足居民多样化的需求，尤其是老龄化社会带来的人际关系问题更加凸显，因为社会结构变化意味着人自身发生了改变。[①] 日本2007年颁布的《生活质量白皮书》（一项全国性调查）显示，约30%的居民认为社区关系在过去的10年有所减弱；有55.6%的受访者认为与邻居没有建立亲密关系，而且认为人们的道德水平呈现下降趋势；有51.3%的受访者没有机会参加社区活动。面对上述这些问题，体育，尤其是社区体育俱乐部被认为是解决这些问题的催化剂。[②] 社区中心，主要是指由地方政府提供体育、娱乐休闲服务的场所，旨在帮助附近居民参加有益健康的各种活动，充分交流，了解社区，以减少或缓解与社会的脱离程度。[③] 青少年体育活动促进应立足居民区和社区，建立专门的体育组织，积极寻求资源支持。2000年以来，为了解决家庭、学校和社区之间联系十分薄弱的情况，日本文部省制定了《体育活动促进基本计划》，明确提出将体育作为深化社区成员交流，培养和提升社区凝聚力的一种手段。该计划的目标是提高全民体育参与水平，实现一个终身从事体育活动的社会，为此改革传统社区体育俱乐部，要求每个市政府扶持建立综合型社区体育俱乐部，并从信任、网络、互惠3个维度建构起了各具特色的实施体系，要求深入联结家庭和学校，尽早对孩子实施体育干预。[④] 当然，从更为广泛的视角看，青少年体育活动促进需要高质量社会资本的不断介入才能够获得长足发展的动力。长期以来，社会资本被认为是解决各种社区问题的有效方式，而体育则被认为是获取和拓展社会资本的重要途径，因为其先天具备了契合社会发展的特质。作为实现这一目标的催化剂，综合性社区体育俱乐部不仅能够提供各种运动项目，而且为成员之间提供了文化交流的机会和平台，从而

[①] Kurosu M., "Sougougata Chiki Sport Kurabu No Resou to Genjitu", in Kiku K., Shimizu S., Nakazawa M., Matsumura K. (eds.), *Gendai Sports No Perspective*, Tokyo: Taishukan Shoten, 2006, p. 118.

[②] The Cabinet Office of Japan, *National Survey on White Paper on Quality of Life*, 2007.

[③] Vancouver Foundation, *Connections and Engagement: A Survey of Metro Vancouver* (http://www.vancouverfoundation.ca/documents/VanFdn-SurveyResults-Report).

[④] Ministry of Education, Culture, Sports, Science, and Technology, *Basic Plan for the Promotion of Sports (2001–2010)* (http://www.mext.go.jp/english/news/2000/09/000949c.htm).

确立了社区精神，提升了凝聚力。①

第三，家庭体育的实施。家庭体育也发挥着关键性作用，父母引导、陪伴、支持，以及家庭成员共同参与对儿童和青少年体育活动水平及均衡发展具有显著性影响，尤其是对低年龄段的孩子而言。② 长远看，体育活动能够积极影响青少年群体，使他们能够获得茁壮成长所需要的认知、情感和社会资产。③ 良好的家庭体育环境不仅能够建立与学校、社区以及社会多元的联结纽带，而且也为孩子们形成正确的价值观念奠定了基础。父母在孩子身心塑造过程中发挥着至关重要的作用，尤其是对他们良好行为习惯的养成。以家庭为中心的干预计划和实施行动模型（FAMILI）提出了一个系统的框架。该模型旨在促进制定具有文化敏感性和可持续性的预防规划，并对孩子们的健康行为（身体活动行为、饮食、肥胖等）结果做出调整和改善。更具体地说，以家庭为中心的干预措施就是增强父母的权能，提升共同参与度，以促进所有成员身心健康。因此，为了保证实施效果，就必须将家庭体育与社区健康中心、周边学校，以及其他公共机构实施的项目进行对接。④ 体育教育始终处于动态发展中，这也给父母不断提出新的要求，需要他们了解和掌握孩子不同阶段体育参与水平和情况。父母与孩子的关系，以及家庭氛围与孩子体育活动参与质量密切相关，在大多数有组织运动中都存在着家长—孩子—教练三位一体的关系，其中虽然存在一些个体的差异，但都需要对养育环境、经历与训练（体育教育）进行全面的审视，并将

---

① Okayasu I., Kawahara Y., Nogawa H., "The Relationship between Community Sport Clubs and Social Capital in Japan: A Comparative Study between the Comprehensive Community Sport Clubs and the Traditional Community Sports Clubs", *International Review for the Sociology of Sport*, Vol. 45, No. 163, 2010.

② McMinn A. M., Griffin S. J., Jones A. P., et al., "Family and Home Influences on Children's After-school and Weekend Physical Activity", *The European Journal of Public Health*, Vol. 23, No. 805, 2013.

③ Johnston J., Harwood C., Minniti A. M., "Positive Youth Development in Swimming: Clarification and Consensus of Key Psychosocial Assets", *Journal of Applied Sport Psychology*, Vol. 25, No. 392, 2013.

④ Hoagwood K., Koretz D., "Embedding Prevention Services within Systems of Care: Strengthening the Nexus for Children", *Applied & Preventive Psychology*, Vol. 5, No. 225, 1996.

其有机结合起来。① 家庭干预是增加儿童和青少年体育活动的一种潜在的、有突出价值的途径。在青春期之前监测到身体活动水平急剧下降是非常关键的，这能够尽早为公共卫生和学校提供依据，以便采取更为有效的干预措施。② 相关研究表明，需要对儿童进行更为密集和有效的行为干预，如果没有家庭的支持，儿童体育活动水平长期发生变化的可能性不大，因此需要目标设定和强化措施相结合，确立父母行为与改变孩子体育参与动机的潜在机制（媒介）。③

（二）青少年体育活动促进实施依赖于广泛的关系网络

第一，青少年体育活动促进实施依赖于多种因素共同作用。赋权必须由专业机构或人士行使，即把赋权作为一种工具或技能，其最少涉及两个主体（主要指社区）之间的关系；赋权与社会资本以及社区主导性发展（CDD）之间存在着密切联系，而且随着时间推移，二者关系不断发生变化，赋权本身也逐渐成为了一个变量。④ 也就是说，当且仅当主体掌控自己生活的能力或机会增加时，内在和外在的条件和环境都发生了改变，这就意味着其赋权值的增加，这一内涵表达了两个核心要素：控制能力和生活能力。对大多数人而言，有6类因素是至关重要的：（1）个体环境——影响身心健康的个体环境因素；（2）家庭——居住地及其周边环境因素；（3）工作和收入——接受过什么样的教育或培训，在哪里工作，以及获得体面生活的手段；（4）亲密关系——与谁生活，以及朋友和熟人关系；（5）闲暇时间——闲暇时间数量和内容；（6）价值观——形成了怎样的价值取向（政治、宗教、道德

---

① Knight C. J., Berrow S. R., Harwood C. G., "Parenting in Sport", *Current Opinion in Psychology*, No. 93, 2017.

② Metcalf B., Henley W., Wilkin T., "Effectiveness of Intervention on Physical Activity of Children: Systematic Review and Meta-analysis of Controlled Trials with Objectively Measured Outcomes (EarlyBird 54)", *Bmj*, No. 1, 2012.

③ Kipping R. R., Howe L. D., Jago R., et al., "Effect of Intervention Aimed at Increasing Physical Activity, Reducing Sedentary Behaviour, and Increasing Fruit and Vegetable Consumption in Children: Active for Life Year 5 (AFLY5) School Based Cluster Randomised Controlled Trial", *Bmj*, No. 1, 2014.

④ Ahmad M. S., Talib N. B. A., "Empirical Investigation of Community Empowerment and Sustainable Development: Quantitatively Improving Qualitative Model", *Quality & Quantity*, Vol. 49, No. 637, 2015.

等），以及如何实现。① 从这里可以看到，青少年体育活动促进的实施涉及诸多因素，它们以个体发展为中心，需要在多种现实关系中综合应对。不论是家庭环境（包括经济收入、社会地位等）、居住条件、人际关系，还是心理状态、社会认知水平，都是培养和塑造每一个孩子不可忽视的重要因素。而在现实环境中，这些因素都在不同领域的微观环境中发挥着不同程度的影响作用。因此，围绕青少年社会融合的核心目标，应筛选出能够产生普遍影响的要素，将其纳入综合实施框架中，不断拓展体育活动促进的功能体系。社会包容是一个持续的关联过程，个体与组织在其中始终是共同创造发展空间和结构的积极合作主体。而正是这些独特的空间和结构能够使社会成员决定如何选择包括有组织体育活动在内的各种社会参与。

第二，社会包容目标进一步拓展了青少年体育活动促进实施网络。社会包容框架主要包括组织、参与、关系和社会心理4个维度，其中组织维度主要是指社会组织的结构、价值理念、实践执行力，以及整合资源所形成的解决问题的方式和关爱机制。解决问题所指的不仅仅是获得体育项目或体育设施，而是应积极地满足不同社会成员的需要，因此需要整合并配置各种资源，创建一个能够促进社会包容，同时青少年愿意参与的组织。参与维度主要是指参与者是否有机会并采取多种措施融入社团组织，其包括3个层次：一是参与者有机会直接为组织工作，贡献他们的专业知识技能；二是享有了组织开展体育的决策发言权；三是能够选择参加或不参加组织的体育活动。关系维度主要是指个人如何跨越权力层次与其他人进行互动。合作在这一维度中非常重要，组织需要有高效的执行力，确保成员感受到尊重、欢迎，以促进他们不断参与各种体育活动。社会心理维度则依赖上述三个维度的建构，其强调创造一个安全、信任的体育活动环境。在这种环境中，参与者能够感受到他们的贡献得到认可，积极地参与能够得到回报。② 但是也应该看到，在青少

---

① Tengland P. A., "Empowerment: A Conceptual Discussion", *Health Care Analysis*, Vol. 16, No. 77, 2008.

② Ponic P., Frisby W., "Unpacking Assumptions about Inclusion in Community-based Health Promotion: Perspectives of Women Living in Poverty", *Qualitative Health Research*, Vol. 20, No. 1519, 2010.

年体育活动促进实际实施中，也会遇到很多困难和挑战。例如：缺乏足够的资源；充分参与体育活动与社区目标支持方面存在困难；社区资金匮乏，相关体育和娱乐活动难以顺利开展；对社区文化、经济和环境缺乏充分的了解，从而影响青少年体育参与的水平和程度。正如国际居住区和社区中心联合会（2005）所指出的，这种具有包容性的组织愿意改变自身的结构，并采取针对性的措施来满足不断变化的社区需要。体育活动促进涉及环境、场地设施、专业人员等各种因素，这就要求社区体育和娱乐管理机构和组织要不定期积极地反思他们的政策、计划和项目的执行情况。① 如果没有建立有效的实施网络，青少年体育活动促进的社会目标就难以实现。

（三）青少年体育活动促进需要采取灵活多样的实施措施

第一，遵循综合实施的基本原则。虽然公共健康促进的目标是实现人口健康和长寿，但只有在与生活质量密切联系的情况下，它们才具有典型的目标属性。原因很简单，如果健康和寿命的增长不影响行为改变，也不影响个体或群体（居民）的生活质量，那么它们的价值和意义就不那么大。② 健康水平与生活质量的构成和提高是一个统一体，需要赋权组织、机构、专业人士、社区等采取针对性的控制举措。③ 综合多种因素来看，青少年体育参与水平（尤其是高中阶段）与教育成就、同龄人关系以及职业生涯成功之间的积极联系已经确立。④ 一个人早期获得的健康、教育、行为和情感控制技能奠定了发展的基础，极大地提升了其社会经济成功的可能性。⑤ 因此，在青少年体育公共服务和政策体系中，应确立全社会多领域共同实施的导向，同时依据国家颁布的体

---

① International Federation of Settlement and Neighbourhood Centres, *Building Inclusive Communities* (http://inclusion.ifsnetwork.org).

② Tengland P., A., "Behavior Change or Empowerment: On the Ethics of Health-Promotion Goals", *Health Care Analysis*, Vol. 24, No. 24, 2016.

③ Tengland P. -A., "Empowerment: A Conceptual Discussion", *Health Care Analysis*, Vol. 16, No. 77, 2008.

④ Pfeifer C., Cornelißen E. T., "The Impact of Participation in Sports on Educational Attainment—New Evidence from Germany", *Economics of Education Review*, Vol. 29, No. 90, 2010.

⑤ Cunha F., Heckman J. J., Lochner L., et al., "Interpreting the Evidence on Life Cycle Skill Formation", *Handbook of the Economics of Education*, No. 697, 2006.

育活动法案和运动标准，采取灵活多样的措施。①

第二，提升青少年体育活动的乐趣。从乐趣整合理论（FIT）的角度看，乐趣是孩子们参加有组织体育活动的首要因素，如果缺乏就会造成孩子们远离，因此需要提供必要的条件，最大限度地为孩子们提供体育参与的乐趣，这是促进他们养成健康生活方式重要的内容和途径。②乐趣与健康生活方式之间存在着多个环节，需要在孩子们成长的每个阶段积极应对，这是青少年体育活动促进实施所遵循的另一个原则。体育运动是儿童和青少年最受欢迎的课外活动之一，许多国家通过大量的公共财政补贴支持此类活动的开展。③体育不仅仅是一场比赛，也不仅仅是一场胜利，它包括权利、尊重、充分参与的机会，它能够促进个体学习、发展能力、提高社会适应性。我们有责任和义务建立完善的体育参与系统，以激发儿童和青少年的兴趣，帮助他们挖掘自己的潜力。④

第三，提供多样的体育活动参与机会。体育参与不同于其他社会活动，其具有更加纯粹的本质，这就决定了每一个运动者都要长期坚持和努力付出。这一过程也反映出了对孩子们体育干预的长期性和针对性。不论是体育公共服务、社区体育竞赛，还是市场培训都应该提供多样的选择机会，以满足孩子们不同层次的需求。娱乐休闲和竞技体育都存在着消除障碍，并在不同文化、不同种族之间建立密切联系的机会。应鼓励青少年多参与体育活动，通过基层社区、原住民或非原住民体育组织的合作，为他们提供多样的运动项目是必不可少的。家庭和社区参与意味着包括家庭成员和社区成员必须参加各类体育活

---

① Evenson K. R., Satinsky S. B., Valko C., et al., "In-depth Interviews with State Public Health Practitioners on the United States National Physical Activity Plan", *International Journal of Behavioral Nutrition & Physical Activity*, Vol. 10, No. 1, 2013.

② Visek A. J., Achrati S. M., Manning H., et al., "The Fun Integration Theory: Toward Sustaining Children and Adolescents Sport Participation", *Journal of Physical Activity and Health*, Vol. 12, No. 424, 2014.

③ Morrow J. J. R., Tucker J. S., Jackson A. W., et al., "Meeting Physical Activity Guidelines and Health-related Fitness in Youth", *American Journal of Preventive Medicine*, Vol. 44, No. 439, 2013.

④ Coakley J., "Youth Sports: What Counts as 'Positive Development?'", *Journal of Sport & Social Issues*, Vol. 35, No. 306, 2011.

动,这就需要在学校和社区之间建立联系,创造和支持体育活动的机会。从西方国家的现实发展看,虽然这一观念看起来很简单,但是家庭和社区的参与是综合性学校体育活动计划(CSPAP)中最不经常实施的一部分。为了建立多方协调运行机制,体育活动认证官员(CDPA)必须要进行有效的培训,以便推动家庭和社区参与到青少年体育活动促进中。[1] 而在德国,体育俱乐部是组织实施儿童和青少年体育活动的重要机构(不论是休闲活动还是竞赛),学校在课外体育活动方面的作用很小。德国法律明确规定必须要开设小学体育课程,但学校所提供进一步的体育活动很少,其重点是各类体育俱乐部建设。这些俱乐部常年开设各种体育活动,其中既包括一般性的活动,也包括各类非指导性的运动和竞赛,这一机制的优点是能够更清晰地明确内容和目标。[2]

三 青少年体育活动促进实施的监管与评估

从干预效果看,需要对青少年体育活动促进社会资源和环境资源的整合利用情况,以及多方协同实施情况进行定期评估。

第一,青少年体育活动实施权的绩效评估。实施权涉及多种权力关系和责任关系,因此对其监管需要成立专门的机构,分类采取措施,并以"绩效"作为最终考核指标。过程性评价(决策实施时的评价)适用于协同管理与实施的评估,主要指标包括:政策的制定和实施;制度建构情况;没有发起者参与情况下的自我维持;降低因不运动导致疾病发病率和死亡率的条件;提升幸福、生活质量,以及保障体育活动开展的社会资本和环境。[3] 美国国家运动和体育教育协会研究报告提出学校体育在推进公共健康方面发挥着重要的作用,为了全面实施综合体育运

---

[1] Cipriani K., Richardsons C., Roberts C. "Family and Community Involvement in the Comprehensive School Physical Activity Program", *Journal of Physical Education Recreation & Dance*, Vol. 83, No. 20, 2012.

[2] Christina F., Michael L., Andreas S., "Sports and Child Development", *Plos One*, Vol. 11, No. 1, 2016.

[3] Bauman A., Phongsavan P., Schoeppe S., et al., "Physical Activity Measurement—A Primer for Health Promotion", *Promot Educ*, Vol. 13, No. 92, 2006.

动计划，需要建立针对性的监管与评价机制：（1）成立监管委员会，全面监督计划的实施。（2）制订长效的监控行动计划，实行基本标准执行评估、目标评价、家庭和社区实施绩效评价等。（3）采取多种措施对该计划的基本标准执行情况进行专门评估。[1] 低水平的体育活动已经成为当前全球关注的问题，提升参与程度已经成为各国公共卫生政策的优先事项。为了实现总体目标，就需要对青少年体育协同管理与实施中相互依赖的、多层次的因素和变量进行测量和评价，主要包括环境政策、社会文化经济、心理和行为等，核心评价指标是综合活动行为的改变情况（如体育参与、饮食、睡眠、久坐）。[2] 1995 年美国疾病控制与预防中心（CDC）与州和地方的教育、卫生机构合作，建立了学校健康档案制度，全面监测和评估学校健康教育工作的实施和学校卫生政策的执行效果。该制度每两年实施一次，州和地方政府对初中、高中校长、健康教育教师等进行调查，主要从健康教育、体育教育、学校环境、健康咨询服务、家庭与社区参与 5 个方面对相关政策的制定和实施进行评估。[3]

第二，青少年体育活动促进社会资源与环境资源评估。资源环境因素是青少年体育活动促进实施的前提条件，需要定期对其进行评估。随着年龄的增长，孩子的独立性增强，父母对他们体育活动的影响逐渐减弱，环境因素（如家庭社会地位、学校环境、同龄人参与、公共体育设施等）的影响日益加大。[4] 在社会生态模型框架下，基于广泛的社会人口因素，政策、环境、人际关系、本身因素等对青少年体育活动参与的影响由近及远。体育活动参与（类型、频率、强度、持续时间）与环

---

[1] National Association for Sport & Physical Education, Comprehensive School Physical Activity Programs（https：//files. eric. ed. gov/fulltext/ED541610. pdf）.

[2] Puggina A., Aleksovska K., Buck C., et al., "Policy Determinants of Physical Activity across the Life Course: A 'DEDIPAC' Umbrella Systematic Literature Review", *European Journal of Public Health*, Vol. 28, No. 1, 2017.

[3] Grunbaum J. A., Pietra J. D., McManus T., et al., *School Health Profiles: Characteristics of Health Programs among Secondary Schools (Profiles 2012)*, U. S. Department of Health and Human Services Centers for Disease Control & Prevention, 2013, p. 1.

[4] O'Donoghue G., Kennedy A., et al., "Socio-economic Determinants of Physical Activity across the Life Course: A Determinants of Diet and Physical Activity Umbrella Literature Review", *Plos One*, Vol. 13, No. 1, 2018.

境有关，其中主要包括居住地城市化程度、城市形态、交通网络、体育设施、自然环境（如绿道、水域等）。① 针对不同环境资源，需要采取不同的评价方法和途径。非正式的、非结构化的体育环境对儿童创造性的发展十分重要，其充分展示了向更平衡和多环境青少年体育发展模式转变的典型范式。虽然影响创造力的因素是多种多样的，但参与环境发挥着关键作用，尤其是童年时期所能够提供的社会环境和条件至关重要。② 大量研究表明，儿童时期的自由玩耍是发展创造力的沃土，在整个童年时期，游戏（包括自发性体育游戏）体验发挥着两个显著作用：一是有助于孩子形成流畅的思维，进行独立思考；二是提升心理承受能力和自主解决问题的能力。儿童时期进行非正式活动的时间与其成年后的创造力、逻辑性、工匠精神和灵活性存在直接的正向相关关系，尤其是能够发展灵活性（即指在相同刺激下以不同方式处理信息和事件的能力）。③ 从现实情况看，虽然儿童有组织的运动中融合了一些非正式的社区活动和体育活动，但纯粹自由玩耍和运动的机会越来越少，因此综合评估有组织和无组织环境中的活动结构（有组织的运动和非正式的运动）和持续时间就成为提高创造力的重要环节。④ 专门的环境资源评估体系是十分重要的，它能够尽早地跟踪参与者的营养摄取和体育活动情况（如主动性、积极性），同时也能够解决现实中存在的问题，如定期给予小额资金、技术等方面的支持和援助，这对于体育资源相对匮乏的地区更为有效。⑤

---

① Carlin A., Perchoux C., Puggina A., et al., "A Life Course Examination of the Physical Environmental Determinants of Physical Activity Behaviour: A 'Determinants of Diet and Physical Activity' (DEDIPAC) Umbrella Systematic Literature Review", *Plos One*, Vol. 12, No. 1, 2017.

② Koestner R., Walker M., Fichman L., "Childhood Parenting Experiences and Adult Creativity", *Journal of Research in Personality*, Vol. 33, No. 92, 1999.

③ Curran J. M., "Constraints of Pretend Play: Explicit and Implicit Rules", *Journal of Research in Childhood Education*, Vol. 14, No. 47, 1999.

④ Bowers M. T., Green B. C., Hemme F., et al., "Assessing the Relationship Between Youth Sport Participation Settings and Creativity in Adulthood", *Creativity Research Journal*, Vol. 26, No. 314, 2014.

⑤ Tomayko E. J., Prince R. J., Hoiting J., et al., "Evaluation of a Multi-year Policy-focused Intervention to Increase Physical Activity and Related Behaviors in Lower-resourced Early Care and Education Settings: Nactive Early 2.0", *Preventive Medicine Reports*, No. 93, 2017.

第三，学校体育健康促进评估。学校已经被公认是儿童和青少年养成良好行为习惯最为重要的场所，它能够从健康教育、身体活动、营养摄入等多方面有效介入，从而使孩子们养成良好的饮食和体育活动习惯。[1] 一般而言，学校环境的评估主要包括4个维度，即能够影响健康饮食和体育活动的体育场地设施、经济环境、政策环境和校园文化环境，其中：体育场地设施主要是指学生能够实质性使用的；经济环境主要是指配套高质量的餐饮和其他健康服务；政策环境主要是指所有教师和工作人员都能够充分认识国家相关政策，而且针对实施建立良好的监测机制；校园文化环境主要是指学校体育文化氛围，定期开展有特色的大型活动，并给予奖励支持。[2] 在这一评估体系中，执行力和实施效果是重要的指标，它能够提供关键性的量化数据支持。在形式多样的学校体育实施评估中，专门的组织机构、体育资源和条件配置、体育课与课外体育活动、经费落实与使用、运动训练与竞赛、学生体质健康情况、学校体育运行制度、体育伤害应急等是主体内容。当然，各个学校存在很大差异性，也可以根据自身情况有选择性地将学校人口特征（如人口统计学数据、当前的健康行为等）、教师健康促进（HP）实践、实施者的认知障碍（如支持、保障、组织、创新中的阻碍等）、学校健康促进的要素和实施效果（如学校政策、教育环境、学生体育参与水平等）、实施组织、学生体重指数、体育活动情况、家长报告等纳入学校客观评估体系。[3] 此外，学校是预防和控制学生肥胖的重要场所，但从广泛的证据来看，单纯进行教育、激励，或以技能为中心的干预措施可能对预防肥胖的效果不突出，因此需要重新评估学校的肥胖预防措施。很多西方国家在多部门和社会资源的支持下，已经逐步形成了涵盖饮食、营养、体育、健

---

[1] An R., "Diet Quality and Physical Activity in Relation to Childhood Obesity", *International Journal of Adolescent Medicine & Health*, Vol. 29, No. 45, 2017.

[2] Adilin M. A. M. H., Holdsworth M., McCullough F., et al., "Whole School Mapping to Investigate the School Environment's Potential to Promote a Healthy Diet and Physical Activity in Malaysia", *Malaysian Journal of Nutrition*, Vol. 21, No. 1, 2015.

[3] Bartelink N., Van Assema P., Jansen M., et al., "The Moderating Role of the School Context on the Effects of the Healthy Primary School of the Future", *International Journal of Environmental Research and Public Health*, Vol. 16, No. 24, 2019.

康、行为、体质监测等多领域的实施体系，日益发挥出协同干预的积极作用。[1] 学校体育健康促进评估已经成为趋势，其要求教育行政部门、公共卫生部门、体育部门等进一步完善符合现实发展的指标体系，并建立定期和动态的评估制度。

第四，青少年社区体育实施评估。社区体育发展评估日益成为世界上很多国家关注的重点，已经有比较权威的评估模型。社区就绪模型（CRM）被用于评估社区体育制定和实施体育干预措施的适用性，该模型提出整合社区文化、资源，提升准备和应急能力，以有效地解决社区问题。准备和应急是指一个群体对某一问题采取行动的准备程度，并能预测一个社区支持和实现变革的可能性。相关部门和机构要制定预防或干预方案，充分纳入当地居民的资源，使他们充分地了解，并能够积极参与其中，这是实现计划可持续的一个重要因素。[2] 在整个参与过程中，要建立具有地方特色的网络，确定开展工作的关键成员，并制定系统的实施方案。也就是说，在评估社区体育开展情况时，首先要对工作小组所制定的策略进行考量，成员能够充分理解该模型的要义和指标；同时也要对社区资源的可用性（包括氛围、便利因素、阻碍等）、准备能力进行考察，以确认相关的建议和策略是切实可行的；最后则要充分了解相关部门和机构对方案和计划实施的理解和反应程度，主要包括执法部门、司法部门、保健服务机构、社区俱乐部、周边学校等。[3]

第五，青少年社区组织（体育俱乐部）评估。社区体育组织（CSOSs）为促进社区的发展提供了宝贵的平台和资源，它能够使众多利益相关者参与到共同的开发过程中。为了实现这一目标就需要提升社区建设能力，即通过体育促进发展模式拓展当地利益相关者的技能、知识，

---

[1] Adab P., Pallan M. J., Lancashire E. R., et al., "Effectiveness of a Childhood Obesity Prevention Programme Delivered through Schools, Targeting 6 and 7 Years Old: Cluster Randomised Controlled Trial (WAVES Study)", *BMJ*, No. 211, 2018.

[2] Kesten J. M., Cameron N., Griffiths P. L., "Assessing Community Readiness for Overweight and Obesity Prevention in Pre-adolescent Girls: A Case Study", *BMC Public Health*, No. 1, 2013.

[3] Plested B., Edwards R., Jumper-Thurman P., *Community Readiness: A Handbook for Successful Change* (http://triethniccenter.colostate.edu/CRhandbookcopy.htm).

以及可以整合和掌控的资源。① 社区体育俱乐部是一种会员制组织，主要由会员志愿者管理，他们组织提供娱乐和各种体育参与（包括竞技比赛）的机会。社区体育俱乐部是公共体育政策的重要内容，在长期的发展中已经形成了比较成熟的评估体系，主要评估指标包括人力资源情况、财务、基础设施（包括体育场地及其使用情况）、规划和发展（包括参与人数、培训、服务等）情况，以及与外部的关系。② 体育能够促进个人和社区发展，社区其他服务组织的战略管理也可以同体育组织和俱乐部一样在并行轨道上提升社区的融合能力。因此，需要对体育与社区能力之间的关系进行评估，主要指标包括：（1）拓展相关者的技能、知识和资源；（2）建立多样的社会关系；（3）完善社区对话的结构和机制；（4）提升领导质量；（5）提升居民参与程度；（6）建立价值系统；（7）加强文化学习。③ 社区能力与青少年体育发展密切相关，这已经成为一个新的研究领域，多维度的量化指标为全面研判提供了重要的支撑。

第六，家庭体育实施评估。体育活动、健康饮食和屏幕时间是儿童超重和肥胖的决定因素，它们受到家庭环境的影响，尤其是父母支持行为；儿童和青少年体育活动参与已经成为公共健康政策中的优先事项，以家庭为基础的体育推广和评估计划尤为重要。④ 父母是孩子们体育活动的引路者，但是在现实中，虽然他们愿意帮助孩子们，但是仍然有将近一半的父母无法实现。⑤ 过程评价表明，诸多针对家庭体育管理的措施与预计和可接受的情况并不一致，可能需要更广泛的社会经济干预措施。例如，减少工作时间、提升职业灵活性、更容易获得参与机会、降

---

① Jones G. J., Edwards M. B., Bocarro J. N., et al., "Leveraging Community Sport Organizations to Promote Community Capacity: Strategic Outcomes, Challenges, and Theoretical Considerations", *Sport Management Review*, Vol. 21, No. 279, 2018.

② Doherty A., Misener K., Cuskelly G., "Toward a Multidimensional Framework of Capacity in Community Sport Clubs", *Nonprofit and Voluntary Sector Quarterly*, Vol. 43, No. 124, 2014.

③ Edwards M. B., "The Role of Sport in Community Capacity Building: An Examination of Sport for Development Research and Practice", *Sport Management Review*, Vol. 18, No. 6, 2015.

④ Pyper E., Harrington D., "The Impact of Different Types of Parental Support Behaviours on Child Physical Activity, Healthy Eating, and Screen Time: A Cross-sectional Study", *BMC Public Health*, Vol. 16, No. 568, 2016.

⑤ Rhodes R. E., Spence J. C., Berry T., et al., "Understanding Action Control of Parent Support Behavior for Child Physical Activity", *Health Psychol*, Vol. 35, No. 131, 2016.

低体育活动成本等。同时，也需要帮助父母进行体育活动规划，着重提供多样的机会，提升孩子们的健康水平。① 当前儿童和青少年超重和肥胖已经成为世界各国的普遍现象，引发了各种问题，而家庭环境对儿童的社会化和行为习惯养成具有显著的影响，针对这一情况，需要研制一个共时性的量表来评估家庭健康行为，即家庭健康行为量表（FH-BS）。② 该量表能够有效地评估儿童在中小学期间与肥胖有关的家庭行为，包含27个主要指标，需要提供4个方面的信息：父母行为、体育活动、儿童行为和饮食基本情况。③ 从内在逻辑上看，家庭环境与孩子行为习惯是密切相关的，但是关于父母影响与孩子们肥胖相关的健康行为机制，特别是他们的行为（如常规行为和管教行为）与孩子们行为之间的关系建模，人们知之甚少。因此，需要评估检查父母的教养方式，家庭的调节功能，以及他们的体育行为习惯所能够发挥的作用，这对提高家庭干预措施的有效性具有积极的意义。④ 除了考量孩子与父母的关系外，还应该将其与兄弟姐妹关系纳入家庭体育干预评估体系中。因为家庭关系是青少年饮食、体育活动，以及包括肥胖在内健康问题的重要预测和研判因素。家庭成员（兄弟姐妹）行为与青少年的体重、认知、心理、相关社会行为等是密切相关的，这也是调查的关键。因为就预期寿命而言，兄弟姐妹关系是最为持久的，而且可能在他们进入成年后对彼此能够产生深远的影响。⑤ 兄弟姐妹在家庭环境中扮演着不同

---

① Rhodes R. E., Blanchard C. M., Quinlan A., et al., "Family Physical Activity Planning and Child Physical Activity Outcomes: A Randomized Trial", *American Journal of Preventive Medicine*, Vol. 3, No. 1, 2019.

② Vaughn A. E., Tabak R. G., Bryant M. J., et al., "Measuring Parent Food Practices: A Systematic Review of Existing Measures and Examination of Instruments", *International Journal of Behavioral Nutrition & Physical Activity*, Vol. 10, No. 61, 2013.

③ Lanzarote-Fernández M. D., Lozano-Oyola J. F., Gómez-de-Terreros-Guardiola M., et al., "Spanish Version of the Family Health Behavior Scale: Adaptation and Validation", *International Journal of Environmental Research and Public Health*, Vol. 16, No. 810, 2019.

④ Carbert N. S., Brussoni M., Geller J., et al., "Familial Environment and Overweight/Obese Adolescents' Physical Activity", *International Journal of Environmental Research and Public Health*, Vol. 16, No. 1, 2019.

⑤ Senguttuvan U., Whiteman S. D., Jensen A. C., "Family Relationships and Adolescents' Health Attitudes and Weight: The Understudied Role of Sibling Relationships", *Family Relations*, Vol. 63, No. 384, 2014.

角色，他们之间的关系质量是评价和衡量青少年所形成各种结果的重要预测因素，其中某些指标影响甚至超过了父子和母子关系。从社会支持的角度看，社会关系的数量和质量都会影响身心健康、行为习惯，并能够防范死亡风险。兄弟姐妹关系的风险防范和保护功能体现在对自尊和自我情绪的调节方面，主要通过提供处理压力所需要的微观环境来影响健康。[1] 对于前者，积极的兄弟姐妹关系，如温暖亲密，与青少年社会能力、自主和自我调节能力提高有关；对于后者，积极的兄弟姐妹关系是一种保护因素，能够缓解家庭冲突、父母支持率低、同伴关系差等压力，以及避免其他的家庭生态风险。[2]

综上所述，青少年体育活动促进实施权沿循"管办分离"的总体原则，以全面提升儿童和青少年体育参与水平为核心目标。资源（包括环境）、专业主体和广泛覆盖的运行机制是青少年体育活动促进实施权的基本构成要素，它们通过不同领域的关系网络分层、分类予以实现。学校、社区、家庭协同采取灵活多样的体育干预措施，日益形成了成熟有效的实施体系。为了衡量和把控青少年体育活动促进的开展情况和效果，需要对环境资源、权力运行，以及实施主体进行监管和评估，这为进一步优化公共治理格局提供了循证依据。

第二节 国际组织、欧盟与西方国家青少年体育活动促进的实施

近20年来，国际组织与一些西方国家高度重视青少年体育活动促进系统建设，协同政府部门、非营利组织、体育俱乐部，以及其他相关机构等广泛开展了多层次的活动，取得了良好的效果，缓解了不同年龄阶段孩子体育参与不足、超重率和肥胖率居高不下等突出问题，这为我国进一步细化开展相关工作提供了能够借鉴的经验。

---

[1] Umberson D., Montez J. K., "Social Relationships and Health: A Flashpoint for Health Policy", *Journal of Health and Social Behavior*, Vol. 51, No. 54, 2010.

[2] Padilla-Walker L. M., Harper J. M., Jensen A. C., "Self-regulation as a Mediator between Sibling Relationship Quality and Early Adolescents' Positive and Negative Outcomes", *Journal of Family Psychology*, Vol. 24, No. 419, 2010.

一 国际组织青少年体育实施的总体框架

（一）依托体育促进发展与和平计划框架的实施措施

2003 年联合国决议在全球范围内实施"体育促进发展与和平计划"（SDP，第58/5 号），自该决议实施以来，体育日益成为国际社会发展的一个突出和有力的工具。联合国在该决议中明确提出，体育与联合国系统是一种天然的伙伴关系。体育的本质就是关乎包容和公民身份的参与，它能够使个体和社区走到一起，突出强调了共性，弥合了文化和种族分歧；体育提供了一个学习纪律、自信和领导力的技能平台，并教会人们遵守宽容、合作和尊重等核心原则；体育教会我们努力的价值，以及如何管理胜利和失败。[①] 至 2011 年，已经有 295 个组织在国际体育促进发展与和平平台正式注册。2018 年 12 月，联合国在第 73 届会议上又通过了"体育促进可持续发展"的决议，进一步提出将现有国际各项体育政策和做法更紧密地汇集在一起，旨在促进更好地协调与协作，让体育服务于人类，成为可持续发展的推动力。[②] 青少年群体是该计划的主要对象，主要从以下两个方面采取了干预措施。

第一，以教育为中心，吸引青少年积极参与到运动中。体育促进发展与和平计划的主要目标是立足教育，广泛吸引儿童和青少年——尤其是那些处境不好或脱离社会的青少年参与到体育运动中。传统计划倡议中所使用的教育方法是远远不够的，它们最多只能为个体参与者提供更高水平的体育知识和技能，但并不能福泽更为广泛的社区青少年群体。体育运动是对已建立社会关系的再现，需要采用系统干预的方法，从而促进参与者发生根本性变化。[③] 越来越多的学者主张要从教育哲学的视角分析体育参与者，如果要实现他们既定的目标（如赋权、经济和社会参与等）就必须采取适当的引导和教育方法。体育促进发展与和平计划

[①] United Nations Inter-Agency Task Force on Sport for Development and Peace (2003) (https://www.sportanddev.org/sites/default/files/downloads/task_force_report_english.pdf).

[②] United Nations, *Strengthening the Global Framework for Leveraging Sport for Development and Peace* (https://undocs.org/en/A/73/325).

[③] Hartmann D., Kwauk C., "Sport and Development: An Overview, Critique, and Reconstruction", *Journal of Sport & Social Issues*, Vol. 35, No. 284, 2011.

采取了一种关系战略——通过体育运动吸引和教育青少年。其基于这样一种信念，即在青少年和教育工作者（引导者）之间建立和维持积极的关系，这是最大限度地发挥该计划作用的关键因素。关系构建方法的一个重要特征是在尊重不同青少年群体文化和生活背景的基础上，努力使实施人员与参与者之间建立长期的、有意义的、可持续的联系，同时也努力地向孩子们展现目前还无法接触到的世界，促使他们能够在更广泛的范围内做出积极的人生选择。① 这是一种全新的体育教育变革模式——通过建立促进关系，致力于将参与者从边缘化的状态向好奇与参与转变，最终形成自主的运动习惯；其已经成为一种能够推动社会进步的力量，需要纳入社区发展战略中一体化开展。② 同伴教育是体育促进发展与和平计划所采取的另一项重要举措，随着实施进程的深入，该模式的正规化程度越来越高。同伴教育理论认为，当青少年有机会互动、接受信息、辩论或讨论他们正在获取的知识和技能时，学习过程就开始了。③ 同伴教育能够促进横向的对话和交流，使每个参与者都能够平等地制订计划，并采取符合环境和文化要求的行动。以非政府组织（包括体育）为主导，招募具有一定资质的年轻人，培训他们在社区内开展体育和生活技能方面的教育，这些同伴引导者通过丰富多彩的体育活动吸引青少年，并充分利用这些机会传递核心的教育信息，鼓励他们就影响生活的问题进行分析和讨论，并尝试制定解决方案和策略。④

第二，以信任为纽带，引导青少年积极改变。参与者与教育者（引导者）之间的关系非常重要，因为这更像是一种教练与队员的关系，而不是传统的师生关系。在培训教育者（引导者）的过程中，应该突出强调为了获得信任，引导者必须与参与者保持一致的水平，而且学习经

---

① Crabbe T., *in the Boot Room: Organisational Contexts and Partnerships*. *Second Interim National Positive Futures Case Study Research Report*（http://shura.shu.ac.uk）.

② Crabbe T., *Avoiding the Numbers Game: Social Theory, Policy and Sport's Role in the Art of Relationship Building*, Sport and Social Capital, Routledge, 2008, p. 41.

③ Backett-Milburn K., Wilson S., "Understanding Peer Education: Insights from a Process Evaluation", *Health Educ Res*, Vol. 15, No. 85, 2000.

④ Nicholls S., On the Backs of Peer Educators: Using Theory to Interrogate the Role of Young People in the Field of Sport in Development, in R. Levermcre and A. Beacom（eds.）, *Sport in International Development*, London: Palgrave Macmillan, 2009, p. 156.

验的获得应该是相互的，而不是单方面的。① 巴西在实施体育促进发展与和平计划方面取得了比较突出的成绩。体育促进发展与和平计划所有课程的内容和目标都进行统一设计，并要求建立循证支持体系；教育者（引导者）与青少年参与者之间形成了非层级的、对话式的关系，他们所设置的课程注重相互的信任、尊重，采取对话、非权威的教学方法，而不是采用集体的学习和行动形式；所采取的教学策略非常有利于对个人的赋权，强化自我认知和尝试；该推广模式的运作更加务实和包容，它致力于让每个参与者参与到更广泛的社会、经济和政治领域，而不是试图去改变这些领域。② 体育促进发展与和平计划中的课程体系遵循3个关键原则。一是相关课程应围绕人们（青少年）生活的主题和条件来设置。其中至关重要的是参与者与教育引导者建立稳定的合作关系，并结合该计划所提出的18个目标来明确自身的需要。随着体育的发展，根植于社区，采取自下而上的方法给予青少年体育活动促进以哲学层面支持成为新的诉求，这就需要社区纳入发展议程体系中，并提供相应的时间和条件保障。③ 二是在发展批判性教学法时，要充分考量哪些方法可以有效提高体育意识，培养使命感和责任感。方法对青少年尽快进入所设置的场景和角色是至关重要的。因此，需要引导者针对个体差异采取参与者容易接受的方法，使他们进行有价值的体验。④ 三是整个的体育教育和引导过程是指导性的，而不是强制或操控性的。弗雷尔指出，教育引导者需要创造一种开放、民主的氛围，但绝不能放任，同时应通过智慧且具有批判性质的训练获得权威。在整个计划实施中，教育引导

---

① Spaaij R., "Building Social and Cultural Capital among Young People in Disadvantaged Communities: Lessons from a Brazilian Sport-based Intervention Program", *Sport, Education and Society*, Vol. 17, No. 77, 2012.

② Spaaij R., *Sport and Social Mobility: Crossing Boundaries*, London: Routledge, 2011, p. 154.

③ Jeanes R., Magee J., "Creating Inclusion through Sport, Recreation and Leisure: What can Sport Development Learn from Community Development", *Leisure Studies Association Newsletter*, No. 30, 2011.

④ Spaaij J., Jeanes R., "Education for Social Change? A Freirean Critique of Sport for Development and Peace", *Physical Education & Sport Pedagogy*, Vol. 18, No. 442, 2013.

者与参加者是积极地、批判性地参与其中。[1]

（二）依托青少年积极发展框架的实施措施

在不同的文化背景中，体育价值具有共时性，被社会性接纳（如入选运动队、运动中的人际关系等）是青少年群体的直接需要；通过体育运动不仅能够满足健身、缓解压力、放松心情等需要，而且更为重要的是能够促进他们身心健康、性格发展和社会化进程。每个孩子都有天赋、长处和兴趣，因此要为他们创造一个光明的未来。20世纪80年代，青少年积极发展观（PYD）逐渐兴起，经过30多年的发展，对教育学、心理学、公共服务、社会融合、体育促进等各领域的理论和实践产生了非常深远的影响。青少年积极发展的宗旨就是注重每个孩子独特的才能、优势、兴趣和未来潜力，为他们搭建平台，提供多样的机会。[2]

第一，以个体为中心，培育发展潜力。青少年积极发展是基于一种强有力的方法和路径而实现的，它强调要挖掘青少年的发展潜力。社区既是青少年积极发展的孵化器，也是重要的载体。在社区环境中，能够充分发挥青少年的自主性作用，同时也能够充分了解相关的场地、人员和政策。青少年积极发展需要国家进行战略性规划，定位发展愿景，其实施的主要构成因素包括：（1）所有青少年都具有积极成长和发展的内在能力；（2）所有的青少年都需要正确的教育和社会引导；（3）当青少年融入良好的人际关系、社会生态环境中时，他们就能够积极发展；（4）青少年如果能够自觉主动地参与到良好的人际关系和社会生态环境，其积极发展的效果就更加明显有效；（5）社区是促进青少年积极发展的关键载体；（6）青少年付诸行动是促进积极发展的前提条件。[3] 青少年积极发展的核心内容主要包括：（1）发展环境——地点、场所、生态环境、潜在的支持、资源和机会；（2）儿童和青少年的天

---

[1] Holt, N., (ed.), *Positive Youth Development through Sport*, London: Routledge, 2008, p. 88.

[2] Damon W., "What is Positive Youth Development?" *The Annals of the American Academy of Political and Social Science*, Vol. 591, No. 13, 2004.

[3] Hamilton S. F., Hamilton M. A. & Pittman K. *Principles for Youth Development*, in S. F. Hamilton & H. M. A. Hamilton (eds.), *The Youth Development Handbook: Coming of Age in American Communities*, Thousand Oaks, CA: Sage, 2004, p. 3.

性——强调他们内在成长和发展的能力、积极参与和支持；(3) 发展优势——不同的特性，包括技能、能力、价值观和成功融入世界的性格；(4) 减少高风险行为；(5) 广泛社会参与——体育活动尤为重要，促进健康。① 青少年积极发展始终是世卫组织关注的焦点，针对其健康问题，社会决定因素委员会（CSDH）反复强调要尽早在儿童时期进行健康和教育积极干预，使他们形成良好的身心体验，这是减少全球所面临的健康不平等问题的关键。② 有效预防成年人非传染性疾病、精神障碍和伤害的关键是青春期或青春期之前对这些潜在的风险进行关注和介入。因此，在生命早期实施健康促进已经成为全球公共事务议程的核心内容。学校是健康促进的重要场所，其提供了全面、持续、有效的干预载体。20 世纪 80 年代末，世卫组织制订并全面实施"学校健康促进"（HPS）计划，以健康、教育为基础，从课程体系、环境干预、家庭和社区协同 3 个主要方面构建了总体实施框架。③ 其中将体育活动作为重要的实施媒介——给予学生角色体验，准确定位，并确立群体归属感。④ 国际体育运动与健康协会（ISPAH）于 2016 年 11 月在泰国曼谷的第六届国际体育运动与公共健康大会上通过了关于体育活动促进全球健康和可持续发展的《曼谷宣言》。该宣言进一步重申：(1) 与《世界卫生组织 2013—2020 年预防和控制非传染疾病全球行动计划》的宗旨一样，积极的体育活动是减少非传染性疾病及其负担（医疗成本）的战略基石。(2) 应充分发挥全球性战略的关键作用，将减少不运动率作为核心任务。这些全球性的战略文件包括《世界卫生组织终止儿童肥胖委员会战略》（2016）、《均衡营养十年行动》（2016—2025）、《可持续交通

---

① Lerner R. M., Dowling E. M., Anderson P. M., "Positive Youth Development: Thriving as the Basis of Personhood and Civil Society", *New Directions for Youth Development*, Vol. 7, No. 172, 2003.

② Davies M., Adshead F., "Closing the Gap in a Generation Health Qquity through Action on the Social Determinants of Health. An International Conference Based on the Work of the Commission on Social Determinants of Health, London", *Global Health Promotion*, Vol. 16, No. 7, 2009.

③ Langford R., Bonell C., Jones H., et al., "The World Health Organization's Health Promoting Schools Framework: A Cochrane Systematic Review and Meta-analysis", *BMC Public Health*, Vol. 15, No. 130, 2015.

④ Bonell C., Blakemore S. J., Fletcher A., et al., "Role Theory of Schools and Adolescent Health", *The Lancet Child & Adolescent Health*, No. 1, 2019.

促进发展战略》(2016)、《妇女和儿童战略》(2010)等。(3)迫切需要加强和扩大以循证为基础的国家政策,突出其优先地位,加大资金保障,细化实施措施。为了使所有的国家能够实现世卫组织"到2025年将儿童和成人缺乏身体活动率减少10%"的全球目标,需要采取一系列重大措施,主要包括:加大资金和条件支持力度;建立国家多部门参与和协调平台;给予技术援助,分享治理经验;加强监管和监测;支持和促进合作、研究,定期进行政策评估;等等。[1]

第二,协同关键主体,推动青少年体育权利的实体化转译。儿童和青少年权利在本质上与人权没有区别,都是一种普遍性的基本权利,任何人不得侵犯。选择理论表明,很多青少年(儿童)没有能力进行决策,这就使得人们极易想当然地排除他们的主体身份,以及应享有的权利。应该说,这一观念是普遍存在的,很多人认为孩子们仅仅是成年人对其权利进行决定和行动的被动接受者,他们与成人存在本质的不同,不享有同等的权利状态。[2] 公众和学生的浓厚兴趣创造出了一种并不总是纯粹的体育氛围。体育规则被不断优化,但是最重要的应该是提高所有对体育感兴趣的人和参与者的道德标准。遵守体育规则是一个技术性问题,而不是一个原则性问题;体育活动促进,像其他社会公共活动形式一样,其发展最终还是要依赖完善的道德规范。对那些视原则比其他任何东西都重要的人而言,需要进行有效的领导,我们绝不能仅仅依靠规则来进行体育改革。只有激励年轻人坚持崇高的理想,并遵循健全的道德规范时,才能真正实施和推进体育的改革。[3] 基于对保护基本体育权益的高度共识,世卫组织于2002年确立了"健康行动:全球伙伴关系和国家行动计划",提出从饮食、体育活动和健康教育方面制定和实施以全面伙伴关系为基础的全球和国家实施战略。该战略提出考虑到体育运动所带来的健康、经济和社会效益,以及不运动所产生的高昂成本,现在是各国政府和利益攸关方采取紧急行动,将体育活动纳入全球

---

[1] International Society for Physical Activity and Health, *The Bangkok Declaration on Physical Activity for Global Health and Sustainable Development* (2016) (www.ispah.org).

[2] Anne Bentley K., "Can There be any Universal Bhildren's Rights?", *The International Journal of Human Rights*, Vol. 9, No. 107, 2005.

[3] Sabock R., *Coach* (3rd. Ed), Champaign, IL: Human Kinetics, 1985, p.266.

健康和社会发展战略、政策和规划的时候了。科学的体育参与不仅仅是个人的行为，它更是一个以证据为基础，以群体为中心，以公平为导向的社会问题，需要国家政策支持和强有力保障，并建立多部门联动的运行机制。世卫组织的这一战略得到了《全球健康报告》（2002）调查结果的有力支持，其中明确提出缺乏体育活动（锻炼）是导致全球非传染疾病发病率和死亡率的主要风险之一。为了落实该战略要求，世卫组织提出各国应将儿童和青少年公平的体育参与作为公共事务议程的有机组成部分，联合政府、非营利组织、公共服务部门、城市规划部门、交通部门、经济规划部门、媒体、社区、学校等共同采取行动。[1]

此外，世卫组织也针对不同实施主体提出了具体要求。如果政策制定者、体育组织、学校、父母和教练员能够成功地制订和实施针对青少年不同发展阶段的体育计划，并在适宜的环境中系统开展活动，培育促进他们体育参与的积极要素，青少年的基本体育权益就能够实现。同时，也能够为孩子们逐步积累良好的运动体验和经验，成为有能力、自信、适应性强、富有同情心、性格丰富的社会成员奠定基础。但是如果没有进行成功的规划设计和实施（哪怕是部分成功），就会对他们的均衡成长产生负面影响，甚至会引发社会问题。[2] 鉴于青少年体育日益增长的精英主义、制度化和竞争，政策制定者（决策者）必须确保所有的儿童和青少年都享有适宜的体育计划（项目），无论其社会经济地位、人种、文化、种族、性别。政策制定应积极整合影响青少年体育参与的关键性要素，最大限度地发挥对青少年持续参加体育活动的影响力。有研究表明，课外体育政策和项目的实施，对青少年，尤其是对受到广泛负面影响的青少年具有积极的影响。[3] 体育组织应针对性设计能够覆盖更多青少年的体育培训和校外体育实施计划，同时拓宽资金来源

---

[1] World Health Organization, *Health and Development through Physical Activity and Sport* (https://www.who.int/whr/2003/en/).

[2] Fraser-Thomas J. L., Côté J., Deakin J., "Youth Sport Programs: An Avenue to Foster Positive Youth Development", *Physical Education & Sport Pedagogy*, Vol. 10, No. 19, 2005.

[3] Armour K., Sandford R., Duncombe R., "Positive Youth Development and Physical Activity/Sport Interventions: Mechanisms Leading to Sustained Impact", *Physical Education & Sport Pedagogy*, Vol. 18, No. 256, 2013.

渠道，给予充分的保障。规划必须要基于青少年体育和青少年积极发展的理论和应用研究，要充分考虑到一般主题、具体的学习环境和教学方法。针对性的体育项目应包括更多的教练提升机会，通过培训、教育、练习，使他们能够多层次教授青少年发展的技能；同时父母和教练应该在提升青少年体育体验品质和后续的运动效果方面发挥充分的引导作用。[1]

二 欧盟青少年体育活动促进的实施

第一，致力于建设良好的体育参与环境。欧洲有四分之一的成年人身体活动不足，儿童和青少年整体情况更令人担忧，虽然性别、年龄、教育程度等都与身体活动有关，但环境影响是决定性的因素。其中微观环境因素主要包括步行方便程度、体育设施及其使用、体育锻炼环境质量等；宏观环境因素主要包括气候、温度、体育参与氛围等。[2] 研究表明，身体活动不足是西欧和全球过早死亡的第四大危险因素，每年造成约530万人死亡，[3] 欧洲人由于运动不足引发患重大非传染性疾病（NCDs）的比例高达6%—10%，如冠心病、Ⅱ型糖尿病、乳腺癌、结肠癌等，而且呈现年轻化趋势。[4] 为了解决这一难题，欧盟围绕"建设良好体育参与环境"这一中心采取了多种多样的措施。《欧洲全民体育宪章》第三条规定：体育作为社会文化的组成部分，应在区域、地方、国家，以及其他领域，如教育、健康、社会服务、城乡规划、艺术、休

---

[1] Fraser-Thomas J. L., Côté J., Deakin J., "Youth Sport Programs: An Avenue to Foster Positive Youth Development", *Physical Education & Sport Pedagogy*, Vol. 10, No. 19, 2005.

[2] Laverty A. A., Thompson H., Cetateanu A., et al., "Macro-environmental Factors and Physical Activity in 28 European Union Countries", *European Journal of Public Health*, Vol. 28, No. 300, 2018.

[3] Lim S. S., Vos T., Flaxman A. D., et al., "A Comparative Risk Assessment of Burden of Disease and Injury Attributable to 67 Risk Factors and Risk Factor Clusters in 21 Regions, 1990–2010: A Systematic Analysis for the Global Burden of Disease Study 2010", *Lancet*, Vol. 380, No. 2224, 2012.

[4] World Health Organization: *Review of Social Determinants and the Health Divide in the WHO European Region: Final Report* (http://www.euro.who.int/pubrequest).

闲等，建立有机联系，协同行动。① 为了实现公民的福利目标，欧盟宣布2004年为欧洲体育教育年，并系统开展多种形式的推广和普及活动。这项提议的主要目的和措施包括：鉴于青年人对体育运动有着极大的兴趣，促使欧洲的教育机构和体育组织认识到合作的必要性，以便通过体育推动整个欧洲教育的发展；利用体育所传递的价值，发展知识和技能，尤其是全面提升年轻人的身体素质，从而为个人努力，提升社会能力做好准备；在多元文化框架内，提升年轻人的团队合作、团结、容忍和公平竞争精神；通过举办体育及文化交流活动，进一步拓展青年学生流动和交流的教育价值；通过鼓励学生参加体育活动，使他们在智力和运动之间达到最佳的平衡。② "体育教育年"是对欧盟几十年来"全民体育"政策的强化。欧洲教育与文化专员薇薇安·雷丁指出：每三个欧洲人中就有一个人定期进行体育锻炼，然而，要使体育成为人们教育和生活中不可分割的一部分，还有许多工作要做，尤其是要积极支持适当的项目，特别是学校体育要优先开展，使他们充分认识到通过体育运动能够轻松自然地传递社区幸福生活必不可少的价值观念。③

第二，贯彻欧洲一体化战略，突出跨部门、跨领域实施。2005年5月，欧洲体育健康促进指导委员会（HEPA, Europe）成立，建构起了全面实施的基础网络。该网络的核心是基于体育健康促进及其方法有效性的循证依据，同时向合作伙伴提供专业支持，以帮助他们实施欧洲和平计划提出的国家政策和战略。④ 主要措施包括：（1）支持和鼓励多部门协同实施，这些成员包括世卫组织、泛欧运输组织、环境与健康组织等在内的一系列国际组织，同时邀请欧盟饮食平台、身体活动与健康领域的专家学者；（2）支持那些有利于改善健康生活方式和

---

① *European Sport for All Charter*（https：//eric. ed. gov/？ q = European Charter for Sport for All）.

② European Parliament, Council of the European Union, Establishing the European Year of Education Through Sport 2004（https：//eur - lex. europa. eu/legal - content/EN/All/？ uri = CELEX：32003D0291）.

③ Fullinwider R. K. , *Sports, Youth and Character：A Critical Survey*, College Park：University of Maryland Press, 2006.

④ Evidence-based Physical Activity Promotion-HEPA Europe, "The European Network for the Promotion of Health-Enhancing Physical Activity", *Journal of Public Health*, Vol. 14, No. 53, 2006.

条件的行动,尤其是全面推进"体育健康促进计划"的实施;(3)完善配套立法,有力支撑体育健康促进国家战略,同时鼓励扶持有助于推动该计划实施的传统和新型项目;(4)采用以人口基数为基准的统计方法,利用现有最佳科学证据实施体育活动促进;(5)强调体质健康监测的重要性,实施标准化的测量与评价。① 这些措施涵盖多个领域,但是从8年的实施效果看,欧洲整体高水平身体活动情况并没有得到有效改善。针对现实存在的问题,在2013年欧盟理事会会议上,通过了《欧盟理事会关于强化跨部门合作实施"体育健康促进"》(HEPA)的决议,进一步明确提出鼓励成员国在其国家战略和行动中建立一系列涵盖体育、保健、教育、环境、交通等的跨部门合作机制;同时提出要针对不同生命阶段的群体采取各种形式的体育活动,并对不同政策领域的执行情况进行定期评估。② 应该说,这次所形成的战略共识更加具有针对性,突出了跨领域联动。2009年,《里斯本条约》首次将体育纳入欧盟的优先发展范畴。其第十二篇"教育、职业培训、青年和体育"(TFUC)规定:欧盟应致力于解决欧洲的体育发展问题,同时考虑到体育的特殊性,应拓展其社会、教育方面的价值功能,并鼓励和支持开展各类的志愿活动。该条约认为,体育对实现欧盟提出的促进居民自由流动的目标十分重要,为此需要采取一系列行动,主要包括:促进体育竞赛的公平和开放;拓展欧洲的体育功能维度;与竞技体育机构展开深入合作;保护运动员的身体和道德操守,尤其是年轻的运动员和女性运动员。③

三 西方国家青少年体育活动促进的实施权运行

(一)美国青少年体育活动促进的实施权运行

美国在过去的几十年中,儿童和青少年的超重、肥胖,以及与体重增加有关的患病率不断上升,这已经引起了社会各界的关注,其中很多

---

① *The European Network for the Promotion of Physical Activity*(http://www.euro.who)。
② Breda J., Jakovljevic J., Rathmes G., et al., "Promoting Health-enhancing Physical Activity in Europe: Current State of Surveillance, Policy Development and Implementation", *Health Policy*, Vol. 122, No. 519, 2018.
③ Griller S., Ziller J., *The Lisbon Treaty*, Springer Vienna, 2008.

没有达到卫生与公众服务部（USDHHS）2008年所制定的《体育活动指南》要求。该指南要求儿童和青少年每天至少进行60分钟中等强度的体育活动。① 美国妇女体育基金会2018年公布的调查报告显示：美国只有37%的青少年从事一项以上的体育运动；有39%的女孩子和25%的男孩子校外时间一项体育运动都不参与；女孩子放弃运动的比例与男孩子相比是6∶1。② 造成这一情况的因素包括体育活动时间不足、体育教育机会减少、摄入高热量食物和长时间久坐等。美国儿童因超重而引发的患病率是世界最高的，根据国家健康和营养调查报告（NHANES）显示，在过去的40年，超重儿童增加了3倍，因此为了解决青少年超重和肥胖问题，需要系统采取有效的体育干预措施，不仅要改变儿童和青少年体育活动的参与模式，而且还要对他们的社会认知和行为方面产生持续性影响。③

第一，注重国家战略实施。美国青少年健康促进工作主要由疾病控制和预防中心、卫生资源和服务管理局、青少年健康办公室、卫生部副部长办公室、药物滥用和精神健康服务管理局总体负责。美国"国家研究委员会和医学所"（NRCIM，2002）提出青少年体育活动促进发展模型要树立政策制定者、组织者、父母和教练协同努力的理念，要针对不同年龄阶段的孩子进行适宜的体育参与和训练设计，并扩大其社会影响。在进行体育项目设计和实施时要充分考量7个最为重要的因素：身心安全；适宜的结构；支持性的关系；良性的社会规范；有效性和重要性的支持；技能培训机会；家庭、学校和社区工作的融合。④ 主要工作包括：一是要为青少年积极发展设置身心安全的积极环境。在体育运动中，儿童和青少年的身体安全是一个经常被关注的问题，但他们心理和情感上的安全感往往被忽视，这是不应该的，如果项目实施不当，运动

---

① U. S. Department of Health & Human Services, *Physical Activity Guidelines for Americans* (http://www.health.gov/paguidelines).

② Women's Sports Foundation, *A Women's Sports Foundation Report*, 2018, p. 3.

③ Centers for Disease Control and Prevention, *Overweight and Obesity* (http://www.cdc.childhood/prevalence.html).

④ National Research Council and Institute of Medicine, *Community Programs to Promote Youth Development*, Washington: National Academy Press, 2002.

环境就会给青少年带来恐惧或畏惧。二是必须要为青少年提供一致（适合年龄阶段）的组织结构，以及成年人的监管。三是教练往往对青少年发展能力的认识不足，因此应将成年人的支持性关系（父母和教练）纳入计划实施中。四是制定青少年体育活动促进的社会规范。青少年体育项目的实施离不开完善的社会规范，它能够提供有效的运行依据。五是要充分考量青少年有效性和重要性的支持。体育项目必须以儿童和青少年为中心，促进赋权、自主和体验挑战的机会。六是要通过开发、研制适当的程序，积极进行指导，提供青少年运动技能学习的机会。七是为提升青少年体育参与水平，融合家庭、学校和社区资源，实现全面发展创造有利的场地条件。为了更好地实施青少年体育活动促进政策，美国国民体育活动计划（2016）联盟专门成立了9个专家小组，全面开展各项工作。每个小组的工作集中对应一个部门，分别是工商业、社区休闲、健身、公园、教育、保健、大众媒体、公共卫生、交通，同时对2011—2015年国民体育活动计划的实施情况进行了全方位的评估。修订执行委员会全程监督了制订当前计划的过程，2015年在全国峰会上广泛征询了公众的意见，2016年4月，最新的国民体育活动计划（2016—2020）颁布实施。[①]

第二，建立了以学校体育活动促进为中心的实施体系。在美国，已经形成了稳定的学校体育活动促进制度，体育参与和学校、考勤模式、活动资格、运动队选拔、年级、同龄人社会地位、教师等因素有关。在这一制度体系促进下，美国的学校体育建立起了良好的组织网络，使得体育运动和竞技成为提升学业成绩的重要途径。[②] 美国有90%的学生享有学校教育，政府和其他权威组织认为学校是提升体育参与水平最为理想的场所。学校环境有利于体育活动的开展，青少年都有机会参与，这会在很大程度上减少他们目前和将来患慢性疾病的风险。[③] 2013年以来，

[①] National Physical Activity Plan Alliance, U. S., *National Physical Activity Plan*（http://www.physicalactivityplan.org/index.html）.

[②] Coakley J., "Youth Sports: What Counts as 'Positive Development?'", *Journal of Sport & Social Issues*, Vol. 35, No. 306, 2011.

[③] Young D. R., Felton G. M., Grieser M., et al., "Policies and Opportunities for Physical Activity in Middle School Environments", *Journal of School Health*, Vol. 77, No. 41, 2010.

在传统学校体育实施的基础上，美国进一步提出要给予儿童和青少年高质量的体育教育，为此采取了系统的实施策略，主要包括：实施以国家、州或地方体育标准为基础的高质量、精心设计的课程体系，为体育教师提供针对性培训，定期监督学校体育和社区体育开展情况等。[1] 同时，《美国健康公民计划2020》也对"体育活动项目计划"进行了优化，明确提出通过日常的体育运动来改善健康、健康和生活质量的总体目标。主要措施包括：监测成人和儿童体育参与及改善情况，学校体育教育情况；监控儿童和青少年的屏幕时间，建立学校、社区和工作场所体育项目的设置与开展情况的评价机制等。[2] 在美国疾病预防控制中心颁布《学校和社区促进青少年终身体育活动指南》后，公共与卫生服务部和教育部于2000年向总统提出了一项关于通过体育运动促进青少年健康的战略规划。其中明确规定了学校需要采取的主要措施：（1）制定体育活动促进政策；（2）提供鼓励安全、愉快的体育活动环境；（3）实施日常体育课程和教学质量工程；（4）实施健康教育，为学生传授专门的知识和行为技能；（5）为从事体育活动指导和推广的人员提供充分的培训；（6）提供符合所有学生需要和兴趣的具有包容性的课外体育活动。[3]

第三，成立专门组织推动青少年社区体育发展。青年组织（包括青少年体育组织）在美国各城市的普及率不断上升，被视为年轻人社区参与的典范，日益成为促进青少年发展的重要战略举措。[4] 与其他青年社区参与模式相比，青年组织制度有4个显著特征。一是青年组织制度侧重于年轻人所面临的条件及其系统性，以及不同的权力在创造和保障这

---

[1] Cushing C. C., Brannon E. E., et al., "Systematic Review and Meta-Analysis of Health Promotion Interventions for Children and Adolescents Using an Ecological Framework", *J Pediatr Psychol*, Vol. 39, No. 949, 2014.

[2] Koh H. K., Blakey C. R., "Healthy People 2020: A Report Card on the Health of the Nation", *Journal of American Medical Association*, Vol. 31, No. 2475, 2014.

[3] CDC, "Guidelines for School and Community Programs to Promote Lifelong Physical Activity among Young People", *Morbidity and Mortality Weekly Report*, Vol. 46, No. 1, 1997.

[4] Watts R. J., Flanagan C., "Pushing the Envelope on Youth Civic Engagement: A Developmental and Liberation Psychology Perspective", *Journal of Community Psychology*, Vol. 35, No. 779, 2010.

些条件中所发挥的作用。① 二是青年组织制度要求成员系统学习组织战略，以共同利用他们的集体力量，挑战有权势的人和机构，以实现社区的变革，② 其中体育成为历练青少年的重要载体。三是青年组织制度强调通过集体决策来确定对他们而言最为重要的问题，而不是与预先已经确定问题的小组合作。四是成人虽然支持也参与该组织制度建设，但年轻人在问题选择、社区变革的战略决策中起着主导作用。③ 青少年专业组织是一个将年轻人聚集在一起，讨论和研究其所在社区最为紧迫的问题，提出可能的解决方案，并采取社会行动创造性实现社区变革的过程。通常对青年组织的定义是：它是一种青年（青少年）发展和社区公正战略创新的具体结果，它培训年轻人进行社区的组织和宣传，并帮助他们运用这些技能来改变传统的权力关系，从而实现有创造意义的制度变革（青年组织合作资助者）。④

（二）英国青少年体育活动促进的实施权运行

2005 年以来，英国青少年体育参与情况不容乐观，虽然学校体育的参与率较高（体育课是必修课），但学生离开学校后，继续参加体育活动的比率大幅度下降，其中女孩子的问题更为严重，大约只有三分之一在 18 岁时能够持续参加体育运动，而男孩的这一比例为三分之二。⑤ 儿童和青少年体育参与不足的原因多种多样，需要依据现实环境和资源，采取针对性的举措。

---

① Watts R. & Guessous O., "Sociopolitical Development: The Missing Link in Research and Policy on Adolescents", in S. A. Ginwright, P. Noguera & J. Cammarota (eds.), *Beyond Resistance! Youth Activism and Community Change: New Democratic Possibilities for Practice and Policy for America's Youth*, New York: Routledge, 2006, p. 59.

② Checkoway B. N., Richards-Schuster K., "Youth Participation for Educational Reform in Low-income Communities of Color", in S. Ginwright, P. Noguera & J. Cammarota (eds.), *Beyond Resistance! Youth Activism and Community Change*, New York: Routledge, 2006, p. 319.

③ Speer P. W., "Altering Patterns of Relationship and Participation: Youth Organizing as a Setting-level Intervention", in M. Shinn & H. Yoshikawa (eds.), *Toward Positive Youth Development: Transforming Schools and Community Programs*, New York: Oxford University Press, 2008, p. 213.

④ Share R. A., Stacks J. S., "Youth-Adult Partnership in Community Organizing", *Journal of Community Practice*, Vol. 14, No. 113, 2006.

⑤ Britain Department for Culture, Media and Sport, *Creating a Sporting Habit for Life—A New Youth Sport Strategy* (https://www.gov.uk/government/organizations/department-for-digital-culture-media-sport).

第一，全面优化学校体育和社区体育，实现有机衔接。英国近20多年来学校体育面临多重问题，主要包括功利性、教师逐渐丧失教学热情；家长们基于安全考虑而不愿意让孩子放学后留在学校；租售运动场所用于营利；国家课程、考试和学校排名表的结合对非正式课程造成了挤压；面临预算压力，迫使学校在体育设施、教授或计算机之间做出选择。政府政策一再声明，其中很多担忧是有充分依据的，需要采取有力措施拯救学校体育。体育已经不再像以前那样，在学校占据主导地位，这是一个令人十分担忧的问题。① 为此，多方采取了应对措施。政府不断加大学校体育设施的支持力度，地方政府和教育部门加大了对学校体育的拨款，一些学校吸引企业赞助，家长也积极参与到资金的筹集中。1995年以来，英国政府将全国彩票的一部分作为改善、购买新体育设施的资金来源。同时，政府的政策声明要求学校必须在年度体育目标说明中详细阐述它们细化的体育目标和相关规定，并在年度总报告中陈述是如何实现这些目标的，以及今年所取得的体育成绩。学校正逐步扩大和加强体育教育，97%的学校提供了课外体育活动，幅度逐年增加。实施"体育：提高比赛水平"计划，旨在向学校课外体育活动达到规定要求和水平的学校授予"体育标准"，如果未能达到相应的要求，就会采取相应的惩罚措施。② 英国于2000年系统实施了"学校体育统筹计划"，围绕这一计划主要从6个方面入手采取改革措施。一是战略规划：全面促进学校体育事业发展。二是拓展合作网络：为本地学校、特殊学校制订专门的体育发展计划，联合多部门采取措施拓展与外界的体育联系。三是学校、社区一体化：发展和支持学校与社区、俱乐部建立广泛的合作关系。四是多层次开展校外体育活动：支持校外体育活动、赛事、咨询服务等。五是辅导与培养领导力：为高年级学生设置辅导、领导和主持方面的课程。六是提高标准：根据体育认证计划，协助学校定期检查现行的体育课程设置和执行情况。③ 2012年，英国文化、媒体和体育部围绕"养成终身体育习惯——一个全新的青少年体育战略"进一

---

① Department National Heritage, *Sport: Raising the Game*, London, DNH, 1995, p. 6.
② Roberts K., "Young People, Schools, Sport and Government Policies", *Sport, Education and Society*, Vol. 1, No. 47, 1996.
③ *The School Sport Co-ordinator Programme* (www.sportscotland.co.uk).

步升级了各项体育干预措施，主要包括：（1）建立学校持久的竞技体育遗产——到2015年，累计投资超过1.5亿英镑全面建设涵盖学校、地区、郡和国家一级的竞赛体系。（2）改善学校与社区体育俱乐部之间的关系——积极与足球、板球、橄榄球、网球联盟等合作，到2017年建立至少6000个合作伙伴关系，使学生离开学校后更容易地从事体育活动；目标是每一所中学和大部分小学至少与一个当地俱乐部建立合作关系，每个郡都有一名专职的官员专门负责。（3）进一步与体育管理机构合作——督促体育管理机构高度关注青少年，其60%的资金必须用于开展有利于养成终身体育习惯的活动，同时建立量化的目标体系，全过程公开透明。（4）扩建体育场地设施——投资1.6亿英镑用于新建和升级体育场地设施，同时允许学校向公众开放体育设施（四分之三的体育馆和三分之一的游泳池）。（5）优化社区和志愿者组织——广泛与地方当局、志愿团体以及其他组织合作，为青少年提供尽可能多的体育服务；到2017年，投资超过5000万英镑给经营良好的体育俱乐部（不管其是否隶属于全国性管理机构）、志愿团体和其他组织，以激励它们提供吸引人的体育体验；该战略累计在社区体育建设方面的总投入超过2.5亿英镑。[1]

第二，国家战略推动，全面实施。为了全面解决儿童和青少年运动不足的问题，英国体育局于2015年12月颁布了《体育未来：一个充满活力的国家2016—2021》新战略。基于这一战略要求，从预期储备、密切关注、充分准备、有效执行、及时评估5个方面采取一系列的行为改变措施，主要包括：（1）重点突出，着重对15类赛事和7类体育项目制定预算，主要包括应对不运动项目（占总经费的13%）、儿童和青少年体育活动促进项目（占总经费的17%）、体育活动志愿者项目（占总经费的3%）、大众体育项目（占总经费的6%）、支持核心体育市场项目（占总经费的29%）、社区体育项目（占总经费的16%）、扩建体育设施（占总经费的16%），同时围绕这些项目建立广泛的合作伙伴关

---

[1] Britain Department for Culture, Media and Sport, *Creating a Sporting Habit for Life—A New Youth Sport Strategy* (https://www.gov.uk/government/organisations/department-for-digital-culture-media-sport).

系。(2) 在"获得健康,充满活力"项目实施的基础上,创建1.2亿英镑的新基金,在未来4年的总投资中,至少有25%(2.65亿英镑)的资金直接用于运动不足的人群,其中重点包括儿童和青少年体育活动开展,以及体育场地设施建设;同时与英国公共卫生部门合作,明确医务管理人员关于体育活动指南的明确信息,并向全国范围内的初级卫生保健人员提供体育活动计划实施的培训。(3) 向有孩子的家庭提供体育活动新机会的项目投资4000万英镑;到2020年,对英国每一所中学至少两名体育教师提供专业培训,以更好地满足所有儿童的需要,不论他们运动能力如何,都要创造多样的体育参与机会;改善孩子们在学校的体育体验,鼓励小学有效利用体育奖励基金(已经增加了1倍)和学校运动会专项资金;支持卫星俱乐部,并积极探索新的政府资金用于教学和早餐俱乐部的途径,以确保在上下学前后都能够提供身体活动的机会;充分认识小学、中学,以及进一步继续教育和高等教育的重要性,加大关注和支持力度,全面促进不爱运动的儿童和青少年投入到体育活动中。(4) 将协同其他国家,尽可能完善这一体系,以实现两个基本目标,即体育运动能力和享受;着重在中小学开展工作,给予体育课程以外的教练和教师高质量的内部培训;将动员家庭建立更广泛的支持网络,尽早干预儿童的行为;要确保孩子在每一个人生阶段都不会失去对体育活动和运动的兴趣,保持积极参与。(5) 未来4年,在英国10个城乡接合地区投入至少1.3亿英镑实施各项体育策略,系统开展各类活动;在每个地域为合作伙伴提供专门的、高级别的支持;本着可持续发展和避免长期依赖的原则构建伙伴关系,同时建立严格的评估制度,确保区域体育的创新融合发展。(6) 与业界合作,对所有体育场地设施制定统一的质量标准;创建专门的社区资产基金,为那些有创意的、能够有效保护体育场地设施的项目提供最多15万英镑的小额贷款;吸纳社会投资,保证项目实施的可持续性;与英足总、英超联盟和足球基金会战略合作,每年投资1800万英镑,在全国20多个主要城市建立足球中心。①

---

① Sport England, Towards an Active Nation Strategy 2016 – 2021 (http://www.sportengland.org/activenation/) .

(三) 澳大利亚青少年体育活动促进的实施权运行

澳大利亚是西方国家中儿童和青少年超重肥胖率最高的国家之一。澳大利亚2007年全国儿童营养和体育运动调查结果显示：有近25%的儿童超重或肥胖（男女分别达到了24%和25.8%）；2—16岁的儿童和青少年中，有17%的超重，6%的肥胖，5%的体重过轻，而且还在呈现进一步上升的趋势。[①] 为解决这一令人担忧的严重社会问题，澳大利亚制定了一系列国家政策进行干预，从多个方面构建了实施体系。

第一，涵盖10项关键行动领域，精准化实施。这些关键领域包括：(1) 优化整个社区环境，提高体育参与水平，减少久坐行为。(2) 优化食品供应体系，增加对健康食品的需求，减少不健康食品的需求。(3) 将体育运动和健康饮食嵌入日常生活。(4) 鼓励人们提高体育参与水平和程度，通过广泛宣传形成健康的饮食习惯。(5) 减少儿童、青少年和成年人接触高能量不良食品，以及软饮料营销、广告、促销和赞助的风险。(6) 通过系统培训加强初级卫生保健和公共健康人员的业务水平。(7) 解决妇幼保健，在早期形成健康的生活和成长方式。(8) 支持低收入群体，提高他们的体育活动水平，形成健康的饮食习惯。(9) 减少原住民因肥胖的患病率及相关负担。(10) 建立资料（数据）库，监测和评估行动的有效性。

第二，以抑制超重和肥胖为重点，综合介入。澳大利亚依据国际组织体育框架，制定了多项国家战略，提出了以抑制肥胖为中心的各类措施。主要包括：(1) 肥胖有许多潜在的影响因素，包括环境、社会、政治等。在这种环境下，制定有效的政策，并进行高效的管理干预对预防肥胖至关重要。(2) 迫切需要立即采取行动解决各种致胖因素。如果不能有效解决成人和儿童不断上升的肥胖率，将导致各种慢性疾病显著增加，同时也将侵蚀过去几十年中取得的国民健康方面的成果。(3) 影响健康的因素复杂多样，如社会、经济、文化、环境等，这决

---

① Commonwealth Scientific Industrial Research Organisation (CSIRO), *2007 Australian National Children's Nutrition and Physical Activity Survey* (http://www.health.gov.au/internet/main/publishing.nsf/content/health-pubhlth-strateg-food-monitoring.htm#07survey).

定了对超重和肥胖需要在给予充足投入的基础上,进行长期的、全面的治理。政府、行业、非政府组织、社区和个人都要积极采取行动——改变我们目前的环境、交通系统、食物供应、工作场所、学校、社区和医疗保健体系,使健康成为容易的选择,同时引导和鼓励个人和家庭形成健康生活方式。[1] 有研究表明,精心设计的、持续的关于影响态度、行为和环境因素的实施方案,以及通过各种身体活动(包括有组织活动和日常生活活动)能够显著提高体育人口水平。其中主要包括:良好的城市设计和街道规划(改善照明,便利安全的街道叉口,道路的连续性,稳定的交通枢纽,良好的美学感官)能够将体育活动水平提升35%。有各种体育运动场所(如步道、运动设施、公园绿道、公共体育设施等)可以将体育活动水平提升48.4%。[2] 土地组合使用与肥胖的相关性最强,每增加四分之一的土地混合使用(如住宅及零售、工作等相结合)能够减少12.2%的肥胖(不论性别和种族)。每天坐汽车时间多增加1小时,肥胖概率就会增加6%,而每多走1千米,肥胖概率就会减少4.8%。增加土地混合使用,增加行走路程,减少乘坐汽车时间等是健康干预的有效举措。[3]

第三,家庭积极干预,培养儿童良好的行为习惯。澳大利亚儿童和青少年体育活动促进在实施体系中高度重视充分发挥家庭的作用,尽早干预塑造孩子养成良好的行为习惯。这些措施主要包括:(1)家庭是培养孩子健康习惯的关键。每天进行体育运动是孩子们身心健康的理想途径,同时也有助于他们的社会发展。(2)越来越多的孩子在屏幕和电子产品上花费了太多时间,作为父母/看护者必须要引入更多更有趣的活动来减少这种久坐行为。(3)父母/看护者在鼓励各年龄段孩子积极参加体育活动方面发挥着关键性的作用。塑造一种体育生活方式的角

---

[1] World Health Organization, *Prevention and Control of Noncommunicable Disease: Implementation of the Global Strategy* (http://www.who.int/gb/ebwha/pdf_files/A61/A61_8-en.pdf).

[2] Heath G. W., Brownson R. C., Kruger J., et al., "The Effectiveness of Urban Design and Land Use and Transport Policies and Practices to Increase Physical Activity: A Systematic Review", *Journal of Physical Activity & Health*, Vol. 3, No. 55, 2006.

[3] Frank L. D., Andresen M. A., Schmid T. L., "Obesity Relationships with Community Design, Physical Activity, and Time Spent in Cars", *American Journal of Preventive Medicine*, Vol. 27, No. 87, 2004.

色与给予孩子运动的时间、空间、物质条件等一样重要。①（4）即使你的孩子经常运动，仍然要通过尽可能多的方式限制他们长时间坐着和躺着（睡觉除外）。（5）每天使用电子媒体的娱乐活动时间应限制在 2 小时以内。有些活动，比如读书和做作业，需要坐着完成，但关键是要找到一种健康的平衡，限制孩子们的屏幕时间。千万不要把"空闲时间"等同于"屏幕时间"。屏幕时间是指长时间坐着或躺着使用电子媒体（如电视、电子游戏、便捷电子设备或电脑等）进行娱乐的时间。（6）尽可能打破久坐的状态。我们的日常生活经常需要坐着，关键是要找到运动的机会。当然还有很多其他的方法可以让孩子们每天进行积极的锻炼，减少久坐时间，主要包括：运动与趣味（如多参加社交性的户外活动，与朋友散步而不是坐下来聊天等）；运动旅行（如徒步、骑车或滑板进行短途旅行，徒步至汽车站、火车站等）；家里运动（如限制看电视时间，睡觉前不使用电子媒体，看 DVD 进行舞蹈练习等）；安全运动（循序渐进，防范日晒中暑，如有健康问题听取医生或健康专家的适合运动意见等）。②

综上所述，国际组织和一些西方国家已经形成具有鲜明特色的儿童和青少年体育活动促进实施体系，很多做法值得借鉴。一是国际组织和西方国家十分注重将青少年体育活动促进纳入大战略体系，给予优先实施；二是立足高质量的体育教育，广泛整合资源，建立了跨部门和跨领域的协同实施体系；三是注重实施策略和措施的精准化干预；四是严格监控，青少年体育活动评估体系完善。

---

[1] Australian Government Department of Health and Ageing, *National Physical Activity Recommendations for Children 5 – 12 Years*（http：//www. health. gov. au/internet/main/publishing. nsf/content/9D831 D9E6713F92ACA257BF0001F5218/ $ File/PA% 20Rec% 200-5% 20yo% 20-% 20Web% 20printable% 20version. pdf）.

[2] Australian Government Department of Health and Ageing, *Australian 24-Hour Movement Guidelines for the Early Years (5 – 12 Years)*（http：//www. health. gov. au/internet/main/publishing. nsf/content/F01F92328EDA DA5BCA257BF0001E720D/ $ File/brochure% 20PA% 20Guidelines_ A5_ 5 – 12yrs. pdf）.

第三节 我国青少年体育活动促进实施权及西方国家的启示

在国家体育战略布局中，采取有效措施切实提升青年体育参与水平和程度是关键任务。经过 30 多年的发展，我国已经初步构建起了多部门协同实施的基本格局，家庭、社会组织、企业等都发挥出了一定的作用。但是也应该看到，当前全社会协同实施的力度仍然不足，而且各类型、各层次学校体育发展也极不平衡，这在很大程度上制约了"全面提升青少年体质健康水平"既定目标的实现。本章节在梳理我国青少年体育活动促进实施权力配置的基础上，充分纳入典型西方国家的优势经验和做法，以期得到有益的启示。

一 我国青少年体育的协同实施机制

学校、家庭和社区是青少年成长的重要场域，承担着以体育方式促进青少年身心健康、强健体魄的责任与使命。2016 年国务院办公厅发布的《关于强化学校体育促进学生身心健康全面发展的意见》（以下简称"意见"）进行了总体布局，细化提出了涵盖多领域的实施意见。主要体现在以下几个方面：

第一，社会资源整合与保障。体育社会资源是青少年体育开展的物质基础，也决定着青少年体育的发展水平。当前体育资源的刚性不足是一个现实问题，但如何提高资源的质量和利用率，创建青少年体育软资源（体育科普资源、数字系统资源等）是亟待解决的问题。[①]《青少年体育"十三五"规划》（2016）提出："建立多元化青少年体育发展资金筹集机制，优化投融资引导政策，拓宽社会资源进入青少年体育领域的途径，引导社会力量支持发展青少年体育。积极推动财税相关优惠政策的落实和完善，引导社会力量捐助、捐赠和出资兴办青少年体育事业。"青少年体育协同实施的前提是社会资源整合和配置。青少年体育

---

① 万炳军、曾肖肖等：《"健康中国"视域下青少年体育使命及其研究维度的诠释》，《体育科学》2017 年第 10 期。

方面的社会资源是有限的,将其主要分配给体教结合、后备人才培养及竞赛,必然导致面向所有青少年的体育公共服务资源配置不足,可见,各地有关青少年体育公共服务方面的规范性文件制定实施较少是不利于青少年体育公共服务供给的。[①] 因此,要丰富和管理我国的青少年体育资源,必须解决体育资源分配不均的问题,以及加大对资源配置的供给研究。从当前我国的国情来看,充分利用社会资源发展我国青少年体育事业的政策态度已经明朗,但要实现像日本那样充分利用社会资源发展青少年体育事业的局面,还需要进一步建设政府、民间企业、第三部门合作的组织网络和全社会关心青少年体质健康的环境氛围。[②]

第二,我国青少年体育协同实施的总体架构。"意见"提出鼓励学生积极参加校外全民健身运动,中小学校要合理安排家庭"体育作业",家长要支持学生参加社会体育活动,社区要为学生体育活动创造便利条件,逐步形成家庭、学校、社区联动,共同指导学生体育锻炼的机制。[③] 当前实施的青少年体育振兴计划,着力建立"政府主导、部门协同、全社会共同参与"的青少年体育协同供给机制,推动更高层次的青少年体育领导协调,统筹推进青少年体育的国家战略部署,实现青少年体育的跨界整合、协同治理和可持续发展。[④] 国务院作为国家最高行政机关对全国体育工作开展进行总体指导,具体管理事务主要由教育部与国家体育总局两大部门负责。[⑤] 我国青少年体育的实施主体逐步多元化,近几年来将一些公益组织、体育协会和俱乐部纳入其中。地方政府是青少年体育治理的总责任主体,体育和教育部门是主要的管理和指导主体,学校是关键的实施主体,家庭是相对的支

---

① 周结友、裴立新等:《青少年体育公共服务现状、问题与建议——来自6省(区、市)评估调研的分析与思考》,《体育科学》2018年第8期。

② 李冰、周爱光:《二战后日本青少年课外体育活动的政策及启示》,《体育与科学》2012年第6期。

③ 国务院办公厅:《关于强化学校体育促进学生身心健康全面发展的意见》(国办发〔2016〕27号)(http://www.gov.cn/zhengce/content/2016-05/06/content_5070778.htm)。

④ 舒宗礼:《全民健身国家战略背景下社区青少年体育社会组织的培育与发展》,《体育科学》2016年第6期。

⑤ 马德浩:《新时代我国高校体育发展的使命、挑战与对策》,《体育学刊》2018年第5期。

持主体，体育企业则是体育产品和服务的供给主体。① 在国家治理体系现代化的进程中，政府作为青少年体育事业的责任主体，应该不断提升治理能力，积极构建青少年体育保障体系，扶持有资质的社会组织，努力提升群体的体育参与水平。从一般意义上看，青少年的体育实施主体包括学校、家庭和社区，但在现实中，这三者在我国的发展极不平衡。学校体育依然是我国儿童青少年体育发展的中心力量，家庭体育和社区体育相对弱化，尤其是父母所发挥出的陪伴和实质性作用非常薄弱。②

第三，我国青少年体育活动的协同实施机制。《青少年体育"十三五"规划》（2016）明确提出，建立和完善学校、社区、家庭相结合的青少年体育网络和联动机制，加强政府、社会、学校、家庭、市场等协同促进青少年体育发展。学校体育健康教育应以"运动督导"为重心，家庭体育健康教育应突出"家长榜样"的作用，而社区体育健康教育要把抓"组织管理"放在首位。③ 将学校、社区、青少年体育俱乐部和项目协会等社会体育组织结合起来，为青少年的体育参与提供无缝衔接的体育服务。建立青少年体育开展的"学校—社区—俱乐部"模式，整合部门资源，从顶层设计入手推动多方协同运行。学校能够满足青少年的基本体育需求，校外则能够延伸其个性化的需求，因此应鼓励有条件的中小学与体育社会组织、体育俱乐部等进行深度合作，建立联动机制，不断提高青少年体质健康水平和综合素质。

二 我国青少年体育实施的内容和途径

（一）学校体育实施

学校体育在青少年成长过程中起着基础性作用，学校体育贯穿人的幼儿至青年时期。学校体育环境既是青少年学习体育知识与技能的主要

---

① 王先亮、张瑞林等：《青少年体育治理化转型及其对策》，《沈阳体育学院学报》2017年第2期。
② 张加林、唐炎等：《我国儿童青少年体育环境特征与存在问题研究》，《体育科学》2017年第3期。
③ 郑兵、罗炯等：《学校、家庭、社区一体化促进青少年阳光体育活动长效机制的模型构建》，《体育学刊》2015年第2期。

场所，也是青少年参与体育、提升体质健康水平的主阵地。[①] 目前，我国在中小学学校体育工作的开展建立了相对健全的管理体制。主要内容有以下几个方面：

第一，体育课的实施。体育课是学校体育的基本组织形式，也是重要组成部分。体育课的开设是为了让学生的身体素质得到锻炼，在进行体育活动的同时，学会团结协作，增强学生各方面的综合素质。为了解决我国学校体育中长期存在的"学生体质健康水平持续下降"、"上了12年或14年的体育课，绝大多数学生一项运动技能也未掌握"、"学生喜欢体育活动却不喜欢体育课"这三大问题，有学者提出了"中国健康体育课程模式"，该模式是国家《课程标准》与体育课堂教学之间的中介。[②] 基于对体育课的高度关注，2016年国务院办公厅印发了《关于强化学校体育促进学生身心健康全面发展的意见》，明确要求要不断完善国家体育与健康课程标准，建立大中小学体育课程衔接体系；实现大中小学体育课程的有序衔接。青少年体育教育是当前我国社会各界关注的焦点问题之一。从总体情况看，当前小学低年级的综合体育课，中小学体育课的"走班制教学"模式，高中体育课的"模块化教学"模式和大学体育课的"三自主教学"模式，形成了大中小学有机连接的体育课程新体系。为了进一步完善体育课程实施，众多研究者提出了总体改革思路：一是体育课程的实施需要体育教师进行目标单元教学设计，根据课标和考试的目标要求，对教材进行分析挖掘目标实现的可能性，同时了解学生的需要，聚焦到一个核心目标上。[③] 二是单元教学设计强调了学生是学习主体，体育课的教学目标明确了知识与技能、过程与方法，有助于体育课程的实施。体育教师应加强对学科知识的理解，重视学科知识之间的联系与融合；加强对课程知识的学习，重视课程理论与体育课程标准；构建以"学习理解—应用实践—迁移创新"为路径的递进式实践教学模式，以培养体育教学能力为目标，设计理论结合实践、

[①] 邹如铜：《青少年"体质堕距"：社会学归因与协同化治理》，《广州体育学院学报》2019年第2期。

[②] 季浏：《对中国健康体育课程模式理论和实践问题的再研究》，《北京体育大学学报》2019年第6期。

[③] 潘建芬：《体育课程需要目标单元教学设计》，《北京体育大学学报》2018年第12期。

丰富多样且有梯度的教学实践活动。① 三是对体育课程进行一体化评价，该评价体系的建构围绕学段评价、课堂评价和运动能力评价，既有方向引领性，又有实践指导性，还有素养培育的侧重性。②

　　第二，学校体育工程的实施。针对我国学生体质连续20年下滑的情况，国家高度重视，教育部、国家体育总局启动了一系列健康工程，旨在提高全体学生体质健康水平，促进青少年强身健体，全面发展。其中具有代表性的主要有：（1）实施"阳光体育运动"工程，教育部制定了《切实保证中小学生每天一小时校园体育活动的规定》（2011），保证中小学生每天一小时校园体育活动是国家对学校教育的基本要求。为认真贯彻全国学校体育工作会议和教育部、国家体育总局、共青团中央《关于开展全国亿万学生阳光体育运动的通知》（2006），结合2007年提出的《学生体质健康标准》，全国各地从体育教学工作的各方面着手，数管齐下，如火如荼地开展阳光体育运动。（2）在2009年6月，国家体育总局与教育部联合颁布了《关于开展全国青少年校园足球活动实施方案》，正式启动"全国青少年校园足球工程"。校园足球是学校体育改革发展中的重点引路项目，2015年，六部委颁布的《实施意见》提出"把发展青少年校园足球作为落实立德树人根本任务"，校园足球成为发展学生核心素养的重要抓手，落实立德树人根本任务的重要措施。截至2017年7月，教育部提前3年完成了2万所中小学特色学校、102个试点县（区）、12个综合改革试验区的校园足球全国布局。由校园足球定点学校开展一系列校园足球活动，对广大青少年学生进行学校体育教育，从而完成整个校园足球政策的执行过程。③ （3）《"健康中国2030"规划纲要》指出，2030年国家学生体质健康标准达标优秀率为25%以上。④ 党中央、国务院始终高度关切学生体质下降，各级政府部

---

① 古雅辉、周凰等：《PCK视域下职前体育教师教育的反思与探究》，《北京体育大学学报》2018年第11期。

② 于素梅：《一体化体育课程评价体系的建构》，《体育学刊》2019年第5期。

③ 姜南：《我国校园足球政策执行的制约因素与路径选择——基于史密斯政策执行过程模型的视角》，《中国体育科技》2017年第53期。

④ 《中共中央 国务院印发〈健康中国2030〉规划纲要》，《人民日报》2016年10月26日第1版。

门也采取了一系列的措施,例如:"亿万学生阳光体育活动"、"大课间操"、"每天锻炼一小时";从2013年起教育部强制推行的一年一度《国家学生体质健康标准》的测试和数据上报活动;2014年,教育部颁布的《学生体质健康监测评价办法》《中小学校体育工作评估办法》《学校体育工作年度报告办法》3个规范性文件,针对中小学校体育工作评估、学生体质健康监测和学校体育工作年度报告办法制定了明确的标准、规范,引导学校体育工作科学、健康地进行。[1] 这些活动的开展和政策的制定旨在增强学生体质,遏制学生体质健康进一步下滑。(4)教育部为了落实《2003—2007年教育振兴行动计划》,落实德、智、体、美全面发展的教育方针,推动学校体育和美育的改革与发展,逐步推进了一项重要工程项目——"体育、艺术2+1项目"。"体育、艺术2+1项目"是学校体育改革的一项具体措施,强调课内外体育教育活动的紧密结合,强调把学生持续、主动、全面地掌握体育知识、体育技能和培养终身体育意识作为发展的主线。[2]

第三,学校体育竞赛体系的构建和实施。学校开展竞赛活动,不仅可以发挥宣传教育的作用,推动体育事业的发展,还可以检查学校体育教育和运动训练的成绩,因此,构建青少年竞赛体系对学校体育的实施起着重要作用。我国致力于打造青少年竞赛体系、学校竞赛体系、职业竞赛体系有机融合的新型竞赛体系。在我国学校体育竞赛运行体系中,一般是由教育部下设的各学段学生体协具体组织和管理运作。校园足球四级联赛体制中,教育部负责赛事的组织管理,属地体育总局负责裁判员的培训和选派。主要措施包括:(1)在全国上下大力发展校园足球的背景下,积极落实校园足球振兴计划,打造精英赛、联盟联赛、联盟杯赛、草根联赛,涵盖小学、初中、高中、大学四级以及U9—U22共11个组别的赛事体系,构建多元参与的体育竞赛体系。[3](2)当前中国

---

[1] 郑小凤、张朋等:《我国中小学学生体质测试政策演进及政策完善研究》,《体育科学》2017年第37期。

[2] 王崇喜、史友宽:《"体育、艺术2+1项目"实验中球类运动技能评价存在的问题与对策》,《成都体育学院学报》2009年第8期。

[3] 杨国庆、彭国强:《新时代中国竞技体育的战略使命与创新路径研究》,《体育科学》2018年第9期。

大学生体育协会（FCSC）是专门针对中国大学生体育活动唯一的全国性社会团体，大体协目前在国内运营的赛事主要包括大学生足球联赛、田径锦标赛、中国大学生篮球联赛、大学生篮球超级联赛等。[①] 大体协还成立了许多分会，比如乒乓球分会，主席单位是华东理工大学，现有的会员高校 74 所，常规举办的赛事有全国大学生乒乓球锦标赛、全国校长杯乒乓球比赛等，每年参加赛事的学生运动员不少于 400 人，参加的校长不少于 300 名。（3）以教育部、体育行政部门等为主导，不断完善学校体育竞赛系统。当前我国已经形成广泛覆盖的学校体育竞赛体系，中学、大学都发展起来了不同层次和类型的体育赛事。据不完全统计，2018 年全国各项青少年足球赛事比赛总数达 3792 场，参赛学生有数十万人。[②]

第四，学校体育特色项目实施。开展校内外特色体育项目是学校体育工作的一个创新举措，有利于形成良好的体育文化，彰显校园体育特色，提升学生参与体育活动的兴趣。《体育与健康课程标准》的施行，使学校体育工作有序开展，课堂教学和业余训练相结合，为培养和输送后备人才提供了一条新路径。围绕我国体育资源分布情况，结合地方经济、资源、地域等条件，可将各地的优势项目发展成为特色项目。近年来，各省市自治区根据自身经济、资源、地域优势有针对性地培育特色运动项目，科学规划各地运动项目发展的空间结构。例如：东北地区利用气候寒冷多冰雪的特点，大力发展冰雪运动项目；东部利用水资源优势发展游泳、帆船等水上项目；西部利用海拔高多山脉优势发展中长跑、登山等项目。[③] 2016 年，国家体育总局发布的《冰雪运动发展规划（2016—2025 年）》中明确提出了全国冰雪运动特色学校在 2020 年达 2000 所的任务，2025 年达 5000 所的任务。通过推行校园冰雪计划，促进青少年上冰雪的普及发展，进而培养冰雪运动后备人才，我国开展冰雪运动的学校主要集中在黑龙江、吉林两省。

---

① 王永忠、冯晓露：《转型期中国大学生体育协会发展模式探索——基于美国大学生体育联合会的启示》，《沈阳体育学院学报》2012 年第 4 期。
② 徐晓帆：《女足 U 系列或纳入青超体系》，《新京报》2018 年 12 月 27 日第 7 版。
③ 彭国强、杨国庆：《新时代中国竞技体育结构性改革的特征、问题与路径》，《武汉体育学院学报》2018 年第 10 期。

最近，北京、上海两市也相继开展了"冰雪运动进校园"的系列活动。2017年9月北京市翠微小学的孩子们向来自巴西、菲律宾、泰国、阿根廷等21个国家的媒体工作者呈现了一堂别开生面的冰雪体育课。[①]从花样滑冰世锦赛到"上海超级杯"，越来越多国际顶尖赛事进入申城，上海也确立了南方冰雪之都的地位。截至目前，上海已开展短道速滑、花样滑冰、冰球、速度滑冰等8个冰雪项目，共有16家冰上、雪上及轮滑俱乐部，运营15块冰场（其中4块标准场）及17个室内滑雪场所。2019年，上海市民参加各类冰雪活动已逾120万人次，呈井喷式增长，冰雪运动课程进入全市135所大中小学。[②]从总体情况看，我国中小学涌现出了多种多样的课外体育活动形式，拓宽了学生们参与的渠道；同时，为了顺应世界高等教育的发展趋势，各省市教育主管部门在近几年都启动了"高校、社会力量参与中小学体育美育特色发展"项目，取得了不错的效果。[③]截至2017年，"高参小"项目共计有500多人次师资力量参与小学的体育育人工作，投入的总经费累计达7000余万元，投入金额逐年上升。[④]

（二）青少年社会体育的实施

第一，广泛开展多种青少年社会体育赛事。完善的赛事体系是青少年体育的基础保障，赛事级别层次递进且互相关联。青少年参与社区体育竞赛既可以调动训练的积极性，又可以检验平时训练的成效以及发现优秀竞技体育后备人才。通过组织不同级别的青少年体育竞赛，宣传吸纳更多的孩子参与到体育活动中，有助于形成良好的素质和品质。国家体育总局青少司负责青少年综合性体育赛事，目的是鼓励青少年业余训练的积极开展。这些赛事主要包括全国青少年阳光体育大会、全国体育传统项目学校比赛、全国青少年体育俱乐部比赛和全国青少年户外体育

[①] 陈桐双子、程传银：《"一带一路"国家间冰雪运动合作研究》，《体育文化导刊》2018年第5期。

[②] 白水：《"冰雪雄心大家谈"上海大力发展冰雪运动》（http：//www.sport.gov.cn/n319/n4832/c936873/content.html）。

[③] 舒宗礼、夏贵霞等：《高校承接政府购买青少年体育服务：行动逻辑、问题透视与策略跟进——以北京"高参小"实践为例》，《北京体育大学学报》2016年第11期。

[④] 文世林、骆秉全等：《首都体育学院"高参小"项目互动育人模式的理论与实践探索》，《首都体育学院学报》2019年第3期。

营地比赛。教育部体育卫生与艺术司和学生体育协会联合秘书处主要负责各类学生群体的体育竞赛，其主办的综合性体育竞赛是全国中学生运动会和全国大学生运动会。2017年11月，中国篮协举行了"小篮球发展计划"的启动仪式，并提出了以"小篮球，大梦想"为主题的小篮球联赛。2018年4月15日，中国小篮球联赛正式开幕。截至2018年5月底，全国已有31个省份先后开展了小篮球联赛。举办小篮球层级联赛的城市有192个、赛区334个，成功报名参赛的球队有15042支，成功报名的运动员达98780人，其中也包括新疆、云南、贵州等西部省份的偏远地区。[①] 赛事的开展形式以城市赛区及篮球俱乐部为主，如"CCWBA小篮球联赛"、"苗苗杯小篮球赛"、"北京赛区小篮球联赛"等。民俗体育蕴含着中华民族的深厚文化底蕴，且形式多样、内容丰富，为建设校园民俗体育外宣新格局，举办了世界名校龙舟大赛，这是一项校园民俗体育精品赛事。自2015年起，该赛事已成功举办3届，吸引了亚洲、欧洲、美洲的众多大学，其中不乏哈佛大学、斯坦福大学、麻省理工学院等知名高校，借此平台，凝聚着历史并富有当代精神的中国声音在世界范围传播开来。[②]

第二，全面开展体育公益活动。长期以来，政府通过实施鼓励社会公益性活动支持青少年体育活动的开展。自2011年以来，仅国家体育总局本级彩票公益金用于实施群众体育工作的金额就超过156亿元，而在2018年，国家体育总局本级使用彩票公益金29.87亿元，其中70%用于开展群众体育工作，达20.89亿。[③] 一方面，国家体育总局青少司以体育彩票公益金资助开展冬季和夏季青少年"未来之星"阳光体育大会、运动训练营、冬令营和夏令营、青少年体育俱乐部联赛、体育传统项目学校联赛、户外营地大会等系列活动，拓宽了青少年体育活动规模，倡导体育与健康、文化、娱乐、教育、户外等融合的主

---

① 刘文亮、邵凯：《AGIL分析视域下我国小篮球发展研究》，《体育文化导刊》2019年第4期。

② 崔涛、张波等：《传承传统文化视野下校园民俗体育发展路径研究》，《体育文化导刊》2019年第1期。

③ 钱智超：《国家体育总局本级彩票公益金8年投入156亿》（http://www.lottery.gov.cn/xwhy/20190808/76998.html）。

题风格，为各级各类青少年体育组织提供了相互交流的平台，各省、市积极承办此类活动，同时也开展地区特色的青少年体育活动，有效发挥了主导作用。① 另一方面，由海外华侨公益捐建的各种类型的体育场地设施，为侨乡群众体育活动的开展提供了场所，更成了近代侨乡民众追求体育文化休闲的公共空间。② 海外华侨华人的公益慈善，在一定程度上使侨乡学校体育发展中的经费短缺、体育设施落后及地方教育行政力量推动不足的局面得到了改观，给青少年提供了更多体育活动的场地。

第三，注重校内外联动，全面建设青少年体育俱乐部。青少年体育俱乐部承载着开展校外体育活动的主要责任。在新时代背景下，幼儿体育基础工程、技能提升培育工程、U系列赛事工程和拔尖人才培育工程需要创建不同类型、层次、功能的青少年体育组织，传统单一行政主体的管理与实施模式已经不适应青少年发展的多元化、多层次、多样化需求。③ 为了应对这些问题，相关部门加大了青少年体育共建力度，主要措施包括以下几个方面：一是开展专项公益性体育活动。营利性和非营利性体育俱乐部结合自身项目优势，走进社区，为中小学生提供校外、假期的体育活动。例如，北京永乐汇足球俱乐部牵头，联合多个组织于2015年实施了"公益足球进社区——关注孩子暑期生活项目"，覆盖了主要的社区。④ 二是搭建校外体育培训体系。2017年2月3日，《教育部、国家体育总局关于推进学校体育场馆向社会开放的实施意见》的颁布，将会进一步推动学校体育场馆设施对社会公众和在校学生的有序开放。⑤ 在国家大力推动运动项目管理体制改革的趋势下，我国青少年体

---

① 柳鸣毅、王梅等：《"健康中国2030"背景下中国青少年体育公共政策研究》，《体育科学》2018年第2期。
② 郭惠杰、方千华等：《海外华侨对近代中国体育发展的历史价值与当代启示》，《北京体育大学学报》2019年第8期。
③ 柳鸣毅、王梅等：《我国青少年体育重点工程建设与创新发展对策》，《体育科学》2018年第11期。
④ 叶松东、杜高山：《北京市体育社团承接政府购买体育公共服务的研究》，《体育学刊》2017年第3期。
⑤ 单凤霞、郭修金等：《"五大发展理念"语境下城市休闲体育发展：机遇、困境与路径》，《上海体育学院学报》2017年第6期。

育组织在赛事、培训、学校或社区体育服务、赞助资助等方面进行拓展,开发青少年学校体育和社区体育空间,为其搭建校外或课外体育活动体系。① 孩子们在这里既有自由安排的篮球、乒乓球、羽毛球、游泳、象棋等活动,也有由专业教练组织的运动队训练和比赛,以及寒暑假安排的羽毛球、足球、游泳、武术、乒乓球、射击、跆拳道、田径等项目的技能培训活动。三是开展灵活多样的体育活动。例如,2011 年福建省政府下发了《关于印发福建省青少年校外体育活动中心建设方案的通知》,在全国率先启动旨在改善民生和增强青少年体质,以青少年校外体育活动中心建设作为青少年体育发展重要抓手的民生工程。武汉青山区开展了"四点半学校"活动,"四点半学校"是为了解决青少年学生四点半放学后往往选择在网吧玩电子游戏来度过家长下班前这段"监护真空期"的问题,利用社区现有场地设施和人力资源搭建的青少年教育社会实践平台,开设有教育、体育、娱乐课程等。目前,北京市、广东省、山东省、湖南省、陕西省等越来越多的省(市)的多个城市社区都开办了"四点半学校"。② 四是加强与校外体育中心和俱乐部的合作。为了促进校园文化建设,学校与校外俱乐部和训练基地合作,增强校内外联动,为学生提供多种类型的课外体育锻炼机会。2000 年,国家体育总局下发《关于进行青少年体育俱乐部试点工作的通知》(体群字〔2000〕022 号)后,计划通过体彩资金资助发展起来 6000 多所国家级青少年俱乐部。截至 2015 年底,共资助创建了近 5000 所青少年体育俱乐部,形成了一定规模,发挥出了积极的作用。③ 同时,一些省市也积极探索与社会体育俱乐部的合作模式。例如,澳门地区部分学校选择在下午 3 点集中学生,分别到 5—6 个校外基地训练,有去游乐场的,有去体操馆的,充分与校外基地合作。④ 2009 年武汉市体育局

---

① 柳鸣毅、王梅等:《西方国家青少年体育组织的逻辑基础、体系构建与治理策略》,《上海体育学院学报》2018 年第 4 期。
② 舒宗礼:《全民健身国家战略背景下社区青少年体育社会组织的培育与发展》,《体育科学》2016 年第 6 期。
③ 孙荣会:《国家级青少年体育俱乐部内部治理研究》,《北京体育大学学报》2017 年第 6 期。
④ 赵霞、王帅等:《对我国传统课外体育活动的反思》,《体育学刊》2019 年第 4 期。

与专业的游泳场馆和俱乐部合作,以政府购买体育公共服务的方式向辖区内中小学生免费提供暑期游泳服务。截至 2012 年累计参与游泳的中小学生达到 76.8 万人次,年均投入资金 200 余万元。① 北京市多所学校与永乐汇足球俱乐部在 2015 年举办了"公益足球进社区——关注孩子暑期生活项目",实现了共赢。② 北京市各区(县)政府委托所在区青少年社区教育培训中心系统,构建包括体育活动在内的中小学生课后教育课程体系。学生可在每天下午放学后,根据个人爱好自主选择,免费参加课外活动,截至 2017 年,覆盖了所有中小学。③

三 我国青少年体育协同实施的特点及存在的主要问题

(一)我国青少年体育协同实施的特点

第一,以体育课为中心,强化学生技能学习。学校体育课是青少年体育实施的重要组成部分,学校体育课是传授体育与健康知识技能、培养终身体育习惯的重要途径。《中共中央 国务院关于加强青少年体育增强青少年体质的意见》中提出:"充分保证学校体育课和学生体育活动,广泛开展群众性青少年体育活动和竞赛。"突出国家对体育课的实施在青少年体育管理中的重要程度。中共中央、国务院和教育部在针对青少年体育工作的系列文件中也要求强化体育课和切实加强学校体育质量。④ 青少年体育主要的组织形式包括体育课、课外体育活动和体育俱乐部等。在学校体育实施的过程中,要确保青少年的体育参与,主要是在保证体育课质量的同时,加大课外活动的开展力度,要结合青少年体育俱乐部的组织形式,将体育课教学与课外青少年体育俱乐部相结合,在体育课上学习新的技能,使青少年参与到体育活动中来。

第二,注重重点布局,形成了广泛覆盖。体育社会资源是有限的,

---

① 李震、陈元欣、刘倩:《政府购买公共体育服务研究——以武汉市政府购买游泳服务为个案》,《武汉体育学院学报》2014 年第 7 期。
② 叶松东、杜高山:《北京市体育社团承接政府购买体育公共服务的研究》,《体育学刊》2017 年第 5 期。
③ 夏贵霞:《政府购买青少年课外体育服务的实践探索与发展导向——以北京实践为例》,《武汉体育学院学报》2016 年第 4 期。
④ 王训令:《现代教育背景下提升大学体育教学质量的理应进路》,《体育与科学》2018 年第 5 期。

国家出台的政策强调了资源配置的重要性,在战略布局上重点突出,在校园足球、民族传统体育等方面都有体现。随着校园足球逐渐上升为国家战略,国家不断出台对校园足球的扶持政策,相关资源的整合和配置力度不断加大。目前,从国家有关足球改革的推进速度、力度,体育部门的配合与执行情况来看,校园足球正呈现出积极的发展态势,此举将大大缓解体育教师、场地和器材的紧缺问题,同时学校将会获得更多的体育经费。① 随着《中国足球改革发展总体方案》的出台,全国各省(市)纷纷提出一系列改革措施,这必然会对进一步改善我国学校体育场地、器材、经费、师资等体育资源配备情况起到很大作用。

第三,构建了多层次的学生竞赛体系。我国建立健全了多元化的青少年体育竞赛体系,使青少年体育竞赛更加规范、活跃。完善学校、地区、省市、国家层级的青少年体育竞赛体系,保证了大多数学生的参与,运动员、志愿者、组织者等均来源于学生。② 学校、社区青少年体育竞赛体系的构建,给青少年提供了参赛机会,构建交流沟通平台,营造了青少年体育的发展氛围,为后备人才的选拔提供了新途径。学校体育通过打造多样性的校园体育竞赛活动和校际间体育赛事,形成了较为宽泛的青少年体育竞赛体系,有助于校园文化建设,引导青少年学生养成健康积极的体育价值观,促进心理健康,提升内在修养。社区体育则通过举办家庭运动会、体育竞赛活动等途径,为青少年提供了更多的体育活动机会和空间,有利于提升健康水平。

第四,青少年体育开展形成了较强的地域性特征,实施措施灵活多样。在学校体育中,建立了灵活化、多样化的实施体系,灵活运用学校体育中各种教育载体的功能和作用,发挥学校体育对青少年生命教育的作用;灵活地反映学校体育课程改革的现代趋向,提高青少年学生对时代变化和社会发展的适应性;灵活地解决学校体育中出现的新问题,结合学校自身条件,在工作中不断创新。学校体育为社区体育提供场地器材,而社区体育可以在学校体育的运动形式上做出灵活多样的创新。很

---

① 丛灿日、付冬梅:《校园足球战略实施对我国学校体育的重塑及潜在问题分析》,《河北体育学院学报》2016 年第 6 期。

② 杨国庆、刘红建等:《新时代我国青少年体育公共服务体系建设研究》,《北京体育大学学报》2018 年第 4 期。

多学校根据当地发展的特色项目，在校外建立了各色各样的体育俱乐部，相关课程设置、教学模式更加灵活开放、选择性更多，同时体育场地也得以更合理地运用。

（二）我国青少年体育实施存在的主要问题

第一，权力配置机制不健全，政策执行力度不足。青少年体育的管理和执行机制不完善，各方主体职责不明确，尤其是没有动员广泛的社会力量参与，网络化的实施权运行秩序尚未建立，这是当前我国青年体育实施亟须解决的重要问题。近年来，教育部、国家体育总局等出台了一系列政策文件，细化了工作领域，提出了加强学校体育工作、提高全体学生体质健康水平的各类举措，但实际效果并不理想。究其原因：一是在政策的执行过程中更多地注重形式建设，缺乏对学校体育常态工作的有力推进和监管。二是现有青少年体育运行机制不完善，难以形成政府、社会、学校、家庭共同促进青少年体育发展的合力。[①] 从政策执行的角度看，党和政府对学校体育工作的要求是"常抓不懈"，而且还进一步明确要求各级政府要高度重视和贯彻执行。但在实际工作中，我国学校体育政策利益攸关方却"常抓常懈"，以至于形成了相关政策难以落地和有效执行的惯习，严重制约了体育工作的深入开展。[②]

第二，保障力度需要加强。我国青少年法律保障机制不完善，这在很大程度上导致各类主体职责不清，支持力度存在很大差异。同时，由于没有建立有效的监管与评价机制，政策执行力也存在不少问题。经费落实、使用情况，项目开展、覆盖情况，群体体育行为变化情况等都无法做到定期充分的了解。虽然当前制定的相关发展规划都提出了相应的保障措施，但整体落实不畅，尤其是在科学训练、竞赛、项目推广等方面存在很大缺口。[③] 从关键任务看，学校体育教育质量和课外体育活动

[①] 张绰庵：《青少年体育综合改革的理性思考》，《北京体育大学学报》2014年第8期。
[②] 张文鹏、王志斌等：《中国学校体育政策的形塑路径》，《体育文化导刊》2017年第8期。
[③] 贾志强：《改革创新背景下我国竞技体育可持续性发展研究》，《北京体育大学学报》2017年第2期。

是青少年体育的基础性环节，需要给予充分的保障。① 目前存在的主要问题有：多元化的筹集经费途径不足，不能给予青少年体育活动充分的支持；场地和设施质量令人担忧，不能有效满足孩子们的基本需要；没有建立运动风险防范机制，难以发挥预警和保障作用；各类体育人才的培养力度不足，不能全方位为青少年体育活动提供保障和支持；各方共治力度不够，不能为青少年营造良好的运动环境。②

第三，监管机制需要完善。青少年公共体育管理和实施涉及面很广，需要依靠多个部门共同治理。因此，如何权衡政府各部门间的职权划分、协调各部门间的工作内容并联合工作成果是需要解决的最主要的问题。③ 目前我国缺乏量化评估标准，需要进一步完善政策绩效考核机制。主要表现在以下几个方面：一是学校考核评价体系不健全，没有实质性纳入学生体质健康指标；二是体质健康指标在学生个人综合评价体系没有发挥调节作用，不能与学生的评优、升学有机结合；三是教学指标薄弱，体育教师教学质量参差不齐；四是专业的体育教师量化评估体系不健全，不能发挥有效的激励作用；五是学校体育综合性评估不足，没有统一纳入课外体育活动开展、运动项目普及、阳光体育等一体考量。

第四，家庭体育缺失。受多种因素的影响，我国家庭体育缺失，父母没有在孩子体育行为习惯的养成中发挥积极的作用。当前，如何保证青少年在校文化课学习时间的同时能够积极进行体育锻炼，是学校、老师和家长都值得思考的问题。家庭体育和社区体育的缺失阻碍了青少年体育习惯的形成，也对体育后备人才的培养造成不利影响。目前我国体育场地缺乏，学生在校外进行体育活动受到极大的限制，积极开展家庭体育的观念尚未确立。父母对孩子体育锻炼的引导，以及与学校体育教育的衔接缺位；管理部门、学校与青少年社会体育机构的沟通衔接不到

---

① 平杰、郭修金：《青少年公共体育服务平台的构建》，《上海体育学院学报》2012年第1期。
② 陈长洲、王红英等：《改革开放40年我国青少年体质健康政策的回顾、反思与展望》，《体育科学》2019年第3期。
③ 王志学、刘连发等：《我国青少年体育发展的时代特征与治理体系探究》，《体育与科学》2017年第5期。

位；家庭与社区在青少年体质健康促进方面衔接出现断层，双方未建立有效的互动机制。① 面对家庭体育发展中的突出问题，应充分发挥学校的引导作用，共建家校互动机制，尤其是应该定期给予父母相关的咨询或培训，使他们能够确立体育教育陪伴的行为取向。

第五，宣传力度不足。信息技术时代，不论是传统媒体，还是新兴媒体都没有充分发挥出促进青少年体育行为养成的积极作用。在体育宣传内容形式上往往偏重竞技体育领域，青少年体育、学校体育很少顾及，新闻媒体应担当加强宣传科学健身的社会责任。② 在自媒体传播日渐普及的现实语境下，学校应积极利用微班级、微课堂、微拓展、微论坛等形式，将微信传播融入体育教学，通过新媒介的"新"、"快"、"特"、"互动"、"普及"等特征，引导学生自主合作探究式学习，激发学生学习兴趣，优化体育教学效果，促进学生体力活动机会的增加，为提升其体质健康水平奠定基础。③ 社会体育俱乐部应广泛利用各种媒体，加大对青少年体育公益、服务项目、科学健身等方面的宣传力度，积极扩大知名度，吸引更多的孩子加入，不断拓宽覆盖面。

四 西方国家青少年体育活动促进实施权运行的启示

第一，鼓励和支持多样的实施主体，加大政策实施的监管。通过上文分析可以看到，家庭、学校和社区是青少年体育活动促进实施的基本主体，除此之外，政府和主管部门还大力建设公益基金，扶持各类协会、青少年俱乐部（包括综合性的社区俱乐部），以及积极与职业联盟（联赛）合作，拓展了全面实施的基础。我国在这一方面与西方国家存在着很大差距，目前主要实施主体学校，完全承担了青少年体育发展的重任，这种局面不利于国家战略任务的实现。协同实施既是

---

① 李龙：《学校家庭社会协同促进青少年体质健康研究》，《体育文化导刊》2014年第10期。
② 平杰：《体育强国视域下我国青少年体育的发展》，《上海体育学院学报》2011年第1期。
③ 张业安：《青少年体质健康促进的媒介责任：概念、目标及机制》，《体育科学》2018年第6期。

一项权力，也是一项根本任务。权力的核心是优化资源，建构秩序，职责的核心是采取多样的干预措施，全面提升青少年的体育参与水平。在新的历史时期下，我国青少年体育迫切需要多样化的实施主体，各级政府和行政部门应大力鼓励和扶持有资质的实施主体，完善协同实施机制，这是筑牢协同实施基础的关键。政策实施不到位始终是我国青少年体育发展面临的突出问题。政府和体育行政部门需要不断提升治理能力，针对不同主体建立青少年体育实施监管机制，这是实现既定目标的重要制度举措。

第二，合理布局，进一步加大保障力度。西方国家将青少年体育作为公共事务的优先事项，协同各类主体综合布局，并通过多种渠道加大资金和条件保障，总体来看取得了积极成效。我国近年来基本形成了学校全面覆盖的格局，各方面工作都有了长足进步，学生体育参与积极性不断提高。在深化改革进程中，全面拓展实施网络，大幅度提升了对青少年体育的投入。综合各种资料来看，我国青少年群体人口基数庞大，相应的投入远远不够，尤其是一些边远地区的孩子没有基本的体育参与条件。针对现实情况，当前应优先发展学校体育，确保所有的孩子能够享受到有一定质量的体育教育。同时，立足国家总体布局，拓展青少年体育俱乐部、特色体育项目的发展，不断满足多元化的需求。单一的财政拨款难以满足青少年体育点线面的建构，应当逐步拓宽资金来源渠道。在统筹设计和安排下，基金、市场、社会募捐等都可以为青少年体育发展提供支持。

第三，拓展青少年社区体育和家庭体育参与。社区体育和家庭体育具有不可替代的作用，西方国家在这方面的优势十分突出。我国相对比较薄弱，尤其是在价值观、应试教育、学业压力等综合因素的影响下，家庭体育基本处于缺失状态。社区体育和家庭体育需要系统建设，当前应充分调动社区组织、居委会、街道办事处和家庭的积极性，扶持、引导观念转变，加大有组织体育活动的开展（包括公益培训、社区赛事等）。父母陪伴是孩子养成正确行为习惯的关键，各级政府和各类组织应积极宣传，通过自媒体引导确立良好的家庭体育价值观，为父母和孩子的体育参与提供科学、便捷、有效的建议。

第四，重点突出，精准介入。前文已述，很多国家对青少年体育发展的一些关键领域进行精准介入、系统治理，筑牢了全面实施的资源条件。当前，我国应以提升青少年体育参与程度和水平为中心任务，在一些重要领域采取精细化的干预措施。综合多种因素来看，青少年体育的主要工作领域包括：加大体育健康促进宣传力度，营造良好的社会氛围；系统培训健康、卫生、体育等从业人员，不断提升干预能力和水平；协同教育、文化、体育等行政部门，倡导良好的行为习惯，减少屏幕时间和久坐行为；着重关注超重和肥胖人群，倡导均衡膳食，充分进行多样的身体运动；加大干预实施效果评估，不断完善儿童和青少年体质健康数据库，跟踪他们的体育参与情况；建立循证反馈机制，不断优化政策方案。

本章小结

青少年体育活动促进协同实施具有清晰的权力属性，其将顶层设计和管理制度明确的职责细化落实到各类主体。实施权遵循"管办分离"的基本原则，这对责任主体提出了更高的专业要求。青少年体育活动开展以及各种干预措施实施需要不同领域知识和技能的专业人士。学校、社区、家庭作为当然的实施主体需要不断提升专业水平，这是当前需要解决的首要任务。资源环境和运行机制能够呈现青少年体育活动促进实施体系的层次性，因此需要一体化建设。西方国家将青少年体育纳入国民健康的大战略体系中，通过实施高质量体育教育、多元化社区体育和家庭体育系统对各年龄阶段的孩子进行体育干预，取得了良好的成效。近10年来，我国高度重视青少年体质健康，不断加大投入，系统干预，取得了积极的成果。但是总体来看，由于受到多种因素制约，还存在着非常突出的问题，儿童和青少年体质健康水平不容乐观，需要全面优化实施模式，从拓展主体、加大保障、固化监管和评价、发展社区体育和家庭体育等方面精细化介入。

第七章　青少年体育运动伤害的预防与治理

体育活动促进对儿童和青少年的积极发展具有突出的意义，但是伴随其中的运动伤害也时有发生，甚至有些事故造成了严重的社会影响。规避危险因素，有效预防运动伤害发生，同时对造成法律后果的事故及时厘清各方责任是青少年体育活动促进治理的重要手段，也已经成为世界各国高度关注的领域。本章节着重对青少年体育活动促进的伤害预防以及司法救济进行理论和实证研究，进一步拓展该领域的内容体系。

第一节　青少年运动伤害预防的意义、框架和最新理论动态

有效的体育伤害预防是全面提升青少年体育参与水平和程度的关键环节之一。随着体育与多学科理论的融合发展，一些西方国家已经建构起了涵盖教育、营养、病理、流行病、心理、训练等多维度的伤害预防体系。2019年9月，国务院办公厅颁布了《关于促进全民健身和体育消费推动体育产业高质量发展的意见》，明确提出："鼓励医院培养和引进运动康复师，开展运动促进健康指导，推动形成体医融合的疾病管理和健康服务模式。完善国民体质监测指标体系，将相关指标纳入居民健康体检推荐范围。为不同人群提供有针对性的运动健身方案或运动指导服务，推广科学健身，提升健身效果。"① 国家政策为进一步拓展和

---

① 《关于促进全民健身和体育消费推动体育产业高质量发展的意见》（http：//www.gov.cn/xinwen/2019-11/30/content_5457110.htm）。

完善我国的体育伤害预防体系奠定了政策指导基础。本节立足国际运动伤害研究的最新态势，着重对青少年体育伤害预防的积极意义、总体框架、循证支持、实施路径等进行系统分析。

一 青少年运动伤害预防的意义

第一，预防运动伤害能够提升青少年的体育参与水平，并有效降低对身心健康的不利影响。体育和娱乐活动是健康生活方式的一部分，贯穿人的一生，然而与运动相关的伤害负担也显而易见，需要给予高度关注。[1] 参加体育活动存在受伤的风险，经常会出现软组织、关节（膝盖、脚踝、肩膀、肘部和腕关节）、韧带、肌腱等方面的损伤。对于低年龄段的孩子而言，因为肌肉骨骼系统尚未发育完全，也可能会出现骨骺受伤的危险。[2] 儿童和青少年体育参与非常普遍，很多孩子在很小的时候就开始了长期的专业性训练。随着竞技性强度的不断提升，孩子们在成长过程中增加了运动损伤的风险，人们尤其关注足球、曲棍球等运动的机械应力（物体由于外因变化而产生的相互作用的内力），以及棒球、体操和长跑等重复性的体力负荷超过了身体耐受极限所引发的各种损伤。一些比较严重的损伤可能会引起身体发育障碍，主要表现为身材矮小、胫骨畸形、改变关节正常发育等。[3] 跟踪数据表明，与参与率一样，青少年体育受伤率也很高，运动是致使他们受伤的主要原因。在加拿大，有20%的小学生每年至少有一天因运动受伤而缺课，每年有四分之一的青少年和七分之一的儿童因为运动受伤而需要就医治疗[4]。在英国和澳大利亚，大约有8%的儿童和青少年因为受伤而不能继续参加体育活动，而且这也可能会影响他们成年后的健康状况，这些问题日益

---

[1] Gilchrist J., Thomas K. E., Xu L., et al., "Nonfatal Traumatic Brain Injuries Related to Sports and Recreation Activities among Persons Aged (Less Than or Equal to) 19 Years—United States 2001 - 2009", *Morbidity & Mortality Weekly Report*, Vol. 60, No. 1337, 2011.

[2] Atay E., "Prevalence of Sport Injuries among Middle School Children and Suggestions for Their Prevention", *Journal of Physical Therapy Science*, Vol. 26, No. 1455, 2014.

[3] Kreusch-Brinker R., Noack W., "Injuries of the Distal Epiphysis of the Humerus in the Period of Growth", *Unfallchirurgie*, Vol. 12, No. 60, 1986.

[4] De Onis M., Onyango A. W., Borghi E., et al., "Development of a WHO Growth Reference for School-aged Children and Adolescents", *Bull World Health Organ*, Vol. 85, No. 660, 2007.

引起了社会各界的高度关注。①② 在瑞典，体育运动是11—18岁青少年群体最为常见的致伤因素，主要包括挫伤、擦伤和开放性受伤，运动致伤与年龄和性别存在相关关系。③ 而对9个国家（比利时、法国、加拿大、捷克、爱沙尼亚、以色列、拉脱维亚、波兰和美国）的调查结果显示，运动损伤占男孩（11—15岁）所有伤害的32%—55%，占女孩（11—15岁）所有伤害的19%—59%。④ 通过以上数据可以看到，儿童和青少年运动伤害预防十分关键，其已经成为影响群体体育参与水平和程度的主要因素之一。在现实发展中，很多学校和体育组织由于缺乏积极有效的预防措施，大多以取消"危险性"的体育项目和活动来避免出现运动伤害，这种"因噎废食"的做法不仅压制了体育活动促进多重功能的发挥，而且严重侵害了儿童和青少年享有的体育基本权益。因此，制订和实施严密的预防计划是最大限度规避运动伤害，保障儿童和青少年体育参与的重要内容和手段。有研究者的实验结果表明，以系统性运动（以跳跃训练和增强式训练为主）为基础的儿童和青少年伤害预防计划（IPP）可以减少高达46%的日常运动伤害。⑤ 青少年体育伤害预防对身心健康的积极意义是不言而喻的，绝大多数的伤害发生在平常的训练中，因此要让孩子和教练充分认识到预防的重要性。一方面，要提供良好的保护措施，要求孩子们穿戴适当的安全设备，并根据不同年龄、身高和体重制定针对性的训练方案。另一方面，要避免超过孩子身体极限的大负荷练习，这样容易损伤他们的肌肉、骨骼和关节，同时

---

① Indridadottir M. H., Sveinsson T., Magnusson K. T., et al., "Prevalence of Sport Injuries, Sport Participation and Drop out Due to Injury in Young Adults", *Laeknabladid*, Vol. 101, No. 451, 2015.

② Grimmer K. A., Jones D., Williams J., "Prevalence of Adolescent Injury from Recreational Exercise: An Australian Perspective", *Journal of Adolescent Health*, Vol. 27, No. 266, 2000.

③ Hedstr M. E. M., Bergstr M. U., Michno P., "Injuries in Children and Adolescents—Analysis of 41,330 Injury Related Visits to an Emergency Department in Northern Sweden", *Injury-international Journal of the Care of the Injured*, Vol. 43, No. 1403, 2012.

④ Pickett W., Molcho M., Simpson K., et al., "Cross National Study of Injury and Social Determinants in Adolescents", *Injury Prevention*, Vol. 11, No. 213, 2005.

⑤ Rösler R., Donath L., Verhagen E., et al., "Exercise-Based Injury Prevention in Child and Adolescent Sport: A Systematic Review and Meta-Analysis", *Sports Medicine*, Vol. 44, No. 1733, 2014.

也要很好地处理训练时间和受伤发生率之间的关系，否则就会增加受伤的严重程度。①

第二，预防儿童和青少年运动伤害能够降低社会和经济成本。儿童和青少年意外伤害日益成为一个严重的公共问题，运动伤害不仅影响到孩子们的体育参与，增加了公共健康服务的直接成本，同时也产生了很大的间接成本（如父母请假照顾孩子）。② 运动伤害是造成儿童和青少年医疗和卫生保健费用的一个重要原因，同时也是医院急诊和学校伤害的第二大因素。据估计每年有 300 万个青少年因为运动损伤而送医就诊，另外有 500 万名运动员因运动损伤而被运动医学诊所诊治。③ 有 25%—30%的运动损伤发生在有组织的体育运动中，有 40%发生在无组织的运动中，运动伤害与参与者（运动员）的年龄、身材、参与项目数量成正比。④ 在美国，每年有 2700 多万的在校学生参加体育活动，有 2000 万青少年参加各种社区体育活动，他们最早的 4 岁就开始进行有组织的体育活动，7 岁就开始竞技比赛。⑤ 根据美国 1997 年公布的数据，0—14 岁儿童和青少年运动损伤的医疗费用累计支出约为 3.65 亿美元，其中主要涵盖射箭、棒球、篮球、自行车、拳击、跳水、曲棍球、足球、高尔夫、体操、骑马、冰球、滑冰、直排轮滑、武术、山地自行车、轮滑、滑雪、垒球、游泳、网球、田径、蹦床、排球、举重和摔跤等 28 项运动（这些数据不包括因过度训练所造成的损伤）。⑥ 而根据美国青少年体育理事会 2014 年公布的数据，每年大约有 6000 万 6—18 岁的青少年参加有组织的体育活动，其中有 4400 万参加

---

① Atay E., "Prevalence of Sport Injuries among Middle School Children and Suggestions for Their Prevention", *Journal of Physical Therapy Science*, Vol. 26, No. 1455, 2014.

② World Health Organisation, *World Report on Child Injury Prevention* (http://www.mscbs.gob.es/ca/profesionales/saludPublica/prevPromocion/Lesiones/docs/informeMundialInfancia).

③ Stanitski C. L., "Pediatric and Adolescent Sports Injuries", *Clin Sports Med*, Vol. 16, No. 613, 1997.

④ Hergenroeder A. C., "Prevention of Sports Injuries", *Pediatrics*, Vol. 101, No. 1057, 1998.

⑤ Kammer L. C. S., Young C. C., Niedfeldt M. W., "Swimming Injuries and Illnesses", *Physician & Sports Medicine*, Vol. 27, No. 51, 1999.

⑥ Micheli L. J., Glassman R., Klein M., "The Prevention of Sports Injuries in Children", *Clinics in Sports Medicine*, Vol. 19, No. 821, 2000.

了一项以上的项目,有44.4万的学生运动员参加各种体育竞赛,而且作为青少年体育基石的高中体育活动和竞赛在过去的20年里一直在持续增加;① 他们中出现的损伤类型主要包括急性非疲劳相关损伤(AI)、过度训练非疲劳相关损伤(OI)、急性疲劳相关损伤(AFI)和过度训练疲劳相关损伤(OFI)。② 在过去的30年里,青少年参加体育运动的人数逐年增加,因运动伤害而引发的社会和经济成本也呈现增长的趋势。大多数的运动伤害是轻微伤,还有一部分需要手术和住院治疗,青少年运动伤害带来一些不利的后果,诸如学业缺勤、潜在的伤害、增加医疗费用支出等。据估计,仅2000—2001年,就有430万与体育和娱乐相关的伤害在美国急诊部门接受治疗,受伤率因性别和年龄而异,10—14岁男孩的受伤率最高;③ 2000—2003年美国5—18岁儿童和青少年每年大约有1万例因运动受伤住院治疗,费用累计达到了4.85亿美元,城市住院总费用比农村高46.1%;④ 2001—2008年美国18岁青少年致伤排名前5位的是篮球、足球、自行车、英式足球和操场运动。根据美国消费品安全委员会国家电子伤害监测系统(NEISS)公布的数据,2001—2013年橄榄球、篮球、足球和棒球在美国5—18岁青少年体育相关伤害中所占比例为74.7%,急诊治疗运动损伤的儿童数量每年都在增加。⑤ 在荷兰,每六次医院治疗的受伤者就有一例是体育运动不当造成的,每年因与体育活动有关受伤而缺勤的间接费用

---

① Newman T. J., Ortega R. M., Lower L. M., et al., "Informing Priorities for Coaching Education: Perspectives from Youth Sport Leaders", *International Journal of Sports Science & Coaching*, Vol. 11, No. 436, 2016.

② Difiori J. P., Benjamin H. J., Brenner J. S., et al., "Overuse Injuries and Burnout in Youth Sports: A Position Statement from the American Medical Society for Sports Medicine", *Br J Sports Med*, Vol. 24, No. 287, 2014.

③ Gotsch K., Annest J. L., Holmgreen P., et al., "Nonfatal Sports-and Recreation-Related Injuries Treated in Emergency Departments-United States, July 2000 – June 2001", *Mmwr Morb Mortal Wkly Rep*, Vol. 51, No. 736, 2002.

④ Yang J., Peek-Asa C., Allareddy V., et al., "Patient and Hospital Characteristics Associated with Length of Stay and Hospital Charges for Pediatric Sports-Related Injury Hospitalizations in the United States, 2000 – 2003", *Pediatrics*, Vol. 119, No. 813, 2007.

⑤ Bayt D. R., Bell T. M., "Trends in Paediatric Sports-related Injuries Presenting to US Emergency Departments, 2001 –2013", *Injury Prevention*, No. 1, 2016.

为5.25亿美元。① 从这里可以看到，问题仍然是这些伤害和疾病能在多大程度上得到预防，体育运动为儿童和青少年的均衡发展提供了不可替代的平台，但是伴随而来的运动伤害也在很大程度上增加了参与的成本支出。随着体育与现代信息技术、科学技术，以及卫生保健和管理技术的融合，运动伤害日益得到了有效预防，极大降低了体育参与风险和成本支出。同时，一些西方国家整合医疗、保险、卫生保健、体育、监测等多部门资源建立了完善的运动伤害预防体系，形成了可防可控的治理格局。

二　青少年运动伤害预防的总体框架

在运动损伤的诱发机制尚未形成之前，就有许多危险因素容易使青少年造成伤害。风险因素可能是外在的（如运动规则）或内在的（如年龄、核心力量等），可以改变的危险因素是指那些有可能通过预防策略而规避的。② 因此，在制定和评估青少年体育运动伤害预防策略之前，必须确定目标人群和具体项目，对其参与频率、运动损伤率、危险因素和运动安全行为进行协同干预。③ 国际体育组织和一些西方国家提出代表性的运动防护框架，值得系统借鉴。

（一）世界卫生组织的儿童和青少年伤害预防框架

世卫组织在《世界儿童伤害预防报告》（2008）中呼吁各国政府，以及所有公共部门、私人和民间组织在预防和控制儿童伤害方面进行循证干预和持续投资，为孩子们创造一个没有伤害的世界，能够使他们快乐地学习、玩耍、生活和成长。为了实现这一目标，提出了综合治理意见：④

---

① Schmikli S. L., Backx F. J. G., Kemler H. J., et al., "National Survey on Sports Injuries in the Netherlands: Target Populations for Sports Injury Prevention Programs", *Clinical Journal of Sport Medicine*, Vol. 19, No. 101, 2009.

② Emery C. A., "Risk Factors for Injury in Child and Adolescent Sport: A Systematic Review of the Literature", *Clinical Journal of Sport Medicine*, Vol. 13, No. 256, 2003.

③ Emery C., Tyreman H., "Sport Participation, Sport Injury, Risk Factors and Sport Safety Practices in Calgary and Area Junior High Schools", *Paediatrics & Child Health*, Vol. 14, No. 439, 2009.

④ World Health Organisation, *World Report on Child Injury Prevention* (http://www.mscbs.gob.es/ca/profesionales/saludPublica/prevPromocion/Lesiones/docs/informeMundialInfancia).

（1）将儿童和青少年伤害纳入健康与发展体系，进行综合治理；（2）制订和实施儿童伤害预防政策和行动计划；（3）实施预防和控制儿童伤害的专项行动；（4）加强公共健康和卫生系统的支持，全面应对儿童伤害；（5）提升儿童伤害预防监测数据的质量和数量；（6）着重进行循证研究，加大力度支持和开展儿童和青少年伤害原因、后果、成本和预防的研究；（7）高度重视儿童伤害预防，加大目标投资力度。为了落实这些综合性建议，世卫组织对各国政府、非营利组织、私营组织、媒体、教师和社区、父母、同伴等也提出了具体要求。具体内容如下：

第一，明确政府职责，并积极采取行动。政府是建立儿童和青少年伤害预防政策体系的重要主体，需要充分发挥引导作用。其主要职责包括：（1）把儿童伤害作为优先事项；（2）确定专门的部门（组织或机构）牵头领导儿童和青少年伤害预防工作（在广泛的儿童健康战略范围内，以及在具体的儿童伤害预防计划范围内）；（3）至少任命一名专职人员负责儿童和青少年伤害预防工作；（4）根据国家需要和当地有关儿童问题，建立可持续的数据收集系统；（5）制订预防儿童伤害的多部门行动计划，并采取目标管理；（6）协调跨部门合作，全面评估儿童伤害预防计划的执行情况；（7）进一步优化实施和执行被证明是有效的相关法律和标准；（8）确保为伤害预防工作提供足够的资金和人力资源；（9）为所有儿童提供可获得的各层级保健和服务；（10）促进健康和安全问题的一体化，并对所有新项目进行伤害影响的评估；（11）把儿童和青少年纳入国家和地方各级项目的制定和执行过程中。

第二，明确非营利组织的职责，并采取积极行动。主要职责包括：（1）鼓励协助各国政府开展经证实的儿童伤害预防活动，并帮助实施针对性的干预措施；（2）积极甄别当地儿童和青少年的伤害问题，尤其是要关注参与者众多或受伤率较高的各种活动；（3）广泛开展更安全环境、标准和行为的活动；（4）积极开展为受伤害人争取权利的活动；（5）在社区推行儿童预防伤害试点项目；（6）支持能力建设（培养）计划和活动；（7）与其他儿童伤害预防工作人员建立、拓展网络和伙伴关系。私营组织：（1）要充分认识到儿童伤害及其预防的重要性；（2）从观念，到产品，再到质量控制都要进行安全设计，包括产品批准和风险评估；(3) 确保产品符合安全标准、法律法规；(4) 与监管机构合作，致力于实现全球统一的标准和法规；(5) 践行社会责任，负责任地宣传商品，突出强调安全；(6) 资助正在进行的儿童伤害预防的研究；(7) 为安全推广教育材料（如游戏、玩具、DVD 和视频等）的开发和评估提供资金支持。

第三，明确媒体的职责，并积极采取行动。媒体发挥着不可替代的传播功能，它们是宣传运动防护知识和技能的重要主体，主要职责包括：(1) 负责任地、准确地、快速地报告伤害结果，并在相关报告中始终突出预防方面的信息，也就是说，要通过各类媒介向公众传播预防伤害的信息和知识，尤其是要对儿童和青少年；(2) 突出强调预防伤害的经验和做法，促进儿童预防工作开展；(3) 在电台、电视节目和其他广播节目中积极宣传和普及安全教育；(4) 积极发起和支持儿童和青少年伤害预防的活动。

第四，学校（教师）、社区和家庭采取积极的行动。主要职责包括：(1) 从小就要在学校接受伤害预防教育；(2) 确保学校、操场和上学通道都是安全的；(3) 设置和维护安全的公共场所和体育娱乐设施；(4) 在大学加强伤害预防教育力度，并将该主题纳入职业规划中；(5) 促进教育环境和措施中的儿童预防伤害研究；(6) 在社区层面实施针对儿童和青少年的伤害预防干预措施。家庭（父母）采取的主要行动包括：(1) 为孩子们创造一个安全的生活和体育参与环境；(2) 妥善存放对儿童有害的物品；(3) 陪伴和监督有潜在危险性的活动；(4) 对孩子进行伤害危险因素，以及如何预防伤害的教育；(5) 鼓励孩子穿戴或佩戴安全设备；(6) 通过采取安全行为和使用安全装置，为孩子们树立榜样；(7) 积极推进社区改革，给孩子们提供安全的生活和运动环境。儿童和青少年自身应注意：(1) 采用安全的方法（如使用安全设备、适宜的运动装备等），在安全的地方玩耍，以减少受伤的风险；(2) 促进在同伴和家人之间的伤害预防；(3) 避免进行高风险的行为，协助确定行动的优先次序；(4) 积极参加伤害预防的各种活动。

（二）运动防护的基本模型

美国国家运动防护师协会于 2011 年提出了一个比较系统的青少年

参与者（运动员）伤害预防框架，值得借鉴。该框架主要从伤害监测、运动准备评估（PPE）、风险因子识别、指导教育和医务监督、调整训练负荷与强度（含体能训练）、延迟专业化生涯等维度提出了干预的思路和措施。[1] 本书遵循这一框架结构的总体要求，综合纳入并分析了学界最新的理论观点和研究动态，进行了全面的拓展。具体内容如下：

第一，运动伤害监测。美国国家运动防护师协会提出运动伤害监测是预防的关键环节，需要给予高度关注。（1）提供安全环境。体育运动提供了一个积极环境，青少年参与者（运动员）有着独特的社会、情感和身体需求，需要给他们创建一个安全的训练和比赛环境，以确保健康的运动生涯。体育组织应加大对青少年运动伤害病因学和流行病学的监控，综合从损伤机理、成因、受伤率、内在因素（如受伤史、神经肌肉控制水平等）、行为习惯、环境因素等多方面建立监测反馈机制。[2]（2）专业检测。成立分工明确的运动健康保健团队（AHCTs），成员主要包括运动防护师（AT）、团队医生、咨询医生、物理治疗师、护士等专业人员，以及管理人员、家长、教练等，以确保能够为所有的参与者都提供适当的医疗保健。所有的健康保健工作者都应该积极参与运动损伤的监测工作，包括建立符合临床实践规范的精确文档、网络和其他注册制度。[3] 儿童和青少年体育参与者（运动员）广泛，除了传统的工作团队（防护师、咨询医生等）外，应建设专门的体育与运动医学（SEM）团队，以定期开展体育活动，积极进行生活方式慢性病干预，以及运动损伤预防、诊断、治疗和康复。这已经成为国际组织关注的一个新的热点，涉及体育活动与人类健康、运动医疗、锻炼与运动伤害、营养、药理，体育团队护理和体育赛事医疗管理，特殊群体体育运动等

---

[1] McLeod T. C. V., Decoster L. C., Loud K. J., et al., "National Athletic Trainers' Association Position Statement: Prevention of Pediatric Overuse Injuries", *Journal of Athletic Training*, Vol. 46, No. 206, 2011.

[2] Roe M., Malone S., Blake C., et al., "A Six Stage Operational Framework for Individualising Injury Risk Management in Sport", *Inj Epidemiol*, Vol. 4, No. 26, 2017.

[3] Almquist J., Mcleod T. C. V., Cavanna A., et al., "Summary Statement: Appropriate Medical Care for the Secondary School-Aged Athlete", *Journal of Athletic Training*, Vol. 43, No. 416, 2008.

11个方面的内容。①（3）系统培训，科学监测。运动损伤预防和康复是一项复杂工作，涉及生理、心理、情绪等内部因素，以及环境、社会适应等外部因素，如果没有进行良好的疲劳恢复，就极易出现机能的非功能性过度拉伸（NFO），进而引发过度训练综合征（OTS），出现损伤前兆。因此，必须为卫生保健服务者（如注册教练、医生、理疗师等）提供资源和培训，以收集高质量的损伤数据。专业训练人员应系统监控孩子们的生理性能力（如耐力、力量、速度、灵活性等）和心理性能力（如注意力、动机、意志等），提高对有组织体育运动及其风险因素的认识和理解，并学会采取有效的预防措施；医务人员要负责全面监测有组织体育运动中儿童和青少年的安全和身心健康情况，尤其是对那些精英体育训练的孩子们。②

第二，运动准备评估。（1）基本要素评估。运动准备评估应作为一种基本的手段来筛查每一位参与者（运动员）潜在的危险因素，包括个人防护用品、受伤史（医生建议）、身体发育程度、关节稳定性、力量和柔韧性，以及风险因素筛查，这些对于防止复发性损伤十分重要。③（2）严格的评估细节。在所有儿童和青少年有组织体育运动伤害中，有一半多是可以预防的。运动管理机构要制定详细的运动安全守则，教练和其他人员要充分了解并切实执行这些规定，同时要及时监测运动员的身体情况、心理健康状况、安全设备情况以及训练设计和安排，以减少运动伤害的发生。在实施过程中，应建立运动员自我报告制度，及时掌握训练进程。在运动准备评估中有明显损伤的儿童和青少年应及时交由医生和健康保健者进一步确诊，并进行康复性训练。④（3）与监测系

---

① Humphries D., Jaques R., Dijkstra H. P., "A Delphi Developed Syllabus for the Medical Specialty of Sport and Exercise Medicine", *British Journal of Sports Medicine*, No. 490, 2018.

② Kellmann M., Bertollo M., Bosquet L., et al., "Recovery and Performance in Sport: Consensus Statement", *International Journal of Sports Physiology and Performance*, Vol. 13, No. 245, 2018.

③ Roberts W. O., Löllgen H., Matheson G. O., et al., "Advancing the Preparticipation Physical Evaluation: An ACSM and FIMS Joint Consensus Statemen", *Clinical Journal of Sport Medicine: Official Journal of the Canadian Academy of Sport Medicine*, Vol. 24, No. 442, 2014.

④ Saw A. E., Main L. C., Gastin P. B., "Monitoring the Athlete Training Response: Subjective Self-reported Measures Trump Commonly Used Objective Measures: A Aystematic Review", *Br J Sports Med*, Vol. 50, No. 281, 2016.

统有机衔接。健全规则体系，建立伤害监测系统，将运动准备评估与伤害有机联系起来，从而确定哪些因素可能会增加受伤的风险。运动准备评估表必须由持有无限职业许可证的医师（MD 或 DO）、护理师（NP）或助理医师（PA）在详细审查后签署意见，不接受预先签名或盖章的表格。①（4）需要进行更深入的研究来提高运动准备评估的有效性（指标体系），包括更加一致性地实施策略，指标筛选，在更广泛健康监督范围内有效地开展各项工作，尤其是要对不同项目参与者运动损伤的预防，以及医疗护理、并发症发生率等展开前瞻性探究。②

第三，识别危险因子。（1）预警因素识别。青少年进行高强度的训练，无论专业与否，都会对心脏、身体发育、肌肉骨骼和心理产生多方面的影响，因此从流行病学背景看，运动员、教练员、家长和医护人员应充分识别疼痛、疲劳、消极情绪、成绩下降可能是过度训练而致伤的早期预警信号。③世卫组织和国际运动医学联合会联合发布了一份关于儿童有组织运动的共识声明，其中建议有关人员（尤其是健康保健人员）应提高对有组织体育活动及其固有风险和安全因素的认识程度，并采取针对性措施进行控制。此外，医护人员应注意年轻运动员和成熟运动员之间的发育差异，以便更好地采取有效的诊疗措施。④（2）专业识别。专业人员应该认识到，某些解剖因素可能会导致运动员过度训练致伤，其中包括腿长差异、膝内外翻、骨盆旋转和全身关节过度活动等。预防过度训练致伤的策略包括分析和调整运动器材、生活习惯、训练强度、体育活动水平等方面的问题，避免过早

---

① Onate J. A., "Handbook of Human Motion: Preparticipation Physical Evaluation in Sport", *Journal of Adolescent Health*, Vol. 52, No. 44, 2013.

② Löllgen H., Leyk D., Hansel J., "The pre-participation Examination for Leisure Time Physical Activity: General Medical and Cardiological Issues", *Deutsches Ärzteblatt International*, Vol. 107, No. 742, 2010.

③ Brenner J. S., "Sports Specialization and Intensive Training in Young Athletes", *Pediatrics*, Vol. 138, No. 148, 2016.

④ Lau L. L., Mahadev A., Hui J. H., "Common Lower Limb Sports-related Overuse Injuries in Young Athletes", *Annals of the Academy of Medicine Singapore*, Vol. 37, No. 315, 2008.

专业化训练，采用不同训练方式提升关节周围肌肉力量。① （3）过程识别。在训练过程中，敏感性损伤记录方法更适合甄别和捕捉致伤因素，即采用基于运动员对疼痛，以及疼痛对他们参与程度、训练量和运动表现影响的自我评估和报告；同时也记录时间损失（因训练因素造成的事故伤害，一般指所损失的单位训练时间）所产生的伤害后果。②

第四，指导教育和医疗监督。（1）专门培训。应对儿童参与者（运动员）、家长和教练进行过度训练致伤，尤其是生长板损伤的专门教育和培训，以识别可能出现的迹象和症状，同时要告诉孩子们出现这些症状时一定要及时报告。③ 在参与不同运动项目时，需要进行仔细的行为记录，如果出现了一些异常的行为表现，就需要给予高度关注。定期培训是必要的，其能够不断提升相关人员的运动伤害预防水平。（2）专业的师资保障。青少年教练和中学体育教师应持有体育技术，以及儿童和青少年社会心理、成长与发展、健康和医疗保健等方面的证书，同时需要系统掌握新的评估方法，对孩子们的健康问题、运动参与环境、训练负荷与强度、运动成绩、受伤症状及其程度进行全面了解。④ 有组织的青少年体育活动，以及校际之间的比赛应由成年人进行监督，最好安排那些具备运动伤害预防知识和技能，以及具有实际监测和处理经验的人员，⑤ 这是防范运动伤害的重要内容。同时，应充分发挥专业人士的作用，他们受过专业化训练，掌握了运动特异性风险筛查、综合神经肌肉训练（INT）、骨骼健康风险评估、关节不稳定等新方法，能够及时

---

① Launay F., "Sports-related Overuse Injuries in Children", *Orthopaedics & Traumatology Surgery & Research Otsr*, Vol. 101, No. 139, 2015.

② Aasheim C., Stavenes H., Andersson S. H., et al., "Prevalence and Burden of Overuse Injuries in Elite Junior Handball", *Bmj Open Sport-Exercise Medicine*, Vol. 4, No. 391, 2018.

③ Arnold A., Thigpen C. A., Beattie P. F., et al., "Overuse Physeal Injuries in Youth Athletes", *Sports Health*, Vol. 9, No. 139, 2017.

④ Beijsterveldt A. M. V., Richardson A., Clarsen B., et al., "Sports Injuries and Illnesses in First-year Physical Education Teacher Education Students", *Bmj Open Sport Â Exercise Medicine*, Vol. 3, No. 189, 2017.

⑤ Almquist J., Mcleod T. C. V., Cavanna A., et al., "Summary Statement: Appropriate Medical Care for the Secondary School-Aged Athlete", *Journal of Athletic Training*, Vol. 43, No. 416, 2008.

识别、评估、恢复各类运动损伤。①

　　第五，调整运动负荷和强度。（1）运动量和强度控制。绝对的体育运动量，无论是用单位投掷次数还是参与时间来衡量，都是预测各项目过度训练致伤最为一致的因素，因此应努力控制儿童参与者进行重复训练的总量，以防止和减少损伤的发生。尽管具体活动和年龄范围的损伤阈值尚未确定，但考虑到年龄、性别、抗阻力训练、身体成分变量和身高发育速度峰值等，儿童和青少年每周进行大强度运动的时间原则不超过 16—20 小时。②（2）科学制订训练计划。对现行成年人的体育训练守则应进行适当的调整和修改，这有助于防止因过度训练而造成儿童运动员受伤，而对于那些缺乏明细规则的青少年体育项目，管理人员和教练员应给予严格的关注。同时，建议每周要休息 1—2 天，让身心得到良好恢复；每周训练时间、重复次数或总距离的增加量不超过 10%；每年 2—3 个月不进行专业训练；强调体育参与的重点是乐趣、技能学习、安全和体育精神；鼓励孩子只选择参加一个运动队；建立咨询委员会，对教练、家长和孩子们进行运动伤害的有关教育。③ 运动损伤占急性损伤的 10%—19%，最常见的是膝盖（如前交叉韧带损伤）和脚踝损伤，受伤率最高的一般是青少年足球、篮球、手球等旋转类的运动项目。④ 因此，科学的热身计划和体能训练应被系统纳入整个训练体系之中，在专门的训练计划中要集中进行神经肌肉控制、平衡性、协调性和下肢力量练习，以减少运动伤害的风险。在此过程中，要特别注意儿童运动员的受伤史，同时运动伤害预防方案（IPPS）需要进行控制性的生态评估，也就是说，只有其在设计、论证，以及具体执行策略与当前语境中的风险和现实问题相匹配时，整

---

① Jayanthi N., Brenner J., "Caring for the Young Athlete: Past, Present and Future", *J Sports Med*, Vol. 51, No. 141, 2017.

② Lynch K. R., Han C. G. K., Turilynch B., et al., "Impact Sports and Bone Fractures among Adolescents", *J Sports Sci*, No. 2421, 2017.

③ Brenner J. S., "Overuse Injuries, Overtraining, and Burnout in Child and Adolescent Athletes", *Pediatrics*, Vol. 119, No. 1242, 2007.

④ Olsen O. E., Exercises to Prevent Lower Limb Injuries in Youth Sports: Cluster Randomised Controlled Trial", *BMJ*, Vol. 330, No. 449, 2005.

体训练方案才会有效。① （3）注重"负荷稳态"控制。儿童和青少年运动员应在赛季开始前至少两个月进行综合性体能训练，以提升耐力、灵活性和力量。② 从最新发展趋势看，科学保持并监测训练和比赛的"负荷稳态"已经成为有组织体育活动和训练的核心维度，它能够精细化掌控运动员的内部和外部负荷。这一模式对评估年轻运动员们是否适应训练计划、监控个体应激反应，以及对疲劳诊断和伤病恢复起着关键性作用，同时也能够有效降低非功能性的过度拉伸、损伤和疾病的风险。③

第六，延迟过早的专业化训练。（1）延迟专业化训练时间。越来越多的临床医生和卫生保健组织提倡体育参与的多样性，以促进身体发育，提升运动能力；同时要延迟过早的专业化训练，以免造成儿童因过度训练致伤。高应激水平的负面生活事件和强压力应激反应是运动损伤风险相关性最强的两个变量，如果过早进行专业化训练，会给孩子们的身体和心理带来强应力，如果应对不当，就会造成严重的影响。④ （2）建立标准数据库。参加多种运动的儿童和青少年一般受伤较少，运动时间也较长，因此在青春期进行专业训练前要保持均衡的活动水平，控制好休息时间和全年训练时间的安排。伤害监测是一个标准化的、例行的、持续的过程，为所有体育参与者提供安全的环境和机会是至关重要的。⑤ 因此，在长期的训练过程中，应建立专门的监控制度，为各类人员提供准确的数据和行动支持。（3）控制生活方式要素。运

---

① Donaldson A., Gabbe B. J., Lloyd D. G., et al., "Controlled Ecological Evaluation of an Implemented Exercise Training Programme to Prevent Lower Limb Injuries in Sport: Differences in Implementation Activity", *Injury Prevention Journal of the International Society for Child & Adolescent Injury Prevention*, No. 1, 2018.

② Arnold A., Thigpen C. A., Beattie P. F., et al., "Overuse Physeal Injuries in Youth Athletes", *Sports Health*, Vol. 9, No. 139, 2017.

③ Bourdon P. C., Cardinale M., Murray A., et al., "Monitoring Athlete Training Loads: Consensus Statement", *Int J Sports Physiol Perform*, Vol. 12, No. 161, 2017.

④ Ivarsson A., Johnson U., Andersen M. B., et al., "Psychosocial Factors and Sport Injuries: Meta-analyses for Prediction and Prevention", *Sports Medicine*, Vol. 47, No. 1, 2017.

⑤ Finch C. F., Staines C., "Guidance for Sports Injury Surveillance: The 20-year Influence of the Australian Sports Injury Data Dictionary", *Injury Prevention Journal of the International Society for Child & Adolescent Injury Prevention*, Vol. 24, No. 1, 2017.

动损伤还可能与营养和睡眠不足、心理或社交问题有关,这些因素会导致精疲力竭,因此需要通过平衡生活方式,同时需要父母、朋友、教练和医疗保健人员提供强有力的支持系统。因此,制定结构性的运动伤害预防方案,进行社会心理干预(如压力干预、同伴疏导等)也是预防长期训练中运动损伤的重要内容。[1] 在孩子们综合的运动素质和能力尚未达到标准时,不要急于过早开始大强度的专业化训练,这极易造成运动损伤,甚至有些会影响他们的生长发育。

综上所述,最新理论成果进一步拓展了运动损伤防护的内涵和框架,形成了具有严密逻辑关系的操作程序。该框架将运动训练划分为若干个环节,并对每个环节提出了细化的原则、要求,这为从业者、运动员,以及其他专业人士提供了清晰的执行标准和依据。从研究态势看,培养运动医学专业团队、提升心理认知水平、前瞻性伤害筛查、科学控制"负荷稳态"等是近年来学者们关注的热点问题,这反映出青少年运动伤害防范日益与多学科产生了广泛而深入的融合。

(三)运动伤害预防政策制定的模型

第一,经典的四步骤运动伤害预防政策制定模型。范·梅赫伦所提出的四步骤模型是近20年来制定和评估运动伤害政策和方案的基础。该模型提出,运动伤害的预防首先要通过监测系统明确目标人群的损伤发生率(一般用单位参与时间[1000小时]所出现的损伤次数来表示)和损伤程度,然后确认致伤危险因素(病因学因素和损伤机理分析),之后是基于这些循证支持制定和实施伤害预防策略,最后是要通过适当的监测系统评估执行效果。[2] 随机对照实验(RCT)是评估运动损伤预防策略有效性的最佳方法,但也可以纳入一些其他的评估方法,如实验、队列排序和案例分析。运动损伤公共政策转化为现实行动需要5个阶段:(1)确立目标人群;(2)明确政策的有效性或效能;(3)被目标工作人员、机构或组织采用;(4)保持在实施过程中成本和效用的

---

[1] Gledhill A., Forsdyke D., Murray E., "Psychological Interventions Used to Reduce Sports Injuries: A Systematic Review of Real-world Effectiveness", *British Journal of Sports Medicine*, Vol. 52, No. 5, 2018.

[2] Mechelen W., Hlobil H., Kemper H. C. G., "Incidence, Severity, Aetiology and Prevention of Sports Injuries", *Sports Medicine*, Vol. 14, No. 82, 1992.

一致性；（5）随着时间的推移，保持在个人和环境中的干预效果。① 从这里可以看到，运动损伤具有复杂性，需要系统地采用定量和定性的研究方法，这是建立有效循证体系的重要途径。② 定性研究方法是医学领域普遍采用的一种方法，可以解决我们对运动伤害发生语境理解上的差距，也可以提供更为广泛的视角，提出创新性的观点，这对塑造教练员、运动员，以及卫生保健者服务者形成规范的行为方式，同时对改变青少年体育运动环境质量具有十分重要的意义。③

第二，运动伤害预防政策制定模型的进一步拓展。在现实环境中，不同类型的行为都可能与运动损伤风险因素和机制相关，这些行为不仅局限于参与者（运动员）、教练员、裁判员、理疗师，也包括体育组织、协会、体育俱乐部等，而且往往是多种行为同时发生。因此，实施大规模有效的干预措施是一项持续性的挑战，这在某种程度上已经超出了随机对照实验能够评估的范围。就现实情况看，需要不断将最新的研究成果转化为运动损伤预防实践框架（TRIPP），并采取积极推广措施，以应对体育参与中的突出问题④。这一框架是对范·梅赫伦损伤模型的拓展，在原有四步骤的基础上增加了三项措施：向参与者描述干预环境（包括个体、周围环境、社会和体育所传递的因素），告知实施策略；评估预防措施在实施环境中的有效性，所增加的步骤包括了充分了解正在研发的干预环境和评估实际环境中的干预；同时在预防策略的循证支持中更加注重科学的训练（掌握运动项目规律），体育规则的修改和政策改变，运动设备专业建议。⑤ 在该模型中，运动被视为一种与多种因

---

① Glasgow R. E., Vogt T. M., Boles S. M., "Evaluating the Public Health Impact of Health Promotion Interventions: The Re-aim Framework", *American Journal of Public Health*, Vol. 89, No. 1322, 1999.

② Bekker S., Clark A. M., "Bringing Complexity to Sports Injury Prevention Research: From Simplifcation to Explanation", *Br J Sports Med*, No. 1489, 2016.

③ Caron J. G., Bloom G. A., Bennie A., "Canadian High School Coaches' Experiences, Insights, and Perceived Roles with Sport-related Concussions", *International Sport Coaching Journal*, Vol. 2, No. 285, 2015.

④ Verhagen D. E. A. L. M., Stralen M. M. V., Mechelen W. V., "Behaviour, The Key Factor for Sports Injury Prevention", *Sports Medicine*, Vol. 40, No. 899, 2010.

⑤ Emery C. A., Pasanen K., "Current Trends in Sport Injury Prevention", *Best Practice & Research Clinical Rheumatology*, No. 1, 2019.

素密切联系的一个"语境",主要包括在训练环境中与身心体验相互关联的各种因素和条件。这一语境是一个开放系统,是运动伤害预防不可忽视的关键,因此在制定方案时,需要充分了解与其有关的运动环境、文化、基础设施、设备等基本要素和情况。[1] 此外,运动损伤因为语境的不同而可能出现转移,因此在制定和实施预防方案时,要以运动员及其所处的具体语境为逻辑基础,并充分考虑他们的需求、可能性和动机,这是更好地理解语境与伤害(损伤)关系,并进行有效预防的基础。[2]

根据以上分析,科学监测和收集标准化损伤数据(包括描述不同类型伤害问题)—进行病因学分析—循证制定和实施预防策略(包括社会支持策略)—监督评估效果构成了青少年运动伤害预防政策制定的总体框架。但是也应该看到,青少年是一个特殊的群体,他们的身心、社会适应性等都处在快速发展中,这就决定了在体育参与和训练过程中会面临更为复杂多样的影响因素,因此必须要根据现实情况进行分析,针对不同性别和年龄阶段的孩子制定细化的运动伤害公共干预政策。

(四)青少年运动伤害治理的法治框架

基于对运动伤害防范重要性的高度共识,一些国家在《体育法》层面提出了总体性要求,形成了权威性的法律依据。例如,匈牙利《体育法》规定,在修正案生效后45天内,各体育协会必须制定儿童和青少年保护条例,以及保障运动员利益的运动医学法规。在制定规章制度时应考虑到:(1)在规则的导言部分,必须描述特定运动中最常见的伤害,以及导致这些伤害的原因和机制。(2)训练指导人员必须为从事某一特定运动项目的运动员制订一系列专门的、有组织的热身运动计划,并建议所有教练员都采用这些热身活动。(3)必须强调的是,如果热身和预防活动是青少年训练结构的一部分,那么它们必须是最有效的。预防运动损伤的首要和最重要步骤之一必须是建立一套适合训练方案的身体检查制度,同时必须说明与特定运动有关的专门筛查、预防和

---

[1] Finch C. F., "No Longer Lost in Translation: The Art and Science of Sports Injury Prevention Implementation Research", *Br J Sports Med*, Vol. 45, No. 1253, 2011.

[2] Bolling C., Van Mechelen W., Pasman H. R., et al., "Context Matters: Revisiting the First Step of the 'Sequence of Prevention' of Sports Injuries", *Sports Medicine*, Vol. 48, No. 2227, 2018.

康复方案,并通过专门的测试来检查运动技能控制的可能性。(4)除了科学研究、筛选项目和预防程序外,记录和报告发生在特定运动项目中的伤害也很重要,如最危险的团队运动和搏击运动;该条例必须包含常规性医学检查(每年必须在比赛前和比赛后进行体检)中最重要的健康处方,必须厘清比赛中裁判和队医的角色,同时还必须包含击倒(KO)或脑震荡后的强制休息时间以及重返赛场的条件。(5)必须在条例后加上一份持统一意见的专家名单,他们分别负责某一特定运动项目,任何人(医生、精神病医生、按摩师、物理治疗师)均可联络他们,并能够得到充分的咨询。[①]《日本体育基本法》(2011)明确规定体育权利是一项基本权利,所有人有权通过参与体育活动保持健康和幸福的生活方式。该法律重新修订了日本体育协会(JAC)的相关职责和权限范围,更加注重对业余体育和青少年体育的关注,突出强调要保护运动员和孩子玩的权利。[②]为此,日本加大了支持力度,要求积极实施基于社会责任的国际标准(ISO 26000),以帮助和指导体育管理,其中着重建设以业余体育联合会、青少年体育俱乐部、联盟为主体的伤害事故预防制度。[③]同时,该法案也提出了支持因人为因素(包括管理不善、技术缺陷等)而导致意外事故的索赔。

美国针对运动伤害的立法完善,其中典型的是运动性脑震荡预防。"脑震荡法案"(又称重返赛场法案)就是基于对青少年体育活动中的伤害评价而形成颁布的。脑震荡在青少年体育运动中是很常见的一种伤害,相关统计数据令人惊讶。美国疾病控制与预防中心的相关数据显示:33%的运动脑震荡发生在练习中,而不是发生在比赛中;46%的运动脑震荡发生在高中橄榄球比赛中;20%的高中学生(运动员)在一个赛季中会遭受脑震荡;在足球运动中女孩脑震荡比例要比男孩高68%。根据对高中体育相关伤害监测研究,2005年美国脑震荡占受

[①] Szabo T., Stocker M., "Legal Protection for Athletes To Prevent Injuries Legislative Regulation in Hungary", *International Journal of Sports Science & Medicine*, No. 24, 2017.

[②] Lisgara P., "Recent Developments of Sports Governance in Japan", *The International Sports Law Journal*, Vol. 13, No. 329, 2013.

[③] ISO 26000 Social Responsibility (https://www.iso.org/iso-26000-social-responsibility.html).

伤比例的 9.1%，而到 2013 年增至 23.1%。① 在此期间，美国许多州，以及学校体育联盟重新制定和调整了青少年体育和预防体育运动脑震荡的政策与方案。② 2009 年，华盛顿州通过了第一部关于 K-12 学校脑震荡的法律——"Zackery Lystedt"法案。这部法案以 Zackery 的名字命名，他在 13 岁踢足球时头部受伤，从此永久残疾（第一次受伤 15 分钟后回到赛场，紧接着第二次头部受伤，由于连续脑震荡，他昏迷了 3 个月，随后数年进行治疗）。该法案规定：（1）有脑震荡迹象的运动员不得参加比赛或训练，除非经过训练的有执照的卫生保健人员（还包括熟练掌握相关技能的工作人员）对其脑震荡进行评估和治疗后，允许他们重返赛场。③（2）训练工作人员、运动员及其父母/监护人应接受有关头部受伤的培训，其中包括针对训练工作人员的训练课程以及提供给学生和父母的各种资料。（3）每年赛季开始前，运动员和他们的父母必须要签署一份关于脑震荡和头部受伤的信息表。（4）所有的学校必须制定预防学生运动脑震荡伤害的指南。④ 之后不久，俄勒冈州通过了麦克斯法案（OAR 581-022-0421）。2012 年，加拿大安大略省的政府提出了《教育修正案法案（脑震荡）》（Education Amendment Act），旨在通过提高对脑震荡的认识并实施相关协议来保护年轻学生运动员的权益，预防和免受与运动相关的脑震荡伤害。至 2014 年，美国所有的州和哥伦比亚特区都颁布了有关青少年体育运动脑震荡的法律。⑤ 2018 年 12 月，美国《创伤性脑损伤项目再授权法案》正式签署生效，该法案进一步要求疾控中心实施覆盖全国的脑震荡监测系统，其中提出要全面评估青少年运动性脑震荡，加大信息库建设，并进一步优化预防和治疗

---

① Centers for Disease Control and Prevention, *TBI Data and Statistics*（https://www.cdc.gov/Traumaticbraininjury/data/index.html）.

② Underwood J., "Under the Law: Schools Should Heed Concerns over Sports Brain Injuries", *Phi Delta Kappan*, Vol. 97, No. 74, 2016.

③ Koczerginski M., "Who Is at Fault When a Cincussed Athlete Returns to Action?", *Valparaiso University Law Review*, Vol. 47, No. 63, 2012.

④ Wilson M. F., "Young Athletes at Risk: Preventing and Managing Consequences of Sports Concussions in Young Athletes and the Related Legal Issues", *Marq. Sports L. Rev*, Vol. 21, No. 241, 2010.

⑤ National Conference of State Legislatures, *Traumatic Brain Injury Legislation*（http://www.ncsl.org/research/health/traumaticbrain-injury-legislation.aspx）.

机制。① 依托完善的国家立法，美国各州联合国家橄榄球联盟（NFL）、大学体育协会（NCAA）、运动医学学院（ACSM）等权威体育机构建立了全面覆盖的青少年脑震荡预防机制。

三 青少年运动伤害预防的最新理论动态

第一，风险认知能力不足和冒险行为致伤理论。对青少年的认知风险和能力评估是预防运动损伤重要的心理因素，在制订环境和行为伤害预防计划时，应充分考虑男女孩子在认知风险、冒险行为和先前伤害方面的差异。有研究表明，冒险评分高的孩子把受伤更多地归因于运气，而不是自己的行为，这种乐观主义的反应倾向随着年龄的增长而增加，这就使他们通常认为自己比同龄人受伤的概率要小。相比之下，那些给自己冒险行为打分低的孩子更容易受伤，其中女孩子比男孩子更为明显。② 这一发现支持了这样一种观点，即那些对伤害风险感知较低的年轻运动员，实际上可能会做出更多的冒险行为，从而使自己面临更大的受伤风险。这就使得在制定减少学龄儿童冒险行为干预策略方面面临一项关键性挑战，即身体发育（尤其是大脑神经系统）中儿童风险决策能力越来越强，需要创造一种良好的环境（包括周围环境因素、个体因素等），发展一系列技能支持的能力体系（如表达选择、理解、推理、预期等），从而促使他们能够科学自主地做出决定。③ 融合神经科学、心理学、决策科学、伦理学、临床医学等最新成果，提升青少年运动风险认知水平和决策能力，为解决运动伤害和治疗中的关键问题提供了新的视角。同时，儿童和青少年伤害认知风险是监控和评估实际冒险行为的一个重要指标，而且认知风险与冒险之间的关系可能会被他们以前的冒险经历和结果所缓解。也就是说，过去成功的冒险经历可能会降低认知风

---

① Centers for Disease Control and Prevention, *National Concussion Surveillance System* (https://www.cdc.gov/traumaticbraininjury/ncss/).

② Morrongiello B. A., Rennie H., "Why Do Boys Engage in More Risk Taking Than Girls? The Role of Attributions, Beliefs, and Risk Appraisals", *Journal of Pediatric Psychology*, Vol. 23, No. 33, 1998.

③ Grootens-Wiegers P., Hein I. M., Vanden Broek J. M., et al., "Medical Decision-making in Children and Adolescents: Developmental and Neuroscientific Aspects", *BMC Pediatrics*, Vol. 17, No. 120, 2017.

险，潜在地增加参与者（运动员）在运动中冒险的可能性。① 最新的研究表明，个体在认知、情感、精神生物学和社会学领域的差异可以影响和解释他们在发展过程中的一些冒险行为。愤怒（包括敌对、具有破坏性的冲动）的情绪、认知和行为都与儿童和青少年的冒险决定有关，它是进行风险预防和控制的一个重要因素。② 将儿童和青少年情绪波动介入到运动伤害认知风险监控日益成为学界研究的一个热点问题，该理论框架通过个体情绪波动表现，对现实情境中的风险和潜在的危险行为做出识别，这为建立一种有效的运动伤害反馈机制提供了新切入点。

另一个可能影响认知风险和冒险关系的因素是自我效能控制（个体对所经历事件的反应，即应对的感知能力）。一般而言，自我效能感低的运动员对失败的预期更高，因此受伤的可能性就更大；相反，自我效能感高的运动员更有可能去积极尝试通过多种途径去解决困难，而不是一味地鲁莽行事，因此在运动中冒险的可能性也就越大，但他们的这些积极尝试会不断提升认知能力、自我评估能力，从而降低受伤的概率。③ 体育领域始终重视从哲学角度来理解运动技巧和熟练动作的重要性，但我们对获取技能和身体专业知识（包括自我形象塑造和控制）的认知仍然不完善。④ 以身体现象学为主导的运动技能学习模型突出了生命体的"自我领域"，即向周围环境的学习是通过思维的程序化运作，将感官（知觉）接受到的信息转换为心理表征，然后在认知层面进行细化处理。在这个领域中，吸收、执行规则和命令是关键，它通过内化的信息处理能够建构起复杂的行为定式。⑤ 如果突破了"自我领域"，运动个体的身体模式就会出现重新调整，就难以确立思维导向、

---

① Cook S., Peterson L., Dilillo D., "Fear and Exhilaration in Response to Risk: An Extension of a Model of Injury Risk in a Real-world Context", *Behavior Therapy*, Vol. 30, No. 5, 1999.

② Gambetti E., Giusberti F., "Anger and Everyday Risk-taking Decisions in Children and Adolescents", *Personality and Individual Differences*, No. 342, 2016.

③ Naoi A., Ostrow A., "The Effects of Cognitive and Relaxation Interventions on Injured Athletes' Mood and Pain during Rehabilitation", *Athletic Insight: The Online Journal of Sport Psychology*, Vol. 10, No. 7, 2008.

④ Larsen H., Signe, "What Can the Parkour Craftsmen Tell Us about Bodily Expertise and Skilled Movement?", *Sport, Ethics and Philosophy*, No. 1, 2016.

⑤ Purser A., "Getting it into the Body: Understanding Skill Acquisition through Merleau-Ponty and the Embodied Practice of Dance", *Qualitative Research in Sport, Exercise and Health*, No. 1, 2017.

有效感知规则，也无法进行风险因素处理，运动伤害就成为可能。随着运动心理学、训练学、社会学的融合发展，现有的创伤心理反应模型并不能对运动员创伤应激障碍（PTSD）提供一个全面解释，自我效能控制被植入其中，成为缓解和介导这一障碍症状，以及运动损伤应激管理的一个关键因素。[1] 总的来看，社会心理因素会增加在参加体育活动时受伤的风险，参与者（运动员）潜在的应激状态和认知评价与急性损伤有关，而身体恢复能力下降所产生的压力，自我怀疑和消极思想也会增加致伤风险。教练、家长应优先与孩子们进行持续的、相互信任的沟通，让他们感到安全，并表达自身的感受。同时，应不断优化参与环境（如以成功为中心的学习环境），减少压力源，充分发展孩子们的自信心，以降低受伤的风险。[2]

第二，超负荷训练致伤理论。尽管人们已经认识到了参与体育活动的风险，但青少年运动员过度负荷训练所造成的伤害仍然在持续增加。2014年，美国一项针对5—17岁青少年因运动就诊的调查结果显示，有53%涉及与过度训练有关的损伤，其中年轻男性和女性运动员在损伤类型、转诊和身体部位上存在差异。[3] 过度训练造成的伤害也因项目不同。对美国高中运动员受伤情况的分析发现，过度训练致伤所占比例为7.7%，女孩总体受伤比例要高于男孩；男孩在冰球运动受伤比例较低，为1.4%，游泳和跳水受伤比例较高，为55.7%，女孩致伤最高的项目是田径和曲棍球。[4] 从理论上讲，过度训练伤害是可以有效预防的，主要的危险因素包括青少年快速发育期、实际年龄、体型、训练量和强度、以往受伤情况；预防策略以实施有效监测为主，针对正在发育

---

[1] Bateman A., Morgan K. A. D., "The Post-Injury Psychological Sequelae of High-level Jamaican Athletes: Exploration of a Post-Traumatic Stress Disorder-Self-Efficacy Conceptualisation", *Journal of Sport Rehabilitation*, No.1, 2017.

[2] Pensgaard A. M., Ivarsson A., Nilstad A., et al., "Psychosocial Stress Factors, Including the Relationship with the Coach, and Their Influence on Acute and Overuse Injury Risk in Elite Female Football Players", *BMJ Open Sport & Exercise Medicine*, Vol. 4, No. 317, 2018.

[3] Rupp T., Facep M. D., Holschen J. C., "Pediatric Sports Injuries", *Cjfsportscenter Com*, Vol. 42, No. 965, 2014.

[4] Schroeder A. N., Comstock R. D. Collins C. L., et al., "Epidemiology of Overuse Injuries among High-School Athletes in the United States", *The Journal of Pediatrics*, Vol. 166, No. 600, 2015.

期的参与者（运动员）制订专门训练计划，定期监测柔韧性、肌肉力量和耐力、训练负荷和强度。① 从运动内在机理看，伤害预防计划一般是基于神经肌肉潜在缺陷或不足的多模式干预，通常包括静态和动态的平衡性练习、增强式（爆发力）练习、抗阻力练习，以及下肢力量和速率练习。神经肌肉能力是指通过神经肌肉系统（适当的神经功能控制和驱动，肌肉力量和耐力的协调、肌肉募集方式、本体感觉反馈和反射活动）来驱动和控制运动的能力。② 强化神经肌肉、关节和韧带等的应力和耐受力是所有运动项目训练必须要遵守的一个基本原则。超负荷训练是专业训练必须要经历的阶段，从某种意义上讲，它所潜在的伤害风险在很大程度上来自参与者身体综合能力（包括机能和运动能力）的不足，因此需要扎实做好前期训练工作，打好基础。绝大多数的儿童和青少年训练致伤是可以预防的，在所有的外在因素中，不当训练是最为常见的原因，因此需要综合注意以下事项：（1）进行下肢与核心力量强化训练；（2）增强式训练；（3）持续向运动员反馈正确技术；（4）极少或不使用附加设备；（5）进行防止受伤的平衡性训练。训练和伤害预防的重点应放在预防脚踝关节扭伤、腿筋损伤，同时应加强脊柱（躯干）侧方运动。③

从训练实践看，平衡训练是改善不同层次体育参与者（包括运动员）静态姿势摇摆和身体动态平衡能力的有效干预手段，同时结合力量和增强式（爆发力）训练，能够在短跑、跳跃或一些表现力量的项目中达到最佳效果。④ 青少年身心处在快速发育时期，这一阶段如果持续承受过度的负荷和强度，就会超出神经肌肉所能够承受的极限，从

---

① Arnold A., Thigpen C. A., Beattie P. F., et al., "Overuse Physeal Injuries in Youth Athletes: Risk Factors, Prevention, and Treatment Strategies", *Sports Health*, Vol. 9, No. 139, 2017.

② Kiani A., "Prevention of Soccer-Related Knee Injuries in Teenaged Girls", *Archives of Internal Medicine*, Vol. 170, No. 43, 2010.

③ Trojian T., Driban J., Nuti R., et al., "Osteoarthritis Action Alliance Consensus Opinion-best Practice Features of Anterior Cruciate Ligament and Lower Limb Injury Prevention Programs", *World Journal of Orthopedics*, Vol. 8, No. 726, 2017.

④ Zech A., Hübscher M., Vogt L., et al., "Balance Training for Neuromuscular Control and Performance Enhancement: A Systematic Review", *Journal of Athletic Training*, Vol. 45, No. 392, 2010.

而造成损伤。多模式运动损伤预防方案能够有效降低损伤风险，同时也能够提高神经肌肉的性能和运动控制能力，将其融入到每周2—3次（训练量为30—60分钟，累计为6个月），每次常规15—20分钟的专门运动中，可以为接下来的训练做好准备，并有效降低下肢受伤的风险。[1] 神经肌肉训练方案（NMT）基本思路是围绕"量效关系"的规律进行设计，主要内容包括：（1）应能够有效提升运动成绩，并有效预防伤害；（2）应保证运行方案所需要的实践资源；（3）方案必须针对现实存在的问题，并具有可行性；（4）方案必须是具体的，针对不同年龄、性别、表现水平和运动项目进行设计。[2]

第三，运动能量交换不均衡致伤理论。运动伤害已经成为了一个社会关注的问题，被纳入突发性的、具有破坏性事件后果范畴。[3] 根据世卫组织在《身体机能和残疾分类：机能、残疾和健康的国际分类》（ICF）中使用的损害概念，可以从病因学视角将运动损伤定义为是在参与运动过程中，由于能量转移而导致身体功能的丧失或身体结构的偏离。[4] 其中低可用性能量（LEA）是运动中相对能量不足（RED-S）的概念基础，它是指运动员能量摄入（饮食）与运动消耗能量之间不匹配，导致能量不足，无法维持身体最佳的健康状态和运动表现力。在操作层面，可以界定为：可利用能量（EA）＝［能量摄入（EI，千卡）－运动能量消耗（EEE，千卡）］／去脂体重（FFM，kg）。[5] 根据这一定义，运动损伤不仅包括在离散项目（相对独立项目）中能量交换的结果，也包含着非功能性过度训练的结果。虽然在离散项目期间所

---

[1] Steib S., Rahlf A. L., Pfeifer K., et al., "Dose-Response Relationship of Neuromuscular Training for Injury Prevention in Youth Athletes: A Meta-Analysis", *Frontiers in Physiology*, Vol. 8, No. 920, 2017.

[2] Oliver F., Roland R., Petushek E. J., et al., "Neuromuscular Adaptations to Multimodal Injury Prevention Programs in Youth Sports: A Systematic Review with Meta-Analysis of Randomized Controlled Trials", *Frontiers in Physiology*, Vol. 8, No. 1, 2017.

[3] Wilkins K., Park E., "Injuries", *Health Rep*, Vol. 15, No. 43, 2004.

[4] Timpka T., Jacobsson J., Ekberg J., et al., "What is a Sports Injury?", *British Journal of Sports Medicine*, No. 423, 2014.

[5] Mountjoy M., "International Olympic Committee Consensus Statement on Relative Energy Deficiency in Sport (RED-S): 2018 Update", *International Journal of Sport Nutrition and Exercise Metabolism*, No. 1, 2018.

持续的身体功能或结构丧失，但通过消除或减弱不均衡的能量交换能够缓解，这就需要进行有效预防，即识别和剔除那些可能引发破坏性后果的因素。例如，通过对青少年可利用性能量的检测、摄取和管理，强化神经肌肉（INMT）的能量控制和输出（动态稳定性、体能、爆发力、协调性、速度、灵敏性和抗疲劳性），[1] 延长恢复期，调整和改进技术，优化训练环境和设备等。无论损伤类型如何（不论是急性的、创伤性的，还是渐进性的、反复发作的损伤），通常是一系列不断变化的内在能量环境引起的，也就是说，当这些微妙因素发生了变化，维持身体机能和运动能力的能量平衡被打破，就会出现功能性或技术性障碍，进而可能导致运动损伤。统计模型在运动伤害预防中发挥着重要作用，有些因素会增加参与者受伤风险，运动是一个复杂系统，其依靠内部和外部因素来达到和保持身体的健康状态和稳定的成绩。在这一系统中的有机体、参与者（尤其是个性特征）会随着各种因素的变化而变化，因此充分借助人工智能可以很好地评估存在的风险，并预防运动损伤的发生。[2] 每一项运动都需要外在条件、身体机能、技术技能、运动能力、情绪状态等一系列内外因素的共同作用，运动能量交换的理论观点从身体结构的视角入手，提出综合性介入预防的观点，这为深入探析运动损伤（伤害）内在机理，制定有效方案提供了拓展性的思路。

综上所述，青少年运动伤害预防具有突出的现实意义，能够有效规避对身心健康不利的影响，同时也能够降低社会和经济成本支出。近20年来，青少年运动伤害预防已经形成了具有稳定特征的循证框架，沿循脉络十分清晰，而随着体育法治化进程的不断深入，其治理体系也日趋完善，建构起了依托国家法律的共治共享格局。从青少年体育现实发展看，运动伤害呈现出不断演绎的趋势，参与环境、认知心理、行为习惯、身心发育、神经肌肉、负荷稳态控制等都成为潜在的风险因素。在国际视野中，立足这些问题，青少年运动伤害及其预防逐步与多学科

---

[1] Fort-Vanmeerhaeghe A., Romero-Rodriguez D., Lloyd R. S., et al., "Integrative Neuromuscular Training in Youth Athletes. Part Ⅱ: Strategies to Prevent Injuries and Improve Performance", *Strength & Conditioning Journal*, Vol. 38, No. 9, 2016.

[2] Kakavas G., Malliaropoulos N., Pruna R., et al., "Artificial Intelligence: A Tool for Sports Trauma Prediction", *Injury*, No. 215, 2019.

理论深度融合，出现了很多有价值的新观点，尤其是以病理学和流行病学为基础，创造性地纳入了神经认知科学、脑科学、身体现象学、运动能量交换理论的最新成果，极大地提升了研究层次，这为我国系统开展相关工作提供了重要借鉴。

第二节 青少年运动伤害的预防措施、司法救济及深化改革

儿童和青少年运动中经常发生急性和慢性的压力性神经系统损伤，针对此类损伤，应采取针对性的预防策略，这是规避运动伤害的基础环节。同时，由于各种复杂的因素作用，青少年体育伤害事故所引发的司法诉讼也经常出现，需要对其高度重视，进行一体化的研究。本节基于国内外发展，着重提出了建立我国青少年运动伤害制度的建议。

一 青少年运动伤害预防的普遍性措施

国际社会和一些西方国家经过长期的建设，在青少年运动伤害预防方面已经比较完善，形成了比较系统的措施体系。主要内容包括以下3个方面：

第一，对相关人员进行专门的运动伤害防护培训。从现实情况看，许多教练、家长和从业人员并不能充分了解儿童和青少年身心发育特点，以及体育运动损伤及其预防的基本知识，这是引发或造成伤害的一个非常重要的因素。因此，在相关政策或预防策略中需要着重针对这一领域进行个性化的专业技能培训，以减少急性和应激性骨损伤的风险，尤其是教练应减少训练负荷，减缓快速成长期年轻运动员技能的学习速度。同时，应每隔3个月仔细测量孩子们的身高数据，为教练提供估计生长速度数据，测量身高最好在早上进行，不建议在训练后进行。[1] 儿童和青少年体育活动促进覆盖范围广泛，各类型和各层次专业人士应具备基本的伤害防范知识，尤其是针对长期训练的孩子而言，应该建立定

---

[1] Voigt G., "ENS 265L Care and Prevention of Athletic and Recreational Injuries", *Irish Geography*, Vol. 23, No. 43, 2013.

期的培训和监督机制,这是防患于未然的关键。

第二,与医护机构密切合作,将体检与训练有机结合。日常训练中应建立定期体检制度,以便在早期发现压力性的生长板损伤或其他方面的损伤,一旦确诊,则要注意对训练计划进行科学调整,以帮助运动员恢复,训练有素的专业人员(如有资格的体育教练)应监督孩子们的受伤康复和重返训练。教练在训练中应采用多种活动练习,注重调节身体机能,包括适当加强练习强度、提升动作幅度,注重本体感觉练习有助于减少急性和慢性身体损伤;同时避免因过度重复练习而引起的损伤,针对基础性训练而言,应将重点放在质量而不是数量上。周期性训练要提升科学性,其有助于减少过度训练造成的运动损伤,其间需要有量化的循环训练负荷,以及规定的休息时间。① 科学训练能够有效预防运动伤害,其能够有效地优化施加和吸收身体内在的应力,因此需要根据潜在的风险因素,以及致伤原因设计针对性的预防方案。例如,通过弹性踝足矫形器能够有效提升与下肢力量异常有关的应力;不良的本体感觉可以通过专门的训练项目来缓解,而通过适当的设备和辅助器械能够提升直接接触(对抗)的身体应力。

第三,以科学的运动干预预防伤害。总体来看,训练干预主要包含三部分内容:一是积极准备好训练设备,要准备好支架、矫形器、跑步路面(如果跑步路面很硬,就应该调整在软一些的地方跑,反之亦然)、监控器、运动服装和运动鞋等;二是进行科学训练,如注重肌肉力量和耐力练习,提升关节活动范围,提升反应时间和本体感觉等;三是严格遵循训练规章制度。② 对于对抗运动,应按照孩子们的成熟度、体能水平、专业技能水平和成绩作为同龄孩子竞技的划分标准,以防止不必要的身体受伤。在不同层级的青少年体育参与中,成熟度评估(着重进行分类评估)是处理运动损伤和伤害的一个重要因素。教练、运动员、医生之间需要建立保持畅通沟通的渠道,以便在出现症状时尽早进

---

① Caine D., Difiori J., Maffulli N., "Physeal Ijuries in Children's and Youth Sports: Reasons for Concern?", *British Journal of Sports Medicine*, Vol. 40, No. 749, 2006.

② McBain K., Shrier I., Shultz R., et al., "Prevention of Sports Injury I: A Systematic Review of Applied Biomechanics and Physiology Outcomes Research", *British Journal of Sports Medicine*, Vol. 46, No. 169, 2012.

行专业评估。关节周围剧烈疼痛，无论是突然还是逐渐发作，都可能是生长板发生显著变化的症状，需要及时治疗，并对恢复活动提出具体建议，同时需要记住永远不能允许，更不能期望孩子去克服疼痛（痛苦）。① 同时，应广泛进行前瞻性的队列研究（对各种复杂的变量进行分析性和描述性研究），提升筛查的有效性和效率，精细化预测、评估和干预运动损伤风险；主要环节包括：规律性要素（风险或防护介绍）—主要呈现方式—递归循环—识别并确定损伤出现的决定因素。②

二 典型国家的青少年运动伤害预防

第一，英国学校体育运动伤害的综合预防治理。学校是儿童和青少年接受体育教育的重要场所，需要建立全面的运动伤害预防机制，英国形成了优势经验，值得借鉴。英国学校体育伤害主要包含一级、二级和三级伤害预防干预措施。③ 其中一级主要是指不断修正、规避与伤害事件发生有关的危险因素，主要内容包括：（1）员工/教师因素。具备适当的资质；制定了良好行为培训和监督的规范；设置了适合不同学生年龄、体能及能力的培训课程。（2）制度因素。制定了细化的指南，以确保员工能够充分掌握学生们的病史；应对极端天气（主要是中暑）的预案；建立了有效预防受伤的程序，如按体重和身高组织竞赛。（3）孩子/父母因素。积极准备参加相关考试；培训课程期间着装，确保安全运动。（4）学校体育环境因素。定期检查设施以甄别和排除潜在的危险；提供和使用装备齐全、条件良好的运动防护设备。（5）国家因素。建立了完善的伤害监测制度。二级主要是指降低伤害事件发生时所造成的严重程度，主要包括：（1）有足够训练有素（急救）的员工；体育教师和其他学校工作人员接受了识别和处理脑震荡的系统培训；执行培

---

① Mirwald R. L., Baxter-Jones A. D. G., Bailey D. A., et al., "An Assessment of Maturity from Anthropometric Measurements", *Medicine & Science in Sports & Exercise*, Vol. 34, No. 689, 2002.

② Verhagen E., Dyk N. V., Clark N., et al., "Do not Throw the Baby out with the Bathwater: Screening can Identify Meaningful Risk Factors for Sports Injuries", *British Journal of Sports Medicine*, No. 1, 2018.

③ Anya G., Maria V. H., Alan E., et al., "Prevention of Sports Injuries in Children at School: A Systematic Review of Policies", *BMJ Open Sport & Exercise Medicine*, Vol. 4, No. 346, 2018.

训期间的活动和行为规则。(2) 制度因素。制订紧急行动计划；学校建立了配备自动紧急心脏除颤器（AEDs）制度。(3) 孩子/父母因素。孩子和父母接受了运动脑震荡预防和处理培训。(4) 学校体育环境因素。运动防护设备能够有效使用。(5) 国家因素。关于规则优化的立法和政策。三级主要是指受伤后的最佳治疗和康复，主要包括：(1) 工作人员知道如何安全地让学生在受伤（包括脑震荡）后恢复活动；有专门的学生脑震荡后返回学习计划。(2) 制度因素。与相关方建立脑震荡伤害后恢复学习和活动的结构性方案。(3) 孩子/父母因素。儿童和家长进行脑震荡后安全恢复活动和学习的培训。

第二，美国依托专业资源的学校运动伤害预防。美国则更加注重专业资源对学校体育伤害预防的介入。在美国，运动伤害给高中运动员及其家人带来了身体、情感和经济负担，也是造成其停止参加体育活动和训练的主要原因之一。[1] 随着人们对肌肉骨骼损伤，危及生命的疾病，以及诸如脑震荡等脑部创伤担忧的日益增加，越来越多的中学和大学正在重新评估为学生（运动员）提供的医疗服务。在拥有包括认证体育教练（ATs）在内的正规医疗队的中学，学生（运动员）受伤率（包括急性和复发）要远低于没有认证体育教练的中学。[2] 根据美国医学会规定，运动医学部门（团队）应由一名具有无限制行医执照的对抗疗法或骨科主任医师，一名健康协调员（最好是通过美国认证委员会[BOC]认证的教练）和其他必要的人员组成。[3] 这一运动伤害预防和管理机制纳入了11个协会（如美国儿科学会、大学生健康协会、运动医学协会、骨科运动医学学会、大学体能训练师协会、全国校际体育管理协会等）的资源，旨在全面提升学生（运动员）体育参与水平，促进他们的健康和福祉，主要内容包括：(1) 明确体育教练和队医的职责和

---

[1] Centers for Disease Control and Prevention, *Preventing Injuries in Sports, Recreation and Exercise* (https://www.cdc.gov/healthcommunication/toolstemplates/entertainmented/tips/SportsInjuries.html).

[2] Pierpoint L. A., Labella C. R., Collins C. L., et al., "Injuries in Girls' Soccer and Basketball: A Comparison of High Schools with and without Athletic Trainers", *Injury Epidemiology*, Vol. 5, No. 29, 2018.

[3] American Academy of Family Physicians, *American Academy of Family Physicians' Support of Athletic Trainers for High School Athletes* (http://www.aafp.org/online/en/home/policy).

责任；（2）明确运动医疗团队的内部管理关系和运行程序；（3）赋予批准学生运动员参赛的决策权力，以及受伤或生病后恢复情况和运动状态的诊断和评估；（4）负责有关医务人员的选拔、续聘、辞退等事宜；（5）负责运动医疗队的绩效考核评估。[1]

第三，美国青少年运动性脑震荡损伤的预防。医学证据表明，年轻运动员更容易遭受脑震荡，而且受伤后的恢复期要比成年人慢。世界上很多国家都出台了专门的法律，建立了广泛的预防制度，其中美国在这方面已经形成完善的法治体系。2000年以前，美国学校体育联盟中的年轻运动员很少在比赛前进行专门的医学检查，而且当脑震荡发生时，也得不到队医或教练的及时治疗，这一现象非常普遍。由于缺乏必要的重视和预防措施，青少年运动员脑震荡致伤率居高不下，其中遭受的创伤性脑损伤中，有一半以上是由于参加体育运动造成的，这些伤害除了会导致情绪和行为紊乱外，还会对认知造成持久的影响（包括注意力和记忆力受损）。[2] 针对这一突出问题，社会各界提出政府、体育组织、学校、教练和卫生保健服务者有责任保护儿童和青少年的健康，为他们提供安全的参与环境和条件。[3] 基于相关完善的国家立法，美国教育联盟提出：（1）所有的学校和管理机构制定符合立法的教育和治理方案；（2）进一步为学生运动员、家长和监护人、教师、教练、学校董事会成员提供培训支持；（3）全面细化识别、预防和管理学生运动脑震荡伤害的策略。[4] 此外，针对长期以来各类体育管理机构和体育组织"重返赛场指南"中规定不一致性突出的问题，由运动医学和神经学领域的国际专家小组进行了多次调整，于2008年形成了关于运动中脑震荡

---

[1] Courson R., Goldenberg M., Adams K. G., et al., "Inter-association Consensus Statement on Best Practices for Sports Medicine Management for Secondary Schools and Colleges", *Journal of Athletic Training*, Vol. 49, No. 128, 2014.

[2] Ilie G., Boak A., Adlaf E. M., et al., "Prevalence and Correlates of Traumatic Brain Injuries among Adolescents", *JAMA*, Vol. 309, No. 2550, 2013.

[3] Wilson M. F., "Young Athletes At Risk: Preventing and Managing Consequences of Sports Concussions in Young Athletes and the Related Legal Issues", *Marq. Sports L. Rev*, Vol. 21, No. 241, 2010.

[4] Sharma B., Cusimano M. D., "Can Legislation Aimed at Preventing Sports-related Concussions in Youth Succeed?", *Injury Prevention*, Vol. 20, No. 138, 2014.

伤害的共识声明，2012年在苏黎世第四届国际运动脑震荡会议上又进行了重新修订。该声明明确提出，脑震荡是一种脑损伤，是由生物力学力引起的影响大脑的复杂病理生理过程。为了有效规避这一伤害的发生，声明建议：（1）采用独立的体系，进行针对性分级；（2）运动员在遭受脑震荡伤害后不得开始任何活动，直到无症状为止；（3）运动员如果没有明显症状，可以进行低强度的有氧运动，如果仍然表现正常，则可以逐步参加比赛；这一程序要求平均间隔时间为24小时，但如果出现了脑震荡症状，运动员则必须要停止任何活动。该共识声明还制定了脑震荡识别工具（CRT）、运动脑震荡评估工具（SCAT3）和儿童运动脑震荡卡，采用标准化的方法对13岁以下的儿童和青少年进行评估。教练员、卫生保健人员、家长、学校、体育组织等要充分了解指南的相关规定，并要严格遵循预防和治疗程序，不得让任何头部受伤的青少年运动员在当天就进行任何训练或比赛；当他们可以返回赛场时，必须要得到医生的许可。[1]

三　青少年运动伤害的司法救济

（一）青少年运动伤害的司法救济内涵

司法救济就是指通过法律制裁各种侵权行为，保障公民的权利，其中及时、清晰地厘定侵权责任是关键。[2] 从广义的视角看，体育法律责任是指国家或体育权威组织依法对行为人的体育行为和不利法律后果的关联性作出否定性确认以及强制性负担，是体育法律关系运行的一种保障和补救手段。[3] 其具有以下几层含义：一是"公平"的体育法理念和价值标准能够正当、合理地评价和证成责任主体应当的合理负担，其不能拒绝；行为人的责任只能由国家或体育权威机构的专有部门作出，即将静态的"有责"作出实际的裁定，实现了客观的转化。二是体育法律规范主要包括国际体育法、国家体育法、固有体育法，各类型的规范既独立运行又相互作用，共同设定权利义务和责任，行为人在参与体育

---

[1] Consensus Statement on Concussion in Sport, "The 4th International Conference on Concussion in Sport, Zurich, November 2012", *Journal of Athletic Training*, Vol. 48, No. 554, 2013.
[2] 曲桂玲：《试论我国公民基本权利保障》，《求实》2004年第4期。
[3] 周爱光：《体育法学概论》，高等教育出版社2015年版，第185—186页。

活动或开展体育业务时,必须要遵循相应的规定,如果违反了具体的法律义务,则需要负担相应的法律责任。三是对行为人体育行为和法律后果关联性的否定性确认和强制性负担全面考察了法律责任认定和裁决的主客观要素,有利于建立一个公正、客观、及时和精细的法律责任制度。体育法律责任属于一般民事责任范畴,其主要构成要件一般包括责任主体(自然人、法人、社会组织等)、违法性、损害事实(法律结果)、损害事实(法律结果)与行为之间的因果关系、过错(主观故意和过失)。[①]

这里需要注意的是,与体育权利和体育义务法律本质不同,体育责任是恢复体育法律关系运行的重要保障和补救手段。体育法律的运行依赖于有序的体育法律关系,任何个体只有成为了法律主体,并能够积极履行体育义务和负担责任才能够获得最大的"利益自由"。从根本上讲,体育权利和体育义务的统一是推动体育法律关系良性运行的核心内容,而强制性负担责任则是恢复体育法律关系和体育秩序的一种补救性和保障性手段。体育义务和体育责任之间虽然存在密切的关系,但并非因果关系。在厘清二者关系时需要对行为人义务履行、发生环境、后果条件、可归责性等因素深入分析,不能断然作出"因果判罚"。同时,强制性负担是一个"弹性范畴",既有"法正义"上的勇于担当和担负之意,也有强制意义上的必须承受和承担含义。将两层含义统一起来,契合体育善治的根本宗旨,有利于责任主体自愿承担其"承诺的契约责任",即实现体育行业的"自律"。此外,"负担之界定"又是客观的、动态的,能够针对不同责任类型,作出合理的裁定。就现实情况而言,单纯以体育义务、后果、制裁和处罚作为落脚点均不能全面包含多样复杂体育法律关系中可能负担的责任。

(二)西方国家青少年伤害的司法救济

美国的相关法律十分注重细化管理主体的管理职责,突出强调从业人员的注意义务。美国脑震荡评估和管理程序包括"重返赛场指南"(RTP)和立法改革,旨在保护年轻的运动员免受进一步的伤害。预防措施要从一开始就防止这些伤害的发生,重点是要不断调整和优化青少年

---

① 张文显:《法理学》,高等教育出版社2011年版,第126—128页。

体育管理规则和政策，减少发生率。公众已经认识到了运动中脑震荡伤害所带来的各种消极影响，尤其是对年轻孩子的身心危害，因此对政府、体育管理机构、体育组织等提出了更高的要求，需要明确各层级主体的职责，以及建立有效的法律责任认定机制，清晰界定灾难性或致命性伤害产生后果的主体责任。[1]"重返赛场指南"对不同主体的注意义务、法律职责进行了规定。根据对教练员的调查结果，有42%的教练认为运动性脑震荡只发生在运动员失去知觉的时候，而且其中有25%的教练会允许运动员在有症状的情况下继续进行比赛，在一些高中体育赛事（如橄榄球）中，这一比例更高。[2] 这一情况令人不安，运动员脑震荡后过早返回赛场，可能会引起更为严重的问题，从而引发法律诉讼。学校和社区一些运动项目"重返赛场指南"的审查结果表明，体育管理机构、体育协会、学校、教练，以及体育保健工作人员、队医等都面临着潜在法律诉讼的危险。这些诉讼很可能是侵权索赔，原因是未能正确识别、管理和预防运动性脑震荡。一般来说，要在过失诉讼中胜诉，原告必须证明过失的基本要件。这意味着，原告必须证明被告未能充分履行注意义务，而使原告面临重大损失和伤害的风险，违反程序和规则是原告遭受重大损失或损害最为直接的原因（并造成了既定的事实）。[3]

未能履行法律职责就会引发诉讼，从美国司法现实情况看，医生和教练最有可能成为被告，当然在具体的案件中，体育管理机构也有可能遭到索赔，持这种主张的依据是其未能制定和执行有关体育项目适用的"重返赛场指南"准则。在迄今为止的判例中，北美法院似乎不愿意追究那些没有直接参与造成运动员脑震荡的体育协会、体育管理机构，以及官员的责任（如疏忽）。[4] 从某种程度上看，这反映出了法院的一种关切，即对管理机构及其官员施加过于严格的责任标准是不公平的，这

---

[1] Sye G., Sullivan S. J., Mccrory P., "High School Rugby Players' Understanding of Concussion and Return to Play Guidelines", *British Journal of Sports Medicine*, Vol. 40, No. 1003, 2006.

[2] Meehan W. P., Bachur R. G., "Sport-related Concussion", *Pediatrics*, Vol. 123, No. 114, 2009.

[3] Wilson M. F., "Young Athletes at Risk: Preventing and Managing Consequences of Sports Concussions in Young Athletes and the Related Legal Issues", *Marq. Sports L. Rev*, No. 241, 2010.

[4] Serrell V., Connetquot Cent, *High Sch. Dist*, 721 N. Y. S. 2d 107.

会使他们难以运作,而且也客观上造成大量的诉讼。因此到目前为止,体育组织、管理机构及其官员一般不对运动员受伤承担疏忽负责。既然法律上已经明确规定,体育管理机构对参赛运动员负有法律上的注意义务,如果他们没有制定或执行适当的规则来保障运动员的健康和安全,就违反了这一法律义务。但在通常情况下,法院会认定,运动员,尤其是年轻运动员参加有组织的体育,即表明他们自愿承担受伤的风险,其中包括脑震荡。[1] 英国在体育伤害司法诉讼方面也形成了比较成熟的经验,值得借鉴。在英国虽然规范体育行为的主要依据是普通法,但是已经制定了一些专门法规来处理与体育有关的安全和公共秩序问题。然而,如果涉及过失侵权,即便是较小程度,也可能负担刑事责任的追究,在这种情况下,会对参与者产生巨大的影响。长期以来,运动伤害现场举证始终是一个难题。监督是体育领域的一般性主题,既可以对一项运动的参与进行全面的监控,同时也可以对某个人进行监控。关于赔偿责任的限制,2006 年颁布的《英国赔偿法》规定,法院在裁定过失索赔时,应当充分考量正在开展活动的正当性,以及其是否产生了社会效益,或是否可能影响阻碍体育参与。尽管法官很少将该法案作为他们裁定的主导依据,但有一个明确的迹象表明,通过使用像"对个人自主权负责"、"甘冒风险自己承担责任"等用语,司法机关不想看到体育诉讼被取消。[2] 一个折中的办法是允许开展体育活动,但必须要求严格执行其中关于危险方面的规定,或是严令禁止危险性因素的产生。[3]

四 完善我国青少年运动伤害预防治理体系的建议

通过上文分析可以看到,青少年运动伤害预防不断与多学科融合,提出了很多新的思路和观点。从现实情况看,儿童和青少年运动伤害已经成为国际社会高度关注的公共健康问题,很多国家已经将其纳入了国

---

[1] Wilson M. F., "Young Athletes at Risk: Preventing and Managing Consequences of Sports Concussions in Young Athletes and the Related Legal Issues", *Marq. Sports L. Rev.*, No. 241, 2010.

[2] James M., *Sports Law*, Basingstoke: Palgrave Macmillan, 2010.

[3] Osborn G., Greenfield S., Rossouw J. P., "The Juridification of Sport: A Comparative Analysis of Children's Rugby and Cricket in England and South Africa", *Journal for Juridical Science*, Vol. 36, No. 85, 2011.

家法治体系，依法共治。相对而言，我国在运动伤害防护、规避运动风险方面的理论研究较为薄弱，尚未建立长效的治理体系，①这在很大程度上影响了全面提升青少年体育参与和体质健康水平目标的实现。在依法治体逐步深入的进程中，应逐步补齐短板，系统进行青少年运动伤害预防制度建设。

第一，深入贯彻"体医融合"的理念，建立早期预警和风险防范制度。体育与医学（包括病理学、流行病学、临床医学等）的深度融合已经是西方国家的普遍做法。"体医融合"所倡导的理念是在体育参与（训练）过程中全面纳入和遵循医学的基本程序和实施原则。一方面，顶层设计高度重视青少年运动伤害预防工作，将其纳入大健康视野下的公共危机序列，这一点非常关键。从西方国家的治理情况看，国家法律的依据非常充分，对预防主体、职责都进行了细化规定。当然，"体医融合"本身也突出强调预警性、规范性和严谨性。预警机制能够尽早发现问题，以避免出现严重的不可挽回的结果，因此需要借助公共危机应急处理系统；规范性和严谨性则要求运动伤害预防必须要全面融合病理学、流行病学、临床诊断、疾病预防学等的基本原则，不断优化预防制度。另一方面，应建立健全相对独立的运动伤害预防系统。运动伤害具有特殊性，需要借助专业资源进行针对性的干预。一些西方国家已经确立了明确的政策模型，并将青少年运动伤害预防纳入国家法治框架，这些都能够提供直接借鉴的经验。综合多种因素来看，当前急需优化运动伤害预防政策，明确责任主体，并由专门机构负责监管和评估。如果不能确立相对稳定的预防秩序，青少年体育参与就缺失了重要的保障。

第二，加大青少年运动伤害预防循证支持力度。从上文分析可以看到，循证既是青少年运动伤害预防遵循的基本原则，也是重要的内容和手段。美国从运动伤害监测、运动准备评估、识别危险因子、指导教育和医疗监督、调整运动负荷和强度、延迟过早的专业化训练建立了内在循证逻辑清晰的青少年运动伤害预防制度。相对而言，我国在这方面比较薄弱，尚未形成涉及多学科领域的运动伤害及其预防理论体系，也未

---

① 李璟圆、梁辰、高璨：《体医融合的内涵与路径研究——以运动处方门诊为例》，《体育科学》2019 年第 7 期。

建立依托大数据支持的循证预防制度。这一局面与青少年体育的蓬勃发展极不适应，甚至在很大程度上已经成为制约因素。基于现实中存在的突出问题和矛盾，当前应着重做好以下两个方面的工作：一是应紧密围绕儿童和青少年群体，展开多学科的融合创新研究。青少年运动伤害涉及环境等因素复杂多样，其需要广泛进行前瞻性的队列研究（对各种复杂的变量进行分析性和描述性研究），提升筛查的有效性和效率，精细化预测、评估和干预运动损伤风险，主要环节包括：规律性要素（风险或防护介绍）—主要呈现方式—递归循环—识别并确定损伤出现的决定因素。[1] 二是需要将循证支持全面贯穿于运动伤害防范中。日常训练中，要严格遵循科学原则，注重系统提升青少年神经肌肉的内在应力和控制力；而在不同层级的训练和比赛中，则应按照成熟度、体能水平、专业技能水平和成绩作为同龄孩子竞技的划分标准，以防止不必要的身体受伤，成熟度评估是预防运动损伤的一个重要因素。[2]

第三，以学校为中心，建构协同预防机制，加大司法救济力度。学校是儿童和青少年接受体育教育的重要场所，需要建立全面的运动伤害预防机制。当前，我国学校体育发展矛盾突出，运动伤害机制不健全的问题非常严重，需要从根本上予以解决。美国学校体育伤害治理提供了可以借鉴的经验。美国教育联盟全面负责运动伤害治理，其依托完善的国家立法，系统开展各项工作。一是由运动医学、神经学等领域专家构成的团队，制定专门针对运动伤害（脑震荡）的政策，以及相关识别和评估工具；[3] 二是建立制度网络，所有的学校和管理机构必须制定符合立法目的的运动伤害教育和治理方案；三是优化资源配置支持（与11个协会建立了广泛合作关系），全面为学生运动员、家长和监护人、教师、教

---

[1] Verhagen E., Dyk N. V., Clark N., et al., "Do not Throw the Baby out with the Bathwater: Screening Can Identify Meaningful Risk Factors for Sports Injuries", *British Journal of Sports Medicine*, No. 1, 2018.

[2] Mcbain K., Shrier I., Shultz R., et al., "Prevention of Sports Injury I: A Systematic Review of Applied Biomechanics and Physiology Outcomes Research", *British Journal of Sports Medicine*, Vol. 46, No. 169, 2012.

[3] Consensus Statement on Concussion in Sport, "The 4th International Conference on Concussion in Sport, Zurich, November 2012", *Journal of Athletic Training*, Vol. 48, No. 554, 2013.

练、学校提供多方面的支持;[①] 四是加大赋权力度,在各类学校成立包括体育认证教练(ATs)、骨科主任医师、健康协调员等在内的专业队伍,全面负责运动伤害干预管理和医疗服务。[②] 从我国学校发展的现实情况看,应全面整合地方体育协会、俱乐部、医院(尤其是社区医院)、科研机构等资源,积极开展运动伤害监测。只有充分利用现代信息技术,及时监控和掌握青少年运动伤害的自变量和因变量,才能够有的放矢,掌握规律,防患于未然。同时,应强制性要求各类学校建立运动伤害管理制度,并将其纳入学校体育工作评估体系中。此外,司法救济是学生体育参与的最后屏障,我国有关学校体育的诉讼频发,引起了不良的社会影响。目前应充分学习西方国家的经验,建设相对独立的学校政策系统,在司法救济制度中纳入学生伤害(运动伤害),加大权利保护力度。

第四,深化国家政策法规落实,完善监管和跟踪评价机制。国家政策是建设青少年运动伤害治理制度的关键。近年来,我国颁布了一系列有关青少年运动伤害的政策法规,形成了初步治理框架。例如,《关于进一步加强学校体育工作若干意见的通知》《学校体育运动风险防控暂行办法》《青少年体育"十三五"规划》《青少年体育活动促进计划》等。但是也应该看到,现行政策法规缺乏针对不同类型运动伤害的细则,总体还没有形成涵盖宣传(培训)、预防、管理、实施、治疗、评价等的协同干预体系。同时,由于多种因素的制约,很多地方对国家相关政策的执行很不到位,甚至不少省市的学校没有建立基本的青少年运动伤害预防机制。根据广东省高校体育工作调研小组公布的数据,高校(143 所)对学生运动伤害预防工作的重视程度不够,2017 年和 2018 年建立运动伤害保险制度的比例分别为 61.24%、68.53%,其中公办本科院校连续两年最低。[③] 前文已述,一些西方国家将运动伤害治理纳

[①] Sharma B., Cusimano M. D., "Can Legislation Aimed at Preventing Sports-related Concussions in Youth Succeed?", *Injury Prevention*, Vol. 20, No. 138, 2014.

[②] Courson R., Goldenberg M., Adams K. G., et al., "Inter-association Consensus Statement on Best Practices for Sports Medicine Management for Secondary Schools and Colleges", *Journal of Athletic Training*, Vol. 49, No. 128, 2014.

[③] 广东省高校体育工作调研小组:《贯彻落实全国教育大会精神,努力构建德智体美劳发展教育体系"体育专项调研报告》。

入国家法治体系，形成了比较完善的共治格局，这为我国深入开展专项工作提供了借鉴。一方面，应全面落实相关文件精神，成立青少年体育发展联盟，进一步细化政府、体育协会、青少年俱乐部、学校等相关利益者的责权利，同时加大监管，紧抓"问责和追责"这一牛鼻子。另一方面，要不断完善评估体系，建立跟踪评价制度，加大信息技术平台建设，采取多层次措施切实推动运动伤害预防和治理工作的开展。

综上所述，有组织的运动训练具有规律性，目前在国际体育组织和一些西方国家已经建立了比较完善的预防体系，措施灵活多样。其中运动训练与医学密切结合，着力培养专业人力资源，以学校为中心系统干预是当前的普遍做法。当前我国运动伤害着重应从预（早期预防）、循（循证支持）、治（干预治理）、评（跟踪评价）等方面系统建设，以筑牢保障青少年体育权益的基础；同时要以学校为中心，针对现实问题，完善司法救济制度。

本章小结

运动伤害预防是青少年体育治理体系的关键环节之一，需要系统治理。随着青少年体育的发展，运动伤害理论不断与其他学说观点进行深入融合，全面拓展了研究的视野和层次。依法共治是西方国家青少年运动伤害治理的普遍做法，形成了比较完善的防范制度。司法救济也是青少年体育治理不可或缺的重要内容，它能够及时有效厘清侵权责任，最大限度地保障当事方权益。以欧美为代表的西方国家法制完善，建立了非常细化的司法救济制度，其中一些理念和做法值得学习和借鉴。有组织的运动训练具有规律性，我国在运动伤害制度不健全的情况下，需要加大顶层设计力度，从早期预警、循证防范、干预治理、跟踪评价、司法救济等方面一体化建设。

第八章 研究结论

本书的主要结论如下：

第一，青少年体育活动促进是一项基本权利——紧密围绕平等的主体资格，通过依法赋予的行为能力来表达和满足诉求。从人权哲学视角看，青少年体育活动促进是一种强调尊严的文化和教育实践活动，其通过制度性的社会建构实现群体全面均衡发展，深刻体现出基本权利的本体性特征。

第二，青少年体育活动促进回归本源，突出了运动实践中主体的理性存在。在长期发展中，青少年体育活动促进形成了维护尊严、教育、身心健康、社会拓展和强化人力资本的价值内涵，并通过体育文化的典型特质和载体不断实现着与其他社会领域的共生共荣。

第三，以体育权利为导向，青少年体育活动促进形成了"五位一体"的法治体系，各类主体被纳入了法治框架中，其中决策权、管理权、实施权构成了主体内容，而运动伤害预防和司法救济则进一步回应了体育权益的诉求，为体育权利现实转化提供了保障。

第四，青少年体育活动促进决策权的实质是享有独立的话语权，主要通过战略布局、资源配置、均衡利益关系实现群体权利（公共权力），其基本制度构成要素包括决策主体、规范程序、政策循证、权力监管。

第五，青少年体育活动促进管理权是一项具有公共属性的制度权力，体现出了共治共享的基本要求。公共权力属性反映出的是青少年体育活动促进治理需要跨部门合作，理顺关系，整合资源优先发展；制度属性反映出的是管理主体应当切实遵循"规则之治"，权力只有受到制度约束才能发挥积极作用。青少年体育活动促进管理权从网络和权威两个维度形成了学校体育管理权、社会体育管理权和家庭体育管理权。

第六,青少年体育活动促进实施权遵循"管办分离"的总体原则,基本构成要素包括资源环境、专业机构、运行网络和绩效评价机制,其执行力和运行质量决定着决策权和管理权的进一步优化。

第七,青少年运动伤害理论不断与其他学说观点进行深入融合,全面拓展了循证视野,尤其是以病理学和流行病学为基础,创造性地纳入了神经认知科学、脑科学、身体现象学、运动能量交换理论等最新成果,极大提升了研究层次。

第八,青少年运动伤害预防制度有着明确的内涵——确立并贯彻"体医融合"理念,从预(早期预防)、循(循证支持)、治(干预治理)、评(跟踪评价)多维度建立有效的运行机制。

第九,我国青少年体育活动促进治理存在着比较突出的问题,遵循善治理论的基本原则,应当着重进行权力合理配置和监管,优化资源供给,构建以"品质和效率"为中心的共治共享模式。

主要参考文献

中文专著

陈华荣、王家宏：《体育的宪法保障——全球成文宪法体育条款的比较研究》，北京体育大学出版社2014年版。

陈振明：《政策科学——公共政策分析导论》，中国人民出版社2011年版。

邓正来：《国家与社会》，北京大学出版社2008年版。

郭道晖：《社会权力与公民社会》，译林出版社2009年版。

郭建军、杨桦：《青少年体育蓝皮书：中国青少年体育发展报告（2015）》，社会科学文献出版社2015年版。

国家体委政策研究室：《体育运动文件汇编（1949—1981）》，人民体育出版社1982年版。

韩勇：《学校体育伤害的法律责任与风险预防》，人民体育出版社2012年版。

教育部体育卫生与艺术教育司：《学校体育工作重要法规文件选编》，人民教育出版社2008年版。

刘国永、裴立新：《群众体育蓝皮书：中国体育社会组织发展报告（2016）》，社会科学文献出版社2016年版。

刘国永、杨桦：《群众体育蓝皮书：中国群众体育发展报告（2015）》，社会科学文献出版社2015年版。

阮伟、钟秉枢：《体育蓝皮书：中国体育产业发展报告（2015）》，社会科学文献出版社2015年版。

宋亨国：《我国非政府体育组织自治的法学研究》，科学出版社2018年版。

谭小勇:《学校体育伤害事故法律问题研究》,法律出版社 2015 年版。
吴欢:《安身立命:传统中国国宪的形态与运行·宪法学视角的阐释》,中国政法大学出版社 2013 年版。
夏勇:《人权概念的起源——权利的历史哲学》,中国政法大学出版社 2001 年版。
杨贵仁:《学校体育卫生的质量标准与保障机制研究》,北京体育大学出版社 2014 年版。
张文显:《法理学》,高等教育出版社 2003 年版。
张文显:《权利与人权》,法律出版社 2011 年版。
中共中央文献研究室:《习近平关于全面依法治国论述摘编》,中央文献出版社 2015 年版。
中国法学会体育法学研究会:《求法治的精神:中国法学学会体育法学研究会(2005—2010)》,人民体育出版社 2011 年版。
中国法学会体育法学研究会:《中国体育法学十年(2005—2015)》,中国法制出版社 2016 年版。
《中国学校体育发展报告》编写组:《中国学校体育发展报告(2015)》,高等教育出版社 2016 年版。
周爱光:《体育法学概论》,高等教育出版社 2015 年版。
朱景文:《中国法理学的探索》,法律出版社 2018 年版。
朱庆育:《民法总论》,北京大学出版社 2014 年版。
卓泽渊:《法的价值论》(第三版),法律出版社 2018 年版。

中文译著

[奥地利]凯尔森:《法与国家的一般理论》,沈宗灵译,中国大百科全书出版社 1996 年版。
[德]哈贝马斯:《公共领域的结构转型》,曹卫东等译,学林出版社 1999 年版。
[德]马克斯·韦伯:《法律社会学》,康乐、简惠美译,广西师范大学出版社 2011 年版。
[法]卢梭:《社会契约论》,何兆武译,商务印书馆 2003 年版。
[法]孟德斯鸠:《论法的精神》(上下册),张雁琛译,商务印书馆

1995年版。

［古罗马］西塞罗：《国家篇 法律篇》，沈叔平、苏力译，商务印书馆2013年版。

［美］E.博登海默：《法理学——法律哲学与法律方法》，邓正来译，中国政法大学出版社1999年版。

［美］J.罗尔斯：《正义论》，何怀宏译，中国社会科学出版社1998年版。

［美］弗朗西斯·福山：《公民社会与发展》，见曹荣湘《走出囚徒困境：社会资本与制度分析》，上海三联书店2003年版。

［美］杰·科克利：《体育社会学——议题与争议（第6版）》，清华大学出版社2003年版。

［美］劳伦斯·M.弗里德曼：《法律制度》，李琼英、林欣译，中国政法大学出版社1994年版。

［美］斯塔林：《公共部门管理》，常健译，中国人民大学出版社2012年版。

［英］A.J.M.米尔恩：《人的权利与人的多样性——人权哲学》，夏勇、张志铭译，中国大百科全书出版社1995年版。

［英］阿克顿：《自由与权力》，侯健、范亚峰译，商务印书馆2001年版。

［英］边沁：《政府片论》，沈叔平等译，商务印书馆1995年版。

［英］伯特兰·罗素：《伦理学和政治学中的人类社会》，肖巍译，中国社会科学出版社1999年版。

［英］迪亚斯：《法律的概念和价值》，黄文艺译，见张文显、李步云《法理学论丛》第二卷，法律出版社2000年版。

［英］哈耶克：《法律、立法与自由》，邓正来等译，中国大百科全书出版社2000年版。

中文期刊

陈培友、邹玉玲：《青少年体质健康标准构建方法研究》，《体育科学》2013年第11期。

李洪川、许晓明：《对近20年国家出台学校体育法规政策的梳理与思考》,《成都体育学院学报》2011年第9期。

刘敏、刘一萱等:《人的自由全面发展:青少年体育教育的价值依归——基于当代中国马克思主义思想的分析》,《体育与科学》2019年第3期。

宋亨国:《西方国家青少年体育活动促进治理的研究述评——基于权力配置视角》,《体育科学》2019年第2期。

宋亨国:《体育义务的内涵》,《体育学刊》2011年第6期。

宋亨国、周爱光:《对体育法律关系的分类研究》,《体育科学》2009年第6期。

孙双明、刘波:《青少年体育参与和社会适应关系的实证研究——以清华大学为个案》,《北京体育大学学报》2019年第2期。

汤际澜:《公共体育服务的公共性研究》,《天津体育学院学报》2010年第6期。

赵洪波:《青少年体育健康促进联动机制研究》,《体育学刊》2018年第3期。

外文专著

Checkoway B. N., Richards-Schuster K., "Youth Participation for Educational Reform in Low-income Communities of Color", In S. Ginwright, P. Noguera & J. Cammarota (eds.), *Beyond Resistance! Youth Activism and Community Change*, New York: Routledge, 2006, p. 319.

Coalter., *Sport for Development. What Game Are We Playing*? London: Routledge, 2013, p. 46.

Davidl P., *Human Rights in Youth Sport*, New York: Routledge, 2014, p. 5.

Donnelly J., *Universal Human Rights in Theory and Practice*, Ithaca, NY: Cornell University Press, 1989, p. 17.

Luban D. J., *Human Rights Pragmatism and Human Dignity*, Oxford University Press, 2013.

Martinek T., Hellison D., *Youth Leadership in Sport and Physical Education*, New York, NY: Palgrave MacMillan, 2009, p. 181.

National Research Council and Institute of Medicine, *Community Programs to Promote Youth Development*, Washington: National Academy Press, 2002.

Putnam R. D., *Bowling Alone: The Collapse and Revival of American Community*, New York: Simon and Schuster, 2000, p. 2.

Sidoti E., Frankovits A., *The Rights Way to Development: A Human Rights Approach to Development Assistance*, Human Rights Council of Australia Incorporated, 1995.

外文期刊

Bonell C., Blakemore S. J., Fletcher A., et al., "Role Theory of Schools and Adolescent Health", *The Lancet Child & Adolescent Health*, Vol. 3, No. 10, 2019.

Bryson J. M., Crosby B. C., Bloomberg L., "Public Value Governance: Moving beyond Traditional Public Administration and the New Public Management", *Public Administration Review*, Vol. 74, No. 4, 2014.

Davison K. K., Lawson C. T., "Do Attributes in the Physical Environment Influence Children's Physical Activity? A Review of the Literature", *International Journal of Behavioral Nutrition & Physical Activity*, Vol. 3, No. 1, 2006.

Hallal P. C., Andersen L. B., Bull F. C., et al., "Global Physical Activity Levels: Surveillance Progress, Pitfalls, and Prospects", *Lancet*, Vol. 380, No. 9838, 2017.

Henderson K. A., "A Paradox of Sport Management and Physical Activity Interventions", *Sport Management Review*, Vol. 12, No. 2, 2009.

Hoye R., Nicholson M., "Social Capital And Sport Policies In Australia", *Public Management Review*, Vol. 11, No. 441, 2009.

Lim S. S., Vos T., Flaxman A. D., et al., "A Comparative Risk Assessment of Burden of Disease and Injury Attributable to 67 Risk Factors and Risk Factor Clusters in 21 Regions, 1990 - 2010: a Systematic Analysis for the Global Burden of Disease Study 2010", *Lancet*, Vol. 380, No. 9859, 2012.

Love-Koh J., Taylor M., Owen L., "Modelling the cost-effectiveness of Environmental Interventions to Encourage and Support Physical Activity", *The Lancet*, Vol. 90, No. 3, 2017.

Nethe A., Dorgelo A., Kugelberg S., et al., "Existing Policies, Regulation, Legislation and Ongoing Health Promotion Activities Related to Physical Activity and Nutrition in Pre-primary Education Settings: an Overview", *Obesity Reviews*, Vol. 13, No. 1, 2012.

Partington N., "Legal Liability of Coaches: a UK Perspective", *International Sports Law Journal*, Vol. 14, No. 304, 2014.

Perna F. M., Oh A., Chriqui J. F., et al., "The Association of State Law to Physical Education Time Allocation in US Public Schools", *American Journal of Public Health*, Vol. 102, No. 1594, 2012.

后　记

我于10年前开始接触青少年体育研究，当时是在准备申报第一个国家社科基金项目，基于对相关资料的梳理，发现社会上对"体育运动"、"体质健康"、"学校体育"等之间关系的认识存在很大误区。其一，对"体育运动"没有形成正确的认识，在很大程度上忽视了"科学性"这一基本要素和特征。其二，将体育运动和体质健康等同起来，认为二者是一回事，并基于这一观念，将学校体育功能极限扩大。由于人为"赋予"了学校很多功能，但又无法给予正确的引导和强有力的保障，很多学校在现实运行中难以承受，于是在一段时期出现了"逃避式"做法，体育活动日益被边缘化。基于这一现实情况，我萌生了厘清体育运动本质及本质功能，明确青少年体育依法治理的想法。

之后的几年时间里，我对体育发展国家战略、青少年国家战略，以及各类重要的法律法规又有了更深刻的认识，这进一步奠定了研究的基础。"健康促进"观念的逐步确立，进一步明确了青少年体育的本源——立足身心科学参与，促进群体健康发展。青少年体育活动促进是一项重要的公共事务，应纳入国家法治框架，并给予充分的保障。"国家治理"强调共治共享，这为青少年体育活动促进的依法治理提供了新的思路。青少年运动不足是世界性难题，国际组织和很多国家沿循法治脉络，建构起了较为完善的治理系统，形成了很多可以借鉴的经验和做法。基于这些准备，我于2017年确定了"我国青少年体育活动促进的法治体系"选题，并成功获批了当年度的国家社科基金项目。在后续3年的研究中，广泛收集了国内外研究成果5000多篇（部），直接引文1500多篇（部），形成了扎实的理论基础和循证依据。2020年，该项目获得学界高度认可，以"优秀"等级结项。

本著作的完成凝聚了大量心血，为后续进一步展开多视角研究奠定了良好的基础。学无止境，砥砺前行。体育法治研究任重道远，急需青年才俊的加入。值此著作出版之际，衷心感谢恩师周爱光教授一直以来的教导！感谢家人的陪伴！感谢华南师范大学学术著作出版基金的资助！感谢中国社会科学出版社给予的平台！